五四百年回首——

這才是陸宗輿

蔣連根 著

書名：五四百年回首——這才是陸宗輿
作者：蔣連根
封面設計：陳劍聰

出版：心一堂有限公司
通訊地址：香港九龍旺角彌敦道610號荷李活商業中心十八樓05-06室
深港讀者服務中心：中國深圳市羅湖區立新路六號羅湖商業大廈負一層008室
電話號碼：(852)90277120
網址：publish.sunyata.cc
電郵：sunyatabook@gmail.com
網店：http：//book.sunyata.cc
淘宝店地址：https：//shop210782774.taobao.com
微店地址：https：//weidian.com/s/1212826297
臉書：https：//www.facebook.com/sunyatabook
讀者論壇：http：//bbs.sunyata.cc

版次：二零一九年十二月初版

平裝

定價：港幣　二百四十八元正
新台幣　九百八十八元正

國際書號　978-988-8582-98-3

香港發行：香港聯合書刊物流有限公司
香港新界大埔汀麗路36號中華商務印刷大廈3樓
電話號碼：(852)2150-2100　傳真號碼：(852)2407-3062
電郵：info@suplogistics.com.hk

台灣發行：秀威資訊科技股份有限公司
地址：台灣台北市內湖區瑞光路七十六巷六十五號一樓
電話號碼：+886-2-2796-3638　傳真號碼：+886-2-2796-1377
網絡書店：www.bodbooks.com.tw
台灣秀威書店讀者服務中心：
地址：台灣台北市中山區松江路二0九號1樓
電話號碼：+886-2-2518-0207
傳真號碼：+886-2-2518-0778
網址：www.govbooks.com.tw

中國大陸發行 零售：深圳心一堂文化傳播有限公司
地址：深圳市羅湖區立新路六號羅湖商業大廈負一層008室
電話號碼：(86)0755-82224934

心一堂微店二維碼

心一堂淘寶店二維碼

陸宗輿中年時（陸秀芬　提供）

左起：周啟濂、陸宗輿、章宗祥（陸啟凱　提供）

汪榮寶篆刻的「臣宗輿印」章（汪榮寶日記）

「賣國賊陸宗輿」碑

陸宗輿鄭校詩夫婦在天津（陸蘊玉　提供）

左起：章宗祥、曹汝霖、陸宗輿三人的合影（陸秀菁　提供）

左起：章宗祥、汪榮寶、曹汝霖、陸宗輿。（陸秀菁　提供）

一九一六年夏合影：小幡酉吉，日駐華公使館參贊（左一）；章宗祥，新任駐日公使（左三）；日置益，將離任的日本駐華公使（左五）；曹汝霖，交通總長（右三）；陸宗輿，卸任駐日公使（右一）；權量，交通部署理次長（右四）；小村俊三郎，日駐華公使館翻譯官（右二）。（陸蘊玉　提供）

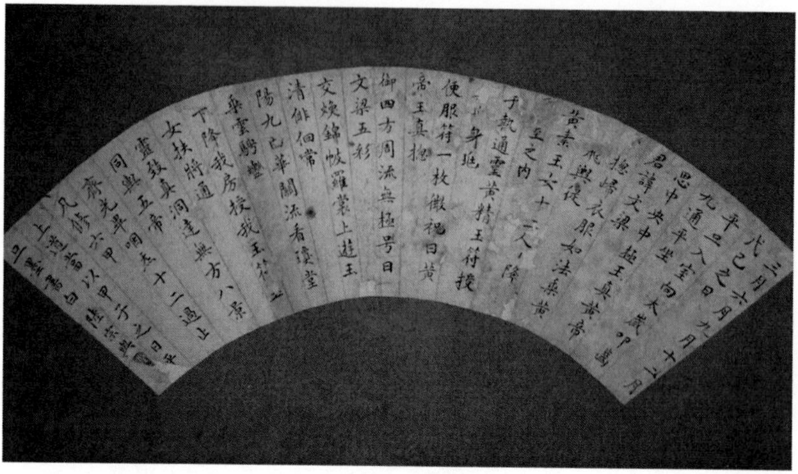

陸宗輿的書法扇面

收駐日本陸公使電 三年八月六日

外交部日日外部宣言日政府深望歐局早
卽不幸而戰事繼續亦願戰局不至擴張且日政府
深望得確守嚴正中立之態度萬一時局轉變英國
捲入戰局以日英協約目的或瀕危境日本以協約
義務必至執必要之措置日政府固深望此時於
同不至發生但對諸般情勢必加慎重注意云又昨
英使得倫敦電後午前卽與加藤會商並經閣議後
發此宣言也並請代呈
大總統輿五日

陸宗輿一九一四年八月十五日致電外交部

陸靜嫣（左二）與趙一荻（右一）、吳靖（左三）等天津中西女中同學合影。
（陸蘊玉　提供）

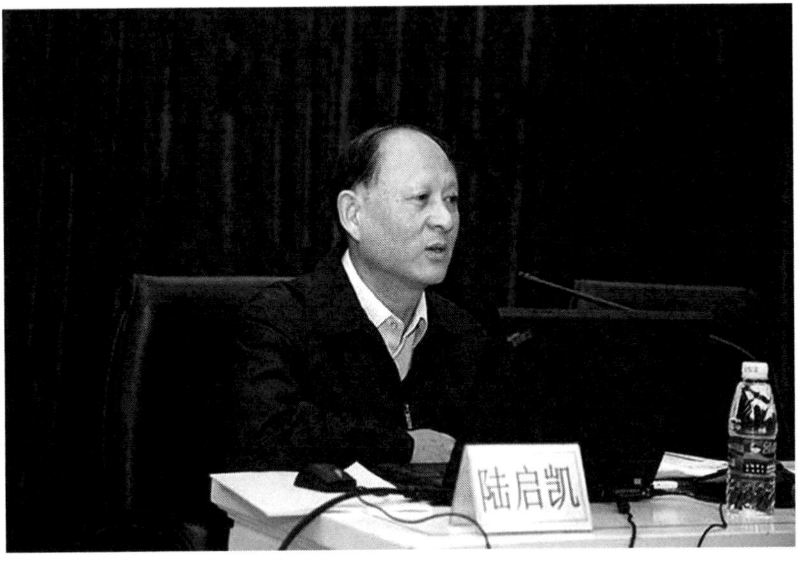

陸宗輿的孫兒陸啟凱在廣州（二〇〇八）

陸宗輿的孫女陸秀菁（右一）在美國家中（二〇〇六）

二〇一三年六月十日，陸宗輿孫女陸秀芬接與本書作者合影。（費雲標　攝）

目錄

自序　我膽大，但不妄為

退休三年，我寫了三本書，一年一本。前兩本寫金庸自個兒的江湖，涉及香港武俠小說家金庸的家事、私人事。總有人揶揄我，「老是揭別人的隱私，還是名人名家的，你的膽子也真大呀！」也許，這話有點兒對，但只對了一點點，因為我沒有偷窺別人的隱私，我寫名家的私事，且無關隱私。私事不一定是隱私，這個道理大家都懂，我不用在這裏狡辯，該說的是「膽大」這檔子事。

二〇一二年，距我退休之前三四年吧，我寫了《金庸和他的家人們》一書，江蘇某出版社正要出版付印時，遇到了極大的阻力，因為書中難以避開金庸的父親之死（建國初期以反革命罪被槍斃）、長子的自殺（金庸與第二任妻子離婚前，其子在美國自殺），有人就指責我「膽大妄為」，抹黑金庸。那時候，我已經有了寫陸宗輿傳記的打算，在如此的精神強暴之下，我還敢為「賣國賊」樹碑立傳嗎？我膽怯了，不敢寫陸宗輿。

二〇一四年，人民日報出版社出版了我的《金庸和他的家人們》《金庸和他的師友們》，恰逢金庸九十大壽，浙江大學原黨委書記張浚生前往香港探望前，特意向我要了這兩本書，作為賀禮贈給金庸。我想金庸是讀了我的書，他沒誇我，卻也沒罵我，因為我雖然膽大，但不妄為。

很多寫書人都是有志向的，或以言立志，或以文揚名，或以文取酬，圖個名利雙收，而我不，只是將某個人某件事隨手記錄下來了事。長年累月，素材積累多了，就動筆寫成一本書。我的人生追求是「未必出類拔萃，但一定與眾不同」，沒有什麼宏圖大志。所謂「與眾不同」，就是采寫別人不敢接觸的人物，挖掘別人不敢觸碰的題材，說出別人不敢大聲說出的真話——既揭示真相。於是，我寫了金庸和他的家人，寫了他的父親之死，還要寫陸宗輿，為「賣國賊」陸宗輿立傳。於是，難免有人說我膽大妄為了。

其實，出書是給人看的，得有讀者群，寫書人就得瞄準了讀者市場。我認為，「與眾不同」就有讀者，爭議人物就是一片市場高地。於是我寫了《這個才是陸宗輿》這本書。

我膽大，但不妄為。我以新聞記者的筆觸寫人物傳記，既「大膽臆測」，又「小心求證」。

首先，我的思考是理智的。我閱讀了許多史學家的書，晚清的，北洋時代的，一段段史實記載給人的感覺，因為立足點不同，猶如蘇東坡看廬山，「橫看成嶺側成峰，遠近高低各不同」，不同的說法何止於百。所以，胡適先生說歷史是一個任人打扮的小姑娘。而我說不，歷史就是歷史，我做的是要復原，褪去後人強加的裝扮，還原「小姑娘」的本色。我所做的只是穿越百年，走近百千幅史記材料，再走近我欲親近的人物、情節或氛圍，象形出那暫態的感覺——不被人牽制、不受任何政治理念影響的純淨情緒，還原出歷史當事人之情狀。當然，我的筆下，未必是當事人之心思，也未必是當代人之視角，只是我的性情之流淌，身心之共感。此刻，我不禁想起徐志摩引用過的、泰戈爾老人的一句話：「黑暗的屋裏點著一盞孤燈，沉靜在血液裏，我看到萬象之外的美。」是的，我看到了北洋時代之美，軍閥混戰中的一點亮色：北洋外交家跟東西方列強抗爭，將如今中華人民共和國守著的版圖完整無缺地保全留給了我們。我看到了五四運動之美：喚醒民眾，高揚起愛國主義的旗幟，召喚著中國共產黨的誕生。

我贊同知名學者陳占彪的觀點：將「五四運動」與「五四事件」這兩個概念區分開來，就可以避免這些含混，以及由含混造成的讚美或批評。

我們將從一九一九年五月四日北京大學生遊行示威反對巴黎和會上列強同意日本強據山東始，到六月二十八日出席巴黎和會的中國代表拒簽對德和約止。在此期間全國範圍發生的、社會各階層積極回應的一系列遊行、演說、抗議、辭職、逮捕、罷課、罷市、罷工、成立組織、抵制日貨等事件，統稱為「五四事件」，而將九一七年新思潮、新文化運動至一九二一年中國共產黨成立前後的社會變革、政治改良運動發生的時段，統稱為「五四運動」。我們認同和讚美「五四運動」所高揚的民族主義旗幟，同時也要細說和批評「五四事件「中的燥狂行為。

其次，我的寫作是謹慎的。撰寫民國人物，傳主還是一個千夫所指的「賣國賊」，我既有道義的責任，就不應過分藏拙，更不應輕率下筆。我記住了胡適先生的話，「有一分證據說一分話，有九分證據不能說十分話」，「文人之筆和武人之槍是一樣的厲害，不可輕易使用」。動筆之前，我心中曾經有個疑問：一個曾經拜師張謇、追隨張之洞、奉行「實業救國」，且保護過孫中山、被袁世凱稱讚為「經濟幹才」的民國外交家，怎麼會淪落為「賣國賊」的呢?於是，我欲解開這個疑惑，寫寫他的墮落軌跡。於是我從故紙堆裏尋找，從他的後人口中尋找。然而，我找到的是絕然相反的

引子：一個失去了鄉籍的人

一九一九年，風起雲湧，變幻莫測。

第一次世界大戰戰勝國在巴黎召開和會。

五月二日，北京政府原司法總長林長民在《晨報》發表文章：「昨得梁任公先生巴黎來電……膠州亡矣，山東亡矣，國不國矣……」此文是五四事件的直接導火索。

於是群情激憤，五月四日，北京十三所高校的三千餘名學生聚集天安門，「外爭國權，內懲國賊」的口號響徹雲霄。學生們將「二十一條」及之後各種中日密約相提並論，矛頭直指長期負責對日談判的曹汝霖、陸宗輿、章宗祥等官員，曹宅被燒，章宗祥遭痛打。六月五日，上海罷工罷市支持學生；十日天津罷市，北京政府被迫罷免曹、陸、章三人的職務。

五月十三日，錢塘江邊的海寧縣城人山人海，「萬人公決大會」做出決定，並通電全國：「青島問題，交涉失敗，推原禍始，良由陸宗輿等密結條約，甘心賣國所致，義情憤慨」，公決：「不認陸宗輿為海寧人，以為賣國賊，開除其鄉籍。」①

① 《江東父老不認賣國賊陸宗輿》，《晨報》一九一九年十月五日。

一九二六年十月四日，比利時古城布魯日①，聖安德魯修道院②為一位中國老人舉行了更衣禮。他是陸徵祥③，在巴黎和會上他是民國外交總長兼中國代表團團長，而現在的名字是修士彼德。他是比利時的女婿，在安葬了病逝的夫人培德·博斐之後，陸徵祥悄然安葬了他在塵世另一個最後的、最沉重的掛牽——民國元年至民國九年的外交總長室秘電，其中詳細收納著巴黎和會期間中國代表團和北洋外交部收發電文原件。他全數交給了中國駐比利時使館收藏。

很難想像，一個遠走他鄉誓不回頭的病弱老人，是怎樣攜帶一百多箱檔案飄洋過海，輾轉歐陸。他為什麼要把檔案帶走而不留在國內？如果怕人發現，為何不親手銷毀？這本身就是值得探究的行為。陸徵祥彷彿等待著時過境遷，有緣人到來還歷史以本來面目。

陸徵祥是民國初年的一位政治風雲人物。如果要高度簡約地概括他的一生可以歸結為「一次簽

①布魯日是比利時西北部的一座小城市，離北海十四公里，跨過英吉利海峽就到達倫敦了。布魯日的荷蘭語名稱「Brugge」。所以，按音譯，也有譯成「布呂赫」的，其英語和法語名稱寫法相同，都是「Bruges」。

②聖安德魯修道院位於布魯日近郊，屬於天主教本篤會，始建於一九〇二年，由七座建築風格各異的教堂組合起的「教堂群」，荷蘭語稱之為「Zevenkerken（七座教堂）」。

③陸徵祥（一八七一至一九四九），字子欣，上海人，原籍江蘇太倉。畢業於廣方言館和同文館，清末時成為中國第一代職業外交家。民國初年，他曾先後八次出任外交總長、三次出任國務總理。一戰結束後，曾代表中華民國率代表團赴法國參加巴黎和會。晚年隱居於比利時聖安德隱修院著有《回憶與思考》、《人道主義的會和》。

字」和「一次不簽字」。「一次簽字」指的是一九一五年他代表民國政府與日本政府簽署了《二十一條》，他一直為此而懺悔；「一次不簽字」是指1919年他領導的中國代表團拒絕在《凡爾賽和約》上簽字，五四學生們為此將他視為「英雄」。

八十餘年後，有緣人終於出現。二〇〇七年，台灣歷史學者唐啟華在臺北中研院近代史所發現了一批新上線的檔案，正是陸徵祥交給駐比使館保存檔案的全部電子版。原來，這批檔案於一八九三年被臺北外交部門轉交給中研院，經過整編掃描，於二〇〇七年末提供線上閱覽。陸徵祥有先見之明，外交秘檔幸虧保存在比利時，無論留在大陸還是台灣都可能早就被銷毀了。作為研究者，唐啟華感到萬分幸運。

在翻閱檔案的時候，唐啟華感到「手真地會發抖，史實原貌怎麼可能和百年來的刻板印象差距這麼大？」①

在此之前，在國人的印象裏，清末和民國時期的中國外交喪權辱國、一塌糊塗，簡直就是一部「國恥史」、「賣國史」。在列強檔案中形容為狡猾、優秀、難纏的北洋外交官，在海峽兩岸的教科書中卻成了「買辦」、「走狗」、「西崽」，交涉成果被一筆勾銷。一些人看來，革命和愛國的敘事結構是單一的，非白即黑，親日就是賣國，外交讓步就是喪權辱國，北洋軍閥全是賣國賊。因

①李响《臺灣學者唐啟華解碼陸徵祥秘檔》，《國家人文歷史》，二〇一四年第十七期。

巴黎和會中國外交失敗的錯誤信息傳遞而引發的學生運動，更使得民國初期的北洋外交官被推上民意的「審判台」，接受民眾的審判。就是這場波瀾壯闊的學生運動，激情代替了理智，亢奮掩蓋了真相，將「賣國賊」的標籤貼在了曾經面對列強頑強抗爭的北洋外交家陸宗輿和曹汝霖、章宗祥三人的身上。

「知我罪我，其惟春秋。」對於北洋一代外交家來說，這句獨白很難瀟灑出口，沉封的檔案不似春秋，可以坦陳世間任人評說，有些檔案會等到解密的那一天，而有些也許永遠湮滅於歷史長河。

那麼，陸宗輿究竟是怎樣的一個人？他又是怎麼從一個胸懷「實業救國」抱負的傑才，突然淪落成為臭名昭著的「賣國賊」的呢？讓我們一起回到那個中國賴列強均勢才免於瓜分、弱肉強食被視為天經地義的瘋狂時代……

第一章　鐵牛背上的少年

「經濟煥文章」的家訓

元朝末年，黃淮流域水災不斷，饑荒頻仍，民族矛盾激化，爆發了紅巾軍大起義。那年月，狼煙四起，劍氣如霜，晉陝豫魯百姓向湖廣浙皖大遷徙。

洪洞大槐樹下，車馬大道橫穿而過，四方行人絡繹不絕。至今，民間流傳著「問我祖先在何處，山西洪洞大槐樹，祖先故里叫什麼？大槐樹下老鸛窩」的尋根謠。陸宗輿的先祖陸元珍就是這時候遷徙到嘉興石溪的。

陸元珍在石溪安下家來以後，兒子應仁開設藥店，生子樞、機，陸機遷居桐鄉長生橋，陸樞則遷居在海寧彭墩。①「州城東北六十裏彭墩之鄉，自明初至今五百餘年，聚處數百年，皆陸氏宣公之裔也。」②

①【清】陸鶴翔，陸君泰纂修：《海昌（海寧）鵬坡陸氏宗譜》，民國三年刻本。此係咸豐四年陸振之修《海昌鵬坡陸氏宗譜》之續修本。

②錢泰吉：《彭墩陸氏譜序》，引自《海寧世家》，人民日報出版社，二〇一二，四四五頁。

不知經歷了多少年，到了陸泑山這一代。陸泑山是鵬墩首屈一指的富商，在海寧地域有很大聲望。民國時曾有民諺云：「海寧城東三隻虎：周王廟周其虎，水北王家王欣虎（水北，袁花與海鹽交界處，現名新功），彭墩陸家陸泑虎。」陸泑虎就是陸泑山。陸泑山善於經商，他先在舊倉開設過塘行，通過多年經營，業務擴大；又在縣城鹽官開設過塘號（錢塘江海運碼頭，過江儲存、轉運貨物的貨棧），有房數百間，雇工數百人，號稱「陸幹大」。他靠經營過塘號致富，在祖居地建造了一批房屋，後又擴建到牆邊（小地名），這位富甲一方的儒商，是陸宗輿的曾太祖父。①

陸泑山育有五子，其中三子受清廷誥贈、晉贈官銜，幼子陸萬成繼承家業，於海寧州城（鹽官）北門外置產立業，陸氏家族從此定居於此。

後來，陸萬成出任海寧州官吏，主要負責地方公共性建築的建設及修繕。鹽官城北的平安橋始建於雍正十二年，已歷百餘年，年久失修，有坍塌之危險。陸萬成為造福鄉梓，毅然決定獨資重修平安橋，親自雇工備料，監工督修，風雨無阻，將平安橋修繕一新。陸萬成又陸續重修了寧郭塘上的宜家橋、寧袁塘上的王家橋，並出資修造了一座橋名「的篤」的石板小橋。陸萬成重修四橋，深得百姓贊譽，頗有官聲。②

清光緒年間，鹽官陸家雖有幾家貨棧，但已家道中落。陸宗輿的祖父以縣學教諭終老，父親陸

---

①《海昌鵬坡陸氏宗譜》，《海寧世家》上冊，人民日報出版社，二〇一二，四四八頁。
②陸明達：《海寧陸氏》，《海寧世家》上冊，人民日報出版社，二〇一二，四五一頁

承堪則僅以窮貢生在皇岡徐家作西席（書塾先生）。徐、陸兩家有戚誼。

陸承堪生有三個兒子，本來不該是「宗」字輩的，這裏有個故事。

陸承堪的遠祖是明代的陸宗秀，繼承先業，拓展田地經營，在石溪一帶擁有大量田產和大宅，富甲一方。陸宗秀一生雖無功名，但見識廣，明事理，識大體，在鄉間廣受尊崇。明成祖皇帝駕崩後，長子仁宗即位，傳詔納諫，陸宗秀受社會名流的推薦，隨當時二十三位賢達進京面聖。陸宗秀以江南鄉紳特有的風度，穿著一身帶有石溪人鄉土衣裝式樣的棉布袍服，頭戴方巾，引起仁宗皇帝的注目，欽點上前問話：「如何則天下太平？」陸宗秀叩首回答：「皇帝親賢納善，大臣秉公持正，天下自然太平。」話語間有節有禮，舉止不凡。皇帝大悅：「好言語！」當即賞賜。

回到鄉里，陸宗秀教育子孫崇尚德義，行要利國利民利社稷，言要從實從謙從情理。這年，全國遭受嚴重自然災害，民不聊生。陸宗秀捐出自己家中積蓄的稻穀二千四百六十石，麥子四百六十石，以助賑災濟民。皇帝聞悉，特降敕奬諭，並親筆禦書「尚義」二字，賞賜立牌建坊。①

陸承堪繼承家風，不僅將三個兒子覆用了「宗」字輩分，還立下了「忠孝傳家世，詩書啟俊英；淵源征道德，經濟煥文章」的訓語。②

陸承堪的三個兒子便是軒、輿、瀚，陸宗輿是老二。

①孫永明：《石牌涇里話滄桑，遺址惟看尚義坊》，《虎齋》，二〇一七，第二三四期。
②陸明達：《海寧陸氏》，《海寧世家》上冊，人民日報出版社，二〇一二，四四八頁。

睜眼所見的晚清大地

陸宗輿所作《五十自述記》開篇就有傳奇色彩，他說：「宗輿以光緒丙子閏五月十四日，生於浙之海寧州城，時母孕已及三年，先時求醫問卜，習聞於鄰里，生產之日，遠近傳為異聞。」依科學而言，母孕三年是不可能的事，如今我們只能猜測，她的前兩年可能是假孕，她自己不知道而已。不過，傳說本來是針對特異之人的，至於其陸宗輿自己也這麼說，只能說明這不是空穴來風了，何況他成年後曾經自號曰「卅六月生」。

在錢塘江入海口有一個古老小鎮，早在漢代便開始曬鹽制鹽，因此得名鹽官鎮。由於當地的地理條件緣故，鹽官的海潮特別大。在世界上這裏的海潮也是聞名遐邇的，由於潮水大，經常沖毀堤壩，淹沒農田。到了明朝，皇帝一邊派人修堤壩，一邊就把名字改成了海寧。

光緒二年（一八七六）就在海神廟的西側的江邊上，住著一戶陸姓人家，貢生陸承堪和妻子吳英子。

「恭喜恭喜，陸老爺，恭喜你新添了一個公子哥兒。」

陸承堪聽了滿心歡喜，樂呵呵地道：「久旱喜逢甘霖，滋潤江南眾生，這孩子大名陸宗輿，小名就叫潤生吧！」後來也叫「閏生」。[①]《史記》稱，「堪，天道也；輿，地道也；堪輿，天地總名也。」

---

① 陸秀芬筆述資料《功與罪》。

陸承堪牢牢記住了這個「輿」字。

父母期望著陸宗輿頂天立地，可是那片天那塊地並不喜歡他，歡迎他。當他第一次睜開眼睛的時候，所見到的卻是千瘡百孔，被列強宰割著的晚清大地。

自一八四〇年鴉片戰爭以來，古老的中國成為帝國主義列強侵略的主要目標。一次次侵華戰爭，一個個不平等條約，將中國一步步推向半殖民地的深淵。同時，歐美列強開始覬覦日本，而善於學習「最先進」的日本人一下子就明白了，如果不想被殖民，那就要殖民。所以，日本就有了一八六八年開始的明治維新。

咸豐十年（一八六〇），英法聯軍入侵北京，燒毀圓明三園等西郊皇家園林。咸豐帝「車駕幸熱河」，逃到避暑山莊。

同治十三年（一八七四），日本藉口台灣牡丹社番民殺害琉球船民而出兵侵台。大清國朝野震動，尤其是新任直隸總督、北洋大臣李鴻章[①]對日本之蠢蠢欲動起了嚴密的戒心。

一八七五年，大清皇帝載淳病死，醇親王奕譞之子載湉繼位，即光緒帝，慈禧太后再次垂簾聽政。

就在陸宗輿出生的下一年，年初，日本政府派遣黑日清隆率領七艘軍艦，一千多名陸戰隊，開赴朝鮮，製造「江華島事件」，迫令朝鮮斷絕與大清宗藩關係，並與日本訂立條約。此時，大清國

①李鴻章（一八二三至一九〇一），本名章銅，字少荃，晚年自號儀叟。安徽合肥人，晚清名臣，淮軍和北洋水師的創始人和統帥、洋務運動領袖之一。

已經強烈地感覺到「唇亡齒寒」的危機。日本的勢力盤踞在朝鮮，與大清國僅僅是鴨綠江一水之隔，日本軍隊隨時都可以找一個藉口，殺進大清國的東北大地，而以大清國當時的軍事實力，根本無法抵擋住日本軍隊。

光緒二年（一八七六）九月十三日，李鴻章與英公使威妥瑪在煙台簽訂《煙台條約》，使英國取得更多的通商特權和侵入我國雲南、西藏的便利條件。

這一年，左宗棠率領湘軍收復北疆。

光緒五年（一八七九）三月三十日，日本侵佔琉球，廢琉球國王，改置為沖繩縣。六月，清總署照會日本使節提出抗議。七月三日，琉球末代國王尚泰的姐夫向德宏偷渡到大陸，向清廷求救，懇請朝廷立即阻止日本吞並琉球，聲稱「生不願為日國屬人，死不願為日國屬鬼」。五日，日本政府表示願與中國直接談判，不願第三國過問。美國前總統格蘭特勸中國「寬讓」，並以「中日失和交戰」威脅清廷。經此刺激，李鴻章認為，歐美列強還遠在萬里之外，而新興的日本則禍在肘腋。他覺察到日本「為中國永久大患」，決心自建海軍禦侮，乃奏請朝廷解散舊制水師而迅辦新式海軍。他自始至終的假想敵便是日本，知道中日遲早必有一戰。

同年，俄國侵佔新疆伊犁，清廷派左都御史完顏崇厚赴俄國交涉索還伊犁。崇厚昏庸無知，簽定喪權辱國的《里瓦幾亞條約》。這一條約名義上收回伊犁，但西境、南境被沙俄宰割，伊犁處於俄國包圍的危險境地。詹事府洗馬張之洞上疏，言「中俄條約」「十不可許」，並力主整修武備，與俄另訂新約，治出賣主權的崇厚以「應得之罪」。

光緒七年（一八八一），李鴻章投百萬巨資，向德國訂購兩艘具十四英吋裝甲、配備有十二英吋巨炮四尊，七千四百噸的主力艦，這便是中國北洋艦隊的定遠艦和鎮遠艦，是當時五大洋中最新型的戰艦。光緒十四年（一八八八），大清海軍以四方龍旗作為大清的正式國旗。

這就是陸宗輿睜眼所見的晚清大地。

求學：從通州到武昌

舊時稱剛剛讀書識字的幼童為蒙童，陸潤生年幼時卻有「神童」之譽，《北京實報》一九三六年十月二十日的文章說他，「鼻識極靈能就空氣而測風雨，九歲嘗騎海塘鐵牛候仙人至」。這不是一個傳說，他的家就在錢塘江邊，踮起腳就能望見海塘鐵牛。

陸潤生五歲在父親身邊啟蒙，開始教識《千字文》，「六歲始就外傅，資稟無異於凡庸。」①後入書塾學堂，安瀾學堂距家約三里遠。開明鄉紳朱寶縉重修安瀾學宮，學堂就附設在學宮裏面。雖稱學堂，但不是後來有現代教學意義的學堂，仍屬於規模稍大的書塾，塾師由縣衙專門從外地聘

① 陸宗輿《陸閏生先生五十自述記》，北京文楷齋，一九二五年。

請來有學問的貢生擔任，並發放俸祿。因而學費相當低，來自任何家庭背景的孩子都可以來讀。

同學王國維（一八七七至一九二七）比他小一歲，家住西南隅周家兜，距陸家不足二里。王氏家族世代書香，家學淵源。在宋朝時，王家的門第極為顯赫。其中的王圭、王光祖、王稟、王荀等人都曾為國家立下過赫赫戰功，王圭、王稟以及王荀還為國捐軀，王家在海寧受到當地人民的長期敬仰。幼年的王國維常生病，但讀書非常刻苦用功。

最初的塾師是鄭孝賢先生，三十七八歲的樣兒，他教過哥哥潤軒。有傳言說他本該可賞官，可他在試卷上有非議慈禧太后垂簾聽政之語，中了舉人以後便回家了。

後來，鄭先生去了上海自辦學宮。潤生想跟著去，父母不讓，說他太小了，只讓哥哥潤領跟了鄭先生去。鄭先生對潤生說：「過幾年吧，我會來帶你去遊學。讀書不能讀死書，得見大世面。」

錢塘江畔，運河之上，貨運客船來來往往，從浙江內陸運往海外的絲綢、桑麻，茶葉、大米等，以及運往內陸的海鹽、煤炭諸多貨物在這裏雲集，然而轉運到四面八方。

占鼇塔下，少年陸潤生躺臥在海塘的綠草地上，雙手支著下巴眺望著江面上的帆船。他身下是人工修建的擋潮堤壩，上窄下寬，呈梯形建造，頂部高出路面五六米。這種條石橫豎隔層疊放的築塘技術，有個學名叫做「魚鱗石塘」。

潤生獨個兒走到塔下，爬上一頭鐵牛，騎在背上，眺望著江面。

潤生愛騎鐵牛，騎在牛背上看江水。

錢塘江北側沿岸占鼇塔東西兩側一字兒排列著十八頭鐵鑄水牛，身上鐫銘：「唯金克木蛟龍藏，唯土制水鬼蛇降，鑄犀作鎮奠寧塘，安瀾永慶報聖恩。」那鐵牛前蹄內跪，牛腿座地，造形逼真，形態自如。當時有一種說法：水牛克水，以牛治水，使怒潮不再成為禍害，所以謂「鎮海鐵牛」。

「年十六應童子試，十八歲院試取性理為杭府之冠。宗師陳公異之列為案首……後從南通張先生讀書學文，旋赴武昌學理化者年餘……」①應對過了杭州的府考，陸潤生向父親提出去遊學，父親同意了。於是，潤生來到通州（今屬南通）西亭鎮。張謇②在故里辦學。

一日，課堂上。「陸潤生，你為啥來了通州？」張謇突然問道。

「先生，我是為拜師而來啊！」潤生有些誠惶誠恐。

「哦，你為何拜我為師？我可是一個沒有功名之人，所學所授不會給你多少。」③

「先生，我是瞄著你的智慧和情懷而來。」潤生不慌不忙。

「好，你爸爸讓你『經濟煥文章』，我想，你應該『長學問興經濟』，以經濟救國才是。」張謇斂起了笑容。④

---

①《海寧世家》上冊，人民日報出版社，二〇一二，第四五六頁。

②張謇（一八五三至一九二六），字季直，號嗇庵，清末狀元，中國近代實業家、政治家、教育家，主張「實業救國」。

③陸秀菁口述（二〇〇九年）

④陸蘊玉口述（二〇〇九年）

多年以前，張謇在孫雲錦手下當秘書，月薪十兩紋銀。這年大年，張謇把積攢的一百兩白銀薪水全部給了父親還債。父親高興得哭了，把銀子供奉在祖先牌位前，語重心長地對兒子說：「我們家鄉的博學大儒到富豪家教書，一年的薪水才有一百兩銀子。你為何能從孫大人那裏得到這麼多薪水？這是孫大人同情我們家貧困，希望你發憤圖強。所以，你要把孫大人給我們的這筆錢當作恩情，而非應該所得的工資。但是恩情不可隨便獲得，你要永遠銘記在心。家中的債務有我在，可以逐步償還，你不用擔心。希望你非分之財不要得，以免讓你父親蒙羞。」張謇從此一輩子清正廉潔。

在這裏，令陸潤生感動的還有老師的三兄張詧。分家以後，張謇與張詧長居一處，所有家產折價抵算仍不足以還債，在張謇人生路上第一個危難關口，張詧與其共渡難關，依然同住一宅，而且所有債務兩人共同承擔。直至一九〇三年，張謇蓋了新宅後，老宅才歸張詧。

一天，張謇說到了張之洞[①]。他早年是清流派首領，現在是洋務派領袖，他提出的「購快船、購軍火、借洋款、結強援、明賞罰」五事，符合「師夷長技以制夷」的正確主張。

「香帥眼下在哪？」潤生突然問。張之洞號香濤，又是總督，稱「帥」，故時人皆呼之為「張香帥」。

「他在武漢，幾年前，他在漢陽龜山興建了漢陽鐵廠，有煉鋼廠，有煉鐵廠，有鑄鐵廠，還有

①張之洞（一八三七至一九〇九），清末重臣，洋務派代表人物之一，與曾國藩、李鴻章、左宗棠並稱晚清「四大名臣」。

槍炮廠，大大小小十多家，那洋務運動火紅著呢！哦，他還辦了湖北織布局，在武昌開車，三萬枚紗錠，上千張布機，聽說賺了不少大錢呢！」

張之洞到湖北以後，創辦和整頓了許多書院和學堂。在武漢，有兩湖書院、經心書院，又設立農務學堂、工藝學堂、武備自強學堂、商務學堂等；在南京，設儲才學堂、鐵路學堂、陸軍學堂、水師學堂等，針對海防需要添增了一些新的學科。他還在徐州編練江南自強軍，人數達萬，採用西法操練。

「先生，你說我去武漢行不行？」潤生試探地問。

「行，當然！可現在不行，你還得跟著我。」張謇咪咪地笑著：「你的學問還不夠，張香帥對人才可挑剔呢，沒本事的人跟他就一點搭不上邊。」

潤生低頭不語，面呈失望之色。

一八九四年，光緒二十年是大比之年，四十出頭的張謇上京赴考，潤生也從南通回到了海寧，準備去杭州參加院試。

這年是慈禧太后的六十歲生日，本來要到下一年才考狀元，為了給慈禧太后祝壽，朝廷決定提前一年開科。這一年是甲午年，張謇中了一甲第一名進士，成為「恩科狀元」。

也是這一年，中日之間發生了一場大戰爭。戰火最先起源於朝鮮半島，隨後蔓延到中國東北地區，並在黃海海域爆發了一系列海戰。最終，劉公島陷落，清王朝最強大的近代化海軍艦隊北洋水師全軍覆沒，清軍全線潰敗。清廷只得乞降，簽訂《馬關條約》。這讓陸潤生受到很深的刺激：割了地還賠了款。

讓陸潤生振奮的是，他的老師、「恩科狀元」張謇宣佈放棄仕途，轉而去做一個商人。

陸宗輿在《五十自述記》裏記述：「初見表姊，恍如夢遇，遂訂婚議，堪稱奇緣。自是唱和之雅，伉儷之篤，天倫之樂，至極美滿。不意造物忌人……」妻子玲玉染了天花便撒手人寰了。新婚燕爾才三月，正是最恩愛的時候，如今卻是天地相隔。潤生寫了上百首斷腸詩，也沒有能寫盡自己的哀思①。

夏天過去了，秋天也快過去，張謇從江寧（南京）傳遞快信來，讓陸潤生馬上前往南京讀書。原來張謇高中狀元不久，香帥張之洞由湖廣總督移任兩江總督，成了張謇家鄉的父母官，便邀請他入幕。張謇欣然接受，到了江寧。張之洞讓他在通海地區組織團練之事，以協助清軍防日鞏固江南海岸線；同時，洋務運動正在江蘇火熱著，張謇分別在通州、蘇州、鎮江設立商務局，在南通和蘇州創辦了大生紗廠與蘇綸紗廠，並主持江寧文正書院。

陸潤生到了江寧。張謇的寓所在秦淮河畔的龍蟠里，與惜陰書院相鄰。

這樣，陸潤生在書院的陶風樓裏苦讀。授課老師多為名師，每月考試一次，成績優秀的有獎學

①陸宗輿《陸閏生先生五十自述記》，北京文楷齋，一九二五。

金。惜陰書院的卷子是由鍾山書院、尊經書院批閱。這樣，陸潤生以一書院學生之名而受三書院名師親授。有的科目，陸潤生新來乍到不太適應，開初不行，但經過努力，進步很快，成績常在前三名，所以一年升了三班。

讀書讓他暫時忘掉了喪妻之痛。

這天，陸潤生隨張謇走進煦園。老師將陸潤生推香帥面前，「這是我的門生，他嚮往著湖北的新政，你收下他吧！」

張之洞看了潤生一眼，隨口問道：「你來江寧多久了？」

潤生答：「快一年了，在惜陰書院讀書。」

「噢。」張之洞點點頭，「先前做過些什麼事？」

「一直在讀書，現在想做點事，辦實業之類的。」

張之洞眯著兩隻顯得昏花的眼睛，將潤生仔細打量了一會，說：「你跟著我打算做什麼嗎？」

「聽老師說，湖北的新政做得好，我想去那邊。」

張之洞似乎喜歡上這個年輕人，笑了笑，說「去了武昌，不過你還得讀書，先讀書後做事。」

陸潤生點點頭，顯得很高興。

一個月後，張之洞回任湖廣總督，陸潤生隨之去了武昌。

「新鮮！」這是陸宗輿到了武昌以後的第一個感覺。

學堂是新的，自強學堂是現代學校，坐落在東湖畔的楚望山三佛閣。楚望山與蛇山、鳳凰山一樣，曾經是拱衛武昌城的「三山」之一，地勢險要，具有極重要的軍事意義。

課堂也新，真的新，自強學堂的教學以西學為主，實行分科教學，設置方言、格致、算學、商務四門，沒有「子乎者也」。張之洞認為，唯有方言一門，「為一切西學之階梯」，學通了外文，「將來格致，商務，即可自行誦譯探討」，故強化外語人才培養，將方言一門擴大為英文、法文、德文、俄文四門。他還提出格致一門「須兼通聲學、電學、光學等事」，其對近代科學之崇尚，在當時的官僚中是少有的。①

他想，在這裏可以學洋文讀西書，以後中西會通、華洋兼資是能做出一番大事業來的。實業救國，這不是中國士人的美好抱負嗎？（作者按：為了敘述方便，我們開始稱呼他的本名：陸宗輿。）為此，他很感激張之洞，是他把他領進了這道西學之門。於是在武昌自強學堂，他拜紅毛藍眼睛的洋人為師，讀英文和日語，學測算製造，十分用功。

在這裏，他遇上了同鄉夥伴張競仁②，與之同學。

---

①張競仁《在武昌自強學堂讀書》，一九五五年，藏於海寧圖書館文獻資料室。

②張競仁（一八七九至一九五八），字心谷，浙江海寧人，早歲赴武昌自強學堂讀書，與陸宗輿同學，一九〇〇年赴日本留學，入東京帝國大學，獲理學士位。畢業歸國後，曾任度支部主事、清理財政處行走、財政研究所主任。清末預備立憲之際，與留日學生劉崇傑、陳威等人編譯了《新譯日本法規大全》叢書。民國成立後，任北京政府財政部公債股主任、薦任僉事，財政部次長。

半年以後，陸宗輿有了第二個感覺：「被拐了。」當初他是沖著張之洞「洋務領袖」的身份而來，以為是做了他的幕僚，可以在他身旁受到他的教誨和提攜，可是到了武昌半年多，他一個照面也不給。陸宗輿悻悻然：「我總算與這個洋務大臣謀過一次面，也算幸運之人了。」

湖北自強學堂臨江，早晨推開窗戶，一股清風撲面而來，陸宗輿頓覺心曠神怡。

戊戌變法的消息，陸宗輿最早是從報紙上獲得的。

甲午一戰，堂堂中華大國竟然打不過幾十年前還是和自己一樣任洋人宰割的東洋番邦，這不禁讓年輕氣盛的光緒皇帝深感悲憤。一八九八年六月十一日，光緒頒佈了「明定國是」詔書，上百道變法詔令，除舊佈新變法正式開始。

陸宗輿和同學爭看報紙，每日報上登載都是變法之上諭，有廢八股考試改用策論；有令各省設立學堂；有准人民上書代奏，都察院不准擱置；有設立鐵路局，修造鐵路，設立礦物局，准人民開採；有飭趕修蘆漢粵漢各鐵路；有獎勵士民著譯新書，保有版權；有發明新器，給予專利；有飭地方官保護商務；有飭各省考選學生赴日本及歐美留學；有裁汰綠營；有八旗綠營改練新式兵操；每日上諭，總有數條，乃至十數條，讀之令人興奮，一時轟轟烈烈，學生們均欣喜相告。

七月，康有為上書，請求光緒皇帝「斷髮易服改元」，給全國百姓有一個共同的新面貌。光緒沒准。然而在武昌，漢陽鐵廠為了方便生產，工人一律剪掉了辮子。自強學堂裏有些學生私自將腦後的長辮剪了，脫下了長袍馬褂，換上西裝在校園裏外行走，行色泰然。陸宗輿也想仿效，遭老家父母的竭力反對而沒有剪掉辮子。

一八九八年九月二十一日淩晨，已退隱多年的慈禧太后突然從頤和園回到紫禁城，重出臨朝，垂簾訓政，並以迅雷不及掩耳之勢，將光緒帝軟禁於瀛台，並且抓了輔助光緒帝勵行維新的「六君子」譚嗣同等人，康有為、梁啟超逃往海外。自此，歷時一百零三天的維新運動慘遭扼殺。陸宗輿聽說了梁啟超（一八七三至一九二九），並且記住了這個名字。

張之洞早就知道，光緒從小就怕這個姨媽，黨羽遍佈朝野的慈禧是絕不會善罷甘休的。戊戌政變後，康梁主張的新政全部廢了，但張之洞名下的湖北新政卻還保留著。湖北新學辦得好，後來的新軍也是全國一流的。陸宗輿去看過自強新軍，其他地方挑新兵，個子大身體壯就行，湖北還得進行文化考試，新軍裏面有圖書館，辦得像個學校似的。

在張之洞的洋務新政下，自強學堂進一步推動新式教育，以「守約」來改革「舊學」，分類型、分層次地「廣實學」，鼓勵多層次的「游學」。再是中俄、中日近鄰，「去冬以來，時局緊迫，兩文尤為切實之用」①，在英文、法文、德文、俄文四語的基礎上，方言一門又增加東文（日語）教學。陸宗輿開始學習日語。

是年，康有為向光緒上書《日本變政考》，勾勒以日本為師的變法藍圖：「日本以蕞爾三島之

①張競仁《在武昌自強學堂讀書》，一九五五年，藏於海寧圖書館文獻資料室。

地，治定成功，豹變龍騰，五年而調理備，八年而成效舉，十年而霸圖定。」此外康有為不斷上書光緒，反復申述，日本變法立學，確有成效，中華欲遊學易成，必自日本始。同月，總理衙門議定，準備挑選六十四名學生赴日本。

嘗過了武昌魚的陸宗輿想著嘗嘗東瀛鱺魚了。可他在自強學堂讀書還不到兩年，官費留學是輪不上了。

張之洞給他開了個口子：官費不能，那你就私費吧！①

①同上。

第二章　東瀛求學為「制夷」

拿辮子換得留學資助

陸宗輿在武昌讀書，父母在海寧老家給他續弦。找了一個「富二代」女孩，叫徐金鳳，十七歲，聞訊陸宗輿是西湖院考的「狀元」，自然願意嫁給他。徐家在嘉興、武原和鹽官街上開有多家綢莊，是個殷實富裕人家。

誰知到了迎娶過門前兩日，女方傳話說，「嫁郎，嫁郎，先嫁床後嫁郎」，說陸家那張新床太土了，得重新置備。

其實在浙江，結婚時置一張好床是一種風俗。一些大戶人家對睡覺的床是很有講究的，床上不僅要寬大舒適，還要雕花刻鳳，愈是富貴，愈是富麗堂皇，這也是一種對家產的顯示。

此時，承堪和英子可著了急。吉日良辰已經選定，如果婚禮不能如期舉行是很不吉利的，也是非常丟面子的事。所以，英子立刻去向姐家借錢，承堪則四處打聽新床店鋪，終於買得一張雕花刻鳳的新床，婚禮總算如期舉行。

十天后，陸宗輿回武昌去了。

端午，陸宗輿回了海寧，徐金鳳總算將郎君盼回了家，這「先嫁床」滋味她已經品嘗過了。

「爸媽，此番過了夏天，我要去日本留學了，今天我想把辮子剪了。」早上問安時，宗輿對父母說。

承堪著急了：「你的辮子不能剪，我不是跟你說過了嗎？」滿清八旗卷挾著漢風入關，漢室雄性江山便數百年梳了長辮，哪能說剪就剪下了。

半年前，宗輿寫信給父母說，自強學堂宣導斷髮易服，很多同學將腦袋上的辮子剪了，他也想剪。為什麼呢？宗輿在信中說，髮辮長垂，丟人尊嚴，洋人斥之為豬尾，視我們為怪物。甲午戰爭以後，日本人的自信心突然膨脹，他們把中國人的辮子譏為「豚尾」，於是，一些海外留學生，開始剪辮，與清政府決裂。

他還指出男人長辮的三大害處：第一，辮發長垂，容易誤纏機器中，可以立死；第二，辮子左晃右晃，執戈跨馬極不方便；第三，蓄髮藏污納垢，極不衛生。所以他不願意做「豬尾奴」，欲將腦後這條辮子剪了。

不料，父親的回信斬釘截鐵：「不能剪！剪辮子若背叛祖宗，今後不得進家門，讀書的學費不予供給！」沒法，宗輿屈服了。

此刻，父親的態度沒變，「你的辮子打小就蓄起，一直在你腦後拖了二十多年，比那餵養的狗還忠實呢。」

「男爺們的這條辮子，爸媽為你驕傲過，怎麼能隨意剪掉了呢？」媽媽附和著。

宗輿記得，十二歲去通州拜師前夕，他的前腦門剃得鋥亮，從切耳朵處在腦後蓄起長髮，編成一條油光水滑的大辮子。辮梢處摻著紅布條、銅錢什麼的，靈性而隨意地垂在後背，長可及股，透著一股英武瀟脫勁兒。有一回與人打拳，情急之下發起狠來，腦袋一甩，辮子飛將起來，一圈一圈盤於脖梗，然後一口叼住辮梢，拳腳動處，風生水起，特有男人味。說實話，將它剪了他也真捨不得。可是，拖著這長長的辮子怎麼能去日本呢？

這時，媽媽說：「阿生，辮子別剪了，留學也別去了，反正我家沒錢，供養不了你在日本的生活。」

宗輿知道，父母確實沒錢，昨晚金鳳告訴他，鹽官東門的徐氏綢莊斜對面不遠處新添了的「英鳳繡莊」，是她和婆婆一塊開的，用她的嫁妝錢和陸家的歷年積蓄。綢緞配花繡，也算是相得益彰了。

過了年，小夫妻倆去徐家向二老拜年，岳父丟給宗輿一句話：「阿生，你可以去留學，去日本，只要你將那辮子留著，這一份費用，我可以供給你。」

「也好，謝謝岳父，就算是我向您借貸的，以後我一定還給您！」

回家一詢問，原來是金鳳向她父母哀求來的。

「也許我前輩子欠了你，讓我今生今世來還。」金鳳說。

「你把郎君送到了日本，你就嫁給這張床吧！」宗輿調諧道。

「不要，我要郎君，不要床。」金鳳忽然笑得很嫵媚，扭動著腰肢。

徐金鳳沒想到，郎君這一去將近三年，讓她飽嘗了「嫁郎先嫁床」的滋味。

作為第一批私費留學生。陸宗輿選擇了日本，也許只是很自然的事，因為他學了日文，更容易瞭解那個國度。當然還有一個不容忽視的因素就是新婚妻子金鳳，她促成娘家的那筆資助。

一八九九年夏，陸宗輿懷揣著岳父給的四百元大洋，拖著一條長辮，從上海吳淞口登上一艘遠洋巨輪，東渡日本。

列強辱華，國運飄搖，中日甲午戰爭戰敗後，國人猛然覺醒，越來越多的國人開始將目光投向海外。「師夷長技以制夷」，一些有識之士終於掙脫了鎖國閉門的束縛，毅然走出國門。官費和私費生紛紛湧入日本，正如陸宗輿的日本友人青柳篤恆所言：「學子互相約集，一聲『向右轉』，齊步辭別國內學堂，買舟東來，北自天津，南自上海，如潮湧來。」

本年，捐官出身的漢裔旗人毓賢出任山東巡撫，提出「民可用，團應撫，匪必剿」，對義和拳採用撫的辦法，將其招安納入民團。於是義和拳成了「義和團」，而口號亦由「反清復明」改成「扶清滅洋」。

昔日之藍，不如今日之青

宗輿登上開往日本的遠洋巨輪。

讓人驚訝的是，自己腦袋上還盤著一根十分可笑的辮子。

當遠洋輪踏著滔滔波浪駛離上海的時候，陸宗輿一定在感懷武昌，因為正是在武昌的經歷使他開闊了眼界，並且使他的學識有了很大的長進。這使得他與當時一般的留學生相比，有著更好的學習基礎。

這年，美國提出對華「門戶開放」政策：領土完整，主權獨立，門戶開放，利益均沾。在此旗幟下，日本、俄國、英國、德國、法國等列強蜂擁而來，爭搶勢力範圍，公開瓜分中國。

甲午戰爭之後，中國人去日本變得像去上海一樣容易，因為不需要簽證。而且到日本的船票又便宜，到東京最貴的頭等艙不過五十四銀元。陸宗輿是私費生，便宜才是王道，乘坐三等艙，自上海到長崎，只須大洋十四元。

陸宗輿望著海平面上慘淡的夕陽，不由發出了一聲歎息，腦海中忽然想到了一句話，喃喃地說了出來：「人騎白馬門前去，我踏金鼇海上來！唉！」

就在這時，背後冷不防突然冒出一句問話來：「這位兄弟，你這話可是大狀元的氣慨！」

陸宗輿微微一愣，忙回過頭來看去，只見自己身後站著一位穿西服青年，帶著一副黑邊眼鏡，身形甚是消瘦，年紀跟他差不多，也不知道此人是什麼時候出現的。

青年嘴角掛著一抹難以琢磨的笑容，直勾勾的盯著眼前的陸宗輿。

陸宗輿略打量了對方一番，淡然的笑了笑，道：「若在下先前之話有慷慨之志，那先生你連辮子都剪掉了，豈不是更加胸懷大志了嗎？」

青年並沒有任何反駁，反而哈哈大笑了起來，道：「讓吾感到詫異的正是這位公子，口中叨念著人騎白馬，頭上卻還留著韃虜的遺物，這豈不是自相矛盾嗎？」

陸宗輿歎了一口氣，收斂了情緒，憂然的說道：「早就想剪了，韃子腐化我大漢男兒心志的渾物，留著它作甚？無奈在下有苦衷，不似你等這些富家子弟那麼豁達，否則也不會留它到今天了。」

自從戊戌變法失敗之後，中國許多青年知識份子開始私自剪斷辮子，尤其是在清政府鞭長莫及的南方各省尤為普遍。除了學生之外，就連滿清政府組建的新軍士兵為了方便戴上新式軍帽，也私低下剪掉了礙事的辮子。

雖然滿清政府有過「留辮不留頭」嚴令，可是自中日甲午海戰之後，滿清的中央皇權已經越來越無力。地方勢力以及列強在華的租界，儼然成為了抗拒這一嚴令的溫床。但凡是出國留學的學生，十之八九都是會剪掉辮子的。

就在去年時，滿清政府對這種日益嚴峻的問題感到擔憂，再次下達嚴令禁止私自剪掉辮子。只不過這一嚴令僅僅熱鬧了一陣之後緊接著又消失無聲了。

「哦？這麼說，公子你是學習軍事的留洋學生了？」青年好奇的問道。

「在下雖是留洋學生，只不過與先生略有不同。在下剛從武昌自強學堂出來，尚未畢業就去日本留學，私費的，進不了軍事學堂。」陸宗輿解釋道。

「原來如此。」青年恍然點了點頭。

清末留洋探求富國強民之道的中國人很多，除了去國外常規學術類的大學之外，軍事學院深造也同樣十分熱門。但是與學術性大學不同之處是，學術性大學官費生、自費生都是有的，而軍事學院的學生則只有官費生。

這很容易理解，軍事之學非同小可，若學成之後不能為國家所用那留學何用？

此外，學術性大學留學歸來不一定要到官府報到，所以這些學生們剪掉辮子，回國之後也並無大礙。但從軍校學成歸來的學員，全部都是由官府分配授職，如果剪掉了辮子，縱然沒有殺身之禍也會影響仕途。

青年沉吟了一陣，微笑道：「聽口音，公子你似乎同是浙江人呀？」

陸宗輿回答道：「在下祖籍浙江海寧，一個從前生產食鹽現在洶湧大潮的地方。」

青年有些意外驚喜，歎道：「原來是同鄉人呀！我是吳興人，一八七九年生的，名叫章宗祥①，

①章宗祥（一八七九至一九六二），字仲和，浙江吳興人，辛亥革命後受袁世凱派遣，隨唐紹儀參加南北議和談判。後任袁世凱總統府秘書、法制局局長、大理院院長、司法總長等職，一九一六年任駐日特命全權公使。

南洋公學的，是官費生。」他是南洋公學（上海交大的前身）當時僅有六名的第一批留學生。

陸宗輿自嘲的笑道：「我是自費生，救國得先自強，自強從留學開始。唉……」

章宗祥聽了這話，心中漸漸有好感，忍不住道：「陸公子果然心有大志？」

陸宗輿歎聲道：「我泱泱大國一直飽受內憂外患，七尺男兒有誰不想自強救國呢？」

章宗祥若有所思的點了點頭，沉默了片刻後，又道：「陸公子所言極是，振興中國的大任我輩義不容辭呀。只可惜我輩英雄太少，除了北洋袁世凱①之外，放眼宇內難出第二人呀！」

「恕在下冒犯，竊以為袁世凱當不得英雄。」陸宗輿忽然說道。

他對袁世凱雖然很尊敬，卻不覺得他是一個英雄級別的人物。

章宗祥臉色驟變，冷聲道：「若袁世凱都算不得英雄，普天之下我還真不知道有誰能被稱為英雄了！」

陸宗輿對他的反應並不惱火，他深知袁世凱小站練兵的名聲在許多青年人心目中儼然就好比是黑暗中的燈塔一般。

①袁世凱（一八五九至一九一六），字慰亭，號容庵、洗心亭主人，漢族，河南項城人，故人稱「袁項城」。中國近代史上著名的政治家、軍事家，北洋軍閥領袖。袁世凱的榮辱功過各有評說，有人說他是「獨夫民賊」、「竊國大盜」，也有人認為他對中國的近代化做出貢獻，是「中國的華盛頓」。總之，他是中國近代史上最具爭議的人物之一。

「先生，在我看來，袁世凱可謂是這個時代的人才。人才與英雄有時候可以相提並論，可是兩者也有區別的地方。」他淡然的笑了笑，說道：「甲午戰爭的失敗告訴我們，船堅兵壯並不能夠救中國，所以，我奉行的是張謇先生實業救國之精神，國富民強才是我們出洋留學的根本宗旨。」

「哦？是嗎？」章宗祥臉色立刻釋然了起來，不過，他沒有急著發表自己的意見。

……

航船到了神戶，他們改乘火車到東京，那時快車亦須一夜，天明時到達東京。神戶本為外人居留地，在明治維新時期，日本頒布新憲法，又開國會，改正了民法，各居留地及治外法權開始由日本政府收回。乘坐在火車上，陸宗輿透過窗戶看見，沿海盡是洋樓，很像上海的黃浦灘。

沒幾多天，從閉塞落後的中國到了資本主義蒸蒸日上的日本，陸宗輿心中的震盪是很大的。他在給妻子的信中寫道：「自入長崎以來，流連異上，百感並交，及達東京，亦怦怦不能自持者」，「今幾何時，昔日之藍，不如今日之青，昔日之師傅，不如今日之弟子。」

愛與怨的糾結

這一年，各省督撫相繼派遣學生赴日，官費與私費生紛紛湧入日本；日本方面為中國留學生所開設的學堂亦如雨後春筍，應運而生。

初到日本，陸宗輿在一日本人家居住。只有一個老婆婆和小孫子在家，兒子出征與俄國人打仗去了，兒媳便回了娘家，小孫子山本正讀小學。陸宗輿天天和山本生活在一起，幫他家幹活，兼學日語。因有一點基礎，他很快掌握了日文的基本用語，而且會說不少俚語。

那時日元比中國銀元便宜，去日的公私費留學生，生活比在國內上學更為節省。另外，留日不要簽證，來去自由。而當時日本經濟剛起飛，都市中聲色犬馬，樣樣比中國新鮮；連下女和老阿姨都頗有文化。當時日本無種族歧視，而日俗男尊女卑遠甚於中國。公共浴池中有時男女同浴，使陸宗輿大開眼界。但他身入花叢並不迷戀其中，因為妻子的臨行囑咐記在心裏，父母也常在信中督促。

對於中國人留學日本，日本人給予了積極的回應。普通日本人感到莫大的自我滿足感：昔日的弟子受到老師的尊敬。

早在西元七世紀，繁榮強大的唐朝對日本產生了巨大的吸引力，日本掀起了全面學習中華文明的熱潮。日本在大化年間發動改革，模仿唐朝的政治體制，清除豪族的影響，確立起中央集權的古代天皇制國家。建築、宗教、文學等領域的中華文化也頻頻不斷地傳入日本。在固有文化的基礎上，日本為我所用，吸收了適合本國的中華文化，創造出新的日本文化，使日本文明更上一層樓。

因而，有不少心懷善意的日本友人，對中國留學生教育十分熱心。他們認為中國「自古有恩於日本」，目前國土被列強蠶食，利益被列強霸佔，幾乎面臨亡國滅種，人民處於水深火熱之中，我們日本人對鄰邦人應給予同情，心懷好意大力支援，助其成功。留學生因而受到日本友人的關照和幫助。

當然，日本官方則認為，接受中國留學生關係到日本的國家利益，不僅從經濟上可以得到一大筆收入，而且在政治上能夠獲得中國人的信賴，並由此培植親日勢力，對中國諸領域產生影響便於對華擴張。所以日本政府大力推動留日，主動向中國政府表達了接受留學生的願望。

秋季，由日本友人犬養木堂推薦，宗輿進入早稻田大學，專攻政法經濟科，研究政治法律和經濟，並補習普通學科，學制三年。犬養木堂即犬養毅，曾是中國民主革命先行者孫中山的革命密友，後來成為日本第二十九任首相，一九三二年「五・一五事件」中，被軍部右翼分子刺死。當時，犬養木堂任大隈重信內閣的文部大臣，特意在東京開設了留學生專門學校，為剛來日本的中國學生補習日語，教授各種知識。

章宗祥則就讀於東京帝國大學。

早稻田大學由前日本內閣總理大臣大隈重信創立，設有政治經濟、法律、理學及英語四科。學校位於東京西北的一片稻田中，校舍僅為兩座兩層樓，一座用於教學、一座用於學生宿舍。由於大隈重信創辦這所專門學校時身處政治逆境，為避國內政黨紛爭，不便過問具體校務，但他提出的辦學宗旨「保障學術之獨立，使之為成就模範國民所用」，在學校上下的苦心運營下，通過眾多具有獨立學術精神的教授們的實踐逐漸生根，成為早稻田大學的傳世校風。大隈重信宣導的「在野精神、進取精神和庶民精神」引導早稻田大學的人才養成一直走在「實用」的道路上，當今日本社會大學生就業率最高的仍是早稻田大學。

最初兩年，留日的中國學生，文武都算上也不過七十七人，每逢假日，彼此往來，不分省界，也不分文武，親若家人。

在東京，宗輿與同鄉和少年同學王國維相遇。他比陸宗輿晚來一年多，在日本東京物理學校學習。後來他成為一位享有國際聲譽的著名學者，陸宗輿印象最深的是他在《人間詞話》中揭示了治學的三種境界。

另外新結識的兩個同學，一個是曹汝霖，一個是汪榮寶。

曹汝霖（一八七七至一九六六），字潤田，原籍浙江，生於上海，其父淡於仕途，喜飲不及醉，在江南製造局謀事。局中附設廣方言館，招考年幼孩子學習各國語文，畢業後擇優送北京同文館深造，曹汝霖在此啟蒙。十八歲應童子試，以第五名入榜。二十一歲娶妻，過了幾年，父親賣了二畝田地湊足四百元送他赴日留學。初入的也是早稻田大學，後來才轉到東京法學院大學。

曹汝霖住在日本著名的哲學家中江兆民的家裏，受到哲學家遺孀的照顧，自然感到相當愜意。這個中江兆民，有著作《一年有半》譯成中文，在中國很有名。在中江家住的時候，曹跟中江的兒子中江丑吉結成很好的朋友。這個中江丑吉，就是後來火燒趙家樓時，死命護著章宗祥的那個日本人，但他不是我們一些五四參見者所說的「帝國主義分子」，而是個主張對華友好的親華人士，研讀過《資本論》，傾向馬克思主義，酷愛中國文化。他還跟日本馬克思主義理論家片山潛關係不錯，一向主張反對日本對華侵略，還屬於日本的左翼人士。

汪榮寶（一八七八至一九三三）字袞父，號太玄，江蘇吳縣人。出身讀書世家，其父汪鳳瀛曾為清末張之洞幕僚、袁世凱總統府顧問。作為家中長子，汪榮寶自幼穎慧，九歲即讀遍四書五經。十五歲入縣學，後以優等保送江陰南菁書院。一八九七年舉拔為貢生，第二年應朝考，以七品小京官身份進入兵部任職，一九〇一年由南洋公學堂赴日本留學，入早稻田大學，主攻歷史兼及政法。

「身在曹營心在漢」可以說是陸宗輿此段留日生活的真實寫照。生在中國，讓陸宗輿的骨子裏有著對祖國濃濃的愛。然而，客觀地講，日本人獨特的生活方式乃至文學藝術、審美觀念確實是值得由衷讚美和學習的。日本的美景，同樣值得欣賞，正如同在日本留學的郁達夫在小說《南遷》中所說：「安房半島，雖然沒有地中海內的長靴島的風光明媚，然成層的海浪，蔚藍的天色，柔和的天氣，平軟的低巒，海岸的漁網，和村灣的居民，也具有南歐海岸的性質，能使旅客忘記是身在異鄉。」①跟郁達夫一樣，陸宗輿既欣賞日本特有的風情與文化，又憎惡日本人國民性中對中國的敵視和鄙夷。

入學不久，東京的留日學生集會紀念戊戌六君子就義一周年。大家為先烈們悲壯激烈的慷慨情懷所感動，紛紛傳誦著譚嗣同在臨死前對梁啟超說的那一段豪言壯語：「各國變法，無不從流血而成，今我中國未聞有因變法而流血者，此國之所以不昌也，有之請自嗣同始！」流傳著譚嗣同臨刑

①《郁達夫小說》，現代出版社，二〇一五。

前奮筆疾書的那句絕命詞：「有心殺賊，無力回天，死得其所，快哉快哉！」並且把譚嗣同的獄中題壁詩，「望門投止思張儉，忍死須臾待杜根。我自橫刀向天笑，去留肝膽兩昆侖。」譜成歌曲，到處傳唱。

陸宗輿和曹汝霖、章宗祥、汪榮寶後來不約而同成為了「親日派」。說起緣由，曹汝霖講過：「日俄開戰時，我尚在日本，見日本軍人之踴躍從軍，我已心中感動。回國後，又見日本無條件歸還我東三省領土，其慷慨仗義之精神，已使我心折。……假使兩國親善提攜，有無相通，同時並進，假以歲月，不難同為富強之國，同為東亞兩大強國，不但防俄，且可維持東亞之和平。我基此心理，親日之感，由此而生。」①跟他一樣，陸宗輿也說是日俄戰爭引起親日感。

留學生在日本的生活和學習絕不是輕鬆的。很多日本人因為明治維新的成功和甲午戰爭的勝利產生了民族優越感，輕視中國人和中國留學生，蔑稱他們「骯髒、懶惰、虛偽、貪婪、愚昧」。在街上行走時，常有日本小孩子追逐在身後投石子，嘲罵：「豬尾巴！豬尾巴！」日本人都叫中國人「支那人」，這「支那人」三字，在日本，比我們罵人的「賤賊」還更難聽。置身於此，陸宗輿意識到自己不僅是一個外來者，而是一個天生就背負著恥辱的國籍十字架的異邦人。

這一切深深地傷害了留日學生的自尊心，激憤之下，汪榮寶和章宗祥剪掉了被稱為「豚尾」的

①曹汝霖《曹汝霖一生之回憶》，中國大百科全書出版社，二〇〇九，第三六頁。

辮子，避稱自己是清國人。更多的留日學生不敢剪辮子，拖著辮子又怕人笑話，所以流行把辮子盤在頭頂上，再戴上學生制帽。出國之前，陸宗輿是拿長辮換得一份留學資助的，他不敢貿然剪下這根長辮，盤了將近一年，最後一咬牙，還是剪了。

當時能到日本留學的人，特別是私費生，大多是富家子弟，在中國備受人們尊重，然而，在日本卻受到嘲弄和輕蔑。不過大多數留學生能夠忍辱負重，堅持學習。

一九〇〇年（清光緒二十六年）五月二十八日，以當時的大英帝國、美利堅合眾國、法蘭西第三共和國、德意志帝國、俄羅斯帝國、日本帝國、義大利王國、奧匈帝國為首的八國聯軍以鎮壓義和團之名對中國實行武裝入侵。八月十四日，北京城徹底淪陷，八國聯軍所到之處，殺人放火、姦淫搶掠。從紫禁城、中南海、頤和園中偷竊和搶掠的珍寶更是不計其數，其中著名的萬園之園「圓明園」繼英法聯軍之後再遭劫掠，終成廢墟。侵華軍隊總人數前後約為五萬人，裝備精良，聲勢浩蕩。日本是八國聯軍侵華中出兵最多的，達二萬另三百人，同時也是獲益最大的，整個內務府和戶部藏銀全部被洗劫一空。由此大大刺激了日本侵略野心，之後的日本走上了對外侵略的不歸路，

與此同時，留學日本的中國學生用行動展開了更為激烈的拒俄抗日運動，他們組織「拒俄抗日義勇隊」，決心為保衛祖國領土完整，「灑熱血、冒白刃，岸然挾萬死不返之心」①，不但有力地

①楊天石、王學莊：《拒俄抗日運動》，中國社會科學出版社，一九七九，第一一三頁。

聲援了國內的愛國運動，而且有很多人離日回國，直接參加鬥爭，後來的許多資產階級革命家就是在這次運動中湧現出來的。

陸宗輿「以夷攻夷」的思想在心中悄然萌發。

愛國活動「蘇浙四傑」

當年的留日學生，數浙江籍和江蘇籍為多，「時有通信詢問情形，故有留學生會館之設立，在上海登報，如問留學情形，可直接通信留學生會館，隨時答覆，並可代為照顧。會館公舉幹事十二人，輪周值日，管理通訊等事，余亦為幹事之一，會費由同學量力捐助。初來之人，極為稱便。」①入學時在東京設有「蘇浙會館」，後來有了各省籍的同鄉會，會館便隱沒了。

那時候，東京是中國兩大政治派別互相角逐的大舞臺，一方以康有為、梁啟超為首的維新派，一方為以孫中山為首的民主革命派。雙方各發行自己的刊物，前者為鼓吹君主立憲的《清議報》，後者為宣揚民族民主革命的《民報》。另外還有第三條路線，一會兒被憲政新潮卷到東，一會兒又被革命的浪頭打到西。陸宗輿常以化名向《清議報》投稿，偶爾也向《民報》投寄議論文章，但未

①曹汝霖《曹汝霖一生之回憶》，中國大百科全書出版社，二〇〇九，第一八頁。

加入任何一派。

一九〇一年秋，旅日留學生浙江同鄉會在東京成立，參加者習文習武共三十七人。由此，陸宗輿結識了一位同鄉新朋友，此人名叫蔣方震（一八八二至一九三八），字百里。自甲午戰敗以後，繼之八國聯軍攻陷北京，許多愛國男兒感到三寸毛錐不能救國，紛紛投筆從戎，到日本學習軍事。百里是初夏時入的日本成城學校，那是日本陸軍士官學校的預備學校。（後來入日本陸軍士官學校，一九〇五年以步兵科第一名畢業，日本天皇親自賜刀。）

蔣百里和陸宗輿一樣，中過秀才，受過名師的提攜，一武一文，留學動機也一樣：百里認為「強兵救國」，宗輿認為「經濟富國」，都是為了尋求救國之方。蔣百里為旅日留學生浙江同鄉會編著發行會刊《浙江潮》，陸宗輿是執筆者之一。陸宗輿和蔣百里等中國同學表現出投身政治活動的熱情，他們吸收在日本接觸到的西方資產階級政治學說，探討拯救中國的方案，直到參與實際鬥爭。後來到了一九一三年，陸宗輿受袁世凱奉派出任駐日公使，此時，蔣百里出長保定軍校，半年後受聘袁世凱總統府軍事顧問。後來軍事處改組為「海陸軍大元帥統率辦事處」，蔣百里給袁世凱上了一個條陳，建議辦事處成立一支模範軍，給老氣橫秋的北洋軍打打強心針。①

同鄉會上，陸宗輿還結識了百里的同學和摯友蔡鍔。蔡鍔是湖南人，在長沙時務學堂得到梁啟

①呂崢《中國誤會了袁世凱》，同心出版社，二〇一四，第四七二頁。

超的重視。清政府對於留日進士官的學生設立了重重障礙，蔣百里和蔡鍔得於進入日本士官學校，是梁啟超從中搭了橋。①

此時，梁啟超正亡命橫濱。百日維新失敗後，梁啟超事先得到消息，讓康有為先離京南下，自己留下來與譚嗣同、康廣仁等營救光緒皇帝。政變發生的當天，梁啟超按照譚嗣同的囑託到日本使館，向日本駐華代理公使林權助提出營救光緒和康有為的請求。然後又匆匆拜訪英國傳教士李提摩太，將北京發生政變的消息電告上海同仁，並由李致電英國駐上海領事營救康有為，使康有為及其家人得以平安出國。

當天晚上，梁啟超再次逃人日本使館，在日本使館人員的幫助下連夜逃往天津，登上一艘日本軍艦，帶著「君恩友仇兩未報」的悲憤心情，「割慈忍淚出國門」，開始了長達十四的海外流亡生涯。

梁啟超到達日本不久，與康有為在東京會合。以蔡鍔為首的二十多名長沙時務學堂的學生，也從家裏偷跑出來，到日本追隨梁啟超從事維新活動。

一九〇一年十二月，一場大火結束了《清議報》的歷史使命。兩個月後，梁啟超在橫濱創辦《新民叢報》，繼續宣傳改良主張。與以前不同的是，梁啟超迫於形勢，已不得不放棄「保皇」口號，而代之以「新民」之說，將主要精力放在啟蒙宣傳上，並將自己的筆名改為「中國之新民」，以表

---

①陶菊隱《蔣百里傳》，中華書局，一九八五。

「維新吾民」的決心。他指出：「中國所以不振，由於國民公德缺乏，智慧不開」，因此，「欲維新吾國，當先維新吾民」。一段時間，陸宗輿和曹汝霖是梁啟超「開明專制」論的積極鼓吹者，參與了《新民叢報》的論爭。

梁啟超筆鋒犀利，議論透徹，容易動人。「加以戊戌變法失敗，故言論不免過激，然對他表同情者不少。後以留學生來者日多，思想龐雜，有偏於溫和者，有偏於激烈者，溫和者多主張君主立憲，激烈者多主張排滿革命……然思想雖有不同，彼此友情，依然如故。」①

陸宗輿參加的勵志社，文武學生都有入會，設立宗旨，只是聯絡情誼，研究學術。有時開辯論會，討論時事，交換意見。後又改定章程，主張君主立憲，出一刊物，名《譯書匯編》，翻譯日本明治維新之著述，及維新人物之事蹟，日本憲法書籍及名人講義，以及各國憲法名人傳記等，以期開發民智，灌輸新知識於國人，月出一冊，銷行上海，一時稱盛。其時日本留學生，都是純潔青年，想改革中國政治教育及軍事，沒有存功名富貴之想。

陸宗輿與汪榮寶、曹汝霖、章宗祥一起，積極參與愛國活動，在留學生中號稱「四大金剛」。

有一次開會，聽曹汝霖演說。他登臺侃侃而談：「我是主張君主立憲的，我先說個譬喻，設有一巨宅，棟樑傾斜，瀕於圮倒，非拆造不可，但基礎尚堅固可用，如將巨宅拆改，即在基礎上重建，

---

①解璽璋《梁啟超傳》上海文化出版社，二〇一二。

既省料又省工，何樂不為，因需利用的是重建的巨宅，不是原來的基礎呀。現在政府腐敗，非改革不可，譬如拆去巨宅，重建新宅，仍留君主虛位，留一點元氣，免得人民流血，即譬如利用原來的基礎，可省工又省料了。」台下，陸宗輿聽著，不禁喜形於色，讚美地矚望著他，顯然他是贊同曹汝霖的主張的。

曹汝霖接著說：「滿族亦是中國的一部分，不能算他是外國。況滿人入主中國已近三百年，若論政事，還比明朝好些呢，如廢廷杖，禁宦官干政，永不加田稅等等。所以我主張君主立憲，是合宜於今日的事勢，若必要排滿革命，人民不知要流多少血，大傷元氣，一切都破壞。」陸宗輿在台下帶頭鼓掌。

「要知道破壞容易，建設繁難，試觀法國革命，雖然推倒王朝，成了共和政體，嗣後戰亂頻仍，犧牲了多少人命，流了多少的血，鬧了幾十年，尚沒有太平。我們不應只看今日法國的繁榮，而忘了法國革命歷史之慘痛！中國已民窮財盡，若再加以革命的破壞，從頭建設，即使成功，亦非我們一代能見到共和的康樂。我並不是為清朝辯護，我只為中國百姓著想。說句公道話，現在政府之腐敗，自然應歸咎於滿人，但我們漢大臣之無能，亦不能辭其咎也。此我個人之見，還請諸君見教。」說罷下臺，滿場拍手。

突然，一位名叫張溥泉（繼）的同學跳上臺，駁斥說：「曹君的話，我不贊成。他說滿人亦是五族之一，亦算是中國人，我們黃帝子孫，怎能與韃虜為伍？他說革命流血，人民痛苦，不錯。

然目下之情形，人民不是也受苦嗎？他說立了憲，中國即好了，立憲君主國家，不安定的多著呢！他說不要忘了法國革命歷史，我請他看看元朝歷史吧！」聲音越說越高，隨後竟下臺謾罵起來。

有人將一隻皮鞋擲向他，他也不客氣，回敬他一隻皮鞋，幾至揮拳，旁人都來勸解。

曹汝霖倒心平氣和的對他說：「溥泉兄，今日只是辯論，大家意見，自然不同，彼此辯論，何必光火。我們主見雖然不同，為國都是一樣，無論君主立憲，排滿革命，手段不同，要改革中國政治之意則同。將來不論走那條路，若能成功，總是異途同歸，何必在此作無謂的舉動，反有傷友誼呢？」

說著伸出手：「來！來！我們握握手，言歸於好，只當沒有這件事，大家都把這場事忘掉了好了，仍做好朋友，好不好？」彼此握手而散。①

宗輿目睹他的大度，微微點點頭。表面上保持沉默與中立，實際上他站在了曹汝霖一邊。

回家拆信，信封裏掉出一張照片，金鳳的。他知道妻子想他了，盼他學成回家。

①曹汝霖《曹汝霖一生之回憶》，臺北傳記文學出版社，一九八〇。

日本同學做了他的耳目

陸宗輿班上有個日本同學叫青柳篤恆①，比陸宗輿小了一歲，和同學閒聊著眼前的「只一衣帶水，便隔十重霧。」陸宗輿讀著駐日參贊黃遵憲的這句名詩，和同學閒聊著眼前的這個「大和民族」。

兩年以來，一個重大問題始終縈繞在陸宗輿的心頭：歷史上，日本曾經為中國的藩屬國，近代以來也一直受到西方列強的欺淩，然而，經過明治維新後其國力大增，不得不讓清廷刮目相看。日本與中國是一衣帶水的毗鄰，可是在近代化成功後卻對中國投以野心和虎視，割我台灣，奴役朝鮮，進窺南滿，使中國的民族危機感日益加劇。於是，陸宗輿急欲探個究竟：日本速強的原因是什麼？明治維新是怎麼回事？

這天是假日，陸宗輿邀約青柳篤恆去釣魚，事先他打聽過青柳篤恆的喜好，還邀章宗祥陪著一塊去。

釣魚僅是個藉口，「釣」出答案才是陸宗輿他倆的用意。

---

①青柳篤恒（一八七七至一九五一），中文名柳士廉，日本山形縣人。從早稻田大學政治經濟學部畢業後長期執教早大，兼任校長大隈重信的秘書，負責處理中國方面事務。一九一三年二月擔任袁世凱法律顧問有賀長雄的襄助員，為袁世凱搜集日本朝野對華方面的情報。

青柳篤恆出生於日本山形縣，喜歡漢學，曾隨中國駐日本公使館隨員張滄學習漢語及漢學，取了個中文名「柳士廉」。

青柳篤恆愛與中國同學交朋友，自然明白今天「釣」的是什麼「魚」，他也願意上鉤。

話題一開，他立馬滔滔不絕。

「這段史話須從早大的前世今生說起——」

江戶幕府時期，佐賀藩屬武士山本常朝，融合中國儒學、佛學與本土神道，編著了《葉隱聞書》，以「名、忠、勇、死、狂」之說為藩主鍋島勝茂統治本藩所用。通篇「君臣戒律」自然受到藩主賞識，被尊為佐賀藩的「國學」，成為藩屬武士學館「弘文館」的必修課。於是，《葉隱聞書》有了「鍋島論語」別稱。

同一時期，江戶幕府開放與荷蘭的貿易，「蘭學」在日本悄然興起，剛剛問世不久的美國獨立宣言、荷蘭憲法都經「蘭學」傳入江戶幕府治下的日本，「蘭學寮」出現於日本各地。

佐賀藩上層武士之子大隈重信生逢此時，自發蒙即進「弘文館」讀狹隘隱晦的「鍋島論語」。因大隈重信多有不軌言行終被逐出弘文館，反倒成為他進入「蘭學寮」的契機。江戶幕府末期受到「蘭學」影響的一代青年，日後大都走上明治維新的正面舞臺，主導了具有深遠影響的憲政改革。

一八五三年，美國佩里率艦隊叩開了日本閉關鎖國的大門，幕府的統治發生動搖。日本的志士仁人經歷了從盲目的排外攘夷轉身推翻幕府開國，建立了明治政權，大隈重信出任專職「大藏大輔」

（財政部長）一職。包括大隈重信在內的改革派立志改革，確立了「殖産興業」、「文明開化」和「富國強兵」的三大政策，實現了從農業社會向工業社會的轉變，這段歷史稱為「明治維新」。

其間，始於一八七四年（明治七年）的「自由民權運動」，與倒幕後仍把持朝政的舊式「藩閥」針鋒相對，自由民權派的立憲主張以大隈重信奏請的改革方案最為激進。「自由民權運動」持續了八年，大隈重信等激進派被罷免，自由民權運動被徹底封殺，史稱「明治十四年政變」。下野後的大隈重信成立「立憲改進黨」，開日本政黨之先河，並於明治十五年創辦「東京專門學校」，就是現在的早稻田大學①。

「再看看近代日本人中國觀的變化軌跡——」

古代日本仰慕中國，在恢弘的中華文化影響下，從體制到一切模仿中國。至日本鐮倉幕府、室町幕府時代，日本逐漸形成獨自的文化和體制，但對中國文化的認同不衰。明治維新後，在傳統與現代的博弈中，舊道統的維護者重拾舊日「朱子學」包裝以新稱呼「漢學」，力圖在新式學堂仍有一席之地。以明治時期的「東京帝國大學」設立「漢學科」為代表。

歐洲天主教耶穌會的傳教士從十七世紀進入亞洲，初入中國，繼而踏足日本，適逢中國明末清初、日本明治前後。傳教士們關注亞洲重農社會的價值觀，他們將東方的哲學、歷史、文化、風俗

①實藤惠秀《中國人日本留學史》日文版，一九六〇。

等方方面面傳達到西方，漸成西方學術體系中的「東方學」，日本漢字表述為「東洋學」。於是，以外交、軍事、媒體等需要為主的對現實中國的關注自然借助起「東洋學」的套路。

這兩年，中國爆發義和團運動，正是日本學者所稱日本由資本主義進入帝國主義的「歷史性轉折」年，是日本涉足中國事務的活躍期。上年，早稻田大學開始在「外國語學」中設置必修外國語為「英語、法語、支那語」，率先開設中文課。

「所以說，把早稻田大學的歷史弄得透徹明白了，你們就知道什麼是明治維新了。」青柳篤恆的口氣裏有點兒神秘。另外一點他沒有說，陸宗輿卻心裏明白：在歷史巨大進步的背後，日本的變革不徹底，並在軍國主義驅動下開始對外侵略擴張。

青柳篤恆畢業後留校執教，還當過校長秘書，是「支那問題研究「課的創始人。坊間傳說他是袁世凱的高等間諜，實際上，他一直是陸宗輿的好朋友兼「暗哨」，陸出使日本時，他為其提供過情報。

在日本留學這段時間，陸宗輿與不少日本同學結下了友誼，這為他以後的「秦庭之哭」埋下了伏筆。日本早稻田大學被稱為「政治家搖籃」，學生基本上以貴族和官宦子弟為主，如大隈首相的侄子大隈小雄、外務大臣的外甥小伊藤，後來成為外務省官員的小村等。陸宗輿常與他們一道練習中國武術，日本同學也常常陪他打工掙學費，邀他一同下館子品嘗日本料理。

「師夷長技以制夷」

光緒二十七年（一九〇一）一月，清政府發布《變法上諭》，開始實行新政。「興學育才「即是「新政「的一項重要內容。在李鴻章的推薦下，當時任山東巡撫的袁世凱接任直隸總督兼北洋大臣，改革新建陸軍。

日本在近代東方之崛起，是歷史上的一個奇跡，其崛起後竟能跟隨歐美諸強侵掠中國，成為第一個也是唯一的一個黃色帝國主義，而其兇殘則較諸白色帝國主義尤有過之，此理殊不易解。再者，日本文明原為大陸上漢族文化向外擴張之邊緣，而此邊緣文化於近百年中竟能反噬其母體，其母體文明又表現得若斯之顢頇不可救，這是為什麼呀？陸宗輿茫然著。

日本「明治維新」的成功訣竅在哪？是「師夷長技以制夷」嗎？陸宗輿領悟著。

陸宗輿學習的日本大學課程是由德國引進的，「大日本帝國憲法」，是以德國君主制憲法為模式，德國的國家主義學說為主流的。哲學一科，以德國唯心主義哲學佔統治地位。史學也是以德國的史學為基礎，強調考證的實證主義歷史觀。

經濟學，學的是德國的貿易保護論和社會政策學說，這是陸宗輿最感興趣的，是他的強項，他正在撰寫《整頓財政說帖四條》一書，將所學所得集於這本書中。

課堂聽課，課後去圖書館閱讀，晚上或寫書或參加勵志社的辯論，有時還去校外打工，陸宗輿很辛苦。

日本的教育雖然確立了「四民平等」的國民教育體制，但是，陸宗輿的日本同學基本上還是以貴族和官宦子弟為主。他們之中有些人驕橫跋扈，不可一世。以當時的大隈首相的侄子大隈小雄為首夥同一幫紈絝子弟經常欺負同學，讓別人替他們做作業，還要交保護費。小伊藤等人就是他們欺負的物件。

課堂上，老師出了一題，大隈小雄和幾個同學都沒有答出來，最後是陸宗輿答對了。

課後，小伊藤告訴陸宗輿，大隈小雄要找他的麻煩，讓他小心點。

陸宗輿說：「我沒有做錯事，怕他什麼呀？」

小伊藤說：「他嫉妒你，老師表揚了你，他很沒有面子，可能要揍你。」

「我不怕！」

課後，有人遞給陸宗輿一張紙條，大隈小雄約他在小樹林決鬥。

小伊藤說：「你看，他們要來欺負你了，要麼跟他們講和，給一點好處也就算了。」

宗輿說：「好！我去會一會他！」

樹林裏，膀大腰圓大隈小雄和幾個狐朋狗黨在候著。

一看到潤生來了，大隈小雄立刻搶佔地形，擺出武士道的樣子，高叫著：「來，讓你看一看我們日本的武士道。」

「你來吧！」陸宗輿雙腳不丁不八地站穩，雙手上下地護在自己的胸前，一動不動，眼睛緊緊地盯住大俣小雄。

大俣小雄猛然地大叫一聲，高舉著拳頭沖了過來，兩拳朝著陸宗輿砸過來。

陸宗輿不慌不忙，兩腳一跨一蹲，突然一閃身，猛地轉身，伸出手掌朝對方一推。

大俣小雄只顧攻擊，沒料到這一著，背後遭一推力，控制不住重心，臉朝下倒向地面，來個嘴啃泥。

趴在地面，他扭頭對同夥嚷道：「你們兩個快給我打，狠狠地打！」

倆同夥看出陸宗輿有功夫，站在兩側不敢上來。大俣小雄爬起，氣呼呼地竄到陸宗輿面前，一伸手抓住一隻胳膊，覺得軟綿綿的，以為沒什麼力道，便使勁一拉，欲將對方拉倒。陸宗輿順勢用胳膊向前一靠，身體跟著向前跨上一步。大俣小雄只覺得胸部被人擊了一錘，踉踉蹌蹌後退幾步，一屁股重重地坐在了地上，一時喘不過氣來。

倆同夥上前欲扶，陸宗輿制止：「不要，讓他歇一會再扶他。」

歇息一會，大俣小雄從地上站起，對著陸宗輿鞠了一躬：「中國功夫厲害，佩服佩服！」三人灰溜溜地走了。①

①陸秀芬筆述資料《功與罪》。

其實，陸宗輿的功夫是少年時在江邊，他向酒爺爺學的，根本不是什麼中國功夫，而是日本相撲中的防守一招。

從此，大偎小雄成了陸宗輿的朋友。大偎小雄是大隈重信的侄子。

一日，陸宗輿跟章宗祥說起此事，感歎道：「什麼是『師夷長技以制夷』，我懂了。」

中秋節，月色皎好，日本人也吃團圓飯，也賞月，而在日本的中國留學生們卻無心賞月，不願意吃月餅，國破家碎，誰有此番愜意。陸宗輿甚至感覺，自己似乎是月宮裏的嫦娥，孤獨得很。

他聽說了，慈禧倉皇西逃之後便下令讓李鴻章和聯軍進行談判，簽下有史以來最慘重的賠償條約《辛丑合約》，清廷需支付四億五千萬兩的賠款，這個數字是為了懲罰四億五千萬的中國人民，要他們每人出一兩來撫恤各國在入侵中國時喪生的幾百條生命。條約簽定沒過多久，晚清重臣、中興元老李鴻章在北京病逝。

他還聽說，經過義和團作亂、八國聯軍入京等一連串變故，慈禧痛定思痛，逐漸明白舊制難以為繼，不改革就會亡國。在「西狩」途中，慈禧頒布了預約變法的上諭，宣佈實行「新政」，其主要內容並沒有超出「戊戌變法」的範圍。

一天課後，大隈小野和日本同學議論課題。有人問陸宗輿：「你知道伊藤博文嗎？」

「我只聽說過這個人的名字，不知道他的事蹟。」陸宗輿有點兒茫然。

那同學露出不屑之色：「你不知道他啊，怎麼學的法律，他可是我們日本的國父。」

「對，伊藤博文①早年留學英國，學的是海軍，後來又到德國研究憲法，所以他是憲法專家，他在明治維新開初，制定了第一部日本憲法。」大隈小野搶著說，「明治維新以後，日本廢棄了『幕府』，實行君主立憲，伊藤博文出任第一任首相，他還推行徹底『脫亞入歐』……」

聽了此話，陸宗輿整天若有所思，少說話，晚上睡覺也在想著一個問題。

其實，伊藤博文任首相期間，中日正在對賭國運。日本在一八六八年開始明治維新，在中國雖在一八四〇年鴉片戰爭後就被打開了國門，但這頭「睡獅」直到一八六〇年第二次鴉片戰爭結束之後才被驚醒，開始了洋務運動。所以當時中日兩國差不多同時開始革新。但是，日本因為改革得徹底，民心高漲，國運蒸蒸日上，並且發動了對中國的戰爭，對賭國運，結果日本贏了，中國輸了。李鴻章與伊藤博文面對面談判，伊藤博文可謂盛氣淩人，而李鴻章顫顫巍巍地在《馬關條約》上簽字。

幾天後，陸宗輿上書李鴻章，請他趕快制定大清憲法，他認為，憲法是一個現代國家的根本大法，變革應該從立憲開始……

①伊藤博文（一八四一至一九〇九），日本近代政治家、明治九元老之一。日本第一個內閣總理大臣，首任韓國總監，明治憲法之父，立憲政友會的創始人。明治維新之後，伊藤博文曾經四次組閣，任期長達七年，任內發動了中日甲午戰爭。明治四十二年（一九〇九）十月，伊藤博文在哈爾濱受朝鮮愛國義士安重根刺殺而身亡。

這年，因日本使館書記官杉山彬被殺，戶部右侍郎那桐①（一八五六至一九二五）出使日本「道歉」，特意到早稻田大學看望了中國留學生。那桐是中國近代史上的一位重要人物，字琴領，又字鳳樓，葉赫那拉氏，滿洲鑲黃旗人，舉人出身，晚清「旗下三才子」之一。

一九〇二年夏，陸宗輿即將畢業。

曹汝霖、汪榮寶勸他繼續留在日本攻讀，但他沒錢了，腦袋上的長辮子剪了，他也不敢再向岳父討資助。所以，陸宗輿急於返回祖國，回家見父母和妻子。

章宗祥等同學聚合在黑啤酒公司的花園，給他開歡送會，共有六十多名同學參加。園庭甚廣，樹木扶疏，還有山陂水池，草地如茵。大家不拘形跡，原樽啤酒，開懷暢飲，大半飲到醺然，共攝一影，都是東倒西歪。及至夕陽西下，始各盡歡而散。章宗祥轉明治大學續讀。

七月，那桐赴日參觀博覽會，其間，陸宗輿被指派陪同他考察日本的警政、路政。他將自己編譯的《整頓財政說帖四條》遞於那桐②；八月，陸宗輿隨那桐一起歸國。

①那桐（一八五六至一九二五），清末光緒、宣統年間先後充任戶部尚書、外務部尚書、總理衙門大臣、內閣協理大臣等，並兼任過京師步軍統領和管理工巡局事務。

②據《那桐日記》第三九一頁。《那桐日記》起於光緒十六年（一八九〇）止於民國十四年（一九二五），共三十六年，約八十萬字。系統完整，時間跨度大，歷經甲午中日戰爭、戊戌政變、八國聯軍犯京、辛亥革命等重要的歷史階段，對於晚清及民國初年的政治、外交、軍事，甚至官僚日常行為生活的研究，都具有重要價值。

第三章　「尋常勞績」進士館

沒了辮子是出過洋的身份

陸宗輿取了行李，在走出上海吳淞口輪船碼頭的那一刻，長長地吸了一口氣，原本還緊張的內心在這一瞬間忽然有了片刻安定。

三年了，他終於回家了。他發現當年離開的時候，他有多厭惡這個城市，如今他卻有多想念它。

黃包車扎堆，見到陸宗輿拎著行李走出來，一個個都跟見了魚的貓一樣，迅速圍了上來。黃包車又叫「東洋車」，是一個名叫米拉的法國商人從日本引進來上海的。

如果換做是以前，陸宗輿可能會厭惡地皺眉，然後躲開，可是現在，從國外生活了三年之後，他卻覺的這些黑頭髮黃皮膚說上海話還帶著家鄉口音的人，格外的親切。

禮貌地拒絕了那些拉人的黃包車工人，陸宗輿伸著脖子四下裏看了看，並沒有發現妻子，便拉著行李箱朝人少的地方走去。妻子信說來接他的。

「潤生，你回來啦！」突然從身後傳出大大的而不失甜美的聲音。

宗輿轉身，順著聲源望去，就見到一張熟悉的漂亮臉孔，雙手還捧著兩個陶瓷杯，「大概裏面盛著滿滿的咖啡吧！」帶回家喝的，壓壓驚。

陸宗興滿是驚訝地看著她。這些年國門打開，隨著西風美雨的飄落，咖啡在中國沿海城市悄悄出現，最早接觸此洋飲料的是一些文人墨客。「呵，變化真大，妻子也會體驗這西方風雅了。」陸宗興心想。那時候，不少中國人將咖啡當作茶一樣喝。

宗興怔了一下，反應過來：「我回來啦！金鳳。」那一瞬間，他只覺得渾身有些僵硬，喉嚨乾澀得說不出話來。

然而妻子並沒有注意到他細微的情緒，依舊滿目驚喜：「真的是你啊，潤生，我剛剛還在懷疑自己的眼睛，瞧你這身打扮，教我怎麼認你啊！」

宗興明白了，他今天穿著西裝，腦袋上的「尾巴」早沒了，跟過去是大不一樣啦，剛才妻子才沒有發現他。

宗興強迫自己扯了個淺淺的笑容，忽略了她眼中的驚喜，低聲道：「我的辮子沒了，得讓你爹媽兕罵了。」

陸宗興以為自己可以從容不迫的面對爹媽和妻子，然而，他明顯高估了自己，看著眼前的妻子，他依舊覺得內疚。

「不罵你的，有我呢！」宗興的眼光落在妻子身上，見她神色並沒有什麼起伏，猶豫地問道：「我剪掉了辮子，你不介意嗎？」

金鳳愣了一下，手指漫不經心地在咖啡杯上劃過，點了點頭：「剪了好！」

宗興的話到嘴邊又咽了回去，只剩下一句沒有意義的話：「那就好。」

宗興招手叫過來一輛黃包車，才發現自己手心裏的汗，他深吸了口氣，平復了一下自己的心情，然後兩人坐了上去，朝十六鋪碼頭而去。

一踏上故鄉的土地，他第一眼看到一大片農田，農民在耕作。一幫跟他年齡相仿的年輕人在踩水車，口裏喊著號子，腳下用力蹬著。他想，中國農民多辛苦啊！日本有電，有機器，農田灌溉用的是抽水機，該多麼省工省力。

回到家，媽媽一見他，激動地趕緊上前，緊緊地把他抱在懷裏，竟有些嗚咽地說道：「生兒啊，你可想死媽媽啦……」

爸爸輕輕撫著兒子的肩頭，打量了沒有辮子的腦袋好一會，然後直盯著兒子身上的西裝，對英子安慰道：「別哭，你看兒子不是好好地回來了嗎？」

英子擦了擦淚水，仔細的察看兒子的臉蛋，語重心長地說道：「又瘦了，我的阿生……」弟弟和妹妹也擁上來抱哥哥，含笑著說道：「哥哥，你可回來了，這下好了，我們一家人可以團聚了。」

宗興發覺，一家人對於他腦袋上少了的那根辮子，似乎並不在乎。

其實，剪辮子早已經在國內的學生和新軍中流行了，留學生中剪辮子的就更多了，因為他要穿西裝，留辮子不太合適。不僅留學生，國內新式學堂的學生也出現剪辮的風氣，甚至滿清朝廷也有人主張剪辮子。金鳳就說，「剪了辮子穿上西裝，顯得乾淨俐落。沒有了腦袋上的辮子，是你出過洋的身份證明啊！」也是，連岳父岳母也忘記了三年前的約定，沒罵他。

久別重逢，金鳳先喜後悲，喜的是她終於結束了五年「先嫁床」的孤獨生活，並且很快懷了孕；悲的是清廷推行新政，朝廷急用人才，郎君很快要去京城，眼看著她又要孤獨地守著那張雕花床了。

兩個月後，陸宗輿從海寧到北京，第一件事情就是買了一條假辮子縫在帽子上，就像魯迅先生在《阿Q正傳》裏說的「假洋鬼子」。

這三年中，金鳳和婆婆一塊經營繡莊，賺了不少錢，家境富裕了。弟弟阿瀚也成了親，父親從皇崗回了鹽官，繼續當塾師。

這年，英國和日本簽署盟約，以共同對付沙俄。條約的前面偽善地提到要維持「遠東的和平」以及中國和朝鮮兩國的「獨立與領土完整」，但在其第一款裏就特別規定，英國在中國，與日本在朝鮮一樣，都各自具有「特殊利益」，都各自具有武力干涉的「權利」。正是這一條約為後兩年日本進攻沙俄提供了它所需要的依據。

年底，陸宗輿接到朝廷急電，讓他去京城，肅親王善耆要接見從日本歸來的留學生。

寫了一份訴折給肅親王

原來，慈禧也要推行新政了。光緒二十七年（一九〇一），慈禧下了一道懿旨，主要內容是：

廢除「滿漢不通婚」的祖制，解除婦女纏足的陋習。懿旨對於解除婦女纏足這樣說道：「至漢人婦女，率多纏足，行之已久，有乖造物之和。此後，搢紳之家，務當婉切勸諭，使之家喻戶曉，以期漸除積習。斷不准官中胥役藉詞禁令擾累民間。」慈禧太后自己就是天足女人，這是她在西安的逃難途中發的懿旨，諭令勸止纏足，不纏足運動在全國各地再度興起。

女人不纏足，意味著女人可以大膽地走世界。所以，陸宗輿發現北京街頭的女人多了起來，且打扮得漂亮，花枝招展的。尤其那些天足少女，無拘無束地在公園裏奔跑，在人群前嘻嘻哈哈的。儘管天足少女還不多。

這一日，陸宗輿來到肅親王府。

就在一年前，一九〇二年一月十八日，慈禧太后第一次撤簾露面，公開接見各國駐華使節。這一天是值得紀念的，因為中國人第一次平等地面對世界，大家才第一次看見慈禧長什麼樣兒。

所以，肅親王面見留學生沒啥可以驚奇的。

肅親王善耆①是清太宗皇太極長子肅親王豪格的第十代嫡孫，其父隆懃逝世後襲封肅親王爵位。他從小習武，英武過人，有傳聞說，他曾空手奪取過洋流氓的手槍。

在庚子之變中，肅親王府被八國聯軍一把火燒毀。朝廷將崇文門正監督這個肥缺給善耆以作補

①善耆（一八六六至一九二二），滿洲鑲白旗人，愛新覺羅氏，晚清重臣。清太宗皇太極長子肅武親王豪格十世孫。光緒二十五年襲封肅親王爵位。是中國現代員警制度的建造者之一。

償。崇文門監督是清代京師的稅務總管，統管崇文稅務總局及些十三個分局，負責徵收出入京城的各種貨稅，是個人人垂涎的肥差。因有補償之意，朝廷規定上繳稅款由歷年的三十萬兩降為十二萬兩，餘下的盡可以收入善耆個人腰包。偏偏善耆不領此情。就任伊始，他就大刀闊斧整頓官吏，嚴禁貪污受賄。

陸宗輿見善耆談吐文雅，遠見卓識，非一般愚鈍無能的昏官污吏所能比，頓生敬佩之心。

也許天生有緣，親王與陸宗輿一見如故，說話也投機。聽說陸宗輿在日本學過財政和稅收，他一笑：「你來京城吧，跟著我。」親王是工巡總局管理事務大臣，喜歡上了這個善談的年輕人。

「可我沒做過事，沒做過官，什麼都不會呀！」陸宗輿誠惶誠恐。

「不會麼，你就從頭學，從底下做起。」

陸宗輿點頭應允。親王派他去管理崇文門。原來的稅務使即將告老回鄉，陸宗輿先在他的手下做一名商業監吏，預作接班。

崇文門是地處北京的東南門，從南方、東北和天津等地來的商販很多，是個新興的商業區。每天一大早，趕集的人比較多，南方的魚蝦，北方的鮮果和四鄉的蔬菜運到這裏行交易，另外還有一些「縫窮」的女工來給顧客縫補衣服和鞋襪，還有成千上萬的日用品地攤。

不久，常有小販和女工跪在崇文門稅務門前，哀切地哭訴。原來，他們賣的是魚蝦、鮮果等鮮貨，當日不賣光就腐爛變質，造成賠本，所以他們每日起早出攤，很晚才收攤。不料，稅務胥吏按點上班收稅，責怪小販們早晨早出攤是為了逃避交稅，使奸耍滑，便百般刁難他們。那些縫補鞋襪的女工在街頭招攬，更是可憐，常常遭遇責罵和鞭打，以至於出現了因羞辱而自尋短見的事件。

見此，陸宗輿不忍，他寫了一份訴折給肅親王，呈請免去肩挑魚蝦鮮果小販和街頭縫補鞋襪女工的攤頭之稅。他以自己在日本所見，陳述免徵理由：「甚至不應當去辨別那些是乾淨之商，那些是雜亂之商，且是臣民生活之大景。希圖以苛稅獲其利者，背違京城之精華，背違京城之繁華。」因此，他建議，建立起明白的固定的管理原則和處分措施，施行有條有理的經營，對洋人洋貨應加稅，對關乎百姓日常生活的鮮活食品和水果則應免稅，對鞋襪衣褲之類，配套時裝的應有稅，當作勞動生產之用的應免稅。他說，「這事關乎城市裏的寓居，是充溢了歐美奢華大廈還是許可日本那樣的商業繁華城市？」

對此呈訴，肅親王批閱：「有德行而後有政事，准予施之。」

當年六月起，意氣風發的善耆銳意革新，留下了不少可記錄史冊的成績。其中之一即是稅收改革。以往洋人帶貨入京不納稅，他改為一體納稅；以往商民入關由經濟人包攬上稅，從中抽厘，他改為官員直接驗貨收稅，減去了中間盤剝的環節。

在不到一年的時間內，崇文門監督收納的稅金扣除支出後，竟高達六十餘萬兩，善耆自己沒有留下一兩，全額上繳了國庫。

做了稅吏，有一個問題困擾著陸宗輿。晚清的國庫，從來都不曾寬裕過，因為打仗，朝廷拿不出任何一次規模較大的戰爭經費，國庫沒有這份專項資金。但是，每次的仗打了，打敗之後，巨額的賠款也都按時支付了。即使像甲午戰爭那樣的二億三千萬兩白銀的賠款，由於日本要得急，不得不靠跟西方列強借高利貸不應付，但這些放貸也都還了。要知道，除了最後幾年的新政，晚清政府的財政總收入，一直都在七千萬兩左右徘徊，如此窘迫的財政收入，是怎樣應付如此大的額外開支的呢？原來從上到下有個弄錢的手段：攤派，朝廷按比例各省攤派下去，以官司帽子相威脅，高壓之下總能榨出錢來。同樣，各省也用此法，向下攤派，最終所有的負擔都落在老百姓頭上。官員們都會先找商家墊付，然後把這項攤派化為日常賦稅之上的攤派，再收上來。如此，稅上加稅，難免殺雞取卵，寅吃卯糧。當然最好的辦法是不要戰爭，發展經濟，實業救國。

「不要歐美式的奢華大廈，只要日本式的繁華城市。」這是陸宗輿說的，他的工作之一是整修王府井大街。庚子年以前，王府井一帶路面很窄，凹凸不平，常常是晴天一身灰，雨天兩腳泥，街道兩邊的店鋪很少。《辛丑合約》簽訂後，王府井南口的東交民巷成了使館區。鑒於此地出入的洋人增多，善者很快意識到此地潛在的巨大商業價值。經他奏請，次年二月，王府井大街路東建成了「東安市場」，隨之，相繼出現了大大小小的許多店鋪，而且街道也得到了拓展整修，京師呈現出新的氣象。

在肅親王手下，得腳踏實地、努力勤懇地做事，陸宗輿呆了一年多，還撰寫了《財政四綱》一書。

這時，同鄉同學張競仁任度支部主事、財政處行走，兩人曾在武昌同學，現在成了同僚，便交往多了。

這年，那桐擢為戶部尚書，不久調外務部充會辦大臣，兼領步軍統領（也就是人們常說的「九門提督」），主管京師工巡局。在開闢新式馬路、興建東安市場方面，多借鑒日本的經驗。其間，陸宗輿曾被他借調到工巡局，行走三個多月。

給「最後的進士」傳授新知

一九〇四年初，還在日本讀書的章宗祥給他傳來一訊，說管學大臣張百熙①在京師大學堂開設仕學館，欲招聘留日畢業生作教習和譯授。陸宗輿去應聘了，被錄取了。

八國聯軍入侵後和議，兩宮回京。經此巨創，慈禧太后也知非變行新政不可了。直督袁世凱和鄂督張之洞發電，交章入奏，請定憲法，召開國會，改訂官制，推行新政，頒下九年立憲之詔。先廢科舉，開學堂，出洋留學，京師設大學堂，特派張百熙為管學大臣。

張百熙認為大學堂「一切因陋就簡……等於蒙學堂」，他在呈向清廷的奏摺中說，「大學堂應

①張百熙（一八四七至一九〇七），字埜秋，號潛齋，湖南長沙人。清末大臣。興辦學堂、設立報館，創辦了醫學堂、譯學館、實業館，選派學生出國留學。主持擬訂的《欽定大學堂章程》，是中國第一部以政府名義頒訂的完整學制。曾擔任過北京大學校長。

法制詳盡、規模宏遠……是今日再議舉辦大學堂、非徒整頓所能見功，實賴開拓以為要務，斷非固仍舊制，敷衍外所能見效者。」便奏請設師範館和仕學館，專為「培養官才」。①

開初，聘請日本文學博士和法學博士擔任學校的講師，日本教習不能直接操漢語授課，尚須聘既通日語，又懂專業的中國教習譯授。所以，張百熙欲讓留日畢業生作一嘗試。該館留學生教習「共有七員」，其中資歷最深的當屬陸宗輿，被張百熙聘為東文分教習，協助岩谷孫藏和杉榮三郎授課。陸宗輿擅長財政，曾編譯《財政四綱》，杉榮三郎在仕學館「講財政，陸譯授之」。②

比陸宗輿稍晚入館的是章宗祥。去年五月京師大學堂總教習吳汝綸訪日時，章宗祥尚在留學，即與張奎、吳振麟一同被管學大臣選作通譯，隨同考察。吳汝綸的考察報告《東游叢錄》多見章宗祥的蹤跡。因此，當大學堂缺乏師資時，章宗祥自然成為被物色的對象。《大公報》報導稱：「日本留學生章仲和君，到日本未久，即入法學教科肄業，頗有心得。京師大學堂管學大臣電致駐日公使，聘其回華充當大學堂法律助教。章初時尚不肯允，後又許以俟進士館開時，派充該館法律學正教習，始云回華。聞已於日前抵京，不日入大學堂權助法律教務云。」六天後，又有消息傳來：「法律堂助教范靜生已經告退，刻由東洋聘得章君宗祥來堂，擬由下星期三上堂講授。聞章君乃烏程人，曾在日本東京帝國大學卒業，政治法律夙最擅長，譯有《國法學》。」范靜生即范源廉，此前確在

①韓策《科舉改制與最後的進士》，社會科學文獻出版社，二〇一七。
②《那桐日記》，新華出版社，二〇〇六，第三九一頁。

大學堂任教，後來「有事他往」。章宗祥在日本已與陸宗輿熟識，抵京後次日即訪陸氏，「由陸介見管學大臣張冶秋，即任為教習，入仕學館，主講刑法，並為岩谷孫藏譯授民法。」①

其時，清末新政伊始，厲行改科舉、興學堂、獎遊學政策。在施行廢八股，改試論、策、經義的科舉考試新章之後，又變通新進士章程，令新進士授京職者入京師大學堂肄業，接受新式學堂的再教育。翌年，大學堂專設進士館，仕學館並入進士館。四月，進士館開館授課，岩谷孫藏、杉榮三郎、陸宗輿、章宗祥遂改任進士館教習。

進士館為新進士初登仕途補求實學而設。「進士」是科舉考試所能獲得的最高身份，故從士的功名背景來講，也可稱其為「士大夫」。進士館共招癸卯進士八十餘名，甲辰進士三十餘名，分內外兩班，翰林中書為內班，住館肄業，部曹為外班，到館聽講。隨後不久，科舉終止，這批學員便成為「最後的進士」了。

四月十六日早晨，進士館首次上課。報載當日情形道：「岩教習、戢教習等上堂演說各種法律大義及進士義務既畢，次則杉教習、陸教習上堂演說理財大義及入學義務，再次則章教習上堂演說一切，侃侃而談，旁若無人，尤得演說三昧。各進士員既聞各段演說，頗生感情。」②此段記述中唯有「戢教習」是一新面孔。他就是戢翼翬。據《大公報》是年九月報導：「學務大臣奏請賞給章宗祥、陸宗輿、張

①章宗祥《任闕齋主人自述》，《上海文史資料存稿匯編》第一冊，上海古籍出版社，二〇〇一。
②《學館紀聞》，《大公報》第六九四號，光緒三十年四月十九日。

奎、戢翼翬進士出身，尚未奉旨。按四員為日本留學卒業生，現任大學堂進士館各科教習。」①幾年前，他們都是留學日本的同學，儘管入學和畢業有前有後，現今終於彙聚在了京師大學堂進士館。陸宗輿擅長財政，曾編譯《財政四綱》，日本教習杉榮三郎在仕學館「講財政，陸譯授之」②。

在改科舉、興學堂的新政時代，京師大學堂進士館中彙聚了一批中國當時最優秀的留日畢業生。他們以「學生」之出身，作為「老師」，向進士們傳授法政、理財等「新知」。在這個科舉學堂此消彼長的轉型時代，由於年齡、功名、地位、學識、師生觀念的差異與錯位，陸宗輿切身感受了「教習非師」的身份尷尬。面對學有根柢的學員，日本名詞的引入和接受，課程內容的設置和講授，講義的編寫，對留學生教習而言皆非易事。因此，陸宗輿在進士館傳授「新知」的過程一點也不輕鬆，常常遭到批評甚至嘲諷。③

然而，後來的歷史表明，癸卯、甲辰兩科進士中，在清末民初歷史上的各界聞人，多是那些畢業於進士館，或者先在進士館肄業，隨後由館資派出洋游學的人士。他們完成了知識更新，面對正在急劇變化的中國社會，既懷「舊學」，又握「新知」，成為特殊的一代。

一晃半年多，學部奏獎仕學、進士兩館辦學出力人員時，錢承鋕與二位「資深」教習陸宗輿、

---

①《奏請賞給進士》，《大公報》第八三九號，光緒三十年九月十七日。
②章宗祥《任闕齋主人自述》，《上海文史資料存稿彙編》第一冊，上海古籍出版社，二〇〇一，第九三五頁。
③韓策《師乎？生乎？留學生教習在京師大學堂進士館的境遇》，《清華大學學報》，二〇一三年第三期。

章宗祥均以「在事已滿三年」，獲得了「尋常勞績」之褒獎①。

眼下是一九〇四年一月十三日，一場重要的洲際戰爭——日俄戰爭爆發了。俄國當時陸軍號稱世界第一強大，海軍排在世界前列。日本向這樣規模的歐洲大帝國挑戰，並且打敗了俄國，是在亞洲從來沒有過的，震驚了全世界。這仗打得真可笑啊，陸戰都是在中國打的，海戰先在中國，最後在對馬海峽。日本上來先打的是旅順，因為俄國太平洋艦隊在旅順。「可見中國有多倒霉，這港要麼給俄國，要麼日本贏了來佔領。陸戰全部是在中國東北，沿著東北一路打，兩邊一起殺中國人，然後一起征中國民夫去修工事，中國還宣佈中立，太可笑了。」陸宗輿在給張謇信中這麼說。

日本在對馬海峽打敗了俄國，從此躋身世界大國之列，全世界再也沒有敢小看它了。作為戰敗國的俄羅斯把在中國東北的利益轉給日本，日本就和清政府談判，袁世凱就是中方談判代表之一，經過日本留學同學曹汝霖的介紹，陸宗輿結識了袁世凱，當他的臨時翻譯。

教習其間，陸宗輿主辦了一份報紙，報名效仿日本人自誇自大，在自己的姓氏前加上一個「大」字。《大陸報》的讀者是青年學生，宗旨是宣導文明開化，推廣「實業新政」，傳播「西洋新知」。文明開化是日本明治維新在社會文化領域除舊布新的改革舉措，主要是吸收西方文明，改變傳

---

① 《會奏仕學進士兩館辦學各員請獎折（並單）》，北京大學校史研究室編：《北京大學史料》第一卷。

統落後的思想文化。首先是生活習俗的改變，如剪去武士的發髻，改變過去傳統的不吃牛肉和不喝牛奶的習俗，吃西餐，穿西服，住洋房。其次是發展近代教育，實行義務教育制，創設現代化大學。再次，興辦報刊，成立學術團體，宣傳啟蒙思想，抨擊封建思想和舊道德。以卓識高論，喚醒愚氓。

陸宗輿每週為《大陸報》撰寫社論一二篇，著力於介紹日本的文明制度，針砭時弊。

進士館剛開館時，跟大學堂其他學館一樣，授課者稱「教習」，聽課者稱「學生」。因學生是進士，與教習年齡相仿，竟有教習的長輩身處學員之中，學生與教習常發生衝突。陸宗輿在《大陸報》評論曰：「嘻！談何容易中一進士。今助教諸公中有茂才者，有布衣者，與進士有仙凡之別，而欲師之，何不自量乃爾。」①評論的用意是譏諷進士學員，但「名位」低者欲做「名位」高者之師，確實點出了進士館內留學生教習的身份尷尬的癥結。後來，對此「師禮」作了改革：學生稱「學員」，教習稱「教員」。如今的「學員」「教員」之謂由此而來。

陸宗輿主張「辦報不罵人」，他說：「與其罵人使人不歡，何若恭維使人愉快。不歡而出資，是為『竹杠』，恭維而出資，是為樂輸。恭維一次而不得者，再之三之，雖頑石亦可點頭。」《大陸報》的消息報導繁簡得當，迅速及時，文筆活潑輕鬆，頗受學生讀者歡迎。

後來，陸宗輿隨五大臣出洋考察，將《大陸報》轉讓給上海的《小春秋》報人張漢舉，該人接

①《進士館之風潮》，《大陸報》，一九〇四年第四號。

辦後改名為《大陸晚報》。幾年後是民國初，美國商人密勒等人創辦《大陸報》，與《字林西報》分庭抗禮，發行量甚至一度超過《字林西報》。

隨後，戶部尚書趙爾巽在戶部設立學館，聘請陸宗輿專門講述有關幣制。

師生同船訪日本

一九〇四年某天，張謇代湖廣總督張之洞、兩江總督魏光燾起草了一份《立憲奏稿》，建議清政府借鑒日本的做法，採取合法手段成立國會，制定憲法，實行責任內閣，以彌補君主專制體制之不足。他還與他人合作編譯刊行《憲法義解》、《日本憲法》、《日本議會史》等，分送達官貴人，並輾轉送達清政府的最高層，希望清廷能夠主動地變革體制，迎合世界進步潮流。

一九〇四年的日俄戰爭對中國新興知識份子產生極大的刺激，具有立憲民主體制的日本戰勝不可一世的專制體制的俄國，使中國新興知識份子普遍感到在二十世紀已經不能再容忍君主專制體制的存在，中國如欲自立於世界民族之林，就必須改造或改善既成的君主專制體制，建立一個具有民主、立憲特徵的近代國家。張謇是這一思潮的主導者之一。

歸國後，陸宗輿接二連三給張謇寫信，敘談朝廷動態和他對新政改革的看法。他說，明治維新後，日本迅速強盛，並通過一系列軍事、外交和政治活動展示其巨大成效，尤其是取得甲午、日俄兩次以小博大的戰爭勝利，充分顯示了新興東方強國的實力地位，成為亞洲各國仿效的榜樣。戊戌變法即是從甲午戰敗看到必須以日本為楷模 學習西方 變法圖強；而新政改革與戊戌變法實際上一脈相承。日俄戰後，朝野上下進一步確立了必須通過日本甚至仿照日本來學習西方的信念。也就是說，甲午戰後是以日本為榜樣學習西方，日俄戰後則是以日本為西方，學習日本就是學習西方，全面仿照日本進行變制。

張謇曾致信陸宗輿：「有閑可來滬一晤，以敘居日之心得。」

甲午戰敗，「強兵」夢破，「求富」的呼聲日益高漲。為支付巨額賠款，清政府放鬆了對工商業發展的限制，實業救國成為潮流。「恩科狀元」張謇回通州之後創辦了大生紗廠，投產後的第二年，大生紗廠得純利五萬兩，第三年得純利十萬兩，到一九〇四年累計純利達到一百多萬兩。在陸宗輿留學日本的幾年裏，張謇大興實業，不僅壟斷了通海地區，而且開始向上海擴展。這年，他創辦了墾牧公司，開始醞釀成立漁業公司。

四月，進士館放春假，陸宗輿思師心切，趁回海寧探親之際，順道到了上海。

見面，敘談，待分別時卻還餘興未盡。張謇說，他明日去日本，參觀勸業博覽會。陸宗輿說：「我還有假，我陪同你一起去日本。」陸宗輿的留日學生身份讓他進出自由，不用簽證。

第二天淩晨，師生倆登上日本郵船會社的「博愛丸」輪。

這時，碼頭上頓時湧上來一群人，接待親朋的人、碼頭工人、黃包車車夫，頓時一片擁擠。郵輪好不容易放下了舢舨，水手在甲板和岸上清出了一條道路，讓頭等艙和二等艙的客人優先下船，最後才輪到三等艙的乘客。

張謇和陸宗輿一同走上了船。

郵輪發出了一聲沉沉的汽笛嗚叫聲，郵輪駛離了客運港口，船速漸漸快了起來。

一路東行，離開中國大陸愈來愈遠，海水開始略帶黃色，東行愈遠愈轉綠色，到深海處，水顯黑色，浪亦漸大。

陸宗輿突然指著江面說：「多麼遼闊的大海，那船那軍艦都是日本人的。老師，中國的海灣，為什麼碼頭是日本的，只有日本的德國的航船停泊，中國人為什麼不能建造自己的碼頭，停泊自己的航船？」

「北洋水師沒了……」張謇深歎了一口氣。

「我們不一定要水師，不要有海戰，我們要有商船，可以造郵輪、貨輪、客船，實業才能救國啊！」陸宗輿感慨道。

稍頃，陸宗輿說：「搞實業，必須海上貿易，海上有海盜，有倭寇呀！」日本南北朝時期，動亂不已，一些地方豪強糾集失去生活來源的武士和走私商人組成海盜集團，在朝鮮半島和中國沿海地區進行武裝走私和搶劫燒殺，造成巨大破壞和災難，被稱為「倭寇」。其時正值中國元明時期，朝廷採取多方措施，但屢禁不止，收效甚微。

「老師，倭寇都是日本人嗎？」陸宗輿雖在日本留學過，卻沒關注過這個問題。

「是，也不是。前期倭寇以日本人為主，後期倭寇就不一定了，也有中國人的，因為明朝嚴厲的海禁政策使得商人無法進行海外貿易，有的商人就做了海盜，進行走私。後來，明朝出了個抗倭將領戚繼光，戰功卓著，日本也頒布了取締海盜令，倭寇活動這才減少了。」

師生倆站立船頭，望著蒼茫水色，各有所思。

宗輿想起在日本留學的日子，專攻法律，「辛苦三年立雪圖」，以學習日本立憲之精髓。與友人聯合發起成立法政學交通社，以研究法政學理為宗旨，撰成《整頓財政說帖四條》一書。此外，他還翻譯、評介西方經濟及法政理論，探討經濟與法律制度的關係。

張謇是第一次訪日本，想過去十年，自己從高中狀元，參與黨爭到厭倦政治，興辦實業，為的是強國富民，拯救中國。他當時或沒料到，這次東行，又一次改變了他的人生方向。

兩天後，張謇和陸宗輿一同踏上日本國土。

張謇此行並非是去考察政治，而是教育和實業。他自己確定的參觀程式是：「先幼稚園，次尋常、高等小學，次中學，次高等，徐及工廠。」但正像他後來總結的那樣，無論是實業還是教育，都應包括政、學、業三個方面，而「政者君相之事」——首先就是政府的政策。①在參觀札幌時，他驚羨於北海道開墾二十年業績，有感於中日現狀之對比，賦詩一首：「一人有一心，一家有一主。

①章開沅：《開拓者的足跡——張謇傳稿》，中華書局，一九八六。

東家暴富貴，西家舊門戶。東家負債廣田園，西家傾家永歌舞。一家嘀嘀一嘻嘻，一龍而魚一鼠虎。空中但見白日俄，海水掀天作風雨。」①

歸國後再到日本，陸宗輿的心境跟以前大不一樣的。以前所見，有新鮮感，有自卑感；而這一回所見，對他刺激更大：這個一衣帶水的蕞爾小國，短短兩年裏發展之快，氣象之新，令人咂舌。

於是，兩個人不約而同得出結論：日本的快速發展歸因於君主立憲制度，而自家那個老大帝國的病根就在於政體落後，導致政府貪婪而腐敗。

宗輿順道看望了青柳篤恒、大隈小雄等日本朋友。

因假期將到，陸宗輿獨自回了國，張謇卻留連忘返，七十天内共參觀了三十五處教育機構和三十個農、工、商單位，而且是每看必問，每問必記，每記必思。

不久，張謇致信陸宗輿，說他開始籌設上海大達輪步公司，黃浦江畔，北自外虹口，南抵十六鋪，「每見汽船、帆船往來如織，而本國徽幟反寥落可數，用為憤歎」，準備「先就十六鋪迻南老太平碼頭左右，購定基地，建築船步，並造棧房，以立根據而固基礎」。「以商界保國界，以商權張國權」。同年底上海大達輪步公司在天生港建了三座碼頭，購買了「大新」等輪，在天生港與上海之間航行。

①《張謇日記》，上海辭書出版社，二〇一七。

一場特別的「科舉考試」

日益增多的回國留學生的文憑和官職如何給予？張百熙奏請朝廷對留日學生開考，以考試成績給文憑，給官職。

一九〇五年七月，清政府學部開始對回國留學生先舉行審查，再在保和殿舉行考試。這是第一屆留學生歸國考試，是朝廷特別為留學生準備的「科舉考試」。十四名應試者全部是留日歸國學生。

考卷由襄校分閱評記分數，再由學部大臣會同欽派大臣詳細複校。考試分兩場，一場考留學所學科目，一場考國文或外文（可任選），試卷由主考官分最優等、優等和中等三級，按照所學科目分別賜予進士和舉人出身。

天色微明，考生就陸續齊集紫禁城的左角門，每人除帶必要的考試用具和午飯外，還手提一個可以折疊的小矮桌，點名過後，即來到鋪著藏毯的保和殿，按順序排開，席地而坐，主考官手捧「欽命試題同試卷」發給每人一份，即開始了緊張的答題。直到天黑，主考官催促再三，才惴惴不安地交了卷。這和科舉考試的殿試如出一轍。

在考試中奪得「三鼎甲」的曹汝霖在回憶錄中，對這次考試有生動記載：

此次學務處考試，即等於會試，由于晦若（式枚）、王書衡（式通）兩先生監試，特別優待，中午備席（第二次即沒有這樣優待）。試題為一論一策，皆關於新政，惜不能記憶（余對於考試，視為敲門磚，自童子試至殿試，試題終未用心記住），試後一榜皆及第。越數日，即行殿試，悉循科舉制，黎明應考者即集左角門，各攜考試用具，並揹一可折的矮几。點名後入保和殿，殿鋪藏氈，將矮几展開，席地而坐。有頃，監試大臣二人入場。少頃，欽派閱卷大臣三人，手捧欽命試題（試題用黃紙恭繕）同試卷，（宣紙析格畫紅直線，即殿試策卷紙），分各生每人一份。分發畢，閱卷大臣即退，只留監試大臣。題分兩種，分文科理科，文科題為策題一道，關於時政者，已記不清。閱卷大臣，一為孫家鼐中堂，一為陸潤庠中堂，一為像是張亨嘉侍讀學士。午膳各帶點心。到申刻，監試大臣即說，快交卷了，不能繼燭。有的早已交卷。越二日發黃榜，張於左角門外，一榜盡賜及第，惟分一等為進士，二等為舉人。」①

結果，曹汝霖的名次非常高，排名榜眼，任職商部商務司，後調外交部；章宗祥被賜予進士，賞給翰林院檢討，被授主事職銜；陸宗輿也不差，考得法學第一名，不過國文科卻沒考好，以舉人出身被任命為內閣中書，由學部開單帶領引見請旨。

「殿試」合格後，還要拜謁學部尚書、侍郎及主考官，然後約定時間，由學部尚書帶領，往頤和園朝見慈禧太后和光緒皇帝。

陸宗輿來到頤和園後，一是緊張，二是新奇。他早已剪掉了辮子，只好買一條假辮子偽裝，時

①曹汝霖《曹汝霖一生之回憶》，臺北傳記文學出版社，一九八〇。

刻擔心露餡。還好，他沒有戴眼鏡，因為慈禧太后討厭眼鏡，這些沒了眼鏡的近視者，擔心無法看到太后和皇帝的尊顏，拼命往前擠。還有，按照官級的大小穿上朝服，得小心翼翼地步入宏偉奢華、高高在上的殿堂。

太后和皇帝早已威嚴可懼地端坐在那裏。輪到陸宗輿，他高聲朗誦自己的姓名、籍貫、年齡、履歷、學業等，太后頻頻點頭，並不講話，聽說他是法政科第一名，僅僅稍稍露出一絲微笑，讓他重報了一遍姓名和籍貫。匯報完畢，陸宗輿靜靜地退出，悄悄抬頭偷看太后、皇帝一眼，也不過一掃而過。

一場提心吊膽的朝見結束後，即按所封官職赴任。

陸宗輿、曹汝霖、章宗祥三人，都是日本名牌大學的本科生，這在很大程度上，是由於他們見機得早，趕上了好時候，「清國留學生」很稀罕，自然很得優待。更幸運的是，三人畢業就趕上了清廷的新政，朝廷缺人之時、用人之際，回來就進入剛組建的以西方為模本的政府機關，春風得意，很快就身居要職。到清朝覆滅時，曹汝霖已經升任外務部左侍郎，變成部領導了。不像第一批留美幼童，無論學成與否，回國來只能到海軍當兵，從最基層做起，一步步往上爬。也不像後來的留學生，人數太多，朝廷裏已經沒有多少位置了，只好往學校擠。

一九〇四年和一九〇五年期間，為了爭奪中國東北的利益，日本和俄羅斯在中國東北開始了日俄戰爭，結果日本勝利。作為戰敗國的俄羅斯把在中國東北的利益轉給日本。隨後，日本就和清政府談判，接受俄羅斯轉其的利益，袁世凱就是中方談判代表之一，經過日本留學同學曹汝霖的介紹，陸宗輿結識了袁世凱，並受到了袁的賞識。

晚清的中國連遭挫敗，被迫走上變成法、施新政的道路，科舉制度首當其衝。張之洞、袁世凱上書疾呼廢科舉，要求確定廢科舉的最後期限、具體步驟和時間表，並提出按科遞減。光緒帝頒上諭：「著即自丙午科（一九〇六年）為始，所有鄉會試一律停止，各省歲科考試亦即停止。」宣告了自隋代起實行了一千三百年之久的科舉考試制度的終結。

沒了科舉，廢科舉後，進士館隨之立停。

陸宗輿從家信裏抖出一張孩童照片，女兒靜嫣穿著金鳳自己做的衣衫，繡著花朵，漂亮可愛。

初見「翰林兵部」徐世昌

這天，陸宗輿接到指令，兵部侍郎徐世昌①要見他。

前一日，陸宗輿特意打理了一下自己的頭髮，不得不忍痛將前額的頭髮剃乾淨，並將後腦勺的

①徐世昌（一八五五至一九三九），字卜五，號菊人，又號東海、濤齋。直隸天津人。早年中舉人，後中進士。自袁世凱小站練兵時就為袁世凱的謀士，並為盟友，互為同道，曾任軍機大臣。一九一八年十月，徐世昌被國會選為民國大總統，被後人稱為「文治總統」。

假辮子重新梳洗了一番。尚書約見的時間是正午，一大早他就將自己那套乾淨的禮服穿戴了起來，整個人立刻煥然一新，精神抖擻了不少。

他來到東四五條胡同徐世昌的將軍府中，見到前院的小吏時，這些人都是點頭哈腰湊過來討好，將「以貌取人」這句成語表現得淋漓盡致。

在走廊上等候了片刻，才有小吏引領陸宗輿入內。

從天津的「小站練兵」處回到北京，徐世昌又回到了翰林院做他的七品編修。之後就到了一九〇〇年，八國聯軍入侵北京，破城次日，慈禧帶著光緒倉皇出逃。徐世昌瞅準這個機會奔赴西安，在張之洞、袁世凱的保薦下，被兩宮召見，得到慈禧的高度信任。太后見徐世昌「體貌英挺，音吐清揚」，留下了很好的印象，第二天，她對榮祿說：「徐世昌或足繼李鴻章後乎？」這種評價說明徐世昌已得到最高主子的賞識，奠定了他今後在官場步步高升的基礎。從這之後，他的官運一路亨通，想擋都擋不住了。不到三年時間，連連升級，成了二品的兵部侍郎。

陸宗輿見到徐世昌，行了單膝下跪禮。雖然以前在「小站練兵」的天津，陸宗輿見過徐世昌，可那時他是個前來觀摩的在校學生，徐世昌並不認識他。

見陸宗輿一身不中不洋的裝束，徐世昌淡笑著揮了揮手，說道：「哦，出過洋的舉人，起來吧。」

「謝大人。」陸宗輿在一旁坐下。

「怎麼，一身像樣的衣服都沒嗎？洋裏洋氣的，難道我大清國自己的東西不好嗎？」徐世昌坐在大書案的後面，先前的微笑不見蹤影，臉上看不出任何波瀾。

「回大人，在下在日本留學三年，回來後在進士館教習，穿的是改進過的衣衫，至今未添新衣，故而只能以這身行裝來見大人。」陸宗輿回答道。

「哦？我還以為你是要故意顯擺自己是留過洋的呢！」徐世昌有幾絲揶揄地笑道。

「在下並無此意，以大人的智慧，一眼就能辨認出能人與庸人，單憑一件衣衫在大人眼前是成不了障眼法的。」陸宗輿不卑不亢地說道。

徐世昌揚了揚眉毛，樂了道：「你還真會說話。」

宗輿保持著以往的剛毅神色，不卑不亢。

徐世昌拿起了面前桌案上的一份文書看了看，繼而又說道：「總督袁大人在你的履歷後面加了幾筆注釋，似乎你對巡警部任職並無怨言呀？」

陸宗輿心中有些鬱悶，這徐大人是什麼意思，當時自己沒有表態可不表示自己無怨言，讓一個學習法律和經濟管理的留學生去帶手持冷兵器的警察，這不是赤裸裸地浪費人才嗎？不過徐大人把話都說出來了，自己也只好認栽了。

「國家培養了在下，是讓在下努力報效國家而非討價還價。因此在下絕對服從朝廷的安排，哪裏需要在下，在下便前往哪裏。」他鏗鏘有力地說道，並且做出一副鄭重其事的姿態，盡量讓自己在尚書眼中留下好印象。

徐世昌聽了這番話，忍不住點了點頭，露出了讚賞的神色，點頭說道：「很好，朝廷需要的就是像你這樣不忘本的留洋高材生。」

他頓了頓，又換上一副惋惜道：「兩個月前從日本回來的一個姓許的留洋軍官，就因為衙門委任的職位太小，竟然跑去廣州了。這樣的人可要不得，也不想想他留洋幾年的費用是誰給的。」

陸宗輿知道徐世昌是在說留日士官生許崇智，剛從日本回來就投奔了革命黨，他現在可不關心別人的事。

「聽說你老婆識文斷字，很是洋氣，她給你生了個女兒，卻不願意來京城？」徐世昌關切地詢問。

「是的，我慢慢說服她，他會跟隨我來的。」陸宗輿難為情地說。其實，妻子不願來京，因為她和婆婆一道開的繡花房生意特旺，能掙錢，她捨不得放棄。

「女人麼都一樣，總是留戀原來的老窩，我的家室在天津，也是死活不肯來京。」年輕時，徐世昌的家裏很窮，常常揭不開鍋，媳婦只得逃回娘家蹭飯。

陸宗輿挺想念妻女，上個月他回了一趟海寧，女兒靜嫣第一次見父親，怯怯地躲在媽媽懷裏，望著他。

「大人，在下什麼時候可以赴任？」陸宗輿又開話題，問道。

「嗯，你有積極的態度很好，其實巡警部這邊並不是缺人，天津新軍最近新組建了一個步營，這個營的管帶尚無人選。」徐世昌故作神秘地說道。作為兵部侍郎，他正籌畫著壯大新軍，堅甲利兵。

宗輿怔了怔，管帶一職相當於營長，這可不是一個小官，可想而知要在軍隊中混多久的資歷才能當上營長。他知道以自己剛留洋回來的學生來說，是不可能一步登天的，因此並沒有抱有過多的幻想。

「大人，您這是？」

「我對你的印象不錯。但是我並沒有如你所說的那樣，一眼就能辨出你的真實才幹。我之所以告訴你天津新軍還有一個缺，是希望你好好表現，用行動來說服我。你放心，我自然會重視你的。」徐世昌認真地說道。

「在下明白了，在下一定不負大人的期望。」陸宗輿挺起胸膛，莊嚴地說道。

徐世昌看著陸宗輿的氣勢，心中很是滿意，說道：「好的很。下個月你就到天津去上任，其他的事宜有人會為你安排妥當的。」

陸宗輿應道：「在下明白。」

徐世昌點了點頭，道：「行了，你先退下吧。」

陸宗輿行了一個躬身禮，然後退了出去。

徐世昌望著陸宗輿的背影，神色漸漸變得有些凝重了。如今全國上下的局勢越來越讓人不安，他不知道滿人的政權還能堅持多久！他很清楚天津新軍裏的情況，革命的思想早已經滲透了許多基層士兵，如果不做好充足的應對措施，遲早會一發不可收拾。

眼下在新軍當中，能幹的人都有會黨的嫌疑，除此之外就只剩下那些捐出來軍官和碌碌無為、混吃等死的庸人。一旦出了什麼亂子，他真不知道自己還能調用什麼人！

儘管留洋的學生被「革命」污染的嫌疑更大，可據說日本和南洋一帶才是這種叛逆的高危地區。好歹陸宗輿在日本是讀書，日本目前是君主制國家，絕不會容許那種「共和」、「民主」之類的邪念在學校裏泛濫的。

他歎了一口氣，在心裏暗暗尋思著：儘管這陸宗輿是肅親王喜歡的人，只是時過境遷，也不知道他到底可不可靠！

然而，還沒等到陸宗輿去天津當上軍官，袁世凱直接向徐世昌要人了。袁世凱籌設法政學堂，直接點名讓陸宗輿去擔任「警察法」的教學。後來，京畿警員遴選人才進行考試時，十有五六都是潤生的學生，所以肅親王經常以「門生故吏半北京」的話和陸宗輿開玩笑。

從此，陸宗輿走近了袁世凱。

那時的陸宗輿雖然地位不高，卻是屈指可數的幾個能幹的「知日」「專家之一」。徐世昌在袁世凱面前常誇獎陸宗輿，於是，五大臣出洋時，他被推薦為隨行成員。

第四章　隨五大臣出洋考察憲政

朝廷特賞三等參贊

陸宗輿正做著去天津當軍官的夢，那天卻接到了一道諭旨：隨五大臣出洋考察。

不知是期待還是意料中的事，反正陸宗輿將高興勁藏在了心底，取消了回家看老婆孩子的打算。他寫信給妻子說：「對不起，我暫時不能回家，馬上要出洋了，我現在是三等參贊，朝廷特賞的。」妻子也不知道參贊是幾品，幹什麼的。他告訴她，參贊是外交官的一種職銜，朝廷開始學西洋，為這次出洋考察而特設的，是大臣的助理，六品官吧。

一個月前在老家，臨別時他對妻子說：「待我在京城有了府第，我們不再牛郎織女了？」她說：「好，在家從父，出嫁從夫，我盼著。」原來她很要強，自從有了孩子以後，卻越來越依賴丈夫了。

然而，出洋之前父母告知他，金鳳突然患了眼病，兩眼看東西模模糊糊的，只得將繡花房關了。這樣，父母也催促他早點在京城置房，好讓一家老少團聚。

慈禧太后自從西安歸來，腦子一下子變得開通了，整天價跟一群西洋貴婦人混在一起，看不慣也忍著，還時不時地賞她們一點中國的古玩。西方的非物質層面的玩意進來，對這老太婆來說，最擔心的，一是皇家的位置，二是大局的動蕩。

當時的大清朝，新政推行了有些年頭，國家局面卻是越發焦頭爛額，革命運動風起雲湧，從東南一直鬧到西南，大清朝的財政軍事經濟政治，樣樣舉步維艱，社會矛盾空前尖銳，就連最不接地氣的清朝官員都感到，這麼下去，大清朝真的撐不住了。

光緒三十一年（一九〇五）七月十六日，覺得「撐不住」的慈禧太后終於狠下心來，以光緒之名諭令五大臣，「分赴東西洋各國，考求一切政治，以期擇善而從」，並要求在國外「隨事諏詢，悉心體察，用備甄采，毋負委任」。主要目的是考察各國憲政，為清政府能否乃至如何推行憲政改革提供決策依據，展示出清政府追求憲政的努力。國人對此「罔不歡欣鼓舞，僉謂將舉行憲政」。①

準備出洋考察的五大臣是清朝輔國公載澤、兵部侍郎徐世昌、戶部侍郎戴鴻慈、湖南巡撫端方和商部右丞紹英。徐世昌選陸宗輿隨行，並令他趕快撰寫一份演講稿給他。作何用？演講，臨行前講給太后和王公大臣聽，也算是對考察團作的一番動員，或者說是五大臣臨行前表達的決心吧！

怎麼寫？自然是圍繞立憲這個宗旨，說說新政的意義、方向，以及本次出洋的目的和實施方案。這難不到在日本呆過三年的陸宗輿，何況這幾年他和曹汝霖、汪榮寶等同學常常以此為話題，私下裏議論過。他寫了，而且寫得很快，因為不能將時間沉沒在這紙面上，出行臨近，他有許多事情著

① 《江蘇學政唐景崇奏預籌立憲大要四條折》，存故宮博物院明清檔案部，《清末籌備立憲檔案史料》上冊，中華書局，一九七九，第一一三

急做。

五大臣出洋考察的上諭頒布後，各大臣便開始奏調隨員和籌措經費。臨行之前，慈禧太后和光緒帝連日召見考察大臣，認真聽取了端方演講《立憲說略》，這是陸宗輿的撰稿。

不知是端方講得好，還是陸宗輿寫得好，西太后顯得格外高興。她讓考察大臣帶上些宮廷御點，說讓大家路上充饑。光緒帝還面諭軍機大臣：考察政治是今天當務之急，務必飭令各考察大臣速即前往，不可任意延誤。①

九月二十四日，天剛亮，革命黨人吳樾懷揣炸彈來到北京車站。他裝扮成僕人的模樣，混在人群中間進了車站。

當天鐵路局供五大臣出訪的火車專列一共五節，前面兩節供隨員乘坐，第三節才是五大臣的豪華花車，第四節僕役所乘，最後一節裝行李。陸宗輿坐在第一節車廂裏。

吳樾在混進車站之後，試圖進入五大臣所在的包廂。當他由第四列車廂進入中間花車時，被衛兵攔住。「你是跟哪個大人的？」「澤爺」！因為吳樾面生，又不是北方口音，頓時引起了衛兵的懷疑。

①《清末籌備立憲檔案史料》上冊，中華書局，一九七九。

糾纏間，吳樾怕事情敗露，借火車開動之際引爆身上的炸藥，試圖與五大臣同歸於盡。「轟」的一聲巨響，煙霧彌漫，車破人散，斃傷十多人，事後檢查，五大臣中的紹英傷了右股，端方、戴鴻慈受了輕傷，親貴大臣載澤在慌亂躲藏中擦破了頭皮。吳樾當場殉節。

為防再生不測，考察團重組人馬，暗中部署，兵分兩路，分期啟程。

隨行參贊的一路記載

紹英等受傷，徐世昌兼任巡警部尚書得緊急查案也走不了，只好改派。因此，最後真正出洋的五大臣是載澤、戴鴻慈、端方、尚其亨、李盛鐸，全部是高級別的一二品大員。鎮國公載澤，姓愛新覺羅，滿洲正黃旗人，是嘉慶皇帝第五子惠親王之孫，其妻與光緒皇后隆裕是姐妹，屬近支王公，宗室貴胄，故出洋後常被外國報紙稱為「親王殿下」。他是深得慈禧太后寵信的滿族親貴，出洋前任盛京守陵大臣，回國後不久就升任御前大臣、度支部尚書。戶部侍郎戴鴻慈與湖南巡撫端方都曾在慈禧西逃時護駕有功，獲慈禧賞識，剛出洋就分別被升為禮部尚書和閩浙總督，回國後端方更調任兩江總督兼南洋大臣。尚其亨是二品布政使，漢軍旗人，並與慈禧沾親。而李盛鐸原是慈禧寵臣榮祿之心腹，此時被任命為出使比利時大臣兼考察政治大臣。

儘管大清官員們在國際舞臺上笨手笨足，屢屢鬧出笑話。但是，從視洋務為畏途，到在洋人帶領下蹣跚走出國門、茫然四顧，再到組團周遊世界、遍訪列強，並有目的地認真研究世界、學習掌握現代技術，並推動晚清的改革，終究邁出了這關鍵的腳步。

考察團分成兩路先後啟程。陸宗輿回憶自己「隨端、澤兩專使放洋」，所在團由戴鴻慈和端方帶領，隨員三十三人，著重考察德國和美國，以德國為重點，大概是因為日本明治維新以來借鑒於德國之處甚多。另一路「澤尚李團」由載澤、尚其亨、李盛鐸帶領，隨員四十三人，考察的重點則是日本。

兩路考察團皆由上海放洋，考察完畢後亦取道上海返京。

考察政治大臣（簡稱「考政大臣」）負責隨從人員的選拔，他們「環顧中外，甄采矜慎，各舉所知，無敢以夤緣進者」[1]，對於各界保薦人員，「非素有政學資格之員不能濫竽請托」，如張謇曾保薦沈曾植、黃紹箕、瑞良、張元濟、夏曾佑，但僅有夏曾佑入選。[2]隨員中包括部分京官，如御史、內閣中書、翰林院編修，各部郎中、員外郎、主事等，還有地方官員，如道員、知府、知縣，海陸軍官如參將、都司，以及地方督撫派的隨員和留學生等，有些是精通外語和外國情況曾經留學歐美、日本的歸國留學生。其中包括民國時代當過內閣總理或部長、公使的熊希齡、陸宗輿、章宗祥、施肇基等人，還有袁世凱的長子袁克定。隨員們各有分工，分別擔任先遣聯絡、考察、翻譯、

①《劉若曾存劄》，中國社會科學院近代史研究所圖書館藏檔案，甲二九六。
②許全勝《沈曾植年譜長編》，中華書局，二〇〇七，第三一二頁。

編撰等任務。

這七十六名隨員素質相對較高，既有科舉入仕者，又有通過新設部門考試入仕、幕職入仕、經濟特科入仕，等等，有許多如陸宗輿那樣在國外留過學或生活過，是清政府特別倚重的新政人才。既是科舉停廢、新式教育發展的產物，也體現了新政改革對讀書人的影響以及讀書人積極入世的使命感。但由於處在新舊知識轉型的歷史時期，即便是經過精挑細選的新政人才也不能滿足考察需要，陸宗輿回憶，隨從人員憲政知識缺乏，外語能力有限，「留德諸學子苦於中西制度之不同，譯定名詞之為難……卒之此類法政諸書大率皆轉譯於日本」①。清政府憲政改革面臨的人才困境於此可見一斑。

十二月七日，陸宗輿一大早起身，中午時分來到北京正陽門車站與兩大臣等人會合。他們從秦皇島乘小火輪上「海圻」號兵艦。船行數日，到了上海海面，停吳淞口。

十二月十九日下午二時，美國太平洋郵船公司的巨型郵輪「西伯利亞」號收錨起航，向著日本駛去。中國政府派遣的赴西方考察政治的考察團算是正式出發了。善於觀察的陸宗輿剛剛上船，就詳細地記錄下考察團尤其倆大臣的行蹤。

在船上，戴鴻慈和端方跟陸宗輿等隨員詳細討論和制訂了考察方針和計劃，立宗旨，以考察各

①陸宗輿《陸閏生先生五十自述記》，北京文楷齋，一九二五。

國政體、憲法為中心；並作分工、專責任、定體例，勤採訪，廣搜羅，以圖「他山攻玉」，「綱舉目張」。

另一路「澤尚李團」從上海乘坐法國輪船公司的「克利刀連」號，先到日本，再轉到歐美國家。「戴端團」的行程遍佈日、美、英、法、意、比、德、俄、奧、瑞典十國。陸宗輿記錄下考察路線：「我等則由日而美，自舊金山至紐約華盛頓勾留約四旬，端戴兩專使先赴德國。輿則單身遊倫敦半月，考察市政與裁判制度。」①

戴、端編著的《列國政要》一三三卷，內中對他們當年考察過的國家政府組織、憲法、法律、經濟、教育等情況作了詳細的介紹和比較，記錄者和翻譯人是「隨行參贊陸宗輿」。考察大臣戴鴻慈、端方將編輯考察政治的書籍和起草條陳奏摺的任務交給了陸宗輿等人。②

戴鴻慈寫有一部《出使九國日記》，載澤寫有一部《考察政治日記》，兩部書中附有陸宗輿的記錄和譯述，同時記錄下考察團的一路所見所聞——

日本是他們重點考察的國家。在日本，戴鴻慈和端方一行參觀了上下議院、公私大小學校及兵營、械廠與警察、裁判、遞信諸局置，「以考其行政之機關，與其管理監督之法」。同時與日本政府各大臣、伊藤博文等元老從容商討。

①陸宗輿《陸閏生先生五十自述記》，北京文楷齋，一九二五。
②鴿子《隱藏的宮廷檔案》，民族出版社，二〇〇〇。

一九〇六年五月十二日，奥地利皇帝約瑟夫一世在離宮宴請中國考察團。離宮「列樹遮罩，蔚然深綠，景色絕佳」。考察團遊覽離宮時，驚奇地發現，「工人士女來游者甚眾」，皇家園邸居然對民眾開放。在美國，當看到華盛頓故居陳設儉樸，同普通老百姓的家沒什麼區別時，戴鴻慈為之感歎：「蓋創造英雄，自以身為公僕，卑宮惡服不自暇逸，以有白宮之遺型，歷代總統咸則之，誠哉，不以天下奉一人也。」

自然，這次出國考察，憲政為首要之目標，因此，每到一國，對於議院的參觀和議會制度的考察必在計劃之中，由是形成一個慣例，也引發許多思考。在戴鴻慈、端方看來，在這些實行憲政的國家中，執政黨和在野黨之間為了國家利益做出的溝通以及君主和議會之間的互動關係，讓他們耳目一新。當他們在美國看到，議院中的議員們「恆以正事抗論，裂眥抵掌，相持未下，及議畢出門，則執手歡然，無纖芥之嫌。蓋由其於公私之界限甚明，故不此患也」。而當他們來到英國時，也注意到「議員分為政府黨與非政府黨兩派。政府黨與政府同意，非政府黨則每事指駁，務使折中至當，而彼此不得爭執。誠所謂爭公理，不爭意氣者，亦法之可貴者也」。

戴鴻慈在考察中對各國的政治制度是不吝讚美之辭的。他和端方主要考察美、俄、德、意、奥五國，途中增加了丹、瑞（典）、挪、荷四國，又順訪了日、英、法、比、瑞（士）等國。對這些國家的政治社會情狀，日記裏都或詳或略地涉及，並加以評論。比如說：

「日本維新以來，一切政治取法歐洲，……公議共之臣民，政柄操之君上；……雖其興革諸政，未必全無流弊。然以三島之地，經營二三十年，遂至抗衡列強，實亦未可輕量。」「然美以工商立國，純任民權。……要其馴致富強，實非無故，藉資取鏡，所益甚多。」「文明國人，恒以正事抗論（指議會辯論），裂眥抵掌，相持未下，及議畢出門，則執手歡然，無纖芥之嫌。蓋由其於公私之界限甚明，故不此患也。」「（華盛頓故居）室中陳設樸素，無異平民。蓋創造英雄，自以身為公僕，卑宮惡服，不自暇逸。以有白宮之遺型，歷代總統咸則之。誠哉，不以天下奉一人也！」

「英國政治，立法操之議會，行政責之大臣，憲典掌之司法，君主裁成於上以總核之。其興革諸政，大都由上下兩議院議妥，而後經樞密院呈於君主簽押施行。故一事之興，必經眾人之討論，無慮耳目之不周。……百官承流於下，而有集思廣益之休；君主垂拱於上，而有暇豫優遊之樂。」

「法蘭西為歐洲民主之國。……其設官分職，則三權互相維繫，無輕重偏倚之嫌；其地方自治，則都府秉成中樞，有指臂相連之勢。……自大敗於德以還，凋喪之餘，不三十年，復臻強盛。其作民氣以培國力，實根於政治之原理，良非幸至。」①

在義大利考察時，戴鴻慈、端方看到義大利議會中往往由議院就可以決定國王任命大臣之去留。

①戴鴻慈《出使九國日記》，湖南嶽麓書社，一九八六，第三二七至三二九頁。

此事讓兩大臣感到十分詫異：「意國任命大臣之權，操諸國王之手。而大臣之不職者，得由下議院控訴之，而由上議院以裁判之。歐洲諸國，政制相維，其法至善，胥此道也。」陸宗輿記錄此事，字裏行間有著跟兩大臣一樣的「詫異」，流露出對於這種政治體制的驚奇和讚歎。

在考察憲政之餘，倆大臣對日本和歐美社會的物質和文化事業產生了濃厚的興趣。事實上，這樣的社會氛圍對於他們而言，確有耳目一新之感。因此，在這為時半年的國外行程中，他們分別參觀了一些外國的社會部門和機構。大致說來，既有像政府機關、郵局、鑄幣局這樣的行政管理和服務部門，又有像監獄、瘋人院這樣諸如管制社會另類人群的機構；既有像基督教青年會、商會這樣的依靠宗教和社會力量所組成的團體，又有像美術院、博物館、學校等文化教育機構，可以說是比較廣泛地近距離觀察、了解了日本和歐美社會的不同側面，並且與中國的社會情況進行了不同程度的比較。

他們在德國呆的時間最長，不僅考察了憲法、國法等現代法律制度，還研究了市政、警政等新政建設。語言不同，國情不同，欲將德文譯成中文，新名詞的表達成了一大障礙。陸宗輿在日本學的是法政專業，隨身攜帶著許多日本法學諸書，大多譯自德國，此刻，他參考著這些日文書，先將德文翻譯成日文，再轉譯成中文，既準確又易懂。因而，同行的人跟著他學，以此解決了翻譯問題。

當時，俄國正在鬧革命和開國會。陸宗輿覺得，俄國的制度非常專制也很慎密，社會階層的分別也是嚴格的，對待奴僕更是刻薄。他認為這是君主制國家的專制，中國不可學。

各國對五大臣考察很重視，皇帝、國王、總統等頭面人物悉數出場，不少地方的歡迎儀式也很隆重，這一方面表明了各國對東方這個老大帝國的新奇與興趣，另一方面，結合陸宗輿的記述可以看出，列強對這一老大帝國力圖新生或多或少也是有那麼一點善意的。

在參觀餘暇，考察憲政的大臣們享受著難得的休閒時光。每當他們到大城市進行考察之餘，總是不忘前往所謂「優遊休息」之地放鬆一下：「每至都會繁盛之區，必有優遊休息之地，稍得閒暇，即往遊觀，輒忘車馬之勞，足益見聞之陋。」相形之下，中國這樣的「數千年文明舊域，迄今乃不若人」，難免讓這些大臣產生相形見絀之感。待他們回國後，便立刻奏請由學部、警部主持，在京師次第籌辦這些公共設施，並由清朝政府「飭各省督撫量為興辦，亦先就省會繁盛處所，廣開風氣，則庶幾民智日開，民生日遂，共優遊於文囿藝林之下，而得化民成俗之方，其無形之治功，實非淺鮮」。他們不僅提議在全國範圍內逐步建立起圖書館、博物館、動物園、公園等，而且還不惜斥重金從國外購買回一批動物，放在北京新建的萬牲園中，可以說是促成了中國最早的動物園的雛形。

考察團參觀了大量的圖書館、博物館、美術館，甚至公園、動物園。在漢堡，他們參觀了哈根貝克動物園後，仍不過癮，希望再來一次。

清末是封閉守舊的社會，但戴鴻慈參觀美術館的表現，讓人大跌眼鏡。當他在丹麥一家美術館裏看到眾多的裸體女像時，絕無尷尬之態。相反，他神色自然，表現出對西方藝術很高的欣賞水準。稱之為：「花貌雪膚，細筋入骨，為美術之上品，信不虛也。」在倫敦的一家蠟像館看到一個睡美人，戴鴻慈對陸宗輿說道：「心脈跳動，氣息呼吸，隱約如生，殊為靈妙。」然後問：「你在日本見過嗎？是否僅西方才有？」

陸宗輿答道：「日本第一次裸體畫爭議是作家山田美妙的小說，他在《蝴蝶》中的有一幅插圖：落入海中的一位平家宮女蝴蝶被救上岸，她裸著身子坐在黑松樹的樹根上，濕透了的衣服半纏身腰，一個裸體美人就像大自然把水和土巧合在一起似的活生生的一幅畫。後來裸體畫展多了，日本人對男女裸體就司空見慣，才出現了公共浴室的男女混浴……」

令陸宗輿驚訝，這位大臣竟然能體會到藝術在教育民眾上的作用。他在俄國冬宮時看到許多油畫，畫的是俄國歷史上著名的戰役。他評價道：「入人之易，感人之深，無有如圖畫者。」他想起祖國，感歎要激勵人民，不忘歷史，「則甲午、庚子以來，創深痛巨，又惡可以無記也？他日而有美術館、博物館之設，此其尤當著意者矣！」

在漢堡，考察團看了一場現代歌舞晚會，臺上百十位女郎霓裳飛舞，舞臺燈光色彩繽紛，變換無窮，把考察團看得不亦樂乎，而戴鴻慈的所思所想卻振聾發聵：「吾國戲本未經改良，至不足道。然尋思歐美戲劇所以妙絕人世者，豈有他巧？蓋由彼人知戲曲為教育普及之根源，而業此者又不惜投大資本，竭心思耳目以圖之故。」文學藝術的教育功能，竟被這個清朝大臣一語道出，他感歎道：在我國被視為低賤的戲子，在這裏是名博士和教育家；在我國難登大雅之堂的戲文戲曲，在這裏可以是經典著作，可是以學生學習的課本。在參觀德國不來梅市博物院時，看到所藏中國器皿、書畫，

「皆其至劣者」，譬如，當考察大臣們在德國劇院觀看戲劇時，對於德國人編排戲劇時所花費的心思感觸頗多，認為像德國這樣的歐洲國家非常注重戲劇對於民眾的教化作用，因此「不惜投大資本、竭心思耳目」，遂聯想到中國的戲劇改良在社會中遇到的重重阻力，不禁感慨道，「又安怪彼之日新而月異，而我乃瞠乎其後耶！」

考察團在考察圖書館建設時，甚至還計算出讀者從遞交索書單到拿到書的時間是一分三十秒。考察時，他們大量採購、編譯書籍，「多多益善，購盈巾車」。僅陸宗輿為兩大臣採購的書目就有好幾十冊，單單購書一項就用了兩萬多兩銀子。[1]

端方的後人曾將他的文書檔案獻給故宮博物院，其中有幾冊戴端團從國外帶回書籍、報告、圖表的目錄，其中有「學堂教育書目」、「實業書目表」、「美國政治書目表」、「政治書目表」、「教育書目錄」等，據稱是陸宗輿代為選購的。

在英國，陸宗輿遇到汪大燮[2]大使，留他住了半個月有餘，陪同他考察了英國。他發覺英國人很有紳士風度，穿著很瀟灑。商業貿易挺繁華，中國織的土布不如他們。他對汪大燮說，「我們應

①郭世東《清末五大臣出洋考察憲政》，《江淮法治》，二〇〇六，第十七號。
②汪大燮（一八五九至一九二九），字伯唐，生於浙江世家望族。一九〇二年，任外務部奏設日本留學生總督，一九〇五年任駐英公使，一九〇七年回國，出任外務部右侍郎。清政府決定向英人借款築滬杭鐵路，汪奉命談判條約合同，被指斥為「賣國」。內閣總理段祺瑞因「武力統一」失敗而辭職，汪以外交總長身份代理國務總理。

該把他們的織布機買回來，用中國的棉花同樣能夠紡織出好的花布來。」

陸宗輿特別關注羅馬共和國的起源，英國君主立憲制的基礎，美國自由共和的觀念等，詳加觀察研究。

翌年夏秋，經過近半年的海外考察，兩批出洋大臣先後回到中國。

他們草擬了一份「考察憲政報告」，向清朝政府覆命，正式提出了實行君主立憲的主張，並且還指出「立憲利於君，利於民，不利於官」。此外，陸宗輿在戴鴻慈、端方的授意下，先將國外帶回來的關於憲政的資料一一翻譯，然後根據資料編寫出《歐美政治要義》一書，將歐美各國的政體或者相關的政治制度進行了簡略的介紹，這才使慈禧和當權親貴對於世界大勢有所瞭解，清政府才開始搞君主立憲。①

「端戴二使，因謂同行四十人，精通西文者十有八員，不意報告之成功，尚借重於留日出身者，因特擢為二等參贊。」②陸宗輿記載道。

終於，陸宗輿在京城有了府第，一家老小離開海寧搬入了同福夾道附近的炒麵胡同。

據傳，這裏曾經有多處炒麵、炒米等小吃鋪，胡同由此得名。明朝時，這裏叫「思誠坊」，又稱炒米胡同。清朝乾隆時，炒米鋪大都改成了炒麵鋪，所以改稱為「炒麵胡同」，若干年後又分稱前、

①戴鴻慈《出使九國日記》，湖南人民出版社，一九八二。

②陸宗輿《陸閏生先生五十自述記》，北京文楷齋，一九二五。

後炒麵胡同。胡同裏有個五號院，是典型的老北京四合院，就是陸宗輿的府第。三十三號院是溥儀府第，民國時日本人在此開設「新酒家」。同福夾道四號是曹汝霖的府第，與陸府相隔僅百米遠。

差一點與袁世凱撞個滿懷

五大臣一回到北京就直奔頤和園覆命，慈禧太后和光緒皇帝立即召見他們。一九〇六年九月一日，在採納了五大臣的奏章意見的基礎上，清廷明確宣示預備立憲「先行釐定官制」。以此為標誌，清王朝最後一次政治改革——籌備立憲正式開始。

八年前即一八九八年，慈禧太后砍掉了六個主張君主立憲的人的腦袋，八年後，她不得不採取了和她以前政敵一樣的立場，確立預備立憲為基本國策，從改革官制入手，以立基礎。「皇太后已經任命了一個包括醇親王、直隸總督袁世凱、軍機大臣、首輔、國務大臣在內的委員會，來考慮最近自國外回京的『出洋考察團』所呈交的報告和向朝廷提出的有關建議。……委員會裏唯一被認為具備建設性能力的是袁世凱與鐵良。」①

這是一個震動中外的異常之舉，宣佈了國家由此進入預備立憲，即由封建專制制度向資本主義

---

①《清廷大臣出洋考察》，《泰晤士報》，一九〇六年八月二十八日。

政治制度過渡的新時期，標誌著中國政治制度開始近代化。

五大臣出洋考察為時約半年，周遊十四國，重點考察了日、美、英、法、德、俄六個當時世界上最大的資本主義國家，其中尤以君主立憲制國家日本、英國和德國為重中之重。在他們看來，美國模式不是中國憲政改革的理想，美國以工商立國，實行民主政體，不但政治制度不能強同，而且其經濟措施也難以仿效。英國式的議會權大而君主虛置的政體，設官分職複雜拘執，也非中國政體所宜。至於俄國，其時正值日俄戰爭與一九〇五年革命之後被迫實行憲政，其情形頗與中國相似。德國則是中國應當仿效的一個重要對象。因為德國是日本維新的典範，日本體制又源於德國，中國師法日本即可。因此，清廷預備立憲，很自然地選擇了日本模式，而不是英國模式。①接著，清廷頒布改革官制諭，並成立官制編制館，作為編纂官制的專門機構。

揭開了清廷預備立憲的第一幕。一九〇六年是農歷丙午年，所以史稱「丙午官制改革」。改革伊始，那桐被授予體仁閣大學士，參與釐訂官制，載澤、張百熙、戴鴻慈、徐世昌、袁世凱等十四人編纂方案，另薦地方總督張之洞、端方等人選派人員進京隨同參議，並令慶親王奕劻等三人擔任總司核定大臣。大臣們慎重討論，選定十二人負責草擬具體條文的編訂人員：起草課委員有金邦平、汪榮寶、曹汝霖等四人，評議課委員有陸宗輿、鄧邦述、熙彥等三人，另有考訂課、審

①李細珠《新政，立憲與革命》，北京師範大學出版社，二〇一八。

訂課委員若干。

陸宗輿成為改革中從事具體法令條文編纂的「一線人物」。

九月六日，在恭王府朗潤園設編制館。

朗潤園原名春和園，位於北京西直門外西北隅海澱地區，北依圓明園、綺春園，南臨淑春園、暢春園，西望萬壽山清漪園，東靠熙春園、近春園。這裏本是清皇家園林區，湖光山色，景色秀麗。恭親王奕訢《朗潤園記》裏這樣記述：「圓明園池東而南，舊有園寓一區，俯枕長河，周圍不過里許，是為春和園。咸豐辛亥，余承恩命賜居於此，特發帑金、鳩工、庀才，繕完補闕，是茸是營，肯堂肯構，薙榛莽剔瓦礫，無丹雘之飾，無雕甍之靡，不尚其華尚其樸，不稱其富稱其幽，而領墀亭榭，凸山凹池，悉仍其舊。越明年壬子而園成，非創也，蓋因也。」咸豐元年，奕訢被賜居春和園。咸豐二年仲秋時，咸豐皇帝駕臨春和園，御書題匾額為朗潤園，由此春和園改名為朗潤園了。

才入朗潤園半個多月，遇上中秋佳節。五大臣剛剛出洋歸來，慈禧太后說，請五大臣帶上朗潤園的那班人到頤和園拜月，參加燈花宴，表示朝廷的慰問。

過中秋，一個最隆重的慶典是拜月。沒修頤和園的時候，宮裏的地方小，拜祀月神又不能動用三大殿，所以動靜還自然不大。有了頤和園，一個偌大的昆明湖，有水有閣，拜月祭月，再合適不過了。

晚上，君臣在昆明湖上舉行泛舟賞月燈花宴，邊吃邊喝邊賞月。

宗輿走得匆忙，拐彎轉進月亮門時，差一點與迎面而來的大臣相撞，悄悄挪開身子，側身抬頭一看，見是軍機大臣袁世凱。沒想，袁世凱早就認識了他，招一招手，挽著他的袖子一同登上望月閣。

賞月之前，先得拜月祭月。在最高層的紫霄殿上，預先搭好了祭月臺，五丈多高的一個緞子圍成的大幄，幄內擺著長案，正中供著月神的牌位，長案上擺著供品。

祭禮開始，當然由慈禧主祭，皇帝率王公大臣在左，皇后率率嬪妃和王公大臣的福晉命婦居右。慈禧拈香叩拜皇帝皇后以下眾人行禮如儀。民間的說法，男不拜月，因為月亮屬陰，是女人的神。但是到了慈禧這裏，男人也得拜月，因為她是女人，拜月拜的就是她自己。就像頤和園一進大門的那個石雕一樣，鳳在上，龍在下，在宮裏，她就是得壓著男人一頭。月神，實際上是跟她沾了光。

那邊，慈禧轉著圈又叩又拜，這邊，袁世凱按捺不住，從面前的桌子上拿了一個月餅咬了一大口，他見眾人沒動靜，隨手拿了一個遞給身旁的陸宗輿：「快吃！」

「噢」，左右看了看，除了老袁，其他沒人動嘴，月餅拿在手裏，宗輿不敢吃。

慈禧當家之後，這月餅不能叫「月餅」了，改叫「月華糕」，因為「月餅」跟「月病」諧音，女人家最怕月病。果品裏的藕叫「平安藕」，西瓜改稱「團圓瓜」。改口以後，宮裏上下都得這麼叫，誰要是叫錯了，太后不高興，都知道會有什麼後果。

「吃呀！」袁世凱自顧著大口咬了一口月餅，細嚼著。

祭月畢，大家坐下，一邊賞月一邊吃月餅。陸宗輿望袁世凱，他早就三四個下肚，正在啃著西瓜。

滿人過中秋，是要吃烤肉涮肉的。慈禧別出心裁，用「福祿壽考」四個字來命名烤涮。所謂「福」，是用雞肉和野雞肉，「祿」是麋鹿和鹿肉，「壽」是大尾巴肥羊肉，「考」是松花江的白魚切片。由於是滿人的吃食，所以，烤肉和涮肉用的肉和炭都是由東北地方官進貢的。

陸宗輿是南方人，不喜烤涮，只吃雞肉和魚片，而袁世凱不同，胃口出奇地好，只見他大碗喝酒，大塊吃著烤肉、涮羊肉。「你不吃，我吃！」他說著，將陸宗輿面前的一大塊鹿肉抓在手裏，狼吞虎嚥地吃著。

作為力主改革的新銳派，陸宗輿不枉以此，曾經與立憲派領袖袁世凱坐在了一起。後來，他們不約而同集合於袁世凱幕下，還不是因為有此奇遇。

袁世凱可是中國國土上一個炙手可熱的人物。

青年時代的袁世凱也曾參加過兩次「童子試」（考秀才），都沒有考中。盛怒之下，把自己過去所做的詩文一把火全燒掉了，轉而投筆從戎。

以關係而論，袁家屬於淮軍系統，但李鴻章幕僚們的學歷太高，袁世凱不願投靠，因此於一八八一年五月率其家舊部數十人，投奔山東登州的吳長慶。

吳長慶和袁世凱是生死之交，還是希望他考取功名，讓助手張謇督促之。張謇發現袁世凱事務能力強悍，力薦他任了武職。袁世凱起初對張謇恭順有加，書信往來一概稱「夫子大人函丈」；後來他升任山東巡撫，致書張謇時將稱謂改為「季直先生閣下」；而當袁官居直隸總督時，致書竟稱

「季直我兄」。張謇不悅，作書答曰：「夫子尊稱不敢，先生之稱不必，我兄之稱不像。」袁世凱馬上解釋是秘書不懂事，這才拉倒。

不久，吳長慶帶兵出駐朝鮮，袁世凱跟隨他前去並且成為他手下的一名將領。袁某人以其特有的資質和靈活的手腕逐漸顯示出他的治軍才幹，在軍中屢獲升遷。有一次，一個軍官因為凌辱朝鮮人，犯了軍規，袁按軍紀準備對他執行正法。吳長慶來了，他是袁世凱父親的世交。吳直接為這個軍官求情，還坐著不肯走。袁世凱請吳長慶翻閱桌上的文件，自己借機溜出去一回。等回來時，一進門袁就跪倒在長官面前叩頭請罪，說自己出去那一會兒已經把那個軍官斬了。吳長慶見狀，無可奈何，只好馬上變臉，大大讚許他「執法從嚴」。

當時朝鮮政局動蕩，上層官員的親日派和親清派互相較勁。親日派有日本人的支撐，磨刀霍霍想要奪權。有次趁著國王宴請中國官員的機會企圖發動政變。袁世凱聞訊，親自率領二百清兵前往彈壓。而日本軍人則以保護國王為名把王宮包圍起來阻止清軍進入，雙方對峙起來。袁世凱當機立斷，指揮軍隊突然衝入王宮，居然救出了朝鮮國王，粉碎了政變的陰謀。從此袁世凱名聲大振。袁在朝鮮駐守前後共十二年。

甲午戰爭結束後不久，袁世凱通過走太監李蓮英的門路，由榮祿保薦接受訓練新建陸軍的任務。地點在天津附近的小站，這就是一般人說的「小站練兵」。因為歸北洋大臣李鴻章管，所以叫北洋新軍。這裏培養出來的新軍在軍紀、裝備和戰鬥力方面大大超過其他清兵，在當時享有盛名。當年陸宗輿受張謇的遣派去他的軍營探察過，果然名不虛傳。

眼見國勢日微，袁世凱支持和參與了維新運動。但在戊戌變法的最後關頭，袁世凱遊移不定，徐世昌軍師向他獻策：「與其助帝而致禍，寧附后而取功名。」於是，袁世凱向榮祿告密，以戊戌六君子之血染紅了頂戴花翎。據他自己說，在這任上他做了兩件大事。一是剿辦山東境內的「拳匪」（即義和團）之亂；二是在八國聯軍入侵時「保境安民」。

誰成想榮祿於一九〇三年便一命嗚呼，袁世凱急需尋找政治後盾，轉了一圈，他找到了慶親王奕劻①。奕劻是清末最著名的貪官，「其自當國以來，政以賄行，官以私進」。袁世凱派心腹登門送上一張十萬兩的銀票。由於早在榮祿任軍機大臣時，袁世凱和榮祿關係貼得非常近，所以奕劻對袁世凱不太喜歡。但他沒想到袁世凱出手如此闊綽，登時他就被折服了，只是一迭聲對來人說，何必這麼客氣，我怎麼好意思收下呢。來人也很會傳話，他說，袁世凱知道王爺要行走軍機處，日後要開銷的地方多了去了，這只是給王爺的一點零花錢，後面還有特別孝敬。一番話說得奕劻非常高興，於是也就收下了這十萬兩銀票。

奕劻入值軍機處後，袁世凱對他更是巴結奉承。奕劻隔三岔五就要大擺宴席。理由很多，比如

①奕劻（一八三八至一九一七），滿洲鑲藍旗人，乾隆皇帝第十七子永璘之孫。一八八四年封慶親王，任總理各國事務衙門大臣，一八九一年遷總理海軍事務大臣。一九〇三年任首席軍機大臣，仍總理外務部。一九一一年改設內閣後任內閣總理大臣。清帝遜位後寓居天津。

自己過壽、福晉生日、兒子結婚、孫子滿月……總之，慶王府的宴會總是不斷。袁世凱承包了奕劻府中所有的吃喝宴請。每次不用奕劻開口，他便提前把該張羅的事情，都給張羅得排場漂亮。

袁世凱之所以要拉攏奕劻，當然是有所圖。袁世凱從小站練兵開始，靠著賄賂前軍機大臣榮祿，和護駕慈禧西安回鑾有功，在李鴻章去世後，得以頂替李鴻章的北洋軍閥的職務。袁世凱一心想獨掌軍權，他建議全國設立練兵處，擴編北洋軍。當然，袁世凱深知清廷一向忌憚漢人掌握軍權，所以極力推薦奕劻出任總理練兵事務大臣。

奕劻深知「收人錢財，替人辦事」的理，他很快說服慈禧，於是，袁世凱的北洋軍從一鎮很快就擴充到了六鎮，約有七萬新軍。這樣一來，袁世凱終於心想事成，掌管了兵力強盛的北洋軍權。同時，袁世凱又通過奕劻，把跟隨他多年的親信們安插在重要的崗位上。

比如，東三省官職改革，袁世凱通過奕劻，竟將奉天、吉林、黑龍江三省巡撫皆安排給了心腹將領，就連東三省總督亦是他的嫡系將領徐世昌。這些人得到提拔重用後，免不了對袁世凱感恩戴德，愈發忠心耿耿。這些人中自然包括了陸宗輿和章宗祥。而袁世凱也借機佈局，逐漸掌控了朝廷內外的政局。

過了中秋，袁世凱主持的官制改革草案開始起草。

袁世凱堅決主張立憲，他曾向慈禧太后表示，「官可不做，法不可不改」，「當以死相爭」。對官制改革他特別活躍，尤其熱衷於設立責任內閣。一開始，他馬上控制了編制館，一切改革官制的說帖均需經其閱定，然後向釐定官制大臣提出。

陸宗輿、曹汝霖等人負責起草修改方案，貫徹他的意圖。在官制改革的初步方案中，除對原有的各部院提出精簡合並外，還增設了一些新的機構，最重要的有責任內閣、資政院、行政裁判院，集賢院、大理院、審計院等。

依據內閣官制，內閣政務大臣由總理大臣一人、左右副大臣各一人，各部尚書十一人組成，「均輔弼君上，代負責任」，「凡用人、行政一切重要事宜」，由總理大臣「奉旨施行」，並有「督飭糾查」行政官員之權；皇帝發布諭旨，內閣各大臣「皆有署名之責，其機密緊急事件，由總理大臣、左右副大臣署名」，關涉法律及行政全體者，與各部尚書聯銜署名，專涉一部者，與該部尚書共同署名。①

依照袁世凱設計的方案，將來勢必造成由昔日皇帝專制變為內閣專制的局面。因為方案規定內閣特別是總理大臣、副大臣代替皇帝負責任，這就意味著皇帝處於無權的地位，皇帝發佈諭旨，須經內閣副署，反過來，不經內閣副署，諭旨便不發生效力。這樣在名義上是內閣「輔弼君上」，「承旨施行」，實際卻將皇帝的用人、行政大權轉歸內閣之手。為了掩飾問題的實質，消除慈禧疑慮，袁世凱等特在《資政院節略》中對內閣許可權過重加以解釋說：「言官交章彈奏，多以政府權重為

①李剛《大清帝國最後十年》，當代中國出版社，二〇〇八。

詞，不知東西各國內閣只總理大臣一人，從無專權之事，因有議院持其後，輿論所是者，政府不得盡非之，輿論所非者，政府不得盡是之……安有前明閣臣自作威福之事乎！」其實，立憲國家的總理大臣之所以「從無專權之事」，並非由於畏懼「輿論」之故，而是由於國會具有立法權和監督權，使內閣不能專權。內閣如不執行國會通過的議案，或胡作非為，國會便對之進行彈劾，掀起倒閣風潮，迫使內閣辭職。

袁世凱為什麼如此熱衷於設立責任內閣？陸宗輿跟老師、立憲派首領張謇私下議論過：袁世凱想擁護慶王做國務總理大臣，自己做副總理大臣；如此，則一切用人之權都操在慶王之手，說穿了，就是在袁世凱之手。另有一個不可告人的隱衷，他見那拉氏年過七十，氣體漸衰，深恐那拉氏忽然死了，他所出賣的光緒一旦恢復政權，東窗案發，他的首級難保。他想必須早早預備辦法，必須身在北京方能預先佈置，方能臨機對付，假如他到北京，做了副總理大臣之後，他更可以控制宮廷，為所欲為。①

這時候，御史趙炳麟、蔡金台卻是一致反對立即設立責任內閣，而趙炳麟特別突出。趙炳麟，廣西全州人。他於拜命御史的隔日上折指出：君主立憲國的君主「所以鞏固其權力者，在有下議院以監督其行政諸臣，而軍政、財政議院不承認，政府無從逞其強權，雖有梟雄不敢上淩君而下虐民

①劉厚生《張謇侍記》，上海書店影印，一九八五。

者，群策群力有以制之」。今「民智未開，下議院一時未能成立，則無以為行政之監督，一切大權皆授諸二三大臣之手。內而各部，外而各省，皆二三大臣之黨羽佈置要區」。「行之日久，內外皆知有二三大臣，不知有天子」，此乃「大臣專制政體」，「流弊必至凌君」。」故今日而言立憲必自地方自治始，使地方議會組織完密，逐漸而組織下議院，一面就內外官制因名核實，各定辦事之權限，無事過為紛更也。他覺得此折闡述得還不夠充分，四天後又上折剖析了奕、袁所擬內閣官制的危害，說：內閣官制取法日本，但比日本內閣權力更大。「夫各國政府權力之重，原過於君主，故名之曰責任政府」。「然各國政黨雖紛，而其君臣上下固相安於無事，君主雖不負責任，而常定於一尊，未聞其有跋扈之臣，致起蕭牆之禍者，則以其有議院為之監督也」。

蔡金台也認為，「西方各國皆立法、行政、司法三權鼎立，而國以安；從內閣官制方案看，總理大臣非特代替君主有行政全權，實際兼操了立法和司法大權，此等威勢權力是古今中外所無的。若據此推行，恐大權久假不歸，君上將擁虛位，議院無期成立，下民莫敢誰何，顛覆之憂，將在眉睫」。最後提出，「無論如何，必使上下議院與責任政府同時設立，以免偏重」。①

趙炳麟反對設立責任內閣，將鋒芒直指袁世凱的政治野心，說寧願在國會成立之前仍讓「改革皇帝」光緒執掌國家大政，也不讓袁的野心實現。

①侯宜傑《評清末官制改革中趙炳麟與袁世凱的爭論》，《天津社會科學》，一九九三。

面對參劾，袁世凱上折奏請趕緊預備立憲，並陳述政見十條，再次強調必須早建責任內閣，認為「立憲關鍵，此其先務」，並設資政院，「為採納輿論之地」，①以掩蓋其內閣專政的謀略。

一時之間，朝廷真像一大鍋煮沸了的粥，到處冒泡，一片嘈雜。西太後手裏的奏摺如雪片一般，有彈劾慶親王的，有彈劾袁世凱的……

在這關頭，陸宗輿等人站在了袁世凱一邊。

官制改革中風頭最健

陸宗輿居住在朗潤園，「但回憶考政歸國之時，即五大臣改制官制，朝議沸騰之日，輿為隨同議制之一人。」②

就是這半年，風頭最健的數陸宗輿、曹汝霖和汪榮寶三人。

作為留學歸國的精英人物，他們首次參與實質性的政治改革，對清政府期望很深，以為有行憲希望，因而止宿於朗潤園中，日夜工作不輟，以期專心纂擬和相互研討。如陸宗輿既具有留學經歷，

① 《直隸總督袁世凱密陳管見十條清單》，中國第一歷史檔案館軍機處珠批檔。
② 陸宗輿《陸閏生先生五十自述記》，北京文楷齋，一九二五。

有陪同五大臣出洋的經歷，對西方的政治法律制度和憲政學理有系統的認識和理解，對日本的君主立憲制和其維新經驗抱有好感。他們期望廓清舊制創立憲政，也即竭力「求變」。因而按照三權分立、責任內閣等憲政原則來起草官制，力主儘快仿效日本推行憲政，構建起君主立憲政體的基本框架。

早在五大臣出洋考察之前，陸宗輿對憲政改革就有過一番言論。

那是日俄戰爭結束不久，立憲的「小日本」戰勝未立憲的「大俄國」，極大震動了「我大清」。見賢思齊，朝野上下很快就重建政治架構達成共識，君主立憲呼之欲出。當時的立憲鼓吹中，圍繞日俄戰爭出現一種「立憲國勝專制國」的論調，對於時人而言，幾乎成了一種不證自明的公理。

商務印書館於一九〇四年創辦《東方雜誌》，作為晚清立憲派在中國內地的重要輿論陣地。自創刊之日起，每期都以「憲政篇」的專欄，對清末立憲運動的各種進展予以報導和評論。一九〇五年一月三十日，《東方雜誌》有一篇題為《立憲法議》的文章，建構了一個最為清晰的「立憲——富強」之國的歷史譜系。在簡單地將「立憲導致富強」的原因歸結為「合眾策，聚群謀」後，作者列舉了英、美、日三個國家以立憲收獲富強的歷史過程：「英吉利名為君主國，然凡百制度，必經勞爾得士門士上下兩院三次會議，而後國君決之。故謀無不當，計無不得，國勢日益盛」；「美國向為英屬，自華盛頓立為民主共和國，其國勢遂蒸蒸日上，挾其膨脹力，以戰英吉利，而英吉利為其摧。以向菲律賓，而菲律賓為其并」；近鄰日本則「洎乎明治維新，廢三職、八局，置上下議院，使民人得參謀朝政，而文明之進化一新，近挾其膨脹勢力，縱橫於海上，迄今列強咸羡慕之，謂東方將出一英國。迨不誣也」①。因此，《東方雜誌》發表「社說」《論日勝為憲政之兆》一文聲稱：「而橫覽全球，凡稱富強之國，非立憲，即共和，無專制者」②。

針對此譜系存在的漏洞，陸宗輿發表《立憲私議》一文，闡述道：

一八九〇年實施的《大日本帝國憲法》規定，日本天皇依據憲法行使權力，並按照三權分立的形式設置了內閣、議會和法院。由此，日本成為東亞首個擁有近代憲法的君主立憲制國家。但是根據憲法，天皇總攬統治權即最高權力，內閣對天皇負責而不是對議會負責，議會的權力很小。憲法中將民眾沒有稱為公民或者國民，而是稱為臣民。顯然，這是「欽定憲法」，形式上是君主立憲制，實質上保留著濃厚的專制性質，是天皇制。天皇名義上是最高統治者，實權可完全掌握在藩閥手中。因此，日本距離真正確立民主制度的道路還很漫長。

陸宗輿認為，由於中國國民的智識程度離立憲太遠，故主張現時期只宜推行開明專制。「使得一二聖君賢相，專制一二十年後，徐議憲政以為幸。」在他看來，加速立憲並非就一定會導致富強，因為「西班牙之弱，埃及之衰，波蘭之亡，皆有立憲之歷史者也。」他還認為，世人所說的「日本明治維新是立憲改革」這一斷言在根本上是不能成立的。陸宗輿就指出，明治維新以前，庶民只知

①《立憲法議》，《東方雜誌》，第一卷第十二號，一九〇五。
②《論日勝為憲政之兆》，《東方雜誌》，第二卷第六期，一九〇五。

有幕府而不知有王室。而明治的中興正是以德氏奉還政權開始的，此後，大小政令自天子出，從而使治內治外之法權有條而不紊，而議院、國會是遲至一二十年以後才召開的。正是在這個意義上，「雖謂明治為專制之君可也」。正因如此，他還認為，普魯士與日本的立憲並不是一般意義上的立憲，而是「乘戰勝之餘威，實非通行之定制」。①

陸宗輿判識，明治維新推行的是集權的「專制政治」，而絕不是「民權政治」。因此，絕不能把日本作為中國應實行分權立憲的例證。如今，他還是認為日本的體制是專制不是君權，而中國則是軍人當政，山頭另立，君權不振，何有於專，更何有於制。所以他主張，當務之急應該是加強中央集權，實行開明的專制主義。②顯然，這個觀點受了梁啟超「開明專制」理論的影響。所以他認為，袁世凱設計的責任內閣制是最好的。

預備立憲過程中的司法獨立是這眾多變革中非常重要的一環。司法獨立既是現代文明社會、民主政治不可或缺的一環，也是晚清憲政籌備的重要內容之一，儘管當時沒有開國會問題那麼引人注目。

當時在地方上，無論是省還是府、縣，可以說都沒有專職的司法審判人員。省一級雖有按察使，

---

①陸宗輿《立憲私議》，《東方雜誌》，第二卷第十期，一九〇五。

②蕭功秦《清末新政中的保守主義思潮》，《網易歷史》，二〇〇九年六月二十九日。

似乎專管司法，但除了負責刑名案件外，按察使還兼管驛傳；而且按察使絕非職業法官，他今天任按察使，明天可能轉任布政使或別的什麼官職，可能完全脫離司法審判；反過來，他昨天擔任的職務也可能與司法審判毫無關係。至於府、縣兩級，都由地方官兼管刑名，沒有專職的司法官員。用今天的情形來比方，一個縣令，既是這個縣的縣長，又是公安局長，又是法院院長。這種情形，不僅清代如此，中國歷代其實也大體如此。

在中央，司法體制也是非常混亂，主要是權限不明，管轄不一。一九〇五年出洋考察時，政治大臣端方讓陸宗輿等人編纂的《列國政治要義》中就談到中國司法體制的混亂：「巡道、知府、知縣亦各於其方面或所管之事務有裁判之職權。處分不出於一途。」舊司法制度既不合理，又不統一。所以，陸宗輿更是在《立憲私議》一文中明確提及「夫憲政制度，分議法、司法、行政三大綱統，並行而各不相犯者也」，並且主張中國立憲的當務之急，「自先在於行政司法兩大政，分司而治，以除積重難返之弊」①。

袁世凱欲借官制改革建立立法、行政、司法三權分立的憲政體制，限制君權，實行責任內閣。於是，憲政編查館曾派人到各地考察憲政籌備情況，其中負責直隸及東三省一路的是陸宗輿，他的考察報告今存中國第一歷史檔案館。

①陸宗輿《立憲私議》，《東方雜誌》，一九〇五，第二卷第十期，第一六八頁。

據陸宗輿考察奉天的報告，奉天省城的司法審判改革是相當有成效的。他對改革前後作了多方面比較，指出改革後至少在五方面較以前大大進步，為民眾提供了便利，即「收受訴狀之便」、「傳人之便」（傳喚被告）、「審訊之便」、「上訴之便」、「相驗之便」。例如審判：

「（從前）州縣問案，非老吏及有辯才者，鮮坐大堂，往往在花廳中秘密訊問，案外人無能前往觀聽。訴訟人到堂，無論刑事、民事，一體長跪，回答稍不如意，任意鞭笞。競有為細故涉訟而受累千百、淹禁數年者。至結案時，由刑事寫一甘結，勒令畫押，任便發落，受罰者尚不知其所犯何罪」；改革後「則除刑事應預審者不准旁聽外，餘則無論民事刑事，概許外人入庭聽審，於庭內設有旁聽坐位，並設有報館人特別旁聽席。訴訟人到庭，民事及刑事原告人並證人、鑑定人均係立供，未問及時，且可返坐於旁聽欄外」。再如上訴，「向來上訴無一定期限、一定階級，故今年所結之案，明年可翻；前任所結之案，後任可翻；州縣所結之案，道府可翻，院司可翻；外結之案，京控可翻……至複審辦法，除重大案件提審外，餘皆發回原審，不惟不能昭雪上訴者之冤，適以重觸問官之怒，而重其禍……今則於宣讀判詞後，問官向兩造告知限期，刑事十日，民事二十日，准其上訴。其准上訴者，以審級而進訴，至第三審為終審。初級起訴之案至高等為終審，地方起訴之案至大理院為終審。案經終審判決後，即不得再行上訴。如此則不致有從前任意纏訟之弊。且第一審既經判決，其案內情節必已訊明，所爭者不過處分之不合。故至第二審須傳證人者甚少，至第三審僅至法律之解釋……行之數年，舉從前之積弊悉與廓清而掃除之」。①

陸宗輿甚至在報告中說，此前他見過英、法、德、俄和日本的法庭，但此次他到奉天考察，覺得奉天省城的審判廳並不比各先進國家的法庭差多少；由於法庭審判的進步，外國人也有不少願來中國法庭起訴。陸宗輿還特地私訪了來法庭訴訟的老百姓，都反映說「不要錢，不拖累，不能為專橫之誣枉，自比以前州縣衙門不同」。陸宗輿還談到，奉天的獨立審判「自（光緒）三十三年十二月開辦以來，未及三年，各廳已結案一萬七千餘起。是結案之多而且速，以視從前之任意積壓者，殆不可同日而語矣」。陸宗輿是當時政府中的新派人物，他的報告可能有誇張成分，但總的說來，獨立審判制度要勝過從前那種行政與審判不分的制度。②

直隸、奉天都是清末新政辦得比較好的地方，其他省份可能多半不如這兩地。陸宗輿的報告中也提到：「司法獨立雖為籌備憲政清單內重要之大綱，而各省督撫奉行者往往疑信參半。或謂外國之法制不適用於中國，或謂中國現無適當程度之法官，或謂中國人民程度尚不應享受文明裁判之制。於是各省督撫推挽延緩者，至今尚居多數。」但是無論如何，司法制度改革已經開始，並且取得了一定成效。

①憲政編查館編《政治官報》（第七五三號），轉引自遲雲飛《晚清預備立憲與司法「獨立」》，《首都師範大學學報（社科版）》，二〇〇七，第三期。

②《政務處全宗》，中國第一歷史檔案館藏。轉引自遲雲飛《晚清預備立憲與司法「獨立」》，《首都師範大學學報：社科版》，二〇〇七年，第三期，第一至八頁。

清政府在頒布《欽定憲法大綱》的同時，頒布了《逐年籌備事宜清單》。其中規定：一九〇九年開始籌辦各省省城及商埠等處各級審判廳，一九一〇年一律成立；一九一一年籌辦各省府、廳、州、縣城治的各級審判廳，一九一二年初具規模，一九一三年一律成立。袁世凱主導、陸宗輿等人設計確立的司法獨立，可以歸結為兩大成績：一，確立了司法獨立的原則，即確立了由受過系統法律知識訓練的職業法官而不是行政官員審理民刑案件的原則；二，在京師、各省省城、重要城市（尤其商埠）設立了中國第一批審判廳及檢察廳，分設法官（推事）和檢察官，使審判與起訴初步分離。

陸宗輿、汪榮寶、曹汝霖每日對此官制改革的核心問題撰寫說貼，附以條例，明確指出專制行政之弊端，提出改革意見。官制改革的草案確定裁撤吏部、禮部、翰林院、都察院、宗人府五個部門。撤掉都察院是為了建立三權分立的新穎司法，而各地督撫的反對聲勢更是咄咄逼人。對此，陸宗輿和汪榮寶專門撰寫條辯，闡述司法分權觀：「憲綱首重三權，今立法機關未設，而又不欲改革司法制度，將安所謂立憲也？況行政司法之分權，中樞官制早已奉旨大定，則擬議地方官制豈容歧異！」最終確定司法獨立的具體辦法。①

討論刑律，陸宗輿說：「司法進步首先從哪裏開始呢？我看就從廢除笞杖開始吧！」「原來，梁武帝蕭衍所定的鞭笞之制，不僅僅中國有，外國也有。後來，英國和美國認為是野蠻行為，先後廢除，主張使用刑罰也要維護人權。陸宗輿的意見得到大家的響應，由負責修改法律的大臣沈子敦和

① 《清末籌備立憲檔案史料》，中華書局，一九七九年。

伍秩庸兩位侍郎向朝廷奏請，立即將杖刑從刑法的條款中刪除了。

然而，官制改革是一次政治權利的再分配，牽涉到各級官員和集團的利益，可謂牽一髮而動全身。編訂者與高層決策者在設立責任制內閣、裁改行政機構、司法獨立等官制核心問題上的觀點有著較大的差距。王公大臣對袁世凱手握北洋六鎮尤為忌憚，親貴們卻在謀劃乘此官制改革的時機削督撫權，集權皇族。

伴隨著官制大臣諸多矛盾和權力爭奪，陸宗輿他們經歷兩個月的認真撰擬與反復斟酌，官制草案告竣。十一月二日，官制編制館向清廷呈遞《厘定中央各衙門官制繕單進呈折》及附清單二十四件。

然而，慈禧看過條陳，恐責任內閣成立後君權潛移，又疑忌袁世凱有總理之想，對奏呈的方案進行大幅度改動。

十一月六日，清廷發布裁定官制上諭：除裁撤軍機處、設內閣總理大臣外全部批准，並立刻進行了相應的人事調整和安排，同時令奕劻等與各省督撫會商地方官制。一時全國哄動，士大夫無不以改官制為言，內外大臣更是奏章迭上，倡言自己的看法。

對此結果，陸宗輿和編訂者們失望之極。陸宗輿評論此次改革「僅涉皮相，而了無精神」，尚未觸及政治體制的實質。①汪榮寶深感無奈和痛惜，他在《與仲仁追論舊事》詩中寫道：「水天閒

①陸宗輿《陸閏生先生五十自述記》，北京文楷齋，一九二五。

話不勝煩，第一難忘朗潤園。倚欄露花秋自麗，繞池風葉夜成喧。太平安意堪文致，官禮終須有本原。盡道當時新法誤，誰知新法是陳言。」①此詩是他多年後回憶往事時所作，詩中感慨官制改革終是「陳言」，失望之情無以言表。曹汝霖也說：「此次修改官制，唯一收獲，只是司法獨立。」②在清廷滯後僵化的體制下改革難以真正實施，最後頒布的官制改革方案與編訂人員所希冀的大相徑庭。

在朗潤園立刻分成了新舊兩大派，各執己見，互不相讓，吵鬧不堪。最後，袁世凱竟然拂袖離宮回天津去了。

這時，因為吳樾炸彈事件，朝廷下詔設立巡警部，由肅親王善耆出任尚書，朗貝勒任侍郎。同年，朗貝勒與陸宗輿帶傭人席真一行三人去日本考察了三個月的倭國警政。爾後聘請日本人川島浪速為顧問，這便是中國開辦警察之始。③

陸宗輿為巡警部主事，五品官銜。

這當兒，朝廷為實施新政設置了許許多多的主持機構，封了大大小小的各種官員，王公樞臣和封疆大吏兼了名目繁多的差事，可是，真正辦實事具體起作用的，往往就是幾位在各衙門之間「行走」來「行走」去的能員。曹汝霖稱：「我與汪衮父、章仲和、陸閏生四人，每逢新政，無役不從，

①汪榮寶《思玄堂詩集》，台並文海出版社，一九七〇。
②曹汝霖《曹汝霖一生之回憶》，中國大百科全書出版社，二〇〇九 009 年版，第六〇頁。
③舒雲《從捕頭到警察》，《中國警察報》，二〇〇六年十月十八日。

議論最多，時人戲稱為四金剛。」①

他們四人的地位不高，之所以能夠參與機要，且大肆議論，原因在於改制要學習外國，尤其是日本，而這幾位剛好是留日法科出身，多少具備一些知識，相對於外國當然有限，但在京師官場，卻是有數的知日法理專家。加之清政府聘請多位日本顧問，陸宗輿等人的日語能力和法政知識，可以在顧問與權臣之間溝通聯絡，更加增強了他們地位的重要性。各部改制都希望他們前往議事，出謀獻策，尤其是草創之際編制各種章程法規，也是不得不然。

出洋考察歸來，皇親少壯派載澤向慈禧進了一道《奏請宣佈立憲密折》，密折中有一名話：「憲法之行，利於國，利於民，而最不利於官。」載澤說，現在「在外各督撫，在內諸大臣」當中，有不少人以立憲會損害君主大權為由，不遺餘力阻撓立憲；殊不知，君主立憲的核心是「尊崇國體，鞏固君權，並無損之可言」。這些督撫大臣們之所以頻頻阻擾，是因為他們很清楚，立憲後，「其權必不如往日之重，其利必不如往日之優」，朝廷決不能上他們的當。載澤還以日本憲法為例，列舉了十七條立憲後將由君主完全掌控的統治大權，進而得出結論：立憲後，「國之內政外交，軍備財政，賞罰黜陟，生殺予奪，以及操縱議會，君主皆有權以統治之」，君權不減反增，如此，可使「皇位永固」，「君位萬世不改」。換言之，在載澤看來，立憲可以幫助君主從地方督撫手裏把更

①曹汝霖《曹汝霖一生之回憶》，臺北傳記文學出版社，一九八〇。

多的權力奪回來。

這份淺陋乃至荒謬的密折，打動了慈禧。九月，朝廷宣佈啟動預備立憲進程，其目標就是仿照日本明治維新構建君主立憲體制。這時候，陸宗輿作為京城立憲派骨幹，他仍堅持著「謹慎緩行」的觀點，他認為，所謂君主立憲其實就是在君主之下組建一個相互制衡的權力分享機制，不再讓行政權獨大、專制。按照當時的設計，分享這個權力的方式就是重建一個立法機構。

此時，遠在日本東京、與革命派激烈辯論、堅決反對革命的梁啟超在給康有為的信中承認：「革命黨現在愛亦何苦極大之勢力，萬餘學生從之過半；前此預備立憲詔下，其機稍息，及改官制有名無實，其勢益張，近且舉國若狂矣。東京各省人皆有，彼播種於此間，而蔓延於內地……」①清廷剛宣佈預備立憲時，革命派的力量就「稍息」；而當官制改革使人們認識到清廷的立憲有名無實時，革命派就「其勢益張」。顯然，正是如此這般「改官制」，使在與「改革」競賽中原本落後的「革命」意外得到推助加力，猛然提速，急起直追。

清末新政雖然是清朝統治者的自救之舉，但在客觀上卻起到了變革傳統體制、推動社會進步的作用，在各個領域全面開啟了現代化的閘門，將古老的中國第一次推向世界性的現代化浪潮之中。

①雷頤《袁世凱主導官制改革》，《財經》雜誌，二〇一一年五月號。

和慈禧太后同吃年夜飯

清廷下詔預備立憲以後，張謇、鄭孝胥、湯壽潛聯絡江蘇、浙江、福建的官紳和實業界人物，在上海成立預備立憲公會，宣稱「敬尊諭旨，以發憤為學，合群進化為宗旨」，力謀「使紳民明悉國政，以預備立憲為基礎」，進行改良主義的政治活動，曾兩次電請清政府提前召開國會。

立憲究竟會怎樣，慈禧太后的心裏還是沒底。這時候，一個人進入了她的視野，此人姓曹名汝霖，日本中央大學法律政治科畢業，回國應留學生考試拿了第二名，得了中西合璧的法科進士頭銜。曹汝霖受到了慈禧和光緒的召見。召見之前，曹汝霖得到了袁世凱的特別關照，告訴他此次召見，老佛爺必定有所垂詢，讓他留意準備。

果然，慈禧太后開門見山，上來就問日本的立憲是怎麼回事。什麼時候立憲，立憲前都到哪些國家考察過，以哪國的憲法作為藍本，議會的上下兩院如何，議員是怎樣選舉的等等。

很明顯，在召見曹汝霖之前，慈禧太后已經有了一些關於日本議會的知識，她最擔心的，是立憲開議會之後，會出現亂局。因此，西太后特別問道，日本國會開會，是不是時常會有黨派爭吵？

曹汝霖回答說，是這樣的，但是朝議決定之後，各黨即團結起來，沒有爭議了。比如日俄戰爭，開仗前爭議很厲害，但後來開御前會議，日皇決定宣戰，日本國會的兩大黨即一致主戰，團結起來了。聽到此，西太后長歎一聲說：「唉，咱們中國就壞在不能團結！」

顯然，曹汝霖的陳述，並沒有消除慈禧太后對立憲後出亂子的擔心，大概曹汝霖也意識到此，馬上對了一句：「以臣愚見，若是有了憲法，開了國會，即能團結。」

慈禧聽了很詫異，提高聲音問道：「怎麼著，有了憲法國會，即可團結嗎？」

曹汝霖回答說，團結必須有中心，立了憲，憲法就是國家的立法中心，議員都是人民選出來的精英，是人民的領導中心，內閣總理大臣，是國會和皇帝欽命的，屬於行政中心，後兩個中心，都圍繞著憲法中心做事，如果意見不一致，總理大臣可以被彈劾，總理大臣也可解散議會重選。只要總理大臣選對了人，國會和行政就能和衷共濟。

聽到這裏，據曹汝霖回憶，慈禧「若有所思，半頃不語」①。

當年，陸宗輿人脈廣泛，從國內到國外。如與留日同學吳振麟書信往來頻繁。吳振麟字止欺，浙江嘉興人，時任駐日使館二等參贊官。他是早於兩年留日同學，常給陸宗輿從日本購書。如十一月十二日陸宗輿給他的信中說：「止欺仁哥大人道鑒：前月寄上一箋，並述振貝子已函致宮內省事，諒早詧。悉調查事，諒將次就緒，舍弟來信云，大駕歸期在邇，欣盼欣盼。仲和已進商部，諒所聞知進士館支監督已放學政繼之者，未定其人，然局面漸已大定，當無所更動也。舍弟辱承照拂，天感何可言，所假之學費已函令速行奉趙，然錦旋時，尤望以其所欠缺告誡之，至感至幸！北京無所

①曹汝霖《曹汝霖一生之回憶》，臺北傳記文學出版社，一九八〇。

謂政事，近日則煩辦萬壽，一切容面敘，並望躬自，習焉一笑！到津時祈打一電至北京西城翠花街，章、陸俱可當派人至前門火車站奉接，否則由金伯平處以電話直達北京西城翠花街弟處亦可（早九點前晚四、五點後必在家）。翠花街寓當埽榻以待，更有瑣事，奉託在東亞特別條約匯纂（同文會編丸善本、Wilson 政治泛論英文原本丸善），此外有經濟財政中之新善本亦望購，不惟祈以囊中之裕否為斷。又叢瑣續，在真筆版，連李亦元所購在內共收到六付，弟前云七付在悮也，便希一查其清帳，諒必帶歸時再對矣。瑣續歉甚，專此即叩著安，不一！弟輿頓首。」

敘談尚歡，可見關係不一般。從信中得知，那會，陸宗輿住在北京西城翠花街。

臘月三十，慈禧太后傳話：請朗潤園的那班人馬一塊過年，即陪她和皇上一塊吃年夜飯。陸宗輿、曹汝霖等「四金剛」當然受邀。

寧壽宮，中間擺六個桌子，老佛爺居中一桌坐了，皇帝在東桌，皇后在西桌，陸宗輿和曹汝霖等分坐邊上兩桌，還有一桌由袁世凱和幾位大臣坐了。光緒皇帝執壺斟酒，皇后把盞，給太后祝福，老佛爺一杯酒飲三次。然後，眾人給太后皇上皇后行禮賀歲。

緊接著，慈禧命令大夥一起來到大殿中，太監擺好一列列的桌案，御膳房將早就準備好的食材呈上。慈禧領著皇后和眾嬪妃與大夥一起包餃子，說是捏住小人的嘴，讓他們再也不能胡說八道。這群平日裏根本不沾廚灶的貴族們忙得熱火朝天後，品相參差不齊的餃子便被送到御膳房中煮製。慈禧命令眾人梳洗一番，回到殿上。

這時，慈禧說：「今天便是新的一年、新的一月，也是一個新的開始，我們不能忘記去年的今天。今天我們能夠在平安祥和中吃上一碗飯，這就是上天的庇護，也是祖上的保佑。」語畢，大家便開始舉杯互相道賀。

真吃起來，第一種菜最常見，都是燕窩擺的壽比南山、吉祥如意，好看罷了，味道卻是未必。實際上大多數吉祥菜，都在雞鴨身上找，比如燕窩「壽」字紅白鴨絲、燕窩「年」字三鮮肥雞、燕窩「如」字八仙鴨子、燕窩「意」字什錦雞絲。

第二類是例菜。清朝尚膳監想得很明白：有什麼珍奇時令食物，天子如果吃順了嘴，天天要，御膳房日子還過不過了？因而都是平常的葷素菜巧妙搭配而已。第三類是貢品菜，比如熊掌、鹿脯、龍蝦，這才是見真章兒的珍奇玩意。可惜再好吃，每人一筷子，早就沒了。

吃到最後，按滿族規矩，必須吃一份煮餑餑，滿人管餃子叫餑餑。這鍋餃子必須有四隻得包一個小的金元寶進去，誰吃到了誰來年多福多壽。聰明伶俐的太監，牢牢地把哪個包了金元寶的餃子記住，煮熟之後，撈起來奉給西太后。讓老佛爺吃到，一個，兩個，三個，大家於是故作驚訝一片賀喜，圖個開心罷了。然而沒有了第四個金元寶，未免讓太后感到不吉利，大清走到這個份上，氣數要盡了，太監們也不太負責任了。

一不留神，剩下的那只金元寶讓陸宗輿給無意中吃到了，他沒敢聲張，悄悄把管事的太監招呼過來，塞給了他。太監將元寶偷偷放進鍋裏，然後說，也許是餃子掙了，把元寶掉在鍋裏了。拿撈子一撈，果然撈出了元寶，老佛爺這才算好受了一點，一腦門子官司放下了。

陸宗輿卻在暗喜：今年會有好運來。這年。妻子金鳳生下次子志誠。

按照慣例，皇帝在子時還需向慈禧賀歲，此時，眾人需回避在屏風後，光緒手捧如意跪在太后面前，先向太后致意祝福後，再磕頭賀歲。這個時候，在屏風後的眾人是不許露面的，否則，皇上下跪磕頭可不是鬧著玩的。

皇帝磕頭後，二人落座，光緒被允許吃上一碗素餡餃子。雖說，是值得慶祝的一天，可是，光緒皇帝的心裏卻悲從中來，草草吃下兩個餃子後站起身敷衍道：「今年的餃子非常美味。」慈禧也說：「今年餃子裏的香油特別多。」待皇上吃罷，便撤去屏風接受群臣的賀歲了。

這時，殿外鑼鼓喧天，各太監宮女由李蓮英領著前來賀歲，分別給慈禧磕頭拜年，隨後，會頭開始表演節目助興。慈禧太后心花怒放，每個參與表演的會頭都會得到一百兩的賞錢，然後興高采烈的離開了。

直到天亮，慈禧才命令眾人各回各家。慈禧太后特意讓僕人給陸宗輿、汪榮寶和曹汝霖送上宮裏特製的蛋糕和新鮮水果，帶回家去，表示對家族的慰問。

立憲與實業攜上了手

這年頭，陸宗輿的老師張謇的活動特別頻繁。他在這年除夕的日記上算了一筆賬：「計本年元月至除夕，在家凡三十九日，東西南北，未有若是之役役也。最（撮）其事由，大半為路事。」所謂「路事」即爭滬寧鐵路的修築權利，但這決非他活動的全部。從九月以後的日記可以判斷，除「路事」外，他還頻繁地參加江蘇省教育會及圖書公司等各種會議，簡直是在會議和公私酒宴中過生活。而這些，都是在為立憲作準備，其直接後果就是預備立憲公會的召開。

宗輿接張謇來信，說預備立憲公會將在上海召開成立大會，邀他參加。該會的靈魂人物是江浙立憲派的領袖張謇。

上海，從會場出來。當即，張謇招呼車夫把馬車打轉回去，直接就到了一處別墅的一樓客廳，分賓主落坐了下來，端茶倒水自然不在話下。

張謇先向陸宗輿介紹了一下「二當家」，其實，此人正是張謇的三兄張詧，早年陸宗輿在通州讀書時見過。張詧原先在江西任知縣，在弟弟張謇「力勸引退」下，張詧回南通協助張謇辦實業，坐鎮上海「大生滬事務所」，「謇主外而詧主內」「謇無詧無以至其深，詧無謇無以至其大」，張詧成為張謇的得力助手，支撐起龐大的財團。

陸宗輿向張詧鄭重地問禮了一番。

中日甲午海戰爆發後，慈禧太后從頤和園移駕紫禁城，滿朝官員都出城迎駕。當日，恰逢暴雨，路面積水頗深，文武百官個個匍匐路旁，衣帽盡濕，兩膝泡在水裏，頂戴上的紅纓流下鮮紅的水，其中有一位翰林院的老修撰是張之洞的堂兄張之萬，年過八十，久跪不能起身。慈禧乘轎經過眾官時，竟連頭也沒有抬過一下，好像眼前視若無物。百官之中，有一人目睹此景，心死如灰。多年後，他說，就在那一刻，「三十年科舉之幻夢，於此了結。」

其實，滿朝文武最不應該有這種念頭的就是他了，因為僅在三個月前，他剛剛「大魁天下」，成了本年恩科取士的狀元。而更讓瞠目結舌的是，一年後，這個叫張謇的「恩科狀元」宣佈放棄仕途，轉而去做一個商人。

張謇、張詧兄弟費時四十四個月，從一八九五年始募股集資，於一八九九年五月將紗廠建成，並取《周易・繫辭》「天地之大德曰生」之意，把工廠命名為「大生紗廠」。時有紗錠二萬餘枚，股本四十四萬五千兩。次年全部投產，以十二支紗為主，日產「魁星」牌棉紗四十五件，且品質良好，「紗色光潔調勻，冠於蘇滬錫浙鄂十五廠」。

身為「總理」，張謇本人雖也是股東之一，但股金不過區區二千兩（在全部資本中只占〇．四％），他在大生的權威從來都不是靠資本、靠股份，而是他的狀元頭銜、人脈資源。他以士紳身份，居官商之間，負責全權開工廠，這是他獨有的不可替代的優勢，官替代不了他，單純的商也不可能替代他。陸宗輿發覺，狀元開工廠，領先天下，「做官」變為「做事」，雖一字之別，相差何止千里，卻身體力行了他當年對學生陸宗輿的教誨：長學問為了興經濟，興經濟就是救國民。

如今，張謇的名氣早已經響徹大江南北，他龐大的產業可謂自成一國，其財力更可謂是支撐著小半個江南的稅政。不過以張謇現在的人生高度，表現的一點也不高人一等，相反更顯得和藹可親。當然，張謇作為老師，對陸宗輿的憲政主張自然是頗有興趣，這也是他為什麼會對陸宗輿另眼相看的原因。

自從去年張謇和陸宗輿在日本考察回國後不久，《浙江潮》雜誌上首次出現了「立憲派」一詞，立憲思潮開始勃興。經歷了戊戌變法特別是八國聯軍之役後，人們期待著更深刻的政治變革。在梁啟超和一批留日青年的鼓動下，立憲逐漸取代維新，成為救國新思潮。作為地方紳士領袖，立憲派中的實力人物，張謇開始組織政治團體，鼓吹立憲運動，切切實實的開始了立憲救國之路。

從《東方雜誌》上讀到陸宗輿對立憲的主張，張謇很是驚訝，陸宗輿僅僅是拿日本的君憲制與西方國家的君憲制一比較，竟然將日本明治維新運動的實質點明瞭。他是一個老道的商人，很容易的就看出了立憲以後的中國，肯定會很快步入實業救國的正道。他不得不稱讚這位學生陸宗輿的憲政主張。

他忽然想起去年師生同游日本時，陸宗輿在郵輪上的話，「我們不一定要水師，不要有海戰，我們要有商船，可以造郵輪、貨輪、客船，實業才能救國啊！」此刻，張謇的上海大達輪步公司即將開業。

「潤生，老夫一直想不明白，你一個剛剛留學歸國的學生，怎麼會懂得那麼多商業知識呢？」張謇十分好奇的向陸宗輿問了道。

「噢噢，有一句俗話說的好，商場如戰場，憲政是一場大戰役，那麼經濟與憲政之間理所當然是有聯繫的了。學生並非懂得什麼商場知識，只是按照實際情況加以分析，說出了自己的想法罷了。正所謂勝敗乃兵家常事，關鍵是需要汲取教訓。同理，一座農莊經營不善而倒閉，其中必然會有失敗的原因，正要找到原因，加以改善，同樣還是可以再次取勝的。」陸宗輿笑了笑，一口氣說了一堆所謂的道理出來。

陸宗輿只是為了解釋自己的能力而已，其實他在大學裏面曾經讀過經濟專科，尤其認真研究過日本人的貨幣增值之道。

張謇聽了學生的這番話，臉上不由露出了讚賞之色。對於他來說，陸宗輿的話確確實實是很有見解的，這個年輕人竟然將憲政之學十分完美的融入到了貨幣之學上，不愧是推陳出新 善於思考的結果。

「好呀，好呀，潤生果然是年輕有為，能夠舉一反三，實在是難能可貴。老夫看到了我大清國中興之希望呀。」張謇哈哈笑著說道。

陸宗輿謙虛地說道：「老師過獎了，學生不過是喜歡胡思亂想罷了。」

張謇點頭說道：「思考是好事，尤其是能思考出真知。我對上海大達輪步公司的事業甚是看好，這樣吧，你私人出資一萬元入股，和我一同合辦上海碼頭和輪渡產業，不知可否？」

陸宗輿欣喜不已，他剛在京城置房，將父母和妻兒從老家帶了出來，正需要錢，如今張謇這位晚晴大實業家願意合資，這正合他心意，何樂而不為？現在張謇表態了，不過還得看他的兄長是什麼意思。

張謇看了一眼張詧，笑著說道：「三哥，你會不會眼紅我這位學生的才能吧，要不然你不想讓我師生合作，是不是？」

張詧連忙笑道：「四弟，你這是甚麼話，哪裏有做哥哥的與弟弟作對的道理？」

他說完，又轉向陸宗輿，道：「陸大人，在上海開拓運輸碼頭的思路可是你想出來的，我怎麼願意將這賺大錢的機會拱手讓給其他不相干的人呢？四弟既然看好這個碼頭，那可意味著這座碼頭肯定前景斐然。」

陸宗輿微笑地說道：「賺錢其實是小事。如果張先生願意與我合作，我是將這個碼頭當作實業救國的一個試驗田來經營的。」

張詧點了點頭，贊道：「好，好，陸大人果然有氣度。」

張謇插嘴道：「三哥，既然陸大人有氣度，那你可有氣度嗎？」張詧哈哈大笑起來，罷了罷手說道：「哎呀呀，難道我是那種不開化的人嗎？今日與陸大人一敘，我也算是開了眼界，打開了思路。若是由陸大人從旁指引，我和四弟甚是放心呀。」

張謇笑問道：「三哥，你這麼說，就是答應了？」

張詧深以為然的點了點頭，歎道：「本來呢，我還真為碼頭的經營擔心，開張以後怎麼跟洋人打交道？我能跟日本人較量一番嗎？有了陸大人插手經營，或許我可以高枕無憂了。」

陸宗輿聽到這裏，深知張詧已經是接納自己了。他真覺得今天好運氣，先是與老師張謇重聚，立憲與實業也攜上了手。

陸宗輿又與張謇具體商談了碼頭和輪渡產業的事情，一直聊了一盞茶的功夫，然後就準備告辭了。

在內憂外患的舊中國，張謇兄弟頑強地拯救著自己的國家，一路荊棘叢生，危機四伏，他們卻鐵了心，即使捨身喂虎，也要去做。正是因為有了「實業救國「的壯志，他們後來把事業做開做大，越做越大。

張謇另外一個傑出的地方是，在事業蒸蒸日上的時候，他並沒有憑藉自己的權威，將企業一點點地據為己有，這在當年的制度和人文環境中，是多麼容易的事情。中國近現代教育迄今為止的名校如復旦、交大、同濟、東華、東南、上海財大、海洋大學、海事大學等，都由張謇創建和參與創辦。他的名字也成為中國歷史上一個難以磨滅的烙印。因而，毛澤東說，「中國的民族工業有四個人不能忘記……輕工業不能忘記張謇。」其實，張謇之不能忘記，又何止輕工業而已。

據陸宗輿的後人說，一九二一年陸宗輿隱居天津後，仍與張謇張詧兄弟倆攜手於實業。張謇在總結自己一生時認為，自己一生事業之所以能夠有成「貴賴於不絕賢人助陣」，功歸「一兄一友兩弟子」，其中的「兄」，即是指他的三哥張詧，「兩弟子」就是陸宗輿和江謙。江謙也是張謇的得意弟子，曾協助他創辦通州師範學校。

一九〇六年十月，巡警部改制為民政部。因為官制改革，皇室大臣「下崗」，由徐世昌任尚書，陸宗輿仍任主事。

第五章　奉天鹽務大督辦

這番會是奉天承運嗎？

列車呼嘯著奔馳在京奉線上。

一九〇七年四月二十日，清政府下詔改革東三省官制，正式設立東三省總督和奉天、吉林、黑龍江三省巡撫，從而結束了已經延續二百多年的將軍體制。欽差大臣徐世昌奉旨出任東三省總督，他向朝廷指名道姓要了陸宗輿，於是，陸宗輿被調任東三省洋務局總辦，帶著家眷前往奉天（瀋陽）。說帶家眷，其實只帶上了一半。老父親生了重病，不能走遠道，弟弟宗瀚說，「讓爸來上海，我來照顧他。」便去了上海。夫人徐金鳳雙目失明又懷孕四月，執意不肯出門，無奈，陸宗輿留她在京，有僕人照顧，待她臨盆以後才去奉天。因而，只有如夫人詩兒則要「送君千里赴邊關」，說要乘乘火車看看大清的發祥地，陸宗輿便帶上了她和老母幼女一同搭上了去奉天的列車。

車廂裏，陸宗輿和如夫人鄭校詩一路觀望著窗外的景色。

半年之前在上海，陸宗輿告別張謇、張詧兄弟。「歸至滬瀆，例多酬酢。有友人述及有宦家少年女郎，為戚所欺，將有風塵之厄。一時激於義憤，乃亟趨訪。」①

① 陸宗輿《陸閏生先生五十自述記》，北京文楷齋，一九二五，第五頁。

宗輿坐上馬車到了劉府。劉浩瑞老爺原是京城崇文門的衙使，與陸宗輿同事一年多，現告老返鄉在上海。

劉老爺迎候在書房。「不知浩瑞兄有何事吩咐呀！」陸宗輿問。

劉老爺說：「三個月前給你洗塵，你還記得坐在小女旁邊的那個姑娘嗎？」

宗輿想也沒想，點點頭說：「記得，應該是我的小師妹，叫詩兒吧。」

劉浩瑞說：「那就好！詩兒的父親是我的同窗鄭孝賢，他還教過你哥和你。」

宗輿想起鄭先生，噓噓不已。

劉老爺將詩兒家的不幸之事大略講述一遍。

原來鄭孝賢飽讀詩書，夫人早喪，與女兒鄭校詩相依為命。父母雙亡後來上海教書，養大兩個兄弟。然而老三鄭孝仁不學好，好吃懶做，迷戀於賭場，輸了還賭，賭了又輸，欠下了一大把賭債，竟然有幾個黑衣人手拿繩子上門逼債，欲將詩兒綁走。鄭孝賢急怒攻心一病不起，臥床兩月就撒手人寰。那可惡三叔，不但不知悔改，反而喪盡天良，欲將詩兒賣了抵債。多虧詩兒乖巧，乘機偷跑了出來，躲進了劉府。

「我的小女兒雅娟和詩兒是同窗，看她可憐，就想幫助她。我想，要救他只能將她嫁出去，帶她離開。我來做這個大媒，把你倆撮合在一塊，給你做個小妾，陸大人你意下如何呀！」

陸宗輿沉吟道：「我本人倒是樂意，可不知詩兒本人意願，還有我家家規很嚴，我是不敢私自做主的。」

「只要你樂意就好，詩兒那邊我已經問過，她說願意做小，只求你帶她在身邊，她樂意伺候你。」

劉老爺欲將紅線立馬牽就，「你現在就寫家信，我派人送去，順便給你提媒。」

宗輿提筆寫了一封家書，將欲納妾之事秉告父母和繼室金鳳。

過幾天，快信即到，父母和金鳳均同意此樁姻緣，望他早日帶著詩兒回歸京城。

數日後，陸宗輿攜詩兒回京。父母已在府中等候，看了很是滿意，弟妹也來問候。此時，繼室金鳳雙目失明，後又連生二兒，撫養實在困難，多虧詩兒餵養撫育，一家人和睦相處。

中國人的家庭觀念裏，「妻」的地位極其崇高。甭管這老婆多不討老公喜歡，妻就是妻，容不得妾的侵犯。無論是擁有十房妻妾的袁世凱，還是土匪出身的張作霖，抑或是在官場上贏得「水晶狐狸」雅號的徐世昌，無一例外，理由很簡單——她們都陪送夫君走過最艱難的歲月，是堂上老母最貼近的人。陸宗輿更甚，因為妻子徐金鳳給他掙來一份不小的家業。

詩兒年紀僅有十六歲，從小隨父親讀書，父親教給她的，更多的是「出嫁後，公婆敬。丈夫窮，莫生嗔。夫子貴，莫驕矜。出仕日，勸清政。撫百姓，勸寬仁。」的《女兒經》。她對公婆伺候周到，體貼有加，對失明的徐金鳳視同親姐姐一般，倍加照顧，翌年將自己生下的孩子托給乳母看管，卻一門心思親自餵養徐氏的幼子，因而，全府上下沒有不喜歡這位新奶奶的。①

①陸宗輿《陸閏生先生五十自述記》，北京文楷齋，一九二五，第五頁。

四月的京城還是灰濛濛的，出了山海關就開始變成桃紅柳綠、春光明媚了。

這條鐵路是由清政府主持修建的，開通才兩個月。由於日本人修建的南滿鐵路呈南北方向橫亙於瀋陽城西部，因此京奉鐵路終點站不是在瀋陽城城牆腳下，而是在城西五公里外的皇姑屯。

睡了一夜，火車已經駛進了奉天。東北的冬天特別的長，幾乎沒有春天，前天剛剛下過一場雪，大地一片白茫茫的，冰天雪地。聽說這裏的雪和關裏的不一樣，那雪久久不融化，一層又一層地堆上去。一直要等到第二年的六月才可能溶化掉，露出土面來。

從皇姑屯下車，幾輛馬車早就候著。詩兒扶著婆婆挪上馬車，坐在她身旁。陸宗輿牽著靜嫣的小手也上了大馬車

「老爺，奉天就是『奉天承運』的意思嗎？」詩兒問。

「本朝太祖攻打下瀋陽作都城，取名盛京，入關之後建都北京，稱為京師，又在盛京設奉天府，全稱『盛京奉天府』，取的就是『奉天承運』的意思。」陸宗輿解釋道。盛京即今遼寧省瀋陽市，曾是後金的首都。天命十年（一六二五年）清太祖努爾哈赤把都城從遼陽遷到瀋陽中衛，並在瀋陽著手修建皇宮。瀋陽從一個軍事衛所，一躍成為盛京皇城。天聰八年（一六三四年）清太宗皇太極尊瀋陽為「盛京」。順治元年（一六四四），清軍入關，入主中原，遷都北京，以「奉天承運」之意在盛京城設奉天。作為陪都，自然享有非同一般的待遇，其建築頗有幾分皇家氣息。

「那我們這番會是奉天承運嗎？」詩兒問。

「自然是，盼望你給我生個胖兒子呢！詩兒。」

「我想也是，也該有了。」突然她喚馬車夫停車，「老爺，你下車給我捧些白雪來，我嘗嘗。」

陸宗輿下車，在道旁的樹幹上捧上一把白雪，自己吃了一大口，然後湊近她的嘴巴，「好涼，你用舌頭舔一舔，別多吃。」詩兒不理，自顧大口地吃了了。海寧風俗：出門在外，一踏上陌生之地，新婚男女喝上一口當地的水，就會早生貴子。

說話間到了總督府。

「啊——好宏偉！好漂亮！」詩兒忍不住驚叫起來。

這是一幢歐式建築，三進院，有主院和東西兩座跨院。主樓很大，分為上下兩層，主樓前有院落，樓體外部文飾豪華。外部為青磚牆體，附以雕飾旋臉門窗，人字架木結構，房頂為深紅彩鋼瓦。在東、西兩端的大道上，豎立著「東轅門」和「西轅門」兩座雄偉壯觀的牌樓。

「這幢樓是和故宮同期的建築，是奉天最古老的建築。」陸宗輿為詩兒導遊。

主樓的東西兩側建有高大的青磚圍牆，正門上有高大的門臉，下面為大半圓形的大月亮門，門臉的二層和三層牆上有磚簷，磚簷上有精美的雕刻，三層磚簷門臉上形如雲朵，和門臉下月亮門構成彩雲拱月。

詩兒不得要領地睜大了眼睛。

大門兩側有衛兵值守的木製崗亭。穿過月亮門，迎面有影壁牆遮住視線。院內建築為磚木結構，有回廊的二層坡瓦頂的歐式樓房，東西兩側有廂樓，磨磚對縫，前出廊簷後出廈。整個建築呈「凹」形，門前有對獅和上下馬石。

陸宗輿和詩兒小心翼翼地扶著攙著老母，牽著女兒，一同穿過花園，到了西跨院，「這是家族院，我們暫時住在這兒。」兩個月前，陸宗輿奉旨隨軍機大臣載振和徐世昌赴東北踏察時，曾在這兒辦公，住過。

安頓妥當後，陸宗輿攜詩兒、靜嫣乘隙去瀋陽故宮，走了走努爾哈赤的朝會崇政殿和寢宮清寧宮。

東北雖然是清朝的發祥地，但是自清軍入關以後，這片黑土地便不斷受到沙俄的入侵，尤其三年前，沙俄參加八國聯軍趁機侵佔了東三省，旨在獨佔，當時俄國是獅子大張口，妄想一口吞進東北，曾向清政府要求行使兵權、財權和地方官吏任免權，以及將勢力範圍從東北擴大到外蒙古和北方各省。同時日本也趁機侵略，國土大片淪喪。

當徐世昌踏進奉天總督府不到三個月間就遇上了一件棘手事：一九〇七年七月十一日，日本駐華代理公使阿布守太郎照會中國外交部，混淆視聽妄言位於圖們江的江東灘「間島」是個三不管地帶，藉口派軍進駐。

「間島」原指與朝鮮北部清津、羅津接壤的吉林光霽峪前圖們江中的一塊灘地，灘地縱十里，寬一里，面積兩千餘畝。對於間島這片土地，宋教仁在其所著的《間島問題》中曾經詳細的考察了「間島」一詞的來歷，證實了「間島」就是中國領土，無可爭議。

清政府對日本駐華代使阿布守太郎的照會迅速作出了反應。外務部馬上電會東三省總督徐世昌與吉林巡撫陳昭常，要他們馬上核實吉林省的舊案以拿出翔實的證據來。

徐世昌接電後即奏調吳祿貞隨行，任軍事參議，派他赴延吉地區調查邊務。吳祿貞到達延邊的第二天就與日本人齋藤所率的入侵部隊相遇，鑒於齋藤入侵事件的嚴重性，吳祿貞迅即致函徐世昌陳述日本人越江駐兵的利害關係。接到此函後，徐世昌立即令「日本通」陸宗輿協助吳祿貞會勘，用史實對付日本人，要求日本撤走延吉駐軍。陸宗輿給吳祿貞出了個主意：克拿馬賊，實力保護韓民，以免日方藉口生事；賞吉林夾皮溝練總韓登舉參將銜，令其嚴守國土，嚴防日軍進犯。①

後來，清政府外務部引證大量的歷史文獻，對中朝國界提出了詳盡確鑿的證據，說明中朝兩國以鴨綠江、圖們江為天然國界，證實土門、豆滿、圖們實指一江，辨明古間島並非日本所稱之「間島」，圖們江北之地為清朝領土，清政府對圖們江北實行封禁政策正是行使主權的表現。日本對此無法狡辯，「即不再堅持所謂間島非中國領土矣」。經過反覆交涉，據理力爭，日方不得不撤出該地區。這是徐世昌東北任上的第一件大事，也是陸宗輿第一次參與的中日交涉，以勝利收場。

長期以來，由於沙俄鯨吞中國領土，使中國失去了在東北原本漫長的海岸線，這對於當地以漁獵為生的漁民來說無異於斷了生路。「間島」保衛戰以後，清廷將該地區開闢為正式的商埠。徐世

①徐世昌《東三省政略》，吉林文史出版社，一九八九，第三三頁。

昌還命人調查松花江航路，並在哈爾濱成立「汽船官營總局」，購買輪船開始在松花江上進行航運業務，從而有力地促進了松花江流域的經濟發展。

秋天，離開京城剛來奉天才一個月的繼室徐金鳳，給他生了個兒子，陸宗輿給他取名「元誠」，寓意「鹽政改革成功」。

得此喜訊，在上海臥病多時的老父親喜不自禁，從床上爬了起來，焚香祭祖。並且致信兒子宗輿，以急公守法、受恩圖報等語訓勉。

這時，徐世昌把剿匪得力的張作霖調到遼寧西北部的通遼、洮南一帶，去剿除被沙俄收買的蒙古叛匪。陸宗輿回憶：「洮南一帶係乾燥的草原，草有一二尺高，一望無邊。夏日蚊蟲甚多，大者如蜜蜂，叮人很厲害。狼群更多，一群就是十幾條……蒙古軍隊都是一個人乘兩匹馬，騎一匹，備一匹，力量足，跑得也快。所以張作霖清剿蒙匪不是一件容易的事情。」這些「巨寇」不除，國家不得穩定，百姓不得安寧。張作霖當此重任，開始並不順利。後來，他採用了強攻和智取的兩手策略，派人打入蒙匪內部，取得情報，而逐漸扭轉了劣局。後來，徐世昌看到張作霖的兵力不足，便給他擴編，增強他的實力。把五個營擴編為七個營，又將駐紮在洮南的孫烈臣部劃歸張作霖部。這樣張作霖的部隊增至三千五百人，成為東北的一支勁旅。經過年餘苦戰，終於將白音大賚擊斃，生擒牙仟，並打敗了陶克陶胡。後來追擊陶克陶胡八百餘里，一直將陶克陶胡趕到俄國。危害東北邊疆多年的蒙患解除了。這樣，陸宗輿結識了張作霖。

本年，袁世凱被調離北洋，到北京任軍機大臣兼外務部尚書，成為中樞重臣。他是李鴻章的「以夷制夷」政策的繼承者。

新政「實驗田」從鹽務開篇

徐世昌上任後，率領奉天洋務局總辦陸宗輿、奉天巡撫唐紹儀、吉林巡撫朱家寶、黑龍江巡撫段芝貴①等人，歷時三月，周歷三省，足跡遍佈白山黑水之間，全面考察了東北的現狀。

山海關外的遼闊地區，今遼寧、吉林、黑龍江三省通稱為「東北地區」。它東鄰朝鮮，南瀕渤海，西接蒙古，北抵俄境，且控扼京畿，戰略位置十分重要。且是清王朝的發祥之地，地域遼闊，物產豐盈。「川流貫注，運輸便捷，適於商戰；地脈沃饒，水草繁衍，宜於耕牧；平原廣漠縱橫數千里，便於馳騁，利於用武；加之興安、長白諸山森林之多，五金礦產之豐富，取之不盡，用之不竭，東西各國目為世界之寶庫，稱為中國第一富源。，其自然之美利求諸宇內誠有罕與比倫者」②今遼寧省蓋縣一帶、通化以東，海陽、豐州等沿海地區均為海鹽產地。

①段芝貴後因賄案被劾罷官，由程德全置理。
②徐世昌《退耕堂政書》，曹秉章刊本，一九一四。

然而，清朝定鼎中原後，在東北實行「旗民並治」的將軍體制，使得東北邊疆缺乏有效的治理；同時，推行嚴厲的封禁政策，限制內地人民的遷徙和開墾，致使東北社會長期處於封閉落後的狀態，阻礙了其全面、健康地發展。

徐世昌畢竟不是徒有虛名，如何治理困境下的東北早已是心中有數，於是寫了十幾萬字的《密陳考查東三省情形折》。所附三省調查報告稱：三省吏治敗壞，積弊甚深，尤以奉天為最，「奉省官吏向以情賄為進取之階，以厘稅為自肥之地。」財政匱乏，圜法混亂，三省財政主要依靠協餉，出入相抵，無力舉辦要政，商民受困，極大地影響了經濟發展。此外，實業「諸如鹽業絲蠶、礦業、漁業之類，皆聽民間習慣自辦，而官未嘗提倡新法，加意講求，更無以開利源。」

經過詳細訪查，他們發現東三省的發展瓶頸有兩個，一是財政困難，二是體制矛盾。

由於外人肆行侵略等種種原因，以致東三省財政極為困難。徐世昌對此有著清醒的認識，他說：「方今帑藏空虛，計臣仰屋，因無大宗的款可供經營東三省之用，而東南各省偏災時告，民不聊生，又屢經搜括，脂膏殆盡，自噲不暇，遑論他顧？[①]災害頻繁，民不聊生，自顧不暇，企圖仰仗協餉舉辦新政已經絕無可能。如何解決財政難題，成為新政成敗的核心問題。

陸宗輿說：「自古以來，經國之費，鹽課為重。鹽鹵或藏於海水，或掩埋於地下，或貯納於鹽

①徐世昌《退耕堂政書》，卷五，第二一五頁。

湖，或隱匿於山岩，取之不盡。食鹽為生活必需，鹽利亦是課稅之要脈。」①

徐世昌認為，東三省改制乃是新政的突破口，至於「應興應革諸事宜，如移民實邊、融化旗漢、增置郡縣、籌辦鐵路、開採礦產、撫綏藩部等巨集綱細目」，皆待「因地因時，熟籌妥辦」②。陸宗輿也說：「鹽務根本在場產，樞紐在轉運，歸墟在岸銷」，重在理順鹽政體制。③

於是，徐世昌在東三省這塊「實驗田」上，全面鋪開了他的新政藍圖，為其後來成為民國的大總統埋下了伏筆。然而，清王朝已是殘陽晚照，大廈將傾，徐世昌嘔心瀝血也難以力挽狂瀾。

一九〇八年初，徐世昌任命陸宗輿擔任東三省鹽務總局督辦，開始對鹽政進行大刀闊斧的改革。

鹽是人類生活必需品，不可一日無鹽，自古以來是專賣商品，鹽稅是國家財政收入的重要來源，清朝也是如此。《清史稿》載：「鹽稅所入與田賦國稅相孚。」

東三省鹽業自康熙二十年（一六八一）開始，經歷了兩個多世紀無官司管理的時期，奉鹽任居民自由販運，不徵鹽課，不設鹽官，亦無鹽法。後來才在田莊台設置督銷官鹽總局。因為日俄戰爭爆發，督銷未能實施。

陸宗輿主管鹽務後，對吉林、黑龍江兩省分別於吉林、呼蘭設官運總局，分管各自省內鹽務。

①鹽務署編《中國鹽政沿革史·奉天》，一九一五。
②徐世昌《退耕堂政書》，曹秉章刊本，一九一四。
③鹽務署編《中國鹽政沿革史·奉天》，一九一五年。

陸宗輿首先對食鹽的產、運、銷實施許可制度，即由鹽務總局控制生產，招商認引，劃界行銷，從而對灶戶的食鹽生產及鹽商的納課、行引、配鹽、運銷進行嚴格管理。

東三省食鹽多產於奉天濱海之地，以海鹽為主。黑龍江有土鹽和池鹽，吉林省不產鹽，是奉鹽的純銷區。清初，奉天有鹽場二十多處。清朝定都北京後，大量東北人口遷入關內，遼瀋地區出現土曠人稀、生計凋敝的現象，許多鹽灘沒人經營。為此，陸宗輿發布了一道「招墾令」：凡鹽灘每招一名鹽工給月糧一斗，每墾一鹽灘給牛二十頭。牛是鹽場犁溝曬鹽的主要畜力。「招墾令」等優惠政策的頒佈，使得關內大量漢民湧入東北，為鹽業生產提供了大量的勞動力。一九〇八年增設的安鳳局，其下轄鹽灘二十座，除民灘外還有官灘，「內有官灘三座在業家屯。」①鹽灘起多，鹽產量越多，這不僅為百姓增加鹽利收入，也增加了地方鹽稅收入。

海鹽的傳統製作為煎煮法，即在海邊立鹽鍋火煮煎鹽。奉天臨近鹽分充裕的渤海一帶，多是粘土地質，溫度適宜，雨量集中，非常適合曬鹽法，即利用陽光曝曬成鹽。陸宗輿下令推廣改煎為曬後，「築台池，工價日省，出產愈饒，民獲厚利……多以開灘曬鹽為業。」②採用天日曬鹽法以後，奉天食鹽產量大幅度增加，而且鹽的品質逐漸轉好。

---

①張茂炯《清鹽法志・東三省鹽灘》，中華鹽務署，一九二〇。
②張茂炯《清鹽法志・東三省鹽灘》，中華鹽務署，一九二〇。

鹽灘增多以後，隨之而來的問題就是如何管理這些鹽灘。開初「試辦督銷，編查鹽灘，發給灘照，按照收稅。」後來「定各場鹽灘專立印簿，派員稽核」。①黑龍江府治東南一百余里安達廳轄境內有鹽湖一處，名曰「大鹽場」，佔地面積為三百零三垧七畝五分，兩年前由把頭孫鏡蓉承領，所產食鹽，每斤徵課十文。陸宗輿派員查核時發覺，該鹽湖所產之鹽，品質較佳，若任由「該把頭私熬私售，國慶日官方官銷有礙。」因此，陸宗輿擬定了收買辦法，將該場所產鹽全部收歸官買，再由官辦鹽店發售。②

早先，東三省鹽業無專商、大賈，只有一些散商，因商力微薄，無力運輸遠道之鹽，稅厘驟減。「由東三省鹽務總局督辦陸宗輿，總辦楊毓璋，會同吉省度支司陳玉麟，江省道員徐鼎霖議定官運章程。」③章程確定吉、黑兩省之「官運商銷」政策，即官府經營食鹽的採購、轉運，銷售則委之商販，將東三省鹽業的運輸與銷售完全納入了政府調控之下。

過了年，陸宗輿每日忙著整頓鹽場和打通鹽道。一日，他來到運鹽的關卡，忽然聽得嚎啕大哭之聲，隨從稟報，一名運鹽工被罰。他走出辦公室前去詢問，那運鹽工說，他運一百石食鹽過關，報關時寫了一百石，稱重卻多了一石多，緝私人員說他蒙混過關，將他所帶的鹽全數充公。他是頭

①周慶雲《鹽法通志》，鴻寶齋，一九二八。
②張茂炯《清鹽法志・東三省鹽灘》，中華鹽務署，一九二〇。
③徐世昌《東三省政略》，吉林文史出版社，一九八九。

一次替別人運鹽，運一次只能賺幾石鹽的錢，今日所運之鹽被充公，他不但無錢可賺，還得賠償鹽商好多錢。家裏有老母妻兒等他買米下鍋，一時著急便大哭不止。

陸宗輿調查發現，原來鹽場官辦，販賣私鹽被視為犯罪，鹽商運鹽限量必經鹽卡檢查。稱重時，如果發現多了一二石，則將所有的鹽全數充公。這樣，緝私人員可以從中謀利，而鹽商則傾家蕩產。陸宗輿深知其弊端，下令鹽政官員立即改革，採用補徵法，即將多餘的鹽按其重量補交稅收，不可沒收，一律放行。後來，這個補徵法被朝廷採納，在全國推行。

吉、黑兩省商販販私積弊已久，又有日、俄等外國私鹽侵入東三省，私鹽猖獗，導致官鹽滯銷。因此，總督徐世昌派陸宗輿嚴定罰章，「裁撤灘部等名，加編馬步、鹽巡分駐各局。」①口國外，四平街、男家甸、公主嶺、太平嶺等處為日鹽侵灌的必經之地，幫於四處分設緝私專局。南江、東清兩鐵道是吉、黑兩省官鹽轉運之途，遂於長春、哈爾濱、綏芬各地設立掣驗緝私局。至此，奉省除補徵之外又有緝私專局，這標誌著奉省緝私機構趨於完善。

陸宗輿發覺，全國鹽務機構日益擴大，鹽務人員逐漸增多，卻無統一管理章法，致使「各省鹽務糾葛紛紜，疲敝日甚。」於是他上奏，「必須統一事權，修明法令，以維持全域。」②朝廷著派

---

①周慶雲：鹽法通志》鴻寶齋，一九二九

②《中國鹽政沿革史・奉天》，鹽務署，一九一五。

貝子銜鎮國公載澤為督辦鹽政大臣，頒布《奉天鹽運使司署分科治事章程》。

其時，東北處於日俄爭霸之中，清帝國的領地屢被蠶食。徐世昌在東北推行新政，以此來抵制日俄對東北的控制。

徐世昌推陳出新，引入電燈、電話、種羊、小麥、拖拉機等，採取開商埠、借國債、修鐵路等一系列措施，將一個日俄爭霸的殘破之地，搞得一派欣欣向榮，成為了清末新政的樣板。作為助手，陸宗輿在東三省這塊新政「實驗田」上留下的一筆也很精彩。

將牛馬拉車改為火車運鹽

當年，鹽課總局報表上的兩個數位引起了陸宗輿的注意：上年三省鹽稅總收入為五十萬兩白銀，每年庫存積壓的鹽多達八萬噸。

原來，三省運鹽皆分海運和陸運兩種，通常由船運或由車運。奉省海運以遼河為界，分為東、西兩部，分別運鹽至奉境各地，陸運則用大車運載。遼東之鹽運往承德東南各廳、州、縣及吉江兩省，而遼西之鹽由綿義運往熱河及蒙古各部落。吉林運鹽故道，水運以松花江為主要幹線。但秋冬河水稍涸時，海運不暢，只得陸運。

吉林、黑龍江山高路陡，食鹽運輸全靠牛馬拉車或騾驢馱運，大車一次也只能拉上幾百斤，從奉天到長春到哈爾濱一個來回要走一兩個月，一年中又有七八個月積雪不能走，一年中最多拉上一兩趟，有的還是商販到不了的地方，所以幾萬噸的食鹽積壓著運不出去。而那裏的老百姓卻買不到鹽吃，尤其在長白山地區，山農因長期缺鹽而出現了許多「粗脖子病」。

「這牛馬拉車的運輸方式太落後了，得改變！」

為什麼不用火車運鹽，可以多裝快跑啊？

陸宗輿明白，問題就出在當權的慈禧太后身上，她歷來對鐵路恐慌，害怕修鐵路會沖壞了風水——京張鐵路修了兩三年，因慈禧不給錢而耽擱著；再則，東北的鐵路是俄國人和日本人修築的，有人因而不敢用火車運鹽。

中長鐵路是俄國人興建的。一八九一年俄國人開始興建西伯利亞鐵路，與此同時他們千方百計地想從這條鐵路分出一條支線，直插中國東北腹地。沙俄通過和清政府簽訂不平等條約而如願以償，獲得了這條他們預謀已久的鐵路修築和管理權。於是，他們便以哈爾濱為中心點，修築了兩條總體呈英文大寫字母「T」狀的鐵路，一條從滿洲里過哈爾濱至綏芬河；另一條則從哈爾濱出發向西南經寬城子（長春）、奉天（瀋陽）至旅順。一九〇四年日俄戰爭爆發，日本人從俄國人手裏得到了中東鐵路寬城子至旅順的管理、經營權，這便是被後人稱為「南滿鐵路」的區段。此後，奉天城以外西部的廣大地區，逐漸淪為滿鐵的勢力範圍。

鐵路雖在中國境內，主權卻不屬於中國，這也太損人了！陸宗輿要去碰一碰這頭北極熊。

一天，陸宗輿帶著隨從來到火車站。此時的中長鐵路是由日、俄雙方共管。在站長室找到俄方站長伊萬。

「仔得拉斯特維杰（你好）！」陸宗輿伸出手。那半生不熟的俄語是他隨五大臣出洋時學的。這個俄國人非常高興，在遠離自己國家的異國他鄉竟然能聽到本國語言，感到莫名奇妙地親切，他也伸出手，握上了。

陸宗輿通過翻譯向伊萬表示：「我們的食鹽專營是長期的，我們的專運也是長久的，這是一筆大買賣。」

伊萬站長覺得這個中國官員去過他的家鄉，是個可信賴的人，再說這個提議本身是一個好主意，只要在列車後面多加一二個車皮就能掙來幾千元的收益。想到這裏，站長不由笑了，連聲說：「好咯手！好咯手！我願意給你們運貨。」

談判順利，第一批食鹽很快從奉天中轉，搬上了中長線上的列車，然後運往吉林、黑龍江等偏僻地區。

十一月份在東北已經是滴水成冰的日子，要是往年九月份是不可能運鹽的，可是今年，陸宗輿親自帶隊把三十噸食鹽送上了火車。俄站長伊萬拿著上面有陸宗輿簽字的貨運單樂得合不攏嘴了。

至此，奉天、吉林、黑龍江三省聯為一氣，運鹽均趨於鐵路運輸，大大緩解了東三省運鹽取道困難的問題。

變牛馬拉車為火車運鹽，是鹽業運銷的一大進步。每斤鹽的運費由一元錢降至幾分錢，一個星期就能送到，且一年四季可隨時出運。

疏通食鹽運輸以後，第一年增收稅銀九十三萬兩，第二年增收稅銀一百二十八萬兩，第三年的增收稅銀高達二百六十餘萬兩……。

然而不久，陸宗輿遇上了一個新問題，因為東三省的鐵路均與外國鐵路接軌，用鐵路運鹽以後，一些外國鹽商趁虛而入，將私鹽侵入中國，這對東三省的官鹽銷售產生不小的衝擊。為此，陸宗輿令吉江兩省鹽務局與東清、南滿鐵路簽訂運鹽的合同，其中明確規定：「除官司鹽外，不准再運私鹽，沿途各站，任我稽查。」[1]從而，有效地扼止了外私，維護了本國的官鹽銷售。

把老家的魚鱗石塘「搬」了來

運輸暢了，食鹽卻不夠賣了。

一日，陸宗輿來到營口田莊台鹽場，這是東北最大的鹽場，由於上年海水泛濫，潮水漫過海岸浸入鹵地，煮鹽場被毀壞了，鹽工都逃荒要飯去了。

①徐世昌《東三省政略》，吉林文史出版社，一九八九。

原來這海塘堤壩是用土築的，海水一沖就全衝垮了。

站在海邊，陣陣寒風卷著海水朝岸邊拍打過來，荒涼的海灘靜寂無人。看著眼前被海水衝垮的鹽鹵地，陸宗輿不禁心潮激蕩。

十幾年前，這裏曾經發生過一場慘烈的激戰。一八九五年三月的田莊台陸戰，是甲午戰爭陸戰最後一役，也是最為慘烈的一戰，日軍死亡一百六十餘人，清兵傷亡約二千人。清軍戰敗後一個月，中日簽訂《馬關條約》。

田莊台鎮，這個遼河沿岸一千四百多公里中惟一的一座古鎮，亦毀於戰火。

望著澎湃的江水，陸宗輿感慨道：「這裏的山水地貌，多像海寧老家啊！」

一旁的鹽務小吏說：「去年海水泛濫，潮水橫沖海岸，浸入鹵地。今年潮勢更加逼近，萬一春水驟漲，怒濤奔湧，再加上海風助陣，到那時不僅鹽場全部毀壞，連這堤外上百里的居民也將葬身魚腹了。」

陸宗輿憂慮地聽著。

走近煮鹽場，只見幾口鐵鍋積滿灰塵。這些鐵鍋都是官家鑄造的，統一標準二尺二寸大，深六寸八，可容鹵水六十斤。陸宗輿想到起海寧老家的煎鹽鐵鍋有鐵鑄的，還有一種是竹篾編的，用篾編的煎鍋下麵是用鐵板做底像盂。煎鍋四周是將竹子編成丈餘寬，高一至二尺深。接縫處以鹵水和石灰混合好粘住，再經過鹵汁浸透凝結，不會洩漏，但不如鐵鑄的結實。

走進鹽工居住區。一排排低矮的土房，看不到幹活的大人，只有幾個七八歲孩子不怕冷，在土房前跑來跑去。

局長助理王志堅對著一家喊了一聲：「許大爺在家嗎？」

一會，小門吱扭一聲向外推開，一個五十歲左右的老人走了出來，他清臒的面龐，身材不高，兩隻眼睛卻是炯炯有神的，「王長官，今天是什麼風把您給吹來了？」

「這位是京裏的督辦大臣陸大人。」

「陸大人，小人許師承，外面冷，請進來坐吧！」

許大爺十八歲時從浙江海寧來到這兒，一直跟著鹽場技術總管張志新幹活。後來，張師傅把自己的獨生女許配給他，他就在田台莊紮了根。

進了小屋，外面是一個灶間，裏面才是一個大通鋪。

「陸大人，請不要見笑，請上炕吧！」

陸宗輿和王志堅上了大炕。「許大爺是浙江海寧人，老鹽工，你跟陸大人嘮嗑嘮嗑。」

陸宗輿連忙給許大爺行了一個抱拳禮，笑著說：「許大爺也是海寧人，那麼我們是老鄉啦。」

許大爺遇到老鄉，話就多了：「這裏的鹽和海寧的鹽一樣，也是用海水曬製的，鹵水放入這種鐵鍋裏，用山柴煎熬，十斤鹵水可以熬出六斤鹽晶，營口這疙瘩產鹽是東北最多的地方。」

陸宗輿問道：「每公斤成本價是多少？」

「鹽的成本是海水，不用花錢的，主要是加工的費用。每百斤大約一元五吧。」

「海寧的鹵水可以用蓮子檢驗，這裏的沒有南方的蓮子，鹵水用什麼方法檢驗呢？」

「用雞子桃仁檢驗，這裏出大桃，吃了桃，去掉核，敲出的桃仁與雞子一起和蓮子一樣。」

海寧鹽工用蓮子檢驗鹵水濃度，將蓮子放在鹵水裏，見蓮子沉入鹵水中，則鹵水濃度不夠，煎鹽不成，五顆蓮子中兩顆蓮子浮在鹵水上，則鹵水濃度重，味重，五顆蓮子全部浮在鹵水上，則鹵水濃度特重，味也特重。以兩蓮子一直一横，則味差。

陸宗輿接著問：「這個鹽場有多少工人？」

「以前有二三百個，這幾年天災人禍，鹽場糟蹋得不成樣子了，去年秋天海水把鹽場沖壞了，年輕鹽工都逃荒去了，留下的全是老弱病殘，他們靠挖野菜、砍柴度日，也有人偷偷地賣私鹽去了。」

陸宗輿皺起了眉頭，問：「為什麼不修堤築壩呢？」

「我們都修築過，可是辛辛苦苦築起了堤壩，那海水一沖全垮啦！垮了再築，那海潮太厲害啦，那土堤經不住潮水沖打，一沖就垮了……」

「用老辦法不行，可不可以改用新辦法呢？」陸宗輿問。

「如果做成海寧老家那樣的就好啦？」許大爺隨口說道。

「許大爺，你是說……」

「海寧的海塘全是石頭築的。」陸宗輿眼前浮現出海寧老家的鹽官魚鱗石塘，其築造結構精巧，氣勢雄偉，歷經數百年的潮水衝擊依然「力障狂瀾扶砥柱」，被譽為「捍海長城」。這是一千七百多年前五代時吳越王錢鏐組織修建的海塘，以防禦錢塘江潮汐之患。

為了防止水流沖刷、掏挖塘身，聰明的泥工們用整齊的長方形條石，呈「T」形自下而上地順次疊砌，每塊條石之間用最具粘性的糯稻米打漿、灌砌，再用鐵鋦扣榫；石塘頂部使用鐵錠扣鎖，防止鬆脫；塘身後加幫土墩護塘。修築而成的塘從側面看塘身，層次排列如同魚鱗，整齊美觀且堅固層次如同魚鱗，故稱「魚鱗石塘」。

「許大爺，你說說，我們可不可以將老家的魚鱗石塘搬了來？」

「陸大人，這可是一件利國利民的大事情，誰來做呢？」許大爺問。

「當然是大家來做！我籌錢，你領頭找人，我和大家一塊做好嗎？」陸宗輿信心十足地說：「這裏的海潮沒有海寧的大，附近山上又有石頭可以採挖，海寧做成功的事，我們依葫蘆畫樣照著做，容易得多，你說是嗎？」

許大爺連說「是」，孩子般地高興。

「我們場裏有三口煎鍋，煎一鍋鹽約兩個時辰，出鹽二十斤，那麼，一天至少可以出鹽一百斤，三口煎鍋，一天可以出鹽三百斤，每年可以出鹽幾十萬石，就怕潮水沖了。」許大爺的算盤打得蠻歡快的。

「許大爺，你去把鹽場工人叫回來，我讓人去海寧老家勘察勘察，先拿出修壩的方案來。」

說幹就幹。遼西局長姚君煜兼任蓋平縣令督辦此事，費用由每年的鹽稅中籌措，築堤工程很快開工了。

現有海堤只高出江面十來米，只能防禦一般的洪潮水位元，加固工程將其抬高到一米五十，可防禦百年一遇的大潮，還能抵禦颱風入侵時掀起的大浪。另外，分段加固海塘基礎，有的塘段，在塘腳密密麻麻地打滿了十來米長的鋼筋立樁，有的塘段，築起了密集的丁字擋水壩。

許師承大爺認為海塘易塌的原因是「塘根浮淺」、「外疏中空」。他和岳父張志新參照海寧的魚鱗石塘築法，研究出一個條石縱橫疊砌方法，築成五縱五橫的魚鱗石塘，即取極厚極大之石縱橫鱗疊，方方向合，面面相重，上面蓋以兩縱一橫大石，稱其謂雙蓋五縱五橫魚鱗塘，內覆以土塘。

不到一年，鹽場周圍上百里海灘高高壘起了石砌大堤，田莊台鹽場恢復了往日的繁忙景象。

一九〇八年十一月，光緒和慈禧先後去世。遵慈禧遺詔，醇親王載灃被任命為攝政王。

載灃繼位後，幹的第一件事就是想殺袁世凱。之所以如此，一方面是恨他告密導致光緒被慈禧幽禁至死；另一方面就是他軍權在握，隨時會威脅到自己的權力。然而，奕劻卻百般阻撓，並質問載灃：「殺了袁世凱，北洋軍造反怎麼辦？」

最後，在奕劻的強勢阻撓下，本就缺乏政治魄力的載灃，最後只得以「足疾」為由，解除了袁世凱的所有職務，讓他回老家河南養病。

袁世凱回到老家河南彰德洹上村（今屬安陽市）隱居，一邊天天聯絡故舊，一邊盡享溫柔。算起來，他十房妻妾，生養了十七個兒子和十五個女兒。袁世凱還照了張相，蓑衣孤舟地在洹水垂釣，賦詩道：「百年心事總悠悠，壯志當時苦未酬。野老胸中富兵甲，釣翁眼底小王侯。思量天下無磐石，太息神州變缺甌。」他表面上披蓑戴笠弄舟垂釣，暗地裏與北洋舊部聯絡不絕，伺機東山再起。

奕劻也甘做袁世凱的眼線，朝中的一舉一動，他都向袁世凱暗通聲氣，並極力扶持袁世凱在朝中為官的心腹們。如此一來，袁世凱的勢力並未因他離職受到影響。

「其時籌備方急，倚畀正殷，再三請假，未蒙允許，而先君病情日見沉重，計無復之。」①老母垂危，請假不准，正當陸宗輿一籌莫展之時，徐世昌召陸宗輿回京履新職。

正辦理交接時，聽得屋外鑼鼓聲響，陸宗輿便出屋查看，只見許大爺和幾名鹽工簇擁而來。許大爺老遠就大聲嚷嚷：「陸大人，你為我們築堤修壩，鄉民無以回報，大家出錢繡了一把萬民傘，送給您，表達大夥兒的敬意……」

古代清官愛民，為老百姓伸冤理枉，出自內心感激之情，百姓出錢做一把直徑四尺的大陽傘，人人簽名，送給這位清官，以示民情擁戴。清官也覺臉上有光，卸任時留個紀念，不枉為官一任。所以，營口百姓獲知陸宗輿即將卸任，便敲鑼打鼓送來一頂「萬民傘」，這是當地鄉民你一針我一針輪流繡成的，表達對他的感激之情。

清廷鹽政史記載，陸宗輿在東北管理三省鹽務的三年裏，第一年增收鹽稅九十三萬兩稅銀，第二年增收了一百二十八萬兩稅銀，到了第三年增收了一百六十萬兩稅銀。

---

①陸宗輿《陸閏生先生五十自述記》，北京文楷齋，一九二五。

第六章　京城立憲派的「沒落時光」

立憲派的春天

兩宮駕崩，年僅三歲的溥儀登基，在太和殿即位，年號宣統，他爹載灃成了監國攝政王。袁世凱啥話都沒說，立馬捲舖蓋回家養腿去了。

徐世昌以為自己也會受到牽連，他跟袁世凱的親密關係，京城內外都知道，所以主動上了一個摺子，說要回家去了。但是，朝廷看到此刻的奉天，馬路、電燈、軍警應有盡有，簡直是煥然一新，完全不像是一個邊疆城市的樣子，所以不但沒有打壓徐世昌，反而要把徐世昌弄到內閣裏面來。沒過多久，徐世昌就被授於了內閣大學士，這已經是清朝文臣最高的職位了。

徐世昌上奏報功，兩宮召見陸宗輿，給予升任候補四品京堂。

徐世昌急著將陸宗輿召回京城，是為了推行新政和預備立憲，讓他再做前鋒。那時，徐世昌時任軍機大臣加太保銜，重掌中樞，欲行新政，卻孤掌難鳴。

光緒、慈禧兩宮去世前，安排光緒帝的弟弟載灃和他的嫂子，即光緒帝的未亡人隆裕皇太后接班，載灃的兒子也就是光緒帝的侄子溥儀繼承大位。從血緣及各方面條件說，這是一個理想組合，只是與光緒帝、慈禧太后的組合比起來，載灃、隆裕皇太后的這個組合稍顯弱勢，缺少威權、決斷與果敢。

清廷又頒布了中國第一部憲法性文件《欽定憲法大綱》。一九〇八年，有軌電車進入中國，由德國西門子公司修建。其實，早在一八九九年有軌電車已經建成，然而，第二年義和團運動爆發，這些還未投入運營的有軌電車在一片「滅洋」聲中被毀壞殆盡。

《汪榮寶日記》①一九〇九年三月二十四日記述：「……迄六時頃方畢事，與潤田同到仲和家。陸閏生新自奉天來，寓此，留晚飯而回。」潤田即曹汝霖，仲和即章宗祥。可知，陸宗輿三月二十四日從奉天回到北京，暫住在章宗祥家。

陸宗輿被任命為憲政編查館職官。憲政編查館是朝廷為推行「預備立憲」所設置的機構，直隸於軍機處，其職掌是「編譯東西洋各國憲法，以為借鏡之資，調查中國各省政治，以為更張之漸」；「編制法規，統計政要各事項」陸宗輿被任命為憲政編查館職官。憲政編查館是朝廷為推行「預備立憲」所設置的機構，直隸於軍機處，其職掌是「編譯東西洋各國憲法，以為借鏡之資，調查中國各省政治，以為更張之漸」；「編制法規，統計政要各事項」。編制局局長吳廷燮，陸宗輿和章宗

①《汪榮寶日記》（鳳凰出版社二〇一四）記載的雖只是清末最後三年多的時間（一九〇九年初到一九一二年初），但記錄清末政局的變化，《欽定憲法》草案的起草過程等，為歷史研究提供了第一手的材料。汪氏一九〇一年留學日本，回國後參與清末新政，當時乃晚清留學生風頭最健之時。

祥一同擔任副局長，手下有正副科員共三十二人。

汪榮寶三月二十五日又記：「……肅邸電約往談，走欲出門而林侍郎見訪，談一時許，時已近午。邸電屬午後在部相見。飯後到部議薪水及兩廳時，邸言閏生在府，邀往共談，即與邸同車而去。談次，丁問槎來，七時頃四人同往福全館晚飯，十時頃散歸。」三天後即三月二十八日又述：「……與仲和同車到豐盛胡同，同訪延逵臣，旋到伯平家晚飯。本日伯平、閏田公請閏生。祝硯溪新自歐洲歸，亦同坐。十時頃散歸。」

一回到北京，陸宗輿會友多，飯局也多。那時，陸宗輿授京卿，府邸在東單黃綬胡同。「黃綬」，古代的官制用語。凡秩比二百石、四百石、六百石的官員，其官印為銅質，印綬黃色，刻文曰某官之印。

初為京堂大人的陸宗輿春風得意，好不自在。

不料，久臥病床的老母回京才幾天，就去世了。汪榮寶四月一日記：「……並約厚齋將軍溥侗、陸閏生京卿預議，六時頃散。」而四月二日有記：「早起。陸閏生將以明日為其尊人征吊於源豐堂……」可推測，老母英子是四月一日夜或二日離世的。次日汪榮寶記：「早起，冷水浴。到源豐堂吊陸閏生尊人之喪，為陪客。」汪榮寶的挽聯是：「百里有高賢，願蓄摳衣，遽見德星沉迥夜；一經遺令子，交深結綬，已看卿月麗層霄。」①

① 《汪榮寶日記》，鳳凰出版社，二〇一四，第一四頁。

這年，那桐諭為軍機大臣；為查辦津浦鐵路北段總局的貪污案件，一度署理直隸總督。官制改革後，奕劻為內閣總理，授那桐為內閣協理大臣。袁世凱內閣成立後，那桐隨奕劻去弼德院，任顧問大臣，不久即因患中風而辭官引退。

此時，左侍郎沈家本任法律大臣，主持編纂新律，奏調「法學精研或才識優裕」之三十六名留學生入館辦事，其中就有陸宗輿、章宗祥、曹汝霖等人。法律館又奏派汪榮寶、金邦平等十二人諮議官總纂。這樣，陸宗輿一忽兒在憲政館，一忽兒在法律館，兩頭奔忙著。

這兩年，他們修訂、編纂了《大清新刑律》、《大清民事訴訟律草案》、《大清刑事訴訟律草案》、《法院編制法》、《大清商律》等法律、法規的編纂。在《汪榮寶日記》中可以查到大量他們交往、聚餐、集會、密談的記錄。其間，他們與不少王公大臣密切交往，鼓吹立憲，而且由於他們的學識和謀略，頗受權貴們的器重，被視為智囊。

八月二十一日，四朝老臣張之洞垂危之時還是念念不忘天下安危，提出要善撫民眾。當天，張之洞在哀歎「國運盡矣」聲中去世。《大清畿輔先哲傳》記載，張之洞去世時，「家無一錢，惟圖書數萬卷。」陸宗輿前往弔唁。

陸宗輿看到，也是他第一次看見袁世凱在流淚，哭得很傷心。他想，袁世凱這人城府很深，可是這一會他藏不住，英雄豪傑也有癡情柔腸。因為當年載灃欲殺他，張之洞卻說「大清不能沒有袁世凱」，和奕劻一同保奏，救了他的命。

江蘇省諮議局也在一片歡慶氣氛中召開第一次會議。張謇當選為議長。同一天，湯化龍當選為湖北諮議局議長，蒲殿俊當選為四川諮議局議長，譚延闓當選為湖南諮議局議長，梁善濟當選為山東諮議局局長，丘逢甲當選為廣東諮議局副議長……一時間，「英才薈萃，海內震動」。

陸宗輿看得明白，這些地方紳派領袖們正式走上政治舞臺，他們既向地方官吏爭利權，也向朝廷爭利權，有以各種幌子謀利的一面，但更有制衡官家權力積極一面，促成了上流社會的緊張和分裂。

十月十四日，除新疆暫緩之外，全國二十一個行省的諮議局均如期成立，一律開議。這一天，各界為「我國人民獲得參政權之第一日」歡呼祈禱不已。《申報》以紅色印刷版面，慶祝諮議局成立，發表了熱情洋溢的祝辭。《大公報》把諮議局看做「否極泰來，上下交通之氣象」加以謳歌。開封、長沙各校甚至放假一天，進行慶祝。

十月二十六日，日本前首相伊藤博文在哈爾濱被朝鮮義士安重根刺殺身亡。對此人，陸宗輿曾經敬佩他，他是明治維新元老，是日本的「國父」；陸宗輿後來痛恨他，因為他發動了甲午戰爭，迫使中國政府簽訂《馬關條約》的侵略老手也是他。

陸宗輿任度支部右丞並代副大臣。度支部是掌管財政事務的機構。官制改革前，原由戶部理財，將戶部更名為度支部，下設承政、參議二廳及田賦、漕倉、稅課、筦榷、通阜、庫藏、廉俸、軍餉、制用、會計等十司與金銀庫，列銜於戶部之上。

此時，請願國會代表團到達北京，由直隸代表孫洪伊領銜，列隊向都察院呈遞聯名請願書，要求「期以一年之內召集國會」。陸宗輿上任才三天就拿到了一份請願書副本。清廷內多數人對此頗為反感，但表面上卻以禮待之；少數如陸宗輿等有識之士雖贊成立憲，卻又不敢出面力爭，給予的回答是不痛不癢，所以結果是不了了之。第一次國會請願運動就這樣流產。

張謇發表《請速開國會建設責任內閣以圖補救書》，並呼籲各省組織起來聯合請願。於此背景下，十二月八日，湖南教員徐特立①悲痛外交種種失敗，非組織責任內閣無以救亡，自斷其指，血書「斷指送行，請開國會」八字，以為湖南代表送行。

汪榮寶在十二月二十七日的日記中寫道：「早起冷水浴，到憲政編查館。閏生約共修改法院編制法草案。尋議定由閏生、仲和兩君修正，俟脱稿後再由餘增潤文句。」②其中的閏生、仲和，即陸宗輿和章宗祥。

那時的官車是馬車。也許他們的家相隔很近，常常是共用一輛馬車。

此時，立憲已如燎原之火，頗有滌蕩寰宇，改天換地的氣勢。而清政府所謂的九年立憲期，顯得又是多麼漫長！九月間，清政府與日本簽訂關於關島問題的新約。人們驚相走告，「憤歎之聲，雷動閭合」。如張謇振臂所言：「欲求一非槍非炮非艦非雷而可使列強稍稍有所顧忌者，實無其策，

①徐特立（一八七七至一九六八），湖南善化人，是毛澤東和田漢等著名人士的老師。一九一〇年往日本考察教育，支持武昌起義，被選為湖南臨時議會副議長。

②《汪榮寶日記》，鳳凰出版社，二〇一四，第七〇頁。

於是擬請速開國會及組織責任內閣之議，各行省乃不謀而同。」為此，張謇提議各省諮議局聯合起來，要求清政府速開國會。提議很快得到回應。

庚戌年的春節剛過，徐特立的血書被印成紅色傳單，分送各省流傳。直隸立憲派人士，還把徐特立斷指血書的故事編成熱潮新戲演出。徐特立由此聲名鵲起，成為全國敬仰的志士。

一九一〇年是立憲派的春天。

英國《泰晤士報》五月十一日報導說：「一份於五月九日發佈的詔書，宣佈了資政院將於九月初一（十月三日）召開就職會議，以求與先帝光緒年間頒布的有關憲政改革的詔書前後達成一致……在一九〇八年八月出臺的九年憲政改革方案中的正常程式，一直都在人們的關注之中」。

詔書中列出了由聖上挑選、任命的所有議員的完整名單，一共為九十一人，分別來自六個不同的社會階層，由各省諮議局推薦的民選議員，大多數漢人代表是從官員和學者中挑選出來的，陸宗輿的名字也在民選議員的名單之中。①

《汪榮寶日記》五月二十四日記：「早起，冷水浴……到憲政編查館，閏生擬一說帖，謂改訂官制當自樞部入手，請改軍機處為尚書省，為各部尚書合議之府，設尚書令一人以總之，略仿各國內閣之制。三時頃，樞堂（指徐世昌）先後來館，閱定《宗室覺羅訴訟章程》，並將閏生《說帖》

①《清國的立憲運動：資政院的任命》，《帝國的回憶》，重慶出版社，二〇一四。

攜去，六時頃散。」①

為推行憲政，度支部遣京津部分地方官吏赴奉天考察，由陸宗輿帶隊導引，共一個半月，於七月二十四日回京。

九月二十七日，汪榮寶「十時頃往訪閏生，閱其新築住宅，中有高樓，憑眺片刻。頃工事尚未竣，須九月杪方可落成云。」②

這一年，和陸宗輿一樣為立憲而忙碌的還有他的好友湯化龍。湯出生於湖北浠水一個地主兼商人家，有感於「政治不革新，國亡不可救，而欲救國，必更博求新知，止舊學不周於用」，他辭去京官之職，自請留學日本，入法政大學學習法律。他學習刻苦，「辛苦三年立雪圖」，以學習日本立憲之精髓。與友人聯合發起成立法政學交通社，以研究法政學理為宗旨，撰成《大清違警律釋義》一書。此外，他還翻譯、評介西方教育及法政理論，著《議會論》，探討議會的性質和作用。

這一年，同在日本的蒲殿俊也認定爭民權、行憲政是必走之路。他約集川籍留日學生胡駿、蕭湘等三百餘人，在日本成立了川漢鐵路改進會。蒲本人被推舉為會長。該會主要成員聯名上書錫良，要求川路公司實行商辦，並每月出版《川漢鐵路改進會報告書》一冊。由蒲殿俊等四十四名留日學

①《汪榮寶日記》，鳳凰出版社，二〇一四，第一二一至一二二頁。

②《汪榮寶日記》，鳳凰出版社，二〇一四。

生署名，刊登在《川漢鐵路改進會報告書》上的《改良川漢鐵路公司議》的長文，以法律來說理，義正言辭，影響巨大。

這一年，比湯化龍小兩歲的孫洪伊，斷然賣掉全部祖遺田產四千畝，得款四萬二千元，用來創立明新中學。這個清末天津「八大家」之一、北倉大鹽商孫家的子孫，在過去的幾年中，幾乎已經傾其家產來創建新式學校。他認為國家之希望，在立憲；立憲之根本，在教育。

這些人後來與陸宗輿一樣，成了立憲運動的中堅。他們大多受過傳統教育，以儒家思想為正宗，但是後來，或像湯化龍、蒲殿臣等留學日本，或者進過新式學堂，新知擴大了他們的權力觀念，進而積極爭取；他們的家族大多殷富，是當地的中堅勢力；他們的年齡，平均在四十歲上下，正是有為之時。

陸宗輿交遊頗頻，串門、邀談、下棋、手談，還有隔三差五的飯局。那時，麻將是流行的家庭娛樂，陸宗輿與汪榮寶、章宗祥等人常聚而搓牌。陸宗輿的新宅九月竣工以後，汪榮寶和章宗祥常常在此宿居。

汪榮寶記載「一年中行事豫記」，一九一〇年修訂的法律有「一、民事訴訟律（五月內具奏）；二、刑事訴訟律（八月內具奏）；三、商律（同上）；四、民律（十二月內具奏）。」①

①《汪榮寶日記》，鳳凰出版社，二〇一四。

這一年，發生了青年汪精衛行刺攝政王載灃而被捕的事。汪榮寶四月三日記：「課畢，到章宅與仲和一談。本日午前三時頃，在後門外監國攝政王邸第至禁城之道中橋下發見極猛烈之爆裂彈，係英國格拉斯哥地方所製造……幸而早發，得以無賴，否則不堪設想矣。」十六日記：「仲和方派區官研訊犯者供狀，頃之得一紙，乃汪季恂所書，略謂別號精衛，曾在東京為《民報》主筆，生平宗旨均發之於《民報》，無待多言。孫逸仙起事鎮南關時，曾預其謀，兵敗攜炸藥他往，茲以京師根本之地，思為震奮天下人心之舉，故來。」十八日又記：「傍晚得仲和電，到左一區，炸藥罪犯汪、黃二人均隔別拘禁一室中。余自窗外望之，各默坐觀書，態度從容，旁有二警守之。尋偕仲和同回寓齋，留仲和晚飯，略談此事發覺之始末，並處分方法。」①

汪精衛與他的同黨黃樹中來到北京，在江西會館附近開起了一家「守真照相館」，其實就是他們實施暗殺活動的據點。用什麼暗殺呢，用炸彈吧。哪去弄炸彈呢?這汪精衛真是個才子，絕頂聰明，他跑到騾馬市大街找了一個鐵器行，定做了一批鐵罐;又搞來炸藥的配方，分別採購，這炸彈還真就讓他做成了。兩位革命志士又開始跟蹤，偵察到載灃上朝的必經之路——地安門外銀錠橋，他們決定在此橋下埋設炸彈。但是，大清朝廷雖然風雨飄搖了，統治工具還是好使的，警察和密探那是袁世凱建立起來的，是陸宗輿等人授教出來的，不是白吃飯的。兩個歸國留學生天天往騾馬市

①《汪榮寶日記》，鳳凰出版社，二〇一四。

跑，又是做鐵罐，又是盯梢的，太容易引起懷疑了，就在他們準備就緒的時候，警察也就收網了。於是汪精衛他們被捕入獄了。

清末，西太后吸取殺了譚嗣同後政局一直不穩的教訓，對於死刑判決也謹慎了些。每個被判死刑的人都會挨到秋天，由刑部、大理寺和都察院這三法司中，挑選出最為精通法律，也最為清廉公正的八個人，組成秋審司，統一審核。章宗祥和陸宗輿正在修訂法律，也就成為秋審司中的成員。

謀殺攝政王，載灃被嚇得魂飛魄散，臉都白了。當時主審汪精衛一案，禦史胡思敬主張極刑，章宗祥、陸宗輿等人認為現在正推行憲政，必須按新律法處置；再則，革命黨人也不止汪、黃二人，不如從寬處理。於是判為終身監禁，免了汪精衛一死。在獄中，汪精衛寫下了那首當時名滿天下的詩篇：「慷慨歌燕市，從容作楚囚。引刀成一快，不負少年頭。」頗有殺身成仁之慨。然而，享受著遠較一般囚犯之優厚的待遇，肅王善耆、貝子溥倫曾去探視過他，漸漸地，他也就不那麼慷慨了。一年後，他就被特赦了。

改革的春風吹拂著風雲驟變的晚清大地。一九一〇年秋，千秋萬喚的資政院終於揭開了神秘的面紗，這天，按照《欽定憲法大綱》，立法機構資政院在京舉行了開幕大典。

天還未亮，陸宗輿便將一直沒穿過的嶄新禮服穿上，將朝廷頒給的勳章別在胸口，再用一件大軍衣披罩著。

早上七點，資政院議長溥倫率一眾秘書官恭候於會場。兩個小時後，軍機大臣袁世凱等、各部尚書徐世昌等陸續抵達。令人耳目一新的是，這班重臣集體卸去了朝珠而身著常服，恭迎攝政王載灃御駕。

載灃到場後，接受群臣三跪九叩的大禮，又讓軍機大臣宣讀了諭旨，便匆匆離去。

陸宗輿想，這和以往的上朝沒有什麼不同啊！美國不是這樣的，德國不是這樣的，日本也不是這樣的。

參會的有九十一名由皇帝任命的欽選議員，和九十八名由各省諮議局推選的民選議員，陸宗輿和許行彬是由浙江省諮議局推選的民選議員。

表決「剪辮易服」的提案時，陸宗輿和許行彬等民選議員頑固地堅持記名投票，不給欽選議員濫竽充數的機會，結果連莊親王載功等滿族親貴也順應大勢投了贊成票。

然而，欽選議員和民選議員自然形成兩大派，在會上錙銖必爭。章宗祥、陸宗輿參與法律館提出新刑律的草案，其中有一條「無夫奸不為罪」，即「沒有丈夫的婦女，與人發生性行為不算犯罪」。女人怎麼處理自己的身體是個人的自由。那年頭絕大多數婦女還在纏足，波伏娃雖已出生，卻遠在法國——這條有鼓勵婚前性行為之嫌的法案所引起的軒然大波可想而知。

資政院討論時，一幫守舊的欽選議員頓時有倫理綱常潰於一旦的危機感，竭力抑止；而陸宗輿等民選議員非要與世界法律接軌，推翻吃人的禮教，拼死力爭。議場中，雙方各執己見，舌戰不休。

豈料，朝廷竟命資政院將此決議奏交軍機處審核。溥倫諭旨還沒讀完，議場便已譁然。陸宗輿、許行彬等民選議員要求「說明資政院性質及地位」的奏摺擺到了攝政王載灃的案頭。

十月二十二日，資政院全體會議一致通過了速開國會的決議，當時陸宗輿心情非常激動，情不自禁和汪榮寶一起帶頭三呼萬歲。這是京城立憲派在資政院政治舞臺上的一次有聲有色的精彩表演。

這一天，當張謇與高采烈地來到江蘇省諮議局，欲把這則消失告知同仁時，發現議員們正在門口燃放鞭炮，慶祝請願有成。

但是，儘管資政院通過了提前於宣統四年召開國會的決議，各地立憲派也發動了多次國會請願運動，可是清朝最高統治集團仍不肯放鬆自己的權力，作出哪怕是微小的讓步。京城立憲派企圖通過勸說清廷統治集團上層推進憲政改革的希望最終落了空。

正當各省的立憲派代表在北京奔走上書的時候，古老的北京城，卻止水般的靜謐。因為請願者的投入，的確掀起了波瀾，有人欲以身殉請願，有人割臂斷指寫血書。支持請願運動的輿論，不僅破滅了清朝爭權的威信，且間接有助於革命運動。請願之初，《申報》就指出，請願不遂，「革命黨日得利用時機，相互鼓煽，謂民權之路不得立憲之終……不如及早自圖，顛覆政府，別立新政府之為愈。」

這些，陸宗輿恐怕是沒有預料到的。他更沒有預料到，一九一〇年這個立憲派的春天消失得如此之快，革命的夏雷來得又是如此迅疾。

滿街是兩個輪子的繁華。有人坐著，有人跑著：一九一〇年就這樣吱嚀嚀地從長安街上輾過。

直到晚年，陸宗輿仍然無法忘記那個立憲派的春天。遺憾的是，在這場「改革」與「革命」的龜兔賽跑中，由於頑固勢力的阻擾，預備立憲的時間表一推再推。然而，清廷不顧天下人反對，出臺了被革命黨及立憲派諷刺稱為「皇族內閣」的新內閣，標誌著改革派預備立憲的努力徹底失敗。

這時，離武昌起義的槍聲只有一年多一點的時間了。

八月裏的一天早晨，父親陸承堪突然中風，不及搶救就離世了。因為局勢動蕩，南北隔絕，不能扶柩南歸。弟弟宗瀚已在農商部為官，岳父家在天津，由他在天津買地置墓，兄弟倆在天津為父親理喪。

北京局勢很不好，縱然清軍在南方扳回了一些局面，可是亡國的氣氛依然越來越濃烈。正待回京，河北灤州新軍發生兵變，京城兵馬奔騰一片恐慌，徐世昌令陸宗輿暫且在天津避險，暫時不要回京。

這一年，妻子金鳳和如夫人詩兒接連為他添子，金鳳為他生下「志誠」兩個月後，詩兒生下「葆誠」。

陸宗輿向袁世凱靠攏

辛亥前夜，大清國的辮子快剪了，大不列顛的日頭也偏西了，如天空的暴雨，大洋的浪潮，是無法擋住的。

一九一〇年，由於為了向英法德美四國銀行借款，盛宣懷策動清廷將商辦的川漢、粵漢鐵路收歸國有，引發了「保路運動」。在很短的時間內，湖南、湖北、廣東的保路風潮連成一片，聲勢浩大。全國各地以及海外僑胞、留學生，也紛紛集會，並通電、寫信予以聲援。清廷把湖北的新軍抽調到四川去鎮壓運動去了，結果造成了湖北的空虛，給武昌革命黨人發動起義提供了一個絕好的機會。

這時候，皇帝還是娃娃，真正決定退位與否的是隆裕太后，慈禧的那個侄女，面對當時的格局，她一籌莫展。慈禧死後，大清朝的實際掌舵人是攝政王載灃，也就是溥儀的親老子。載灃一度還是蠻務實的，替大清背了不少黑鍋，但是政治手腕實在無法與袁世凱的老奸巨猾相提並論，更別提和慈禧相比了。

載灃執政時期，同意立憲，但是很清楚地把大清皇帝直接統帥海陸軍寫在了憲法重大信條裏。這說明載灃還是認識到軍權重要性的，但是寫進憲法，不等於那些當兵的真的就聽溥儀的。實際上當時大清的軍隊，除去那些根本打不了仗的二萬六千名八旗兵，名義上六十萬也就轉業成警察的綠營兵外，真正有戰鬥力的是從袁世凱小站練兵開始的一步步發展起來的「新軍」。到了一九一一年，新軍已經發展成為了十九鎮（每鎮定額一萬二千兩百餘人，實際上各鎮情況都不一樣）、十八個混成協。但是「新軍」新在軍制和武器上，雖然名義上屬於大清的國防軍隊，但本質仍是聽從個人的雇傭性質的軍隊。

而清朝實際掌握的只有兩協禁衛軍。二協相當於一鎮，大概也就在一萬多人。但實際上這一萬多人並不能動，畢竟他們是整個京防的最後的底線，真正能動的是駐守京畿附近的北洋六鎮新軍，也是新軍中實力最強的。所以當全國發生任何事情，掌握北洋六鎮才是真正執牛耳的事情。而此刻，這六鎮軍隊的實際掌握人正是袁世凱。之前，孫中山等革命黨人在南方搞了多次武裝暴動都未成功，袁世凱的重要性也就沒有得到展示，反而對朝廷有一種潛在的威脅。

很顯然載灃一上臺就意識到這個問題，所以他讓袁世凱回家養腿去了。但是載灃還是太年輕，把袁世凱趕回去，他也掌握不了北洋六鎮。因為這支軍隊是袁世凱從天津小站一手培養出來的，只知袁世凱，不知有朝廷。

看來，大清江山會有一個變數。

在十月二十七日資政院的會議上，陸宗輿、汪榮寶等立憲派議員紛紛為清政府出謀劃策，提出種種對付革命的「弭亂案」，包括罷免親貴內閣、將憲法交資政院協贊、解除黨禁等內容。散會後，汪榮寶找陸宗輿、章宗祥、曹汝霖商議，「運動政府明降諭旨，解釋辟疑」①。跟幾年前在日本時同學一樣，四個人湊在一塊談論著國事，說起了英國歷史上的「光榮革命」。十七世紀下半葉，英國就發生了革命，英國議會和王權之間的內戰，用非暴力政變推翻了詹姆斯二世的統治。這場革命沒有流血，因此稱為「光榮革命」。光榮革命確保英國議會權力高於君主，英國王室成為國家象徵，確立了君主立憲制政體。

① 《汪榮寶日記》，鳳凰出版社，二〇一四。

十一月一日，北洋軍攻佔漢陽，二十一日攻佔漢口，袁世凱下令按兵不動，急令段祺瑞為第一軍統領兼湖廣總督，準備實施「以武力鎮壓革命軍，以革命軍逼迫清廷」的大計。

段祺瑞到任後，在表面上，袁世凱與革命黨人在上海英租界進行著「南北和談」，實際上是段祺瑞與黃興達成秘密協議：確定共和政體，優待清皇室，率先推翻清廷者為民國大總統。①

十一月十二日，汪榮寶與楊度、陸宗輿商議組織一個政治團體，名為「國事共濟會」，並向資政院提出陳情書，「請召集國民議會解決近日紛爭之問題」，仍幻想以國民會議調停大局，渡過危機。

十二月十二日，汪榮寶在天津草擬了南北媾和條款九條，他認為以共和制代替君主制，中華民國取代大清國是大勢所趨，不可抗拒，只能在此前提下竭力為清王朝多爭取一些特權與利益，並以約法形式確保下來。他請陸宗輿、曹汝霖建議，以此條款游說徐世昌並轉呈袁世凱。陸宗輿表示反對，曹汝霖則表示支持②。後來袁世凱採納其主張，修訂為向清廷逼宮和與南方革命勢力提出所謂清室優待條件。

宣統三年（一九一一）一月一日，正是宣統二年臘月初一。大清國旗早就有了，就是那面三角形的黃龍旗。宣統皇帝正式頒布聖旨，《鞏金甌》為大清國的國歌。」昨典禮院會奏擬進國歌，奉旨裁定，茲紀其詞句及音節如左：

---

①〈辛亥百年訪談錄〉馬勇《公開的南北和談與私密的軍事談判及政治安排》，二〇一一年九月一日。
②張玉法《清季的立憲團體》，臺北中央研究院近代史所編，一九七一。

鞏金甌，承天幬，民物欣鳧藻，喜同袍，清時幸遭。真熙皓，帝國蒼穹保，天高高，海滔滔……①

這些天，陸宗輿、汪榮寶學唱國歌。

這首歌的樂譜是康雍乾三朝皇帝登基時的一首古樂，那填詞的是嚴復，以翻譯英國的《天演論》而成名，這國歌中有四個字非常有名，傳誦至今，即「物競天擇」。幾個月後的社會大變革就體現了這四個字。

一九一一年六月間，直隸諮議局三番四次請願，要求速開國會，同時反對奕劻的內閣，認為以皇族擔任內閣總理，不合君主立憲的原則，有失人民願望，措詞激烈而痛切。這些要求，與革命行動是無關的，各省諮議局的活動都是在致力於君主立憲，當時好多省諮議局曾派代表赴江蘇南通，拜訪江蘇諮議局議長張謇，請張赴北京一行，觀察清廷動向，作為各省諮議局今後對國是應採方針的參考。張謇欣然同意，遂偕雷奮和劉厚生同往，路經河南，順道赴彰德訪問在隱居中的袁世凱，交換對於時局的意見。兩人不見面已十餘年，在袁心目中，張謇在南方有廣大的社會力量和經濟力量，過去若干年兩人雖有芥蒂，但在今日變局中，兩人必須合作，張氏在南方有力量可以配合。因此當兩人握別時，袁很誠意地向張表示：「如果朝廷召我出山，我一切當遵從民意而行，換而言之，

①《汪榮寶日記》，鳳凰出版社，二〇一四。

即當尊重各省諮議局，尤其是季老的意見，希望季老和我合作，並請把我的誠意轉達各省諮議局。」

辛亥革命起義後，革命黨要人，如黃興、宋教仁、陳其美、居正等都聚集上海，他們雖和張謇素昧生平，但因知道張、袁過去一段師友之間的關係，所以對張很拉攏。張這時亦贊成共和，民國成立前後，張的身價極高，隱然成為南北之間的一個重要人物。

袁世凱在這期間，確實花樣百出，翻手為雲，覆手為雨。一方面宣稱自己是贊成君主立憲；一方面卻又和汪精衛密切往還，暗中表示贊成革命。一方面命令馮國璋督兵猛擊武漢的革命軍；一方面又派人至武昌和談。忽進忽退，撲朔迷離，使人無法捉摸。就連他自己的出處，也是欲進欲退，弄得清廷對他也不知該如何應付。

十月十日，武昌起義爆發，全國各地紛紛脫離清廷宣佈獨立。起義的浪潮更是一浪高於一浪，但北洋新軍根本不聽載灃等人的調遣。眼看著到了王朝存亡之際，王親貴族們誰也拿不出個主意來。

奕劻見此，建議說，應該任命袁世凱為湖北總督，讓他率北洋軍去對抗革命軍。奕劻的建議，在載灃等人看來，並不算個好主意。畢竟當初是他們削了袁世凱的職，現在再啟用他，一方面會啪啪打臉；另一方面，也擔心袁世凱掌管軍權後，會報復清廷。

奕劻暗中聯合袁世凱的心腹將領，讓他們在北京城外故意放槍打炮，同時自己又以辭職要脅，最終逼迫載灃重新起用袁世凱。

袁世凱卻不急著上任，反而和載灃討價還價。最終，不僅讓載灃交出軍政大權辭職走人，還擠走了奕劻，代替了他的內閣總理大臣的職位。從此，袁世凱成了朝中說一不二的權臣。然而，袁世凱暗中卻和革命黨眉來眼去，談起了條件。

那時候的袁世凱，實在是太有優勢了。一方面，他是清廷軍政大權在握的總理大臣；另一方面，整個北洋軍閥都聽命於他；同時，外國勢力也支持他。

次日，起義官兵在湖北諮議局成立了湖北軍政府，這是依據同盟會《革命方略》建立的第一個省級革命政權，宣佈以中華民國為國號，採用黃帝紀年，並通電全國。各省積極回應起義，革命浪潮激蕩全國。

在美國科羅拉多州的典華城（今譯丹佛）的大街上，突然跳出來一個年近半百的中國人，揮舞著一張報紙，四處跳躍，聲嘶力竭地大聲呼喊，直至淚流滿面、面紅耳赤。街上的美國人側目而視，眼尖者發現報紙上的頭條赫然寫著：武昌為革命黨佔領！他是中國同盟會領導人孫中山。革命爆發了，他不用再顧慮什麼「朝廷要犯」了，遂決定返回國內。

此時，陸宗輿等京城立憲派對局勢越來越悲觀，對清政府和資政院也越來越不信任，進一步向袁世凱靠攏。

「洹上釣叟」挾勢而來

十一月，袁世凱應召回京，英國《泰晤士報》①駐華記者莫理循這樣描繪當時的場面：「袁世凱，皇位的覬覦者，抵達了三年前自己被罷官的北京。今天他由二千名士兵護衛，並被政府熱情地接待。為了歡迎他的到來，政府發布了公告稱京城附近的軍隊都由其掌控。」「有一群安靜並且秩序井然的人從火車站到他的居所夾道歡迎他的到來。袁世凱看上去很強壯，最近有報導稱他的身體狀況不是很好，這也成了他一再推遲應滿清政府之邀到北京的藉口。」

一九一二年一月一日，孫中山在南京宣告就任中華民國臨時大總統，並下達剪辮令，云：「滿虜竊國，易吾冠裳，強行編發之制，悉從腥膻之俗……今者清廷已覆，民國成功，凡我同胞，允宜滌舊染之汙，作新國之民……凡未去辮者，於令到之日限二十日，一律剪除淨盡，有不尊者以違法論……」命令一下，全國立即掀起一股剪辮熱潮，但也有一些守舊分子不願剪辮，革命黨人在街上看到之後，便上前攔住，強行施剪，剪完之後，方許離去。

段祺瑞大怒，「革命黨背信棄義，真是豈有此理！」立即下令前線北洋軍炮火齊發，炮彈暴風驟雨般傾瀉向武昌城。但他沒有揮師進攻，反而以北洋軍主力統帥名義，接連電告清廷內閣、軍諮

① 《泰晤士報》是英國的第一主流大報，是第一張擁有駐外記者的報紙，在十九至二十世紀的諸多重大政治事件的報道中以「客觀公正」著稱，被譽為「社會的忠實記錄者」。

府、陸軍部，聲言：「共和思想已深入將士之心，將領頗有不可遏之勢。壓制則立即暴動，敷衍亦必全潰。」段祺瑞向清廷發出了要求共和的強烈信號。在北京的袁世凱、徐世昌、王士珍等人連忙覆電，規勸段祺瑞「切勿輕舉妄動」。

但是，中華民國影響所及的只有長江流域及以南的半壁山河，北方的大片地域，名義上還在滿清皇朝的統治之下，實際上是由北洋軍閥的頭子袁世凱盤踞著。為了結束中國四分五裂的危機，孫中山接受與北方議和的建議，立刻發表聲明說，如果清帝退位，袁世凱又贊成共和，這個臨時大總統就給他當好了。

從一月十五日到十七日這三天時間裏，國內的局勢由原本的沉靜迅速升溫到了沸騰，革命、起義、造反、討伐的在各個省市蔓延了開來，這就好像是一種傳染病毒，一開始是潛伏期，現在是爆發期了。

整個京城已然是風雨綢繆的局面。諮議局和六部的官員們出走了一大批，全部都悄悄南下去了。武昌起義的炮聲徹底震撼了清廷的統治，北京王公大臣一片驚恐。攝政王載灃急忙調陸軍大臣蔭昌為總司令領兵鎮壓。蔭昌帶領第二、四兩個鎮的北洋軍南下討伐，哪知道北洋軍隊竟然不服從蔭昌的調遣，兵到孝感，信陽一帶就逡巡不前，這使總司令陷於十分尷尬的境地。蔭昌知道袁世凱不復出，則將士不會受命，只得奏請起用袁世凱督師。

載灃心急如焚，聽從了內閣總理大臣奕劻的意見，任命袁世凱為湖廣總督，督辦剿撫事宜。絕望中的清廷抓住了袁世凱這根救命的稻草，憑著他過去保慈禧太后有功，而今只要再交給他兵權，滿以為就可以挽危瀾於既倒了，所以誠懇地請他出山與革命派對壘……

在河南彰德洹上村（今屬安陽市），袁世凱一邊天天聯絡故舊，一邊盡享溫柔。算起來，他十房妻妾，生養了十七個兒子和十五個女兒。袁世凱還照了張相，蓑衣孤舟地在洹水垂釣，賦詩道：「百年心事總悠悠，壯志當時苦未酬。野老胸中富兵甲，釣翁眼底小王侯。思量天下無磐石，太息神州變缺甌。散發天涯從此去，煙蓑雨笠一漁舟。」他表面上披蓑戴笠弄舟垂釣，暗地裏與北洋舊部聯絡不絕，伺機東山再起。

就在這天，洹上村來了一位秘密客人，這個客人是被派南下作戰的馮國璋①，他專門趕來向袁請示方策。袁給馮六個字的錦囊妙計，是：「慢慢走，等等看」。袁的這六個字，立即影響了蔭昌率領的北洋陸軍，他們果然以極遲緩的行動準備出發作戰，蔭昌一看苗頭不對，也就留在北京沒有動身。

八月二十三日，清廷起用已罷黜兩年餘的袁世凱為湖廣總督。袁世凱的再起是內閣總理大臣奕

①馮國璋（一八五九至一九一九），字華甫，直隸河間人，直系軍閥的首領，與王士珍、段祺瑞合稱「北洋三傑」。辛亥革命時率領北洋軍鎮壓武昌起義，後曾奉命率軍進攻南京，鎮壓「二次革命」，又出任江蘇都督，坐鎮東南。袁世凱稱帝時，他聯合五將軍發出逼迫袁世凱取消帝制的通電。袁世凱死後，國會補選他為副總統，後進京任代理總統。

勛保薦的，攝政王載灃雖然不歡喜老袁，可是要打仗必須倚靠北洋軍，北洋軍則全是袁一手訓練，所以不得不用袁。袁不僅是湖廣總督，同時兼辦剿撫事宜，照這道命令，等於是蔭昌的副手，袁當然很沒趣，於是以「足疾未痊」的理由，推辭了這個湖廣總督的任命。袁本來並沒有足疾，可是當年攝政王載灃放逐他的時候，硬說他有足疾，勒令請假養屙，如今袁正好用足疾來回敬。意思是：「我明明無病，你叫我養病，如今事急來求我，我也只好給你一個因病不能復起的回敬。」

奕劻見到袁的來電，乃派內閣協理大臣徐世昌於八月二十九日微服前往河南彰德洹上村訪袁，如此這般一番，徐就折返北京，裝出一副又喪氣又生氣的樣子對奕劻和滿朝親貴說：「真是不知好歹，他竟提出條件，他說：要我幹未嘗不可，可是必需得聽我意見。我看還是叫蔭督帥快赴前線去吧，沒有袁世凱不見得就不能打仗。」奕劻問徐是些什麼條件，徐支支吾吾說出了袁的六個條件：（一）明年召開國會；（二）組織責任內閣；（三）開放黨禁；（四）寬容革命黨；（五）授以指揮前方軍事的全權；（六）保證糧糈的充分供給。①

袁世凱和徐世昌串演的一幕雙簧，袁的條件是真的，徐的氣憤是假的，袁的用意是利用革命党對付清朝，再留著清朝對付革命黨，自己有北洋軍為本錢，坐收漁人之利。袁的條件等於把清朝的軍事和政治大權都拿過來，在清朝政府不答應以前，他落得於「在黃鶴樓上看翻船」。袁敢這樣「作

---

①丁中江《北洋軍閥史話》，中國友誼出版公司一一九九〇，第二五章。

狀」，自然是有恃而無恐，因為清廷在這時候，是非倚賴北洋軍不可了。

清廷自武昌起義後，已經完全明瞭局勢的嚴重，知道星星之火可以燎原，所以只好用軟功來緩和革命力量的膨脹，不敢用高壓的流血手段來鎮壓。因此八月廿九日下了一道上諭給各省督撫轉諭軍民：「從亂者不咎既往，倘搜獲名冊，亦當立予銷毀。」清廷的懷柔，比起袁世凱的六個條件當然差得多，袁的條件從徐世昌口中宣佈後，清廷要員都不贊成，照袁的條件，不但奕劻的內閣總理大臣做不成，就連攝政王也幹不下去。

即刻，「洹上釣叟」袁世凱收起了釣竿拿起了槍桿，挾「六鎮精華」直奔京城，與任郵傳部尚書的徐世昌再度南北呼應，巧計奪天下。徐世昌力主不與革命黨死磕，借勢逼清帝退位，以避免發生大規模的內戰。他讓段祺瑞領銜北洋將領四十六人，聯名發電要求清廷「立定共和政體」。不出所料，不久就是袁氏當國的局面。

哥倆心有默契，但表面上，徐世昌還要做做樣子報皇恩，所以始終隱身幕後看袁孫鬥法。此時，心力交瘁的載灃引咎辭職，回家養老了。

清廷派了醇親王載濤去平叛。載濤雖然是軍諮大臣禁衛軍長官，但是指揮打仗還是頭一遭。載濤去調動北洋六鎮的時候，麻煩來了，他調不動，北洋六鎮根本不理他。於是只得腆著臉去請袁世凱，袁世凱一句話就噎住他了，我的腿病還沒好。

結果袁世凱的北洋六鎮真的開動去打革命黨的時候，革命黨就有點扛不住了。說白了名義上是革命黨，但實際上都是各省為了自保而獨立，都有著小算盤，誰也不會真的拼命。可是袁世凱是個愛算帳的人，革命黨好剿，但是剿完後，曾國藩和李鴻章的例子都在那擺著呢。於是袁世凱以要軍餉的名義不打了，坐等兩頭開價，誰的價錢誘惑人，袁世凱就打算倒向哪頭？

結果很顯然還是革命黨的價錢比較好，孫中山為了革命，願意「讓賢」，允許袁世凱就任中華民國大總統，那條件就是讓清帝退位。袁世凱哪有撿來的大總統不當的道理？

正午剛過，袁世凱命人後花園的陽臺上擺了一張睡椅，他自己舒舒服服地在陽光下假寐一會兒。正迷迷糊糊剛剛睡著之際，通往花園陽臺的鵝卵石小路上傳來了一陣腳步聲。他不禁有些氣惱，沒好氣地哼了一聲，不過依然閉著雙眼，沒有坐起身來看來者是誰。

「大人，南方來電報了。」來者一共兩人，走前面的是一個年齡較大的人，他恭恭敬敬的說了道。

「閏生，南方天天有電報，你就不能遲一些來報嗎？」袁世凱眯著眼睛，揶揄的說道。來人是度支部右丞陸宗輿。

「大人，這是唐（紹儀）少川來的急電，上海那邊的談判需要您來做決議了。」陸宗輿解釋道。

袁世凱提起了幾分興趣，微微睜開了雙眼，他看到陸宗輿身後還站著一個人，卻是楊士琦①。他不禁一下子坐直了起來，問道：「杏城，你怎麼回來了？」

①楊士琦（一八六二至一九一八），字杏城，安徽泗州人，出身大官僚家庭，為李鴻章、袁世凱的重要部屬。

楊士琦欠身說道：「卑職剛從上海回來，晌午時剛到，剛才去了總理衙門遇到潤生兄，所以一起趕了過來。」

月前袁世凱吩咐唐紹儀南下，楊士琦以唐紹儀①隨從身份同去，他本以為楊士琦應該和唐紹儀一起，沒想到一睜開眼就看到這人不聲不響回來了。他立刻想到南方的事情差不多辦妥了，要不然楊士琦不會這麼快就回來的。

「這麼說，少川和革命黨都談好了嗎？」袁世凱問道。

「卑職從上海動身時，唐大人還與伍廷芳細談，不過唐大人已經胸有成竹了。卑職從上海返回之前，湖北代表王正廷、四川代表周代本還專程與卑職會晤一面。」楊士琦帶著幾分難以掩飾的得意說道。

「他們是想快點停戰了。」袁世凱輕鬆的猜出了後話。

「大人英明，正是如此。」楊士琦點頭說道。

袁世凱當然懂得如何養敵以自重，他要利用革命軍來威脅清廷，又要暫時保全清廷對付革命軍。

袁世凱的表情從剛才被吵醒的不快中走了出來，立刻顯出一副神清氣爽，他轉向陸宗輿問道：

---

①唐紹儀（一八六二至一九三八），字少川，廣東香山縣人，清政府總理總辦，中華民國首任內閣總理，國民黨政府官員。

「少川的電報都交代了一些什麼?」

陸宗輿將電報本遞到了袁世凱手裏，並介紹的說道：「唐大人業已與南方革命黨磋談一個多月之久，雙方在上海英租界面對面進行了正式會談。伍廷芳說孫支持和談，還說只要大人能促成革命大業圓滿，臨時政府可做出合適的讓步。」

袁世凱嘴角露出了一絲笑容，就像是一隻發現食物的獵豹，他沒有打開電報本，這個時候他願意與別人一起分享大獲全勝的心情。他笑問道：「是嗎?這個合適的讓步是指什麼呢?」

陸宗輿說道：「少川電報裏沒有提及。」

這時，一旁的楊士琦上前說道：「卑職臨行前，唐大人讓卑職帶話給總理大人，他說必然能為總理大人爭取大權利。依卑職之見，革命黨人眼下求和心切，孫文的臨時大總統不過是空架子，哪怕讓總理大人出任中華民國大總統都是可以磋商的條件。」

袁世凱心滿意足，要戰能戰，要和能和，只有這樣才能牢牢掌握大權。至於民國大總統，不過是一個稱號，只要能待在上面，稱號是什麼也無所謂。他緩緩的點了點頭，又問了道：「那革命黨人所謂促成革命大業，這個條件是什麼?」

楊士琦心裏很清楚，袁世凱是明知故問，宮保大人只是為了顧全自己滿清政權之前後一絲顏面罷了。他故意放低了聲音，緩緩說道：「革命黨希望大人您能說服滿族人退位。」

袁世凱留意到楊士琦的兩個用詞，一個是「說服」，一個是「滿族人」，他抬頭望了一眼楊士琦後腦勺的辮子，有些想要笑，然後還是歎了一口氣，摸了摸自己的下巴，露出深思的表情。

「大人，這件事不需要再猶豫了，滿清氣數已盡，何苦還要為一個毫無希望的政權保留名節呢？大人只要能讓滿族人退位，革命大業的關鍵一步是您邁出來的，中華民國的史書上會留下不輕的一筆。」楊士琦見袁世凱思慮不語，於是進一步說了道。

袁世凱對楊士琦這番話很受用，不過他還是裝出了一副深思的樣子。

楊士琦與陸宗輿面面相覷，兩個人都有些鬱悶了。

花園外面來了一個侍從，站陽臺入口處通報了一聲：「梁大人來了。」

隨後，一位身穿官袍的中年人沿著廊廳走了進來，此人正是郵傳交通部部長梁士詒[1]。

袁世凱的幕僚團隊陣容很強大，但是其中功勞最大的也最忠心耿耿的，當數梁士詒和楊士琦。

梁士詒這個人也很特別，不算是純種的幕僚，可能是那個時代流行把自己全面發展培養吧，他精通西方經濟學。還能說一口流利的英語，尤其喜歡應酬，袁世凱聽說梁士詒的經濟才能後請了他來，最初讓其督辦鐵路，梁士詒由此發揮專長，後來又辦了交通銀行。當時，西方列強的財團、民間資本都只願意跟梁士詒的交通銀行合作，梁士詒也就成了袁世凱的錢袋子，人送「梁大財神」。

---

①梁士詒（一八六九至一九三三），廣東三水人，光緒進士，授翰林院編修。舊交通系首領，曾任袁世凱總統府秘書長、交通銀行總理、財政部次長、北洋政府國務總理等職務，是清末和民國初年非常活躍的一位重要政治人物。

後來袁世凱將梁士詒放到了一個更加合適他的位置，秘書長，行政和金融一把抓。

還有一個人物就是楊士琦，他足智多謀，深不可測，是袁世凱的參謀班子裏最純正的幕僚。楊士琦當了十幾年的試用道台，一直沒有實授，表面是四品官員，實際卻是最基層的業務員，沒少被人排擠，所以他掌握了相當的陰謀詭計和權謀手段。可他始終站在袁世凱這邊，為袁世凱逢山開路，遇水搭橋。

袁世凱坐直了身子，目視著梁士怡由遠而近。梁士怡先向楊士琦、陸宗輿等人問了好，然後才說道：「總理大人，英國公使、日本公使、俄國公使都已經見過了，他們一致認為不能讓南京臨時政府成為中國的正式政權，並且讓在下轉告您，必須儘快處理這件事。」

「這些洋鬼子還說什麼了嗎？」袁世凱聽完梁士怡的話非但沒有擔憂，反而露出了欣喜之色。對於他來說 洋人這樣的反應是一件大好事 只要外國人不支持革命政府 那自己手裏的籌碼就多了。

「洋人只有兩個意思，第一是趕快停戰，第二是阻止革命黨在國內的影響。」梁士詒湊了近來。

「他們只有要求？」袁世凱冷笑著問道。

「英國人已經答應事後的支持和借款，日方業已給了口頭承諾。」梁士詒說道。

「電報讓少川回來，從現在開始我要親自跟南方談判。」袁世凱暢快地做出了決定。

宣統年的最後一晚

「今日，聖上和袁世凱接受了政府和談代表唐紹儀的請辭，在上海舉行的和談會議中，由於他所表現出的唯唯諾諾的態度，已受到了嚴重的責難，連他自己也覺察到已不容於這一身份。今後有關暫停雙方武力對抗、延長休戰協定、國民大會的選舉模式以及有關會議的地點和時間等等事項，都將通過袁世凱和伍廷芳之間的直接交涉來決定。唐紹儀接受清軍後退三十三英里以至於撤出漢口和漢陽的條件……」①

這天，袁世凱在皇宮中受到了一次重要的約見，他再一次表達自己請辭的意願，但又在隆裕太后表示將從大庫中調撥三百萬兩銀子後重新考慮了自己的要求。這筆銀子的數目，足夠應付軍隊和其他政府機構長達六周之久。

慶親王和前攝政王探望袁世凱，並就遜位的最終條款作了長談。兩位親王均就內閣總理大臣對朝廷的效忠表達了他們的感激之意。一月十六日一早，袁世凱去皇宮拜見了皇太后，並就宣佈遜位的詔書的有關字句與她交換了意見。在這些場合中，袁世凱都表現得就如準帝王一般，在從其住處到皇宮的路上，遍佈了滿街的士兵，而警察署的龐大警力也遵守執行著他的號令。他是在入宮覲見

①《清政府代表請辭》，《泰晤士報》，一九一二年一月三日。

後於正午時分返回的途中遇上暗殺事件的。報導稱，袁世凱退朝回家，照例坐著雙套馬車出東華門回錫拉胡同的住宅。這條路並不長，車過東安門大街有名的飯館榮華樓時，忽然有炸彈扔了過來，當場炸死衛隊營長、一名差官和一名衛士。右轅馬也受了傷。幸虧馬夫臨危鎮定，立刻加鞭趕馬離開險境回到住處。剛到家門口，右轅馬就傷重倒地死了。三名投擲炸彈者和其他嫌疑人已被悉數逮捕，承認自己是革命黨人。①

袁世凱卻僥倖一點也沒有傷著，下車後還笑著說：「今天有人跟我開了個玩笑。」話雖說得輕鬆，但袁經此一劫，便奏明皇上不再入朝了，只躲在家裏辦公。過了一段時期乾脆搬進中南海，從此到死都沒有再出新華門一步。

兩個月前，朝廷的政治中心就生了偏移，皇城已經不再是大臣們出入的地方，相反內閣總理官邸和東堂子胡同成為大清國的行政中心。

這時候，南北高層各自搞動作，謠言四起，公眾自然也無所適從。一月二十一日，《申報》「專電」刊載兩條相關新聞，一條是「清太后已允遜位，因載澤等四人堅執梗阻，至難解決」。

各省督撫的意見呢？陝西、甘肅、新疆等地是反對清帝退位的，東三省總督趙爾巽也上奏要求君主立憲，敗離南京的張勳據說也致電親貴，「痛詆袁世凱不忠，皇室如果有退位之舉，當與袁決

---

①《北京發生了炸彈事件，嫌犯已遭逮捕並認罪》，《泰晤士報》，一九一二年一月十六日。

一死戰」。京中年輕親貴也反對退位，要求續戰。只是袁世凱與北洋諸將都默不作聲，這件事就正如《申報》上的大標題「迷離撲朔之遜位」。

一片爭吵聲中，有一條報導很顯眼。那是英國《泰晤士報》記者莫理循發回該報的消息稱：「清廷將頒諭建設共和政府，且准選舉總統」，報導強調此信「由確實之處得來」，《泰晤士報》隨即發表評論，稱讚此舉，「謂此乃調停中國亂事最簡便之法，又謂袁世凱之資格，堪任總統，袁氏不特為政治家且為外交家云」。

莫理循此時的公開身份只是《泰晤士報》駐中國記者，但袁世凱一旦就任大總統，他就被任命為大總統的政治顧問。莫理循在一九一二年與袁世凱的關係之密，不問可知。袁世凱通過莫理循，繞了這麼大個圈子，講出了自己的心聲。

一月二十六日，段祺瑞聯名擁有重兵的四十六名將領，致電清廷內閣，一致要求：「明降諭旨，宣示中外，立定共和政體。清廷如不速斷，則江海盡失，勢成坐亡」。

隆裕太后從每天嘮叨婆媽升級到了以淚洗面；新近成立的宗社黨表面上要重振綱紀，可私底下每個人都各懷鬼胎；北洋派的實力人物到處走動，尤其是徐世昌、唐紹儀等人，整天都在東交民巷出入，可是究竟是何目的誰也不知道。

在武昌起義的那幾天，消息傳到北京的時候，清廷還能保持著冷靜的態度。隆裕太后整天嘮嘮叨叨、婆婆媽媽，幾乎每隔幾個鐘點都要打聽攝政王的去向，弄清楚國內的局勢到底怎麼樣了。不過在最近兩天的時間裏，隨著福建、江西、陝西、雲南等省陸續通電宣佈獨立，其他各省的起義頻頻不絕，清廷終於感覺到江山在搖搖欲墜了。

二月五日，段祺瑞再率第一軍全體將領致電清廷：「共和國體，原以致君於堯舜，拯民於水火。乃因二三王公迭次阻撓，以至恩旨不頒，萬民受困」，「瑞等不忍宇內有此敗類也」，將「率全體將士入京，與王公剖陳利害」，並將其司令部由湖北孝感回遷至河北保定。

段祺瑞的通電，實質上是以武力為威懾的最後通牒。

此日，南方立憲派首領張謇督促南方革命派接受袁世凱的優先清室條件。內閣致電正在天津協調的汪榮寶、陸宗輿，催促他倆速回北京，因清帝退位詔書馬上就要發表。北洋軍威，南北議和。在此形勢的逼迫下，袁世凱連哄帶騙地迫使隆裕太后讓權了。

二月十二日，汪榮寶、陸宗輿在內閣靜候。

在故宮的養心殿東暖閣，陸宗輿親見了這樣的一幕：隆裕太后坐在靠南牆的坑上，眼淚刷刷地往下流，六歲的溥儀還不知道發生了什麼事情，但明白，他們母子的安全受到了威脅。等袁世凱說完話一走，隆裕太后哭了起來，煞時，養心殿一片哭聲。

陸宗輿注意到，袁世凱也在哭——這是陸宗輿第二次見他流淚。後來有人說他是「鱷魚的眼淚」，可陸宗輿反對此說，他明白一個大英雄的心思：感激當年的不殺之恩。

由張謇主稿的清廷詔書稿曰：

今全國人民心理多傾向共和，南中各省既倡議於前，北方諸將亦主張於後，人心所向，天命可知。予何以忍因一姓之尊榮拂兆民之好惡。是因外觀大勢，內審輿情，特率皇帝將統治權公諸全國，定為共和立憲國體，近慰海內厭亂思治之心，遠協古聖天下為公之義。袁世凱為總理大臣，值此新陳代謝之際，宜有南北統一之方，即由袁世凱以全權組織臨時共和政府，與民軍協商統一辦法。

這一詔書標誌著清朝壽終正寢，但行文卻十分得體，給垮臺的清廷留足了面子。據說最後一句是徐世昌塞進去的「私貨」，幾乎肯定了清廷亡後便是袁世凱的天下。徐世昌手法之高，謀略之遠，令人咋舌。

一九一二年三月十日，袁世凱在北京就任臨時大總統時，以濃重的河南地方音調口念誓詞，效忠民國。但當時以記者身份在場的梁漱溟①細心地發現，袁對如此莊重的就職典禮其實壓根不重視，「既不蓄須，亦不修面，著軍人舊服裝，殊欠整潔，顯然蔑視此一重大典禮」。相比之下，其他到場的政府各部總長都穿著西式大禮服，段祺瑞等人則「軍裝整齊，神態嚴肅」，顯得鄭重其事。

與梁漱溟的回憶可以相互參證的是《泰晤士報》駐北京記者莫理循當時的記錄：「袁世凱入場，

①梁漱溟（一八九三至一九八八），蒙古族，國學大師，愛國民主人士，主要研究人生問題和社會問題，現代新儒家的早期代表人物之一，有「中國最後一位大儒家」之稱。

像鴨子一樣搖搖晃晃地走向主席臺，他體態臃腫且有病容。他身穿元帥服，但領口鬆開，肥胖的脖子耷拉在領口上，帽子偏大，神態緊張，表現很不自然。而當時北京正處在兵變之後，就職典禮會場周圍數十步之內行人斷絕，各省派出的代表寥寥無幾，「令人發生一種蒼涼悲戚之感」，時在現場的著名記者黃遠生「仰窺袁總統之丰采，頗蕭瑟有秋氣」。①

當晚，陸宗輿一眼瞥見，袁世凱腦後的辮子沒了，一夜之間，他由清朝權臣變成了中華民國臨時大總統。

民國了，陸宗輿將頭上的假辮子摘了下來即刻丟棄，從此，他是民國的官員了。

只有哭哭啼啼，沒有屠殺，沒有流血，不像法國的路易十六、俄國的末代沙皇被滿門抄斬，清帝溥儀退位，是平平靜靜的，沒有撕裂民族，沒有爆發內戰，可以說是世界近代史上改朝換代最文明的一次。陸宗輿想，這得歸功於袁世凱，歸功於袁世凱為首的北洋軍。當然，孫中山為首的革命黨也是立了功的。

陸宗輿目睹了袁世凱與段祺瑞「力倡共和」的默契配合。袁世凱大功告成，段祺瑞「一造共和」功不可沒。

孫中山為了限制袁世凱的勢力，要求他到南京就職，袁的親信幕僚又紛紛活動。據汪榮寶二月

---

①傅國湧《民國年間那人這事》，廈門大學出版社，二〇一五。

九日記述：「……旋與閏生同到內閣，聞燕生（梁士詒）言南中激烈派反對優待條件，議欲殺唐（紹儀）、伍（廷芳），恐生枝節，亟須設法疏通，余因與閏生議致季直一電，詳述東三省情形，毋再以虛文惹起反動，由閏生主稿。飯後擬諭旨一道，又擬電兩通，晚飯後回陸寓。」此時，汪榮寶給汪精衛，陸宗輿給張謇分別致電，均言明袁公不能離京之故，囑其設法調停。如果南方堅執不變，「必致彼此齟齬，又生波折」①。

俗話說，一山不能容二虎。因為傳說老虎比較獨特，有很強的地域感，不到交配季節，一般不跟別的老虎來往。一座不大的山頭，如果同時存在兩隻老虎，肯定有一隻是要離開的。當然，這個俗語說的是虎，點的其實是人。無論官府還是民間，強勢的權人強人，跟老虎似的，一個地方只能有一個。孫中山懂得這個道理，袁世凱也懂，這就避免了一山二虎的尷尬。

這裏得鄭重地加一句：和平地退位，和平地交接，和平地讓位，我們應該給活躍於清末政治舞臺的立憲派記上一功，是他們將憲法、憲政、法治等泊來的制度推廣開來，並且灌輸於朝廷上下的各個階層，有限度地穩定了局勢。袁世凱、徐世昌、張謇和陸宗輿都是立憲派的核心人物。

即喜慶共和之成功，又感恩於清廷之讓位，害怕暴力革命，擁護袁世凱掌權，這就是當時陸宗輿等京城立憲派的心態。

①張朋園《立憲派與辛亥革命》，臺北商務印書館，一九六九。

後來，曹汝霖回憶了「宣統年的最後一晚」：

傍晚，章宗祥夫婦從上海來京，曹汝霖和陸宗輿往車站候接，見街上有兵丁，三五成群到處遊逛，毫無秩序。曹對陸說，剛剛宣佈共和，兵士們就這樣自由散漫，沒有以前那樣守規矩了，這樣下去如何得了?章宗祥夫婦到了後，借宿在陸宗輿家。剛剛吃晚餐，聽得「畢畢拍拍」之聲，自遠而近。僕人探視後，說是北城兵變了。飯後，大家登樓一望，只見火光四起。聽說有錢人家的宅邸，被放火搶劫，斷斷續續的槍聲由遠而近，便閉門靜守。到了半夜，有人大聲打門，幸虧房門堅固，沒被打入。後由僕人出街探視，說有大戶人家被兵丁挨家打門而入，搶掠衣飾細軟之物，有兵丁手帶金臂環數隻者，有兵丁將金手鐲穿成一串，套在脖頸上，還有人身穿幾件皮袍。形形色色，奇形怪狀，但沒有見到彈壓的軍警。到天明，槍聲即止……①

早晨便是共和第一天，北京的天安門對外開放，城樓上飄揚的三角黃龍旗換成了民國的五色旗。昔日天子腳下的臣民，第一次以公民的身份走上皇城的城樓，第一次從皇帝的視角，貯望這座從前的帝都，都城裏的尋常巷陌、燈火樓臺，無數的點與線，第一次以如此強大的視覺形象洶湧而來。「慶祝中華民國臨時政府成立」的大字標語，已悄然懸掛在天安門上。

此時，鼓吹五族共和的報紙正沿街販賣，電燈、自來水、洋學堂、洋布洋襪、電報電話這些新

①曹汝霖《曹汝霖一生之回憶》，臺北傳記文學出版社，一九八〇年版。

生事物，正潛移默化地影響著國民的生活和思維。

陸宗輿的如夫人鄭校詩在那天所見：姑娘們第一次用一雙天足走上街頭，登上有軌電車，男人們身後的長辮子沒了，坐在茶館裏高聲笑談，孩子們在頤和園湖畔歡快地奔跑……這就是嶄新的共和生活……

目睹孫、袁的「蜜月期」

民國建立後，定都北京，組建起袁世凱為首的北洋政府，這是當時被世界各國承認的中國合法政府。

唐紹儀為袁世凱的掌權助了一臂之力，「調和南北」有功，他又加入了同盟會，因此被袁世凱提名為國務總理，在南京組織第一任內閣。內閣成員有外交總長陸徵祥，內務總長趙秉鈞，陸軍總長段祺瑞，海軍總長劉冠雄，他們都是袁的親信，財政總長熊希齡是共和黨人，交通總長由唐紹儀兼任。同盟會的宋教仁、蔡元培、王寵惠、陳其美只分到農林、教育、司法、工商四個部門。但連同唐紹儀在內的十個閣員中，同盟會員佔了半數，唐內閣被稱為「同盟會中心內閣」或「唐宋內閣」。

陸宗輿任財政部次長、總統府財政顧問，他是深得袁世凱信任的官僚。後來，張謇也入閣任農商總長。

袁世凱五短身材，頸粗腿短，走正八字步，頗似傳說中的鼇龍。他足不出總統府，也不鍛煉身體，走進走出、樓上樓下都要坐轎子，後來胖得連腳都看不見了，偏生又有多動症，在屋裏必須找點兒事情做，典型的小動大不動。袁世凱食量驚人，陸宗輿就親見他：先來二十個雞蛋，然後餅、肉、菜。

從這以後，原本烏雲密佈的中國政局好像一下子撥雲見日，一片祥和的景象。當時在很多人看來，中國在辛亥革命之後的這個節點上幸運地擺脫了大規模內戰的危險，而後就是萬眾一心，共同努力建設新國家的光明大道了。

正是在一片南北和解的氣氛之下，袁世凱多次派人南下邀請革命黨領袖孫中山北上，共商國家大計。

路透社八月二十四日訊：「孫文於今日抵京，款待他的盛宴隆重豪華，與袁世凱去年十一月革命期間抵達此地時所受到的禮遇堪有一比……」孫中山一行到達北京前門車站，陸宗輿隨趙秉鈞到車站迎接。袁世凱將他復出時居住的石大人胡同府邸加以修繕，供孫中山下榻，並指派陸宗輿和高級軍事參議唐在禮等官員負責照料起居。

八月二十五日路透社繼續報導：

昨晚，孫文和袁世凱共進晚宴。晚宴後，雙方進行了一次長時間的交談。袁世凱和孫文均對路透社記者表示，雙方在所有重要問題上的看法和見解完全一致。孫文相信，……北南雙方將會以更加一致的態度共事。他同時也認為，袁世凱完全勝任其總統職位，他也毫無疑問是一

個值得眾人支持的偉大人物……①

袁世凱在總統府設晚宴款待。杯盞交錯，談笑甚歡。袁世凱說：「孫君創立民國，功績赫赫，垂名後世。予不肖承乏其後，竊慮難堪其任。今夕相會，益當為民國努力，勿背孫君初志。」②孫中山說：「我中華民國成立，粗有基礎，建設事端，千頭萬緒，須我五大民族全體一心，共謀進步，方可成為完全民國……今袁總統富於政治經驗，擔任國事，可為得人慶。」③席間，袁世凱高舉酒杯高呼「中山先生萬歲！」一飲而盡。孫中山也高舉酒杯高呼「袁大總統萬歲！」亦一飲而盡。

八月二十九日，趙秉鈞以國務委員的身份「借金魚胡同西花園廳公宴孫中山先生」，「主客四五十人，未正散局。」「越四天，五族共進會也借那花園宴請孫中山先生，聞主客三十餘人。」陸宗輿內外操持。④金魚胡同花園是那桐的家宅，人稱「那家花園」，曾是晚清與民初時達官顯貴們的重要活動場所。

隨後的十二天內，袁世凱和孫中山會談十三次。在談到國家經濟建設時，袁世凱將陸宗輿介紹給孫中山：「這位是我們的經濟幹才，對財政經濟頗有見解。」孫中山說，願意為國家在十年內修

①方激編譯《龍蛇北洋》，重慶出版社，二〇一七，第一一五頁。
②馬震東《袁氏當國史》，中華書局，一九三二。
③朱宗震《真假共和》，山西人民出版社，二〇〇八。
④北京市檔案館編《那桐日記》，新華出版社，二〇〇六。

建二十萬里鐵路，請袁大總統支持，請陸次長在財力上幫一把。從臨時大總統位置上退下來的孫中山，這段時間裏，將自己不少精力放在了修建鐵路上，他剛被中華民國鐵道協會選舉為正會長。袁世凱大喜，特設鐵路總長之職以孫中山，並讓陸宗輿呈表，給孫中山月薪三萬元。孫中山欣然接受。九月六日會談之後，孫中山在袁世凱安排下，由陸宗輿等人陪同去張家口視察了京張鐵路，畢竟京張鐵路是在袁世凱直隸總督任上修建完成的。之後幾天，孫中山造訪了前攝政王載灃，並與北京報界、各省參議員交流修建鐵路的政策。在孫中山離開北京前六天，黃興抵達北京。

九月十六日，袁世凱為即將離開北京的孫中山餞行，並進行了最後一次，也就是第十三次會談。在會談中，袁世凱向孫中山、黃興商榷內政方陣，袁世凱提出了八條大綱，孫中山、黃興均表示認可。

某次會談間，黃興勸說袁世凱加入革命黨，並許諾推舉他為領袖。袁世凱不便作答，回來對楊度、陸宗輿說：「你看我像個革命黨的模樣嗎？假如他們不堅持責任內閣，我也可以做革命黨。」

隨後，黃興轉向陸宗輿，問：「陸先生，你怎麼看我們革黨？是搗亂還是救中國？」

「哦？是嗎？」陸宗輿神情緊張，不知怎麼回答才好，然而臉色立刻釋然了起來。」只是，在下卻不敢恭維孫先生的革命行動。多年以來，我一直關注著貴黨的行動，六年前的萍瀏醴大起義，三年前的黃岡起義、惠州起義以及欽廉防城起義。」一口氣將自己知道的同盟會起義全部說了出來。當然，這些起義未必都是孫中山親自策劃組織的，而他的意思只是代指孫中山所領導的革命勢力。

他頓了頓，又補充了道：「就在我去日本之前，一艘船停泊在馬來亞（此時還未成立馬來西亞）

時，碼頭工人還傳言孫先生親自領導了一場鎮南關起義，造成了一場血案。這麼多起義，這麼長時間，可是結果呢？」

不需多說，這些起義都是失敗的。甚至萍瀏醴起義和惠州起義的失敗，讓革命黨人還遭受了極大的損失，不少同盟會精銳以身殉道。

黃興聽了陸宗輿的話，神色再次陷入了凝重，他緩緩的歎了一口氣。

「驅除韃虜，復我中華！韃子政府不是推翻了嗎？陸先生，你總得明白，革命是一種艱難困苦的探索，這條路到底有多長、要走多久，誰也不知道。但是不能因為這些我們就停止不前。誠如陸先生所言，這幾年黨人屢次起義屢次失敗，但我相信每一次失敗都是一種積累。」他堅持地說道，不過語氣並非是一種辯駁，而是一種無奈。

由後，袁世凱曾在陸宗輿等親信面前評價孫中山、黃興：「孫氏志氣高尚，見解亦超卓，但非實行家，徒居發起人之列而已。黃氏性質直，果於行事，然不免膽小識短，易受小人之欺。」①

此時，袁世凱與孫中山雖然有不同的立場，且懷有共和之心，希望在一盤亂局之中儘快找到解決辦法，讓剛剛誕生、岌岌可危的中華民國儘快地走上正軌。袁世凱將自己頭疼的問題一股腦兒拋給孫中山，孫中山對袁世凱艱難的處境體會也很深，盡力協同同盟會、國民黨與袁世凱合作。

---

①矢原謙吉《民國趣事》，《北方人》，二〇一五。

袁世凱不但與孫中山和平相處，曾經的政敵也成為了好朋友，梁啟超返回北京面見過袁世凱以後，和林長民等人創建了民主黨，梁啟超被推舉為該黨領袖。袁世凱與梁啟超的政黨依然和平相處。然而，這樣的和諧只有短短的一年，準確說只有短短的十五個月。

一九一三年三月二十日，國民黨代理黨魁宋教仁自上海動身赴北京，抵達滬寧車站時遭槍殺。當天下午，有人將宋教仁被刺遇難的消息報告袁世凱。袁世凱假裝驚愕地說：「有此事乎？」看過電報，又說：「確矣！這怎麼好？」他又假惺惺地懸賞一萬元錢，限期捉拿兇手，還讓國務院研究從優撫恤。正當袁世凱為除掉政敵而自以為得計的時候，兇手武士英、謀殺犯應桂馨落網。在應桂馨家搜查出手槍一支，應桂馨和趙秉鈞、洪述祖往來密電信函多件。這些密電信函確鑿無疑地證明，謀殺宋教仁的主謀者，正是國務總理趙秉鈞。

袁世凱最初對革命黨那叫一個客氣，等根基穩了，馬上就變臉。一九一三年五月，他讓梁士詒給革命黨傳話：「我已經看透你們了，除了搗亂再無本事，爾等如敢再組織政府，當舉兵蕩平之。」①

陸宗輿也清楚，袁世凱對待政敵有兩項法寶：一是收買，或給予金錢，或授與高官厚爵；二是暗殺，如果政敵不被收買，則暗殺之以除後患。

當宋教仁漫遊全國，四處講演抨擊時政，袁欲以金錢賄買之，乃令人付給宋一本支票，可以自

① 滕征輝《民國大人物》，民主與建設出版社，二〇一五。

由簽發支票，絕不退票。但宋宋教仁不為所動，嚴正地予以拒絕。這使袁世凱對他更加顧忌，通過第三者表示，只要宋不堅持責任內閣制，袁便提名他為內閣總理，袁對「責任內閣」有一種先天的排斥性。原來他在宣統年間養屙洹上時，武昌爆發了革命，清廷被迫起用他為湖廣總督，他乃提出組織責任內閣作為出山的主要條件，這不過是一年多前的事情，他就是借責任內閣迫使清廷讓國的。現在他做了總統，遂把責任內閣制度當做了洪水猛獸，宋口口聲聲不離責任內閣，勸他、收買他、威脅他都沒有用，這怎不讓老袁對這位湖南硬漢下毒手呢？

宋教仁之死，誰是幕後黑手？以現有史料記載，應該說沒有什麼可以懷疑地指向了袁世凱，然而是袁世凱直接下令去刺殺他，還是袁世凱表達了對這樣一個內閣的擔憂，底下人去把這件事辦了，沒有清楚的證據。因為當要刺殺一個人的時候，很少有人直接下令說你去把那個誰殺了，但無論如何這件事與袁世凱逃不了干係。宋教仁是中國近代的民主革命家，當時中國國民黨重要的領導人，號召力很大，所以國民黨成了議會裏的第一大黨。宋教仁死在就任總理之前，本來有機會成為民主自由的中國，但從那以後又慢慢地滑向了軍閥混戰的深淵。

一方面暗殺宋教仁等死對頭，另一方面與內閣爭權，又是國會解散，修改憲法。袁世凱的所作所為讓孫中山感到十分憤怒，於是，孫中山、黃興號召南方各省起來反袁，掀起「二次革命」。

南北之間沒了和氣，又是兵戎相見，最大的惡果就是地方軍閥擁兵自重，自家說了算。封建打倒了，共和好，還是立憲好？當時各有說辭，而前提一定是國家的統一與發展。立憲有英日的例子，共和有美法之前轍，在一個農業大國搞立憲未必不好，問題是袁世凱有私心，他想當皇帝而根基太淺，一下子變成了癩蛤蟆想吃天鵝肉。

在辛亥革命之前，張謇主張君主立憲，但是辛亥革命之後，他迅速地轉向共和，剪掉辮子，日記換成陽曆，並且受孫中山邀請擔任實業總長。

此時，孫中山一諾千金，把大總統的位子讓給了袁世凱。

袁世凱宣誓就任中華民國第一任正式大總統時，已非當初「光景甚為寂寥」可比。其時宋教仁已遭暗殺，孫中山、黃興等民國元勳重新踏上了流亡之途，袁世凱心情的愉快可想而知，黃遠生現場看到的袁世凱「精神甚矍鑠，音吐甚朗，軍服燦然」。

袁世凱竟然不是到國會去宣誓就職，不是在居仁堂佈置儀式，而是安然坐在太和殿的御座上舉行就職典禮。他念誓詞也很不嚴肅。本來規定的誓詞為：「余誓以至誠執行大總統之職務。謹誓。」當時離袁的位置很近的韓玉辰側耳靜聽：「袁先高聲讀『余』，繼讀『誓以至誠』，其聲微弱幾不可辨，又高聲讀『執行大總統之職務』，洪亮有力，讀『謹誓』二字，聲復低沉」。①

本來秋天北方是很少下雨的，那一天，北京天下大雨，一直等到就職典禮結束，雨才停止。

袁世凱任命段祺瑞為新政府的陸軍總長，陸宗輿在他幕下聽任。

①傅國湧《民國年間那人這事》，廈門大學出版社，二〇一五年。

第七章　出洋差的「畏途」

再次踏上東瀛之路

中華民國初立，北京政府謀求國內政局穩定，國際社會承認新政權。而日本在此時此刻，乘機對中國進行掠奪。一九一一年，日本與俄國訂立密約，企圖瓜分中國東北和內蒙古，把中國長春以南及內蒙古東部劃為日本利益範圍，把長春以北及其餘蒙古各地劃為俄國利益範圍。一九一二年，日本又乘袁世凱要撲滅南方各省「二次革命」之機，派出六艘戰艦威脅南京，並提出中國五條鐵路築造權的要求。

一九一二年十月八日，國會通過的「外交部官則」，出自陸徵祥手筆。外交部內設「一處一室一廳四司」：秘書處、參事室、總務廳、外政司、通商司、交際司、庶政司，部長下新設一次長，四秘書，分管英、日、法、德相關業務，參事則負責法規與條約之研究草擬。

陸徵祥主掌外交其間，說服袁世凱同意廢除清代外務人員「舉制」（由高官推薦外交人員）任用辦法，禁止他部向外交部「疏通」人事，堅持選拔「不鬧笑話之外交官」。他就職後另訂《外交官領事官任用暫行章程》，先將所有部內留任人員免職，再重新依照專業考核，凡無外語外事專業者不予授職。袁世凱之侄兒也因此離任，顧維鈞則甫自美國哥倫比亞大學畢業返國即被延攬入部。至於外館，陸徵祥廢止了清代由大使統籌包辦使館人事與財政權的舊規，外館預算改由中央每年核撥決算，外館正式人員皆須經中央政府考核任命。次年，陸宗輿按照這個規則和程式，陸宗輿被陸徵祥選定為外務部協理，從此成為民國初期的外交家。

陸宗輿在《五十自述記》中記述：「自民二第二次革命戰之後，議會自散，項城忽召輿充駐日全權公使，時年三十八歲，以年輕才疏辭不獲，項城謂我能外圓內方，故以畀此。」「項城」是袁世凱的敬稱。

一九一三年夏，妻子徐金鳳因病去世，詩兒扶正。金鳳遺下的三個年幼孩子歷來跟詩兒親近，一直喚她為「小媽」，此後改口為「媽」，尤其那九歲的靜媽，「媽媽，媽媽」叫得十分親熱，外人都以為是她親身所出。這時候，陸宗輿受命出使東瀛①。

清末民初，最早派遣崇厚出使法國、派遣郭嵩燾出使英國，其主要使命都是為向法國、英國道歉。遠涉重洋去賠禮道歉能是個好差事嗎？因而，民初官員均以出洋差為「畏途」、「苦差」，不願意擔當。所以陸宗輿先是推脫，推脫不了就得去了。

從總統府回家，陸宗輿一頭紮進了書房裏，隨手翻著書，一個字也看不進去，心中煩燥得很。這個時候去和虎狼打交道，去和一個隨時想算計自己的人去講道理，簡直是與虎狼謀食。

陸宗輿放下書，走出書房，信步邁向庭院。院子中間有一個小池，池邊擺著幾隻金魚缸，千姿

①據故宮博物院文獻資料館收藏的《內史監檔案》所載：陸宗輿於一九一三年十月十四日改派為駐日臨時代理公使，十月十六日到任，十二月九日任命為駐日特命全權公使，一九一六年六月三十日免職。

百態的金魚在太陽底下悠閒地遊著，他抄起一把魚食撒在魚缸裏，頓時，金魚爭先恐後地上水面，張大嘴巴搶著吃……

早在明治年間日本政府制訂的「大陸政策」中，便確定了具體的侵華步驟：第一步，征服中國的台灣；第二步，征服中國的滿蒙地方；第三步，征服中國內地。日本的侵華行動正是按照這一步驟實施的：通過甲午戰爭，攫取了中國台灣，後又將福建劃入了自己的勢力範圍；通過日俄戰爭，攫取了中國東北南部的獨佔權。從南（台灣福建）、北（南滿）兩路打進了中國內地，奠定了牢固的侵華基礎，接著將是向中國內地進一步擴張了。武昌起義爆發後，日本政府迅速對大清國表示了「親善」。一九一二年三月十八日，中華民國新生不久，日本向英、美、法、德四國交涉，要求尊重、維持日本在中國東三省的既得利益。

日本對中國的親善，掩蓋了私底下的陰險面目。一九一二年七月八日，日本和沙俄簽署了一個密約，這個密約中的第二條是這樣約定的：「將中國內蒙古劃分為東、西兩部分，以北京經度一一六度二七分為界，以東地區為日本的特權地區；以西地區為俄羅斯的特權地區。日、俄兩國相互尊重彼此的特權。」第三條為「嚴守秘密」。這個密約，其實是日本和沙俄劃分彼此在內蒙古勢力範圍的一個合約。

對於中國東北的大片土地，俄羅斯蓄謀已久，日本更是虎視眈眈。對付胃口較大的沙俄，袁世凱沒有讓步。至於日本，他則盡量利用俄羅斯對日本的矛盾，聯合英美法等列強的力量，設法牽制。

他不會傻到像李鴻章、慈禧那樣說割地就割地，而是採取強硬辦法，迫使沙俄與他談判，使沙俄承認了清朝留下來的土地；用領土和主權以外的利益與日本交換，以換取和平。

一九一三年初秋，陸宗輿帶著一大家子人馬踏上了艱難的東瀛之路，開始了駐日公使的「畏途」。

東京千代田區有個地方叫「永田町」，它方圓不足兩公里，卻是日本政治、權力集中的地方。這裏分佈著國會議事堂、首相官邸、總理府以及大大小小的外國大使館、公使館。茂盛的樹林掩映著中國駐日公使館的一幢兩層小樓。

與附近繁華的街市相比，這裏清靜、幽雅，籠罩著幾分神秘的氣氛，似乎屬於另一個世界。但，熟讀過日本政壇掌故的陸宗輿清楚地知道，看不見硝煙的權益之爭在永田町從來沒有間斷過。

時隔十多年，陸宗輿再來日本，他想找一找以往的朋友，看一看那位山本小朋友和老婆婆。然而他發覺，一切都變了。這些普通的日本百姓很小就被告知，中國東北黑土地上的蘋果大而甜脆。在日本政府的召喚下，在日本海外拓殖公司移民補助費的誘惑下，東洋的榻榻米開始把鄰國作床，悄悄地在東北開闢移民村，將鍋灶壘在了別人家，燃起東瀛的炊煙。

單槍匹馬在異國他鄉，必須聯絡朋友，拉起一張交情網。陸宗輿帶著如夫人詩兒去會見山本內閣、牧野外務長。

陸宗輿的日本同學青柳篤恆早年留校任教，深受早稻田大學校長大隈重信的器重，選為秘書，大隈作為日本政壇極有影響的人物，與日本朝野各界以及中國各方面人物多有往來，作為他的秘書，青柳篤恆經常參與大隈組織的活動，掌握了很多內幕。就在一九一三年春上，他跟隨袁世凱的法律顧問有賀長雄來到中國，擔任其襄助員，才三個月突然辭職回了日本。有人說他充當了袁世凱的高級間諜，這陸宗輿不知情，但這個日本同學與他友好是真的，他想讓他收集情報也是真的。陸宗輿特意選購了一桿精美的釣魚竿，和詩兒一道去拜訪了青柳篤恆。

新年，日本就發生了「西門子事件」，並促使山本內閣很快倒臺。一月，《時事新報》透露，德國西門子電機製造公司長期向日本海軍當局行賄。二月九日，東京召開全國記者大會，號召全國新聞界反對山本內閣。但是，二月十日彈劾山本內閣的議案在議會中遭到否決。由新聞界參與組織的群眾立即包圍了議會大廈，另一部分群眾襲擊了支持山本內閣的中央、每夕兩家報社。政府出動軍隊鎮壓，兩名記者被警察砍傷。東京一批報社、通訊社的代表舉行抗議集會，通過決議要求內務大臣對砍傷記者事件公開謝罪，內務大臣卻否認有警察動武的事實。幾天以後，《東京朝日》一記者前往內務大臣私邸採訪，遭到暴徒襲擊，再次激起抗議浪潮。

春節來臨，陸宗輿和使館人員舉辦了一場春節招待會，受邀者是各國使節和夫人。此刻，在不遠處的首相官邸，新首相大隈重信①也在品嘗著美酒。一九一四年對他來說無疑是

①大隈重信（一八三八至一九二〇），日本明治時期政治家，財政改革家，日本第八任和第十七任內閣總理大臣（首相）。他同時也是早稻田大學的創始人。

一個非常幸運的年頭。不久前，他借「西門子事件」為由頭，以立憲同志會為基礎，發動了「大正民主運動」，以陸海軍的要求為脅迫，輕而易舉地將山本內閣趕下了台，由他組建了新內閣，加藤高明為外務大臣，大隈重信終於爬上了日本權利的最高峰。

「調停法」的功績

剛到日本不久，陸宗輿就收到袁世凱的密電，稱孫中山是政府通緝要犯，現藏匿於東京，讓他與日本政府交涉，迅速辦理引渡事項。

二次革命失敗後，革命黨人紛紛逃亡海外。日本由於毗鄰我國，流亡者最多。近代以來，日本政府對華態度十分微妙。出於政治投機考慮，大量收容和扶持反對派。從維新派的康有為、梁啟超到革命派的孫中山、黃興，都以日本為大本營。各類革命團體大都在日本成立，得到日本軍方積極協助。

孫中山逃到日本東京後，在東京發起成立中華革命黨，以推翻袁世凱為頭號目標，一下子黨員發展到六百餘人。袁世凱聞訊，十分害怕，便派同盟會叛徒蔣士立攜款五百萬元到日本，要陸宗輿以賄賂拉攏革命黨員，陰謀瓦解革命陣營①。孫中山集會商議對策。桃源人吳先梅冒充駐日使館官員，

① 《李執中》，石門近現代人物專題，湖南博雅文化旅遊網，二〇〇一年三月。

進入蔣士立下榻的赤阪區外交街寓所，佯裝遞信，進入臥室連開三槍，蔣士立撲地身亡。

袁世凱一計不成，便要陸宗輿立刻向日本政府遞交一份照會。照會內容都寫好了，措辭前所未有地強硬：一、日本政府對於中國重要亂党，如孫、黃、陳（陳其美——引者注）、李（李烈鈞——引者注）及曾有令指捕之人之寄居日本者，一概正式宣佈放逐，永遠不准居留日本境內，其正式退出日本者，不准再行登岸，未在日本者一概拒絕來日。二、日本政府對於亂黨之途眾，如有在日本作反對中國之行為，經中國政府之請求，即應按律懲辦；其有犯刑事證據，經中國政府請求引渡者，日本應即引渡。三、不在日本之亂黨，如與日本人有秘密合謀舉動，日政府應嚴密取締，並按律懲治。日本人如有庇護或援助在日本和日本外之亂黨，日政府均應實行禁止。其遷居日本租界及租界地之亂黨，經中國請求引渡，日本政府應即交出。①

陸宗輿閱畢照會，考慮再三，認為如此處置明顯不妥，但礙於公職在身，難以抗命，於是想出個折中「調停方案」。他直接面見日本首相大隈重信磋商此事。大隈重信早就聽說了中國方面的要求，說：「引渡政治犯，日方沒有意見，不知陸公使打算如何辦理？」

「這些人是愛國人士，很年輕，有才幹，只是政見不同而已。我以為，他們在國內是政治犯，逃亡到國外就是國事犯了，對於國事犯，國際法是保護他們的。如果你們日本國將他們引渡回國，

---

①聞立欣《民國新聞月刊》（一九一一至一九一九），古吳領出版社，二〇一三，第一三一頁。

毫無疑問，必然會出現一場大開殺戮的悲慘局面，這樣做，日本國就有損國際名譽了。所以，我的意見是採用調停法，從中調停。」

「調停法，怎麼調停？」大隈問。

「調停就是保護，給予特赦。他們逃亡海外，自然囊中羞澀，生活艱難，對於年少願意學習的，我們籌措學費供給上學；對於避難的革命黨人，我們給予生活補貼，保障他們的人身安全。錢由我們大使館出，你們日本只要取消引渡一項就可以了，首相以為如何？」

日本人對袁世凱一向沒有好感，因為他的發跡，恰是在朝鮮與日本人鬥智鬥勇之時，最初，日本人還吃了袁世凱的虧，當時就結了怨。眼下，大隈首相更不願意幫助他對付其政敵，所以順水推舟接受了陸宗輿的這個調停方案。

五月十一日，孫中山以數千言致書大隈重信，希望日本援助國民黨倒袁，其函曰：

……中國飽受滿清之虐政，國民起而革專制之命，創為共和，而民黨篤信人道主義，欲減少戰爭流血之慘，故南北議和，清帝退位，後舉袁世凱為總統，袁亦誓守約法，矢忠民國。乃彼就任以來，背棄誓約，違反道義，雖用共和民國之名，而行專制帝王之實。國民怨怒，和得發舒。乃其暴虐甚 滿清，統馭之力又不及遠，故兩年之間，全國變亂頻起，民黨之必再興革命軍，無疑矣。顧以革命軍之自力而無援助，則其收功之遲速難易，非可預期。以破壞之際言，得世界一強國為助，則戰禍不致延長，內免巨大之犧牲，對外右邊無種種之困難。日本與中國地勢

接近，利害密切，求革命之助，以日本為先者，勢也……①

於是，大隈首相致電日本駐華武官青木宣純：「無論是站在人道或道義上，均應同情南方國民黨，並盡可能予以援助，至少應給予充分方便。」

袁世凱大將倪嗣沖致函日本駐南京領事，要求派兵到日本商船搜捕李烈鈞等人。日方表示「礙難認可」。

這樣，亡命日本的革命黨人就避免了被引渡回國的命運。這些人包括孫中山、黃興、胡漢民、李烈鈞、柏文蔚、居正、謝持、許崇智、廖仲愷、熊克武、田桐、鈕永建、林虎、程潛、譚人鳳、鄒魯、方聲濤、李書城、陳其美、戴季陶、朱執清、李根源（至少二十二人）……可以說，基本囊括了國民黨的精華。

一九一四年七月，孫中山在日本改組國民黨，重組中華革命黨。孫中山、黃興等人為了在流亡同志（及他們的子弟）中培訓人才，在日本人的幫助下，辦起軍事學校浩然廬（學舍）、政法學校及飛行學校，打算捲土重來，繼續討袁。

八月十三日，陸宗輿收到外交總長孫寶琦一電，贊同陸氏的調停處置，曰：「兩國根本問題，宜規久遠，不可僅顧目前。我政府正籌中日免除根本誤會，以圖經濟聯絡之法。……加藤外相密告

①駐日使館檔案，據王芸生《六十年來中國與日本》第六冊，三聯書店，二〇〇五，第二八至二九頁。

之言，已密呈總統。與我政府意見相同，主義可允贊同……」①此電中所云「密告」者，便是「取締亂黨」，所云「經濟聯絡之法」，即是日本從中調停所得之交換利益。這個「調停法」使袁世凱對日本陷於迷惑之境。

因為這個「調停法」，以後許多年裏，國民政府一直給陸宗輿發放年俸。②也因為有這個「調停法」，國內戰爭時期，不僅僅是國民黨人，許多共產黨人如周恩來、郭沫若等也逃亡日本，繼續進行革命活動。

調停以後，袁世凱發電文給陸宗輿：請孫中山和他的國民黨回國。

才過月餘，袁世凱與五國銀行團簽訂了大借款的協議。這一筆借款史稱「善後大借款」。善戰爭的後，善建國的後，開新國家之始。戰爭之後 必然百廢待興，國家機器運轉當然都需要錢，而大清王朝留給共和國的是一大屁股賠款欠款，哪有錢呀？當初，袁世凱問過陸宗輿這個財政顧問，他回答：「需要錢又沒有錢，怎麼辦？借錢唄。」

可是列強反對，國民黨也反對借款，談談停停，擱置了一年，袁世凱終於下了決心，簽字借款。

兩三月後，櫻花開的正好。日本一年中最美的季節就是櫻花盛開的日子，看櫻花最好的地方莫過於上野公園，這座原封不動照搬英國海德公園的建築，種植了一千三百多株櫻花，正是東京城內看櫻

①王芸生《六十年來中國與日本》第六冊，三聯書店，二〇〇五，第三二頁。
②《民國秘史》，大眾文藝出版社，二〇一〇。

花最佳的場所。與同為皇家園林的海德公園不同的是，上野公園沒有象徵著民主、自由的「演講者之角」，反而在名字前面加上了「御賜」二字。顯示出東西方的兩個島國，截然不同的制度和文化信仰。

公園的西南角有一個湖泊叫「不忍池」，還有個中文的名字叫做「西湖」。這西湖滿池荷花，垂柳夾岸，景色迷人，素為人們爭遊的去處，也是文人墨客吟詠的物件。其實在日本園林中，取名「西湖」的比比皆是，顯示出日本文化受中國影響之深遠。上野公園的西湖也因為這個名字頗受旅居日本的華人青睞。清朝第一任駐日公使何如璋，公使參贊詩人黃遵憲，以及清末民初著名的「四大和尚」之一，被稱作「酒肉和尚」蘇曼殊，都有詠歎的詩，其中最膾炙人口的一首是蘇曼殊寫的，「春雨樓頭尺八簫，何時歸看浙江潮？芒鞋破缽無人識，踏過櫻花第幾橋。」

孫中山特意約見陸宗輿。這天他們剛剛在上野公園開了一個碰頭會，孫中山欲將國民黨和同盟會合並，成立中華革命黨，陳其美等人都在。

一見面，孫中山對陸宗輿說：「你的調停方案保全了革命黨人，我自己也有了安全環境，都是陸公使的功勞。」接著說：「五月份上海有六萬人集會，反對袁世凱違法借款的行為，我請你立刻打個電報給五國銀行團，聲明這個借款純屬非法，中國人民不予承認。」陸宗輿面露難色。

孫中山說：「我們國民黨人希望中國統一，然後發展交通，開發礦藏，製造輪船和新式武器，努力上幾十年，一定會成為一個強大的國家。現在我們也想向日本借款，日本也同意。我們借款是搞建設，不像袁世凱是為了發展武力搞獨裁。這方面希望你向日本方面說清楚。」

聽孫中山這麼說，陸宗輿覺得有門，於是連忙開口道：「當然可以。」說著陸宗輿就將袁世凱交代他的細節告訴了孫中山：消除對孫中山等人的通緝令，同時願意提供一筆資金幫助國民黨重返江西、江蘇、安徽等地，這幾個地方的都督也可以重新讓給國民黨的人來做，而且袁世凱還願意提供一批軍械幫助同盟會重建一批軍隊……當然，條件就是孫中山要儘快的返回大陸。

聽陸宗輿此話，孫中山微微點頭，陳其美眼中的亮光更是越來越盛……

等到陸宗輿說完，孫中山點頭道：「很好，請陸先生轉告袁總統，稍等兩日，我們將國民黨骨幹召集齊了再告訴你。」

此時，中華革命黨剛剛成立，也不是孫中山的一言堂，孫中山得和陳其美商議了才能做出決定。陸宗輿誠摯地說：「我是代表中國出使日本的，大使館為一切在日本的華人服務，你們遇上什麼困難可以隨時來使館找我，我一定盡力幫助你們。」

臨別時，孫中山贈送陸宗輿一張簽名照作為紀念，照片背面題寫「潤生兄留念——孫文」，兩人才握手告別。①

就在孫中山和黃興還在那裏商量著是否要回到中國的時候，大隈重信卻在腦海中醞釀著一個侵

①聞立欣《陸宗輿對流亡革命黨網開一面，孫中山親自登門致謝贈照留念》，《民國新聞月刊》，古吳領出版社，二〇一三，第一三一頁。

略野心：佔據北方的北洋軍，盤踞西南川軍，還有得到我們大日本帝國支援的孫中山，這不恰恰就是翻版的三國嗎？而且袁世凱同英國人的關係很好，能獲得英國人的支持，孫中山和黃興的同盟會也有我們大日本支持，還有那個蔡鍔……似乎也同德國人湊得很近？趁這方互相牽扯之際，我們大日本穩取那膠州灣……如果對孫中山的同盟會進行支持的話，或許能讓袁世凱等人維持三足鼎立的姿態，時間一長，互相之間民族的維係也會變淡，再加上歐戰後英法等列強必然會將注意力移回歐洲，到那時再用討使疆省、藏省、蒙古、滿洲紛紛同袁世凱政府交勁，中國必將分裂成七塊，此時，大日本趁機扶持滿洲統治者，進而吞下整個滿洲……

於是，大隈大大方方地答應袁世凱：借給你一千萬。

這份交易也是袁世凱為什麼會邀請孫中山率同盟會回國，還有日本人為什麼會從中牽線的原因。

一千萬英鎊？要知道袁世凱簽訂的善後大借款的總額也不過兩千五百萬，而一直到現在，到袁世凱手中的借款也只有區區幾百萬英鎊罷了，對這種隨手就甩給一千萬的日本，袁世凱又愛又怕。

有意思的是，這時的第一個借款要求，並不是袁世凱的北京政府，而是為南京政府提出的。在袁世凱當選臨時大總統後剛剛一星期，他的度支部副首領（這是當時的稱法）周自齊找到四國銀行團駐京代表門上，說南京政府需銀七百萬兩，其中二百萬兩為急需，要求四國銀行團緊急提供幫助。當時南京臨時政府在孫中山主持下仍在執行職務，包括也在向外國謀求借款。因而此時，袁世凱的出發點是儘快以北京政府取代南京政府，如果他能找到錢給它用，那自然就可提高他的地位，進而證明他的全國性政府能為南京解決問題，南京臨時政府將無必要繼續存留下去。這筆錢如用於遣散南方軍隊，會對他更有利。①

陸宗輿是透明瞭解這一切的，所以孫中山讓他拍發電報反對這項「善後大借款」時，他面露難色。沒過多久，孫中山等人離開日本回國。後來，他開始組織武力討伐袁世凱的活動。很快，袁世凱下令解散國民黨。

這個中國公使詭計多端

一九一四年六月二十八日，奧匈帝國皇儲斐迪南大公夫婦在薩拉熱窩視察時，被塞爾維亞青年加夫里若·普林西普槍殺。成為第一世界大戰的導火線。

一個月後，奧匈帝國在德國的支持下，以薩拉熱窩事件為藉口，向塞爾維亞宣戰。接著德、俄、法、英等國相繼投入戰爭。交戰的一方為同盟國的德意志帝國和奧匈帝國，以及支持他們的奧斯曼帝國、保加利亞。另一方為協約國的英國、法國和俄羅斯帝國以及支持它們的塞爾維亞、比利時、義大利、美國等國。

①歷史上的今天《一九一三年四月二十六日　袁世凱善後大借款》，人民日報，二〇〇四年四月二十六日。

中國一直擔心日本參戰。八月五日，袁世凱非正式地絕密地通知美國使館：「中國政府歡迎美國增加在華兵力」，企圖利用美日矛盾，防止日本以保護外國在華權益為藉口，侵佔南滿和直隸。同日，陸宗輿致電外交部：「……日政府深望得確守嚴正中立之態度，萬一時局轉變，英國投入戰局，以日英協約目的或瀕危境，日本以協約義務必至執必要之措置。日政府固深望此時收回，不至發生，但對諸般情勢必加慎重意云。又昨英使得倫敦電後，午前即與加藤會商並經合議後發此宣言也，並請代呈大總統。輿五日。」

八月六日，北京政府宣佈中國中立，並公佈局外中立條規二十四款。同日，外交部又電令駐日公使陸宗輿，探詢日本是否贊同由中、日、美三國共同勸告歐戰諸國限制戰區，勿及遠東，以縮小戰禍。八月八日，陸宗輿訪晤日本首相大隈重信提議此事，大隈不納，且言「如東方有戰，日本不能中立」。①

趁西方列強無暇東顧，日本欲攫取德國在山東權益。八月八日，日本把第二艦隊開到了山東附近海面。②中國被迫撤銷原議。除外交威脅外，還唆使在東北的日僑尋釁鬧事，以便為擴大事端製造藉口。日本不擇手段地施展各種伎倆，脅迫北京政府不得妨礙它在山東即將進行的戰爭行動。

①黃尊嚴《日本與山東問題》，齊魯書社，二〇〇四，第三三一頁。
②中央研究院近代史研究所編《歐戰與山東問題》（上）》，一九七四，第四二頁。

八月十五日，日本政府繞開中國直接向德國政府發佈最後通牒：「限八月二十三日正午無條件應諾，否則日政府即取必要之行動。」陸宗輿拿著最後通牒的抄件細細閱讀，這是日本外相加藤高明剛剛讓人送過來的。通碟稱：

日本帝國政府以為現在情況之必要措置為除去一切遠東亂源，並保護全般利益，如英日同盟協約所預期者。茲為永保東亞之和平，達到上項協約之目的，日本帝國政府切信勸告德國政府實行下列兩事，乃其職責也：

一、立即撤退日本及中國海上之一切德國軍艦，不能撤退者立即解除武裝。

二、在九月十五日以前，將全部膠州灣租借地，無償無條件交付於日本帝國官憲，以備將來交還中國。①

宛若狠狠一巴掌扇在了中國的臉上，這種完全無視中國主權的行徑遭到了中國政府最激烈的抵制，陸宗輿受外交總長陸徵祥之命，在第一時間向日本政府再次遞交抗議國書！

當日下午，日本外務大臣加藤高明②約了陸宗輿到他的外務省辦公室。加藤高明對陸宗輿說：「日

①駐日使館檔案，據王芸生《六十年來中國與日本》第六卷，三聯書店，二〇〇五，第四二頁。

②加藤高明（一八六〇至一九二六），日本明治大正期間的外交家、政治家，第二十四任日本內閣總理大臣。三菱財團的女婿，其政府和政策在二戰前最為民主，改組桂太郎創立的憲政會，使之與立憲政友會對立的政黨，主張支持中國關稅自主，採取對英美協調，堅持對華不干涉，僅維持日本之合法利益。

德……交涉……如德不允，即須開戰。此為永保東亞和平起見，並無佔領中國土地的野心，且對中國誠表友誼，特先通告，深望中政府以誠意信任日政府……」當初，陸宗輿擔心日本軍隊借機通過中國領土，是否會是一個現代版的假途滅虢之計。然而，陸宗輿向北京報告之後，外交部是這樣回覆的：「……日政府對我純以誠意相孚，我政府自當竭誠相待，希向日政府聲明本國政府聲謝日政府真誠友好之意……」①陸宗輿深感憂慮。

陸宗輿急忙向日本同學青柳篤恒、大偎小雄打探。半夜，陸宗輿致電曹汝霖次長：

已有移動消息，日本與德宣戰亦非朝野一致，現既發難決非實告所能解決，容再探意見，面詢理由。

所謂「移動消息」，實是陸宗輿在日本同學中的「耳目」。

然而，日本首相大隈重信三次拒絕了陸宗輿的照會國書。直到十七日晚才召見了他。

「見過貴相，我奉我國大總統之命，緊急覲見貴相，向貴國遞交外交抗議！」

「貴國抗議我國已經收下，倘若貴使無事，可請自便！」

雙方劍拔弩張，上來就是針鋒相對。

「大隈首相，我國大總統讓我向貴國轉交一句話，我中國雖是經年久戰的弱國，但也不是任人

---

①王芸生《六十年來中國與日本》第六卷，三聯書店，一九八〇，第四三頁。

揉捏的軟柿子，涉及本國主權，斷然不能妥協。若貴國一心侵犯我國主權，逼迫我愛好和平之中國應戰，則，不得不戰！」陸宗輿語氣強硬。自上一次外交抗議書才遞交了不過兩日，他又在袁世凱總統的要求下，向日本第二次遞交外交抗議書，而且這一次更加嚴重，國內已經給出了指示，一旦交涉未成功，中國駐日公使館全體人員立刻撤離回國，準備應戰。

大隈重信的臉上掛著令人噁心的笑容，那分明是屬於勝利者的得意：「……貴國大總統所言差矣，我國一切所為皆是為了維護東亞和平，保障中國政府的中立地位，同時履行英日同盟的國際義務。我國政府已向德國政府提交國書，要求其在遠東跟中國水域中的一切德國、軍艦和武裝船隻完全解除武裝，德國在貴國膠州灣的權益由我國政府暫時託管，待戰爭結束之後再行移交。」

陸宗輿強壓住火氣，又想到了國內要求他以最強硬的態度回應日本的命令，他尋思估計自己也無法說服已經拿定了主意要與德國宣戰的日本，又想到了國內已經安排好了讓他們撤回國內的事情，當下乾脆深吸了一口氣，也豁了出去，憤慨地質問道：「貴國身為東亞強國，卻行得如此顛倒是非、混淆黑白的低劣手段。膠州灣乃我國既有領土，我國和德國之間的關係調整，純屬我國內政，何時輪得到貴國指手劃腳？我國政府已一再表示在此次戰爭中保持中立地位，貴國如此行徑，等同向中立國宣戰。」

「陸君，敝國上下皆認為，如果貴國此時接收膠州灣，等於與邪惡之德國聯合，德國乃協約國之敵人。我國與英國乃是盟友，盟友之敵便是我國之敵。若貴國作為中立國卻做出如此破壞中立之舉動，我國政府為了儘快恢復國際秩序，同時也是為了貴國好，不得不有所作為！」大隈重信依舊不為所動，臉上微笑依舊。

「何況，我們佔據青島，其實佔領的是德國的領土，而不是中國的領土，因為那裏已經被租借給了德國人。我大日本帝國不過暫時代管而已，待戰爭結束後將立即歸還貴國！」

「不勞貴國辛苦，我國四萬萬又五千萬同胞，有足夠的人手管理青島！對於貴國政府如此顛倒是非之行徑，我國大總統要我向貴國詢問一句，膠州灣是何國領土？何國擁有主權？」

「我國堅持認為，貴國政府如果在歐戰期間收回膠州灣，將是破壞和平、破壞中立的行為，必須為此付出代價。」

「這是威脅！」

「不，這是忠告！」

「既然如此，大隈首相。我國政府讓我向貴國轉達的意思已經全部轉達完畢，既然貴國一心只為侵犯我國主權，我中國縱使戰死至最後一人，必玉碎以保衛主權。我國政府已經下令召回我駐日公使館全體成員，就此向你告別！」

日本本就是沖著山東來的，哪能理會陸宗輿的抗議，一句話就把陸宗輿頂了回去：「我和德國打架，搶的是德國的地盤，接收的是德國的資產，和你中國有什麼關係？」

這註定是一次不歡而散的外交照會，大隈重信儘管有些驚訝中國那位新總統竟然撤回了駐日公使館全體成員，但一點小小的意外絲毫阻擋不了日本染指山東的決心。

此時，北京傳來消息：德國駐華公使辛慈正在與袁世凱政府秘密接觸，準備將青島及膠州灣直接歸還給中國政府。

曹汝霖記載，「當日軍與英海軍攻青島正面，久不能下，日本外相與陸公使（宗輿）磋商，擬於中國中立地，由日本陸軍從青島後面上陸作戰，使德軍前後不能兼顧。陸使以破壞中國中立，拒絕不允。日外相以青島同是中國領土，中國政府既允由青島前面進攻今在青島後面夾攻，有何分別。且這次只是『假道』，並不是在該地作戰，攻下後即行撤退，決不逗留，一再聲明。」①然而，不待中國政府答應，日本已擅自從青島後面發兵進攻。德軍正迎擊正面之敵，不防後面空虛，步兵槍枝預備不足，一下子跨了。

攻下青島，日軍駐兵於青島後防不撤，向當地民眾要糧草，要食物，任意要脅，強迫供應，地方不堪其擾。

八月十九日晚，日本松井外務次官向中、英、俄三國大使通報日德戰況，陸宗輿在當日的工作日志裏記錄下全過程。

「外相想得很周到，把我們調回來，準備參加大戰。我們不用去歐洲，只要把德國在中國和亞洲的勢力範圍劃過來，也就算參加大戰了。」松井得意洋洋地說道。

---

①曹汝霖《曹汝霖一生之回憶》，中國大百科全書出版社，二〇〇九，第一九五頁。

陸宗輿走近，看到他在地圖上點點劃劃，然後自言自語：「自非假道，不能上陸進攻。」聽到這話，陸宗輿俯身問次官：「你說的『假道』這二個字是什麼意思？」

「噢，你不懂，假道就是借一條道路通行而過。怎麼？你沒聽說過『假道伐虢』，是你們中國的成語。」

「我沒聽說過。」陸宗輿故意裝傻，其實他熟悉這個《春秋》裏的故事。春秋時期，晉國想吞並鄰近的兩個小國：虞和虢。這兩個國家很友好，晉如襲虞，虢會出兵救援，晉若攻虢，虞也會出兵相助。大臣荀息向晉獻公獻上一計。他說，要想攻佔這兩個國家，必須離間他們，使他們互不支持。虞國的國君貪得無厭，我們可以投其所好。他建議晉獻公拿出心愛的兩件寶物，屈產良馬和垂棘之璧，送給虞公。獻公哪裏捨得？荀息說：大王放心，只不過讓他暫時保管罷了，等滅了虞國，一切不都又回到你的手中了嗎？獻公依計而行。晉國故意在晉、虢邊境製造事端，找到了伐虢的藉口。晉國要求虞國借道讓晉國伐虢，虞公得了晉國的好處，只得答應。晉大軍通過虞國道路，攻打下虢國。虞公得到良馬美璧，高興得合不攏嘴巴。「假道伐虢」的成語由此而來。

「松井次官，我不知道『假道』兩字的意思，請你寫下來讓我看看是哪兩個字。」說著，從桌子上拿了一張印有日本外務省字眼的白紙。

松井隨手在紙上寫下「假道」兩字。陸宗輿一邊說著「噢，我明白了」，一邊將紙條悄悄裝入口袋裏。出了外務省回到使館，陸宗輿立刻給國內發出電報，電文明白講述了日本外務次官言明，這次日本出兵去山東只是『假道』，且有字據為憑。日本使臣要求以山東全省為戰場是不對的，違背日本政府的旨意。

第二天，陸宗輿拿著國內給他的指示電文，前往日本外交部交涉。

此時，日本外長加藤見到陸宗輿面含慍怒：「你聽錯日語了，我方並無『假道』之說。」

陸宗輿不卑不亢：「我的日本語可能不精，但松井次官給我的紙條，他的親筆字跡大概不會錯吧，請外長過目。」遞上紙條，在一旁候著。

加藤看了紙條，一言不發。

陸宗輿婉言勸道：「松井次官所說的『假道』是對的，眼下貴國正向德國宣戰，而不是對華宣戰，沒有必要將戰火蔓延到中國的山東全境，不如假一條走道，可以避免許多麻煩，我國民眾不受驚擾，貴國政府也不會受到國際指責。」

加藤點點頭，無奈地擺一擺手，讓陸宗輿離開。

回到使館，陸宗輿立即給國內發電，請國內提前作好準備，以避免產生新的麻煩。

袁世凱接電後，立即從北洋軍裏調兵五萬，佈設在龍口——平渡一帶警戒。幾日後，日本的兩個師團在龍口上岸，看見中國軍隊早在那裏嚴陣以待，便乖乖地假道而過，不敢越雷池一步。

---

①陸宗輿《陸閏生先生五十自述記》，北京文楷齋，一九二五。

加藤非常驚奇，中國軍隊怎麼如此迅速，莫不是早知端倪？後來獲知了內情，對手下人說：「這個中國公使詭計多端，惹不得。」

袁世凱更是稱讚：「陸潤生的一張紙條，擋住了日本的兩個師團，有勇有謀！」

此時，大隈重信坐在首相辦公室裏，眼睛看著落地窗外的景致。此時櫻花節已經過了，樹上的櫻花早已經凋零，散落，連綿不斷的春雨把花和泥土和在一起，更顯得地上的泥濘和雜亂。

大隈重信是一個野心勃勃的政客，他非常羨慕與自己國家隔著歐亞大陸相對的英國。他們本來是兩個差不多的島國，可英國現在是日不落的帝國，英國人坐在家裏穿著澳大利亞的羊毛，印度的絲綢；喝著哥倫比亞的咖啡，中國的茶葉；吃著來自世界各地的山珍海味；佩帶著南海的珍珠和南非的鑽石。這些世界珍奇為什麼要送到英國，而不是日本，因為英國比日本先走上了世界。現在日本就是要和英國一樣走向世界，把世界的財富聚到日本來。

大隈此時的心情正好和外面的天氣相反。自己從政以來，時局變化正在朝著對日本有利的方向發展。從第一次世界大戰爆發開始，他就像一頭經驗豐富的鬣狗，敏銳地嗅出了方向。他知道同盟國美，英，俄，法和德，奧匈的這場瓜分歐洲的大戰必然會對世界帶來影響，在這大好的時機裏，如果讓他們在歐洲大陸上鷸蚌相爭，則自己可以在亞洲來個漁翁得利。如果和同盟國英國聯手，那麼，日本就可以輕而易舉地將德國在亞洲的殖民地搶到手，大模大樣地踏上中國和許多南洋諸島，這對日本可是大好時機。

許多年來，日本夢寐以求的是在山東找一個登陸點，但是總沒有機會，這次有機可趁了，先佔領了山東再說。

倒是那個中國大使真叫厲害，竟然看出了日本的計劃。大隈擔心中國出兵，所以叫日本駐中國的大使日置益遞交了給中國總統的一封書信，信中說明日本將在山東登陸以便對德國作戰，並且對新上臺的總統許下一個願，我們支援他在中國的統治，幫助他安定社會，只需要他幫助我們去佔領山東作為交換條件。

這個計劃本來是非常不錯的，可惜又是那個中國大使攪了大局。他竟然用一個「假道」把日本想要佔領山東省變成了一條膠濟線。本來可以以山東為基地向四面八方發展，現在我們被包圍在一條線內，到處受制，完全亂了。

「這個中國公使也算是一個奇才，今後得小心提防他才是。」想到這裏大隈拿起了桌子上的電話，找來了政友會和黑龍會的骨幹，在密室裏商量了起來。

京都裏仍然氤氳密佈，而在這暮靄的灰雲之下，一股傳言先在這裏傳播著，並且很快地向日本各地散開。「我們幫助中國打仗，出了槍和炮，還死了人，我們要求中國政府給予賠償」。尤其是那些死了兵丁的家屬更是鬧得不可開交。一時間群眾集會，遊行示威，竟然又吵鬧到國會來了。

看到時機已經成熟，大隈此時站了出來，假裝好人地說道：「大家不要吵鬧了，我們一定要中國政府給我們像樣的答覆。」一個算計中國主權的條款又由大隈開始籌謀了……

膠濟鐵路外交風雲

日本以一九〇二年締結的「英日同盟」為藉口，向德國宣戰。日本名為對德作戰，進攻的目標卻首先是中國。日軍在遠離膠州灣的山東半島北岸龍口登陸。但是，登陸日軍不是直指青島南下，而是沿山東鐵路西進。儘管中國政府事先宣佈「中立」，劃定「作戰區」，並一再交涉提出抗議，日軍都置之不理，直到佔領濟南，控制了山東鐵路之後，才最後拿下青島。

日德開戰前，陸宗輿奉袁世凱令向加藤高明詢問日本對於戰爭的看法，並遞交了一份來自袁世凱的電文，電文中表示，「甚希望日廷將限制戰區，保全東方和平之旨告交戰各國，縮小戰禍，勿及遠東。如日廷贊同此意，本大總統當專電日皇帝陛下，擬以日華兩國，或更約美國協同倡議，勸告各交戰國，務期戰禍勿及東方。祈將此意探詢大隈總理加藤外相。[1]加藤高明沒有回音。

翌日，日本駐華公使日置益向中國提出，將山東境內黃河以南劃為「中立外區域」（又稱戰區或行軍區），以便日本行軍，並要求撤走濰縣一帶中國駐軍，以免衝突。」山東境內黃河以南「幾乎覆蓋大半個山東。外交總長孫寶琦理所當然地予以回絕。日本並不死心，三天後，又提出新的要求：從濰縣到諸城劃一直線，線以東為戰區。

---

[1] 日本外務省《日本外交文書》大正三年第三冊一四九文書，第一四〇至一四一頁。

日軍進攻青島後，八月二十八日，外交部致電陸宗輿，對日做出答覆，劃出濰河以東，海廟口、掖縣、平度以西為行軍區。膠濟鐵路「自濰至青路線，日人可任便佈置，自濰至濟當由我軍」。

由於無力對抗日本的進攻，早在八月中旬，德國駐華使館代辦馬爾參就向北京政府表示，如果中國以後給予補償，德國可以立即將包括膠濟鐵路在內的膠澳租借地「交還中國」。日本則通過駐華代辦小幡西吉發出警告：「中國議收膠灣，此事不向英日諮，直接與德商，必生出日後重大危險。」要求北京政府馬上停止此項活動。中德談判被迫中斷。

北京政府又寄希望於美國，希望美國出面向英德建議，由德國先將膠澳租借地交給美國，然後再由美國轉交中國。美國置之不理，中國利用美國阻止日本出兵山東的計劃破滅。

當年中國駐日公使館收藏的證據中，有一份《決定在青島地區佔領地設置青島守備軍之件》，日本不僅將其佔領的青島地區納入軍事統治，還將膠濟鐵路納入其「保護」範圍，妄圖使其對山東內地膠濟鐵路沿線的軍事佔領長期化。

日本順利佔領山東半島。戰事結束後，中國政府照會日本：取消戰區，撤出軍隊。但是，日本不僅沒有撤兵，反而增派兵員。

德佔青島期間，建設了規模龐大的軍事防衛工程——青島要塞，設立了眾多炮臺、堡壘、軍營及附屬設施，成為遠東著名的海防要塞。

鑒於德軍海防嚴密，日軍兵分兩路：一路由神尾光臣中將率領，九月二日在山東龍口登陸；一路由加藤定吉中將率領，於九月十八日從嶗山仰口灣登陸。

從龍口登陸的日軍沒有遇到阻礙，長驅直入，過平度，抵即墨，到膠州。九月十七日，佔據膠州火車站，將中國警察盡行驅逐。

「龍口登陸後，日軍西向直驅濰縣，目的在於佔領膠東大片地區以及膠濟路全線，以控制山東全省。日本參謀本部九月十三日就把佔領膠濟路西段的計劃通知了外務省，要他們轉告中國政府。二十三日，參謀總長長谷川好道指令戰地司令官神尾光臣中將佔領膠濟全線。」

九月二十五日晚上，「日軍大尉野村率四百多名士兵在夜幕掩護下包圍了濰縣車站，十多名手無寸鐵的鐵路職工遭拘捕，其中一人被刺傷，車站的四名德籍人員也被擄走。」

第二天，外交部再電陸宗輿，要求日本政府「迅電濰縣軍隊，立即撤退，以顧邦交，而維信用。」日本政府表示：「日認膠濟路為德路，當與膠澳一並佔領。並請將中國軍隊撤開，若有衝突，日本將認為助德敵日。」

外交部九月三十日致電陸宗輿，向日本政府提出抗議，駁斥了「日認膠濟路為德路」的說法：「膠濟路係華德商辦，載在膠約第二端及膠濟鐵路第一款。該路係中國商人有份之產業，謂係德政府產業，實屬根本誤會。夫交戰國官產，在中立國領土，其他交戰國尚不能侵犯，況中德商辦產業，安得佔據？」

儘管有根有據，有禮有節，但對於蠻橫無理的日本來說，根本不起絲毫作用。中國力不能抗，乃謀求退讓之策。

日軍強行佔領青州車站、濟南站（位於商埠）、濟南北站（一九一六年更名北關站）、濟南東站（一九一七年更名黃台站）……膠濟全線淪陷。隨後，津浦鐵路濟南站也有日本佔領軍。津浦鐵路是中國國有鐵路，日軍明目張膽地擴大了軍事範圍。從此，日本控制膠濟鐵路長達八年之久，直到一九二三年才由北洋政府正式收回。①

十月一日，陸宗輿約見加藤，要求日軍撤退。加藤竟然說：「膠濟鐵路是德國財產，當與膠澳一並佔領，並要求中國軍隊撤離膠濟沿線地區。」「當日俄開戰時，日本實首先佔據南滿鐵路。昔年既有此先例，則日本此次佔據膠濟，實為正當舉動。」②「舉凡德人在東方所有之權利，日本均可得以兵力取得之。」狼要吃羊，總要找個藉口。

聽了此話，陸宗輿的心裏難受極了，一個大使的背後是國家，這個國家強大，他可以挺起腰板大聲說話，而他，此刻有理沒法說，只能低頭看人家的眼色。

十月三日，日軍沿膠濟鐵路西侵，佔領青州和濟南車站，坊子、淄川、金嶺鎮的煤鐵礦被佔領。中國軍隊被迫撤離膠濟鐵路沿線地區。

---

①劉瑜《日寇侵吞膠濟路》，齊魯晚報，二〇一四年八月二十一日。

②《東方雜誌》，一九一四年十一月第十一卷第五號第一四頁。

在如狼似虎的日本面前，北洋政府只有抗議的份兒。十月三日，陸宗輿與日方外交官松井再三辯論，「告以此僅求顧全中立國體面，不背最初親善方針，貴政府何苦趨於極端？」也許松井也覺得日方做得太過分，陸宗輿注意到，松井「亦內赧」。①

十月五日，陸宗輿就日軍侵佔膠濟鐵路案約見日本外務大臣加藤高明，要求日軍撤退。日方竟稱該路在德國註冊，為德路，與中國無涉，當與膠澳一並佔領。「當戰事初起時，德人利用膠濟鐵路運兵輸糧，中國並未切實禁止。日本為軍事起見，實有佔據全路之必要……」②

這番狂言，道出了日本的狼子野心，攻佔山東並不是日本參戰的最終目的，全面侵華的大戲才剛剛上演。日本參謀次長明石元二郎給朝鮮總督寺內正毅的信上說：「膠州灣問題不過是根本解決中國問題的一個可乘之機。」③

十月十六日，陸宗輿就日軍侵佔膠濟鐵路一事致電袁世凱，提出應防備日本有非分企圖。袁覆電稱：「日本素敦睦誼，諒亦不致有意外之舉，務須鎮靜以待，不必稍形驚擾，致礙外交前途。」④

十月二十八日，德國逃逸艦隻一艘，在日照縣中立海岸被扣。日本無視中國主權，強行劫去，並在

---

①陸宗輿一九一四年十月4日致外交部電。
②引自王芸生《六十年來中國與日本》，三聯書店，二〇〇五。
③陶德言、曹智《一戰一百年與中國大變局》，上海遠東出版社，二〇一四。
④山東省史志辦《山東省志・大事記（中）》，山東人民出版社，二〇〇〇。

濰縣向中國駐軍開槍挑釁。是日，外交部電令陸宗輿向日本外務省提出交涉，並要求拆除日軍在膠州、即墨間架設的軍用電線和在龍口、萊州、平度等處所築的輕便鐵路。日本當局不予置理。

十月三十一日，日英聯軍近三萬人向盤踞青島的德軍發起總攻，十一月七日，德軍投降。

青島被日軍佔領後，中國居民紛紛逃走，日本人大量湧入，僅僅十一月二十八日一天之內就達一千多人。佔領當局把公地租給日本人建造永久建築，做長期殖民打算。

十一月二日，外交部致電陸宗輿：「膠濟路事，政府始終抗議，惟魯省以地方名義與日軍官議定臨時維持治安條款十五條，以期雙方所遵守。據山東來電，現正磋議，尚未簽字。該項條款均從路工，佔據膠濟之日軍，務必不使軼出範圍著筆，全文郵寄。內有普通專員接管後，日軍應即撤退一條，日軍官謂須俟兩政府解決。魯省並於條件之首聲明，不能因該條件成立，認謂中央同意日軍管理鐵路之要求，及讓渡該鐵路固有之權利。」①

十一月七日，日軍攻陷青島。十日，德軍投降，膠濟全線淪陷。

十一月十七日，陸宗輿接外交部電：對德戰事已畢，特別中立區域自應宣佈取消，日軍即應回國，膠濟路兵不能存留。

到十一月底，青島攻佔已經半個多月，日本還沒有歸還中國的跡象。英軍開始撤退，日軍反而

①王芸生《六十年來中國與日本》第六卷，三聯書店，二〇〇五，第六〇頁。

以軍用為名添設高密至龍口的電線，還企圖修築龍口到濰縣的鐵路，作久據的打算。加藤在下院答辯時說：日本沒有對英國作過關於將膠州歸還中國的任何承諾，最後通牒上的宣告「無論如何不能構成一種諾言」；等等。日本政府企圖把它作過的聲明統統賴掉。

十一月三十日，陸宗輿致函北京，報告日本外相對於中國加入戰後和平會議的最新表態。日本外相加藤高明十一月十七日接見新聞記者，就時局問題，謂：「青島不問其施行軍政民政，必須早日開放，於歐洲戰亂終結以前，青島自必由我保留。至於和平會議，中國非交戰國，無列席之資格，固得明言。」①這是中國官員最早關注戰後和平會議的信函。

十二月一日，青島日本守備軍司令官司神尾光臣通告：「因軍事之必要，收管膠海關。」

十二月十四日，陸宗輿電覆外交次長曹汝霖，曰：

十二日電悉。但未悉鈞意是欲名義取消戰區，抑欲實際請求撤兵。近日本朝野正以對華問題起哄，軍人亦在利用。正式要求撤兵似須稍待，恐速反不達。如只欲名義取消戰區，或於通告各國文內，只云撤兵等事正與關係國交涉為詞，但仍望先疏通英日為進行第一步。因聞日俄協商頗有進步，通告各國一層似不宜露牽制之意。我國僅以空言從事，似更需熟審時機，以圖有效。②

①《收駐日公使（宗輿）函》（一九一四年十一月三十日），林明德主編《中日關係史料——歐戰與山東問題》（下），第五一五頁。

②駐日使館檔案，據王芸生《六十年來中國與日本》第六卷，三聯書店，二〇〇五，第六四頁

隨後，外交部向陸宗輿連發兩電：同意他的意見，「深恐施行過早，或多窒礙，擬即通告各國，軍隊撤退可續商，希告日政府。」

十二月三十日，陸宗輿致電外交部，曰：

二十九日兩電悉。頃特面告松井次官，並詳細說明。松井謂：此係兩政府協商而定，必須商妥後取消為佳。如中政府單獨取消，反生窒礙。此事須與陸軍當局並閣議商決。現適在年節，要人均已外出，尚請少待。輿要以一周為期。渠言不能如此急定，惟當速請加藤與閣員商議。今日貴使所告，不作為正式通告，並望未商定前，勿即單獨宣告云云。詞意頗近情實。輿意似以過日再催為宜。如遽單獨取消，彼若自由行動，恐稅關事所損尤大。祈鈞裁。①

外交部十分在意日本的態度，十二月十七日致函陸宗輿：「中國有青島主權，雖非交戰國亦應加入和平會議。又處置青島及膠濟鐵路等項問題，既不能由中日兩國徑行解決，必須加入此會始能有公允之結果。對日本當局尤應注意探聽，不妨向加藤面談，請其幫助，並設法疏通解釋，庶免從中梗阻。」②若干年後，陸宗輿積極鼓動段祺瑞政府向德奧宣戰，使中國成為參戰國，終於爭得到一張巴黎和會入場券。

---

①駐日使館檔案，據王芸生《六十年來中國與日本》第六卷，三聯書店，二〇〇五，第六五頁

②《發駐日陸公使函——關於和平會議事》（一九一四年十二月十七日），《外交檔案》03-37-001-01-012。

在永田町，一場諜報戰在悄悄進行中。陸宗輿為了緩解中國的壓力，千方百計搜集日本方面的情報。

半夜時分，陸宗輿致電外交部：

有友密告，日政府願以青島交換，惟軍人欲將青島作要塞，尚望我處提出青島交還條件，即萬不得已亦請要求開放，勿作軍港。①

同時在致總統府秘書曾彝進②的信函中，特別告誡：

青島港灣若復為軍港，日築軍事要塞，必扼我膠灣之喉，必封我渤海海口，一旦有事，可以長驅直入，我則無畿疆外蔽……

這是一條非常重要的情報，為袁世凱通過英美交涉、阻止日本建設青島軍事要塞的企圖，贏得了有效的時機。

青島，一個美麗的海濱城市，在中國的北方，沒有一個港口比它更優良，也沒有一座城市比它

①《駐日公使陸宗輿致總統府秘書曾彝進》（一九一五年二月六日），北京大學歷史學系藏。
②曾彝進（一八七七至？），本名儀進，字叔度，四川華陽人，袁世凱秘書、內史監副內史長、政事堂參議。清末時期赴日本東京帝國大學法學部留學，師從有賀長雄。因精通日語，袁世凱與日本方面打交道，通常都要經過曾彝進，比如袁與日本顧問有賀長雄及日本駐華公使聯繫，曾彝進就是聯絡人。作為袁世凱的心腹，曾彝進參與過多次機密活動。

更美。這種獨特美麗很快就進入了諸位列強的眼中，日後它也將成為「遠東的里維艾拉」。一本由五四學生編的小冊子《青島潮》上，是這樣寫的：

青島形如拱壁，海水環其中，四時均可出入船艦，為最良之軍港。東與朝鮮隔海相望，南有段派新訂之高徐路約（高密至徐州），可脅蘇皖。西有膠濟鐵道，扼當浦路之腰脊；又與日人訂立濟順路約（濟南至順德），將來更可橫貫北部，制京漢路之死命。北則按約有煙濰鐵道，煙台與旅順相接，旅順乃日本海軍重要根據地，一旦有事，可以直封渤海海口，而北京成死囚，南北之氣脈斷矣。故青島之被佔於日本，與被佔於德國，其禍害之相較，不可以道里計。德人雖狡焉思逞，然歐亞懸絕數萬里，軍事之佈置接濟，終不易易。日人則與我隔一衣帶水，素抱大亞細亞政策，久有吞併我國野心，且欲移都朝鮮以臨我，若再據青島，握我山東，入我堂奧，直心腹大患，若危險實萬倍於德。故曰，青島亡，中國必亡。①

垂涎青島已久的德國，一八九七年以演習之名，將軍艦開進膠州灣。此時，早已軍防荒廢的青島，被德國不費一槍一彈的「和平佔領」。隨著日軍相繼摧毀太平山、湛山德軍陣地，步步逼近德國總督府，德國人意識到他們已經失去了這場戰爭。德國總督下令炸毀了青島山炮台的大部分設施，自沉「伊莉莎白」號和「豺狼」號軍艦，炸毀青島港起重設備和庫房船塢，即向日英聯軍投降。

①龔振黃編《青島潮》，《五四愛國運動》上，中國社會科學出版社，一九七九，第一三八頁。

戰後，日軍攫取了德國在山東的利益，使青島成為其殖民地。在持續兩個多月的作戰中，青島港水面上遍佈浮雷，水下沉有軍艦殘骸，整個航路被封死，燈塔、浮標和燈樁被損壞，油庫、船塢、水電等設施幾乎盡毀，成了臭港、空港。為了擴充軍事力量的存在，日本軍方有意修築防禦設施，修復軍港設施，把青島港建成軍事要塞。

陸宗輿的機密情報到了北京，該怎樣阻止日本復建青島軍港的意圖？袁世凱找陸徵祥、曹汝霖等人商討辦法。陸徵祥說，第一次世界大戰爆發後，德國人因歐戰吃緊，對青島這個遙遠的殖民地感覺有些力不從心，曾向中國政府表達了提前歸還的想法。就是因為一直覬覦青島的日本人跳出來橫加干涉，堅決抵制中德進行談判，因為一旦青島歸還中國，將使日本失去霸佔青島的理由，他們寧願從戰場上打倒德國，名正言順地奪取青島的控制權，所以，歸還青島之事才不了了之。據此，袁世凱讓陸徵祥等人將德國的外交照會檔提供給美國和英國，由他們以維護本國在華利益的條件與日本交涉，阻止日本復建軍港設的意圖。

這樣，日本政府在英美等國的要脅下，只得否決了軍人決策，放棄重建軍港的議題，著重發展青島小港，把主要精力用於拓展對華沿海貨物貿易上，企圖使之成為「中國帆船的一大集中地」。為此，他們修築了小港堤岸，新建浮碼頭，疏濬小港航道，確保大型帆船能夠安全靠泊。青島港成為面向內地的轉口貿易港口。

「日築軍事要塞……一旦有事，長驅直入，我則無畿疆外蔽」，陸宗輿的預言不幸而言中。「七

・七盧溝橋事變」爆發後，日軍不費一兵一卒，就輕而易舉地長驅直入，於一九三八年一月再度侵佔青島……

老報人王芸生說：「自歐戰之起以迄青島之陷，除陸宗輿迭電警告外，北京政府主政諸人直無知大禍之將臨者，此殆過信『交換利益』之小術故也。」①

暗地裏調查日軍暴行

一天，幾名來自山東的留學生來到永田町，向駐日公使館的人員訴說，日軍在山東的騷擾事件，其中有兩家特別悲慘。一家姓劉，住在膠洲濟實鄉，日本兵路過村子，將年輕媳婦糟蹋了，其丈夫和父親被槍殺，家裏只留下一個三歲孩子無依無靠。還有一戶人家，母親和妻子及十一歲的女兒均被日本兵姦污，那男子投井自盡。來訪留學生要求公使館向日本政府提出抗議，並緝拿兇手。

為此事，陸宗輿向日本外交部交涉。加藤外長找藉口推諉，說這事是歸陸軍方面管的，他管不了。

到陸軍部，恰巧遇到一位舊時早稻田大學的同學，目前在軍界做事。陸宗輿說了這事，他說：「在日本，有些人品質惡劣，以為在國外可以無法無天，其實在日本軍界也有紀律嚴明的好人，他

①王芸生《六十年來中國與日本》第六卷，三聯書店，二〇〇五，第六八頁。

們是反對戰爭的。你可以找一下蒯聞大山嚴元帥，他可是日本軍部最重軍紀之人，他會管的。」

陸宗輿就此事致函北京總統府秘書曾彝進，説：「日軍在中立國內，誅求驅使，姦淫擄掠，草菅人命，顯然違背公法，有悖人道。我國政府應掌握其事實真相，作為將來對日交涉的依據」。因為按照國際公法，交戰國在中立國領土內造成的戰事損失，中立國有要求賠償之權，他向袁世凱建議：選派精通法學之得力人士前往山東，切實調查日軍的違法橫暴行為。於是，北京政府司法部選派多名參事，京師地方檢察廳選派多名檢察官，會同外交部僉事王鴻年奉命馳赴山東，詳加詢問，詳細訪查，以殺傷、姦淫、財產、擄捕放火事件四個方面，分疊成卷，開列表冊，作了重點詳報。①

日、德爭奪山東半島之戰，遭受損失最重的，既不是德國，更不是日本，而是中國。日軍置北京政府關於行軍區內「所有領土行政權及官民之身命財產，各交戰國仍須尊重」的聲明於不顧，在膠東各縣燒殺搶掠，無惡不作，不僅嚴重違背了國際公法，破壞了中國中立，而且給山東十餘縣民眾造成巨大的生命財產損失，使中華民族蒙受了空前的恥辱。

九月十七日，「日軍入膠縣約四百人，到後即強取民間食物，非不給錢，即與以極少之價，如取雞一隻給銅元兩枚，牛一頭只給京錢二千文」。侵入中立地區的日軍，違反通常的「假道辦法」，如同進入戰區一樣，奪取電報局，強行檢查，並佔據衙署，公然置中國行政主權於不顧，強迫「為

①《中日關係史料——歐戰與山東問題》上，中央研究院近代史研究所編，第六二二至六二五頁。

日本盡力」。①

掖縣、平度、黃縣、即墨等縣「日兵經過之各村居民，受其擾害，尤為苦痛，彼兵所到之處，強佔民房，將老幼盡行逐出，搜捕雞鴨豬牛，以供食料，抓獲驢騾，以充代步，門窗折為燒柴，禾黍刈以喂馬，男夫則勒充苦工，婦女則逼令伺候，代價不出分文，行動儼同盜匪」。日軍士兵一旦進了村子，頭一件事就是鑽屋進院，翻箱倒櫃，尋找錢物，那些士兵最感興趣的是雞鴨鵝一類的家禽。一旦抓到一隻雞，一隻鴨子，就手舞足蹈，比打了勝仗還高興。於是，山東人民說：「鬼子進村，偷雞摸狗，連肥豬也不放過，真像土匪一般。」

日軍在龍口登陸後，副司令高柳沿途張貼告示，公然要求行軍區內的居民「不論何事，理應對日本軍隊盡心效力」，「倘有敢抗軍令者，或對於為日本軍辦事人敢行妨害者，當即查拿，嚴罰不赦」。日軍所到之處，還公然以征服者的姿態，對中國居民宣佈駭人聽聞的懲治律令。九月十六日，師團長神尾光臣中將發布「軍律示諭」，訂出死罪二十一款，行軍區內華人違禁，一律處死。

十月四日，駐平度日軍又張貼《斬律五條》，規定：凡妨礙日軍一切行動、切斷或損傷電線者均處斬刑；若知罪不舉，窩藏匪徒，鄰居鄉保從重治罪；如某村一人違禁，全村處斬。一副兇惡殘暴的屠夫面孔躍然紙上。由此而來侵入平度的日軍更加有恃無恐，除公開威逼縣署繳糧納錢、強拉

①《山東記憶：日本入侵山東》，中國年鑒網。

百姓為其服務外，還私闖民宅盜竊、姦淫，槍殺百姓無惡不作。據當時上海《申報》報導：李子園村（現屬平度市李園街道）王雲基因不讓日軍拿草燒，被當場槍殺。張戈莊（現屬平度市白沙河街道）兩個村民拒絕服勞役，被亂槍射死。平度城南關村民陳崇與東關虞生江逢春，不堪其辱，憤然自盡……充分暴露了侵華日軍的野蠻行徑。

陸宗輿三番五次向日本外務省交涉撤銷此《斬律五條》，可是，日本政府卻強詞奪理，「實因中國無力監管。」①

日軍入侵之地，狎褻姦淫婦女的事件屢見不鮮。在萊陽，日軍「寄宿之所，必擇村中最好之屋，一經侵入，即將男丁老婦幼女逐出，只留青年婦女，任意求奸，如有拒絕，即稱男女歡樂伊國素無界限，將來華人如遇日女，亦可如此云云」②。在掖縣、平度，「該兵一入民舍，即將老幼逐出，獨拘留少婦少女，逼令汲水做飯，左右伺候，且肆行姦淫，以致含憤投井縊死者，所在多胡，掖縣城裏四關，已被逼死婦女十多名。」③為躲避日軍的獸行，沿途各地的婦女，「每傳有日兵過境，日則逃徙遠村，夜則藏匿禾田，積水沒股，暗泣無聲，慘苦顛連之狀，言之傷心，聞者酸鼻」④。

---

① 山東省史志辦《山東省志・大事記（中）》，山東人民出版社，二〇〇〇。
② 《中日關係史料——歐戰與山東問題》，第二八一頁。
③ 黃尊嚴《日本與山東問題》，齊魯書社，二〇〇四，第六九。
④ 《中日關係史料——歐戰與山東問題》，第二四九頁。

收到國內發來的調查材料，陸宗輿花了幾個晚上，將山東臨海各縣遭遇日軍侵擾的情況整理成文，翻譯成日文。

「日軍在膠州近縣擾民之事，時有所聞，與每與其外部爭議，往往推諉于陸軍方面，難得效果。嗣聞大山嚴元帥，為最重軍紀之人……」①陸宗輿乘隙去拜訪嗣聞大山嚴，將材料交給了他。果然，嗣聞大山嚴立即致電給山東的神尾大將，要他嚴加管束自己的部下。

隨後，陸宗輿找日本外務省交涉，對日軍的殘暴行徑提出強烈抗議，自然也是無果。②十月二十八日，德國的一艘逃艦在日照縣中立海岸被扣，日本無視中國主權，強行截去，直接派軍警監護，並在濰縣向中國駐軍開槍挑釁。陸宗輿奉外交部之命向日本外務省提出交涉。③日本抵賴歸還青島以及在佔領區的種種暴行，激起了中國人民的反日怒潮。許多地方遊行請願，要求取消戰區；上海開展了抵制日貨運動；北京參政院也對山東問題向政府提出了質詢。

十二月六日，山東紳民發起組織「東亞和平維持會」，二十四日推選代表赴京上書請願，要求北京政府取消山東軍事區域，撤走膠濟鐵路日軍，在歐戰議和以前調查損失，要求日本賠償。

陸宗輿在日本投石問路，日方置之不理。十二月十二日，外交次長曹汝霖再電陸宗輿，催辦取

① 陸宗輿：《陸閏生先生五十自述記》，北京文楷齋，一九二五，第12頁。
② 《山東省大事記（一九一二年至一九二五年）》，中國年鑒網。
③ 黃尊嚴《日本與山東問題》，齊魯書社，二〇〇四，第三三四。

消特別中立區之事。陸宗輿回電答覆，日本朝野正以對華問題起哄，此時提出取消特別中立區，恐怕欲速則不達，建議從緩。

一九一五年一月七日，北京政府正式照會日、英駐華公使，宣佈取消戰區，恢復中立狀態。日本十二日覆照，反責中國政府「獨斷處置，實屬輕視國際禮儀，不顧邦交，措置誠有未當」，宣稱不受約束。十六日，陸宗輿再次向日本傳遞中國政府的照會，據理爭辯，不料兩天後，即一月十八日，日本公使日置益竟面見袁世凱，提出了臭名昭著的二十一條要求。

第八章　「秦庭之哭」的背後

二十一條：印著槍和軍艦的《覺書》

中國與日本的關係永遠難以說清楚，歷史上沒有哪一個國家像中國這樣，給日本人以如此巨大的影響，從漢字到圍棋，從《論語》到《法華經》……歷史上也沒有哪一個國家像日本這樣，給中國人如此巨大的傷害。

加藤高明為二十一條交涉重要主角之一，其實準備工夫於兩年前即已開始。那時，加藤受任為桂內閣的外務大臣。一九一三年一月六日會見英國外交大臣葛雷，就滿洲問題，加藤說：

如關東州旅順大連者，乃日本因中日戰爭結果，曾使清國割讓，嗣以三國之不當干涉，不得已而交還，卒賭國運而與俄戰，始得收歸日本手中者。日本對是等地方之關係，百以利害之考慮所能律，而實有歷史的感情的因緣者也。因而日本具有決心永遠佔據旅順大連及包含其背後地之關東州。現在政府固抱此方針，將來不論如何之政府亦不變更，究為日本國民之決意。現我國民在關東州植樹，即可視為決意之表徵。日本為繼續佔有此等地方計，自應努力設立適當名義，務令中國不致難於承認日本之佔有。究竟在如何時機，想出如何名義，而與中國交涉，現雖難預料，然日本國民之決心則斷然在此點。……①

①駐日使館檔案，據王芸生《六十年來中國與日本》第六卷，三聯書店，一九八〇，第七〇至七一頁。

一九一四年爆發的第一次世界大戰，日本認為時機來了，名義也有了。本來是西方帝國主義列強之間的戰爭，德國也是參戰國之一，與中國、日本關係都不大。但是，日本卻看上了德國手中的這個「山東權益」。在日本的眼裏，中國把「山東權益」給了德國，為何不可以給日本？於是，他們將十年前的日俄戰爭故事，在青島重演了一次。打下青島、佔領膠濟鐵路以後，日本拒絕撤軍，想要報酬，要代價。日本方面的史料有這樣的記述：「……(中國)又於(日本)佔領(青島)之後，即採取不近情理、企圖不勞而獲的慣用手段，以政府的名義，而後又以北京中央(北洋)政府的名義，宣佈撤銷交戰區，甚至要求日本立即從山東撤軍，引起日本國內輿論沸騰……」[1]日本方面的潛臺詞是：日本「幫助」中國打跑了德國鬼子，中國卻要求日本無條件撤兵，空手而歸，一點報酬都不給，日本人是不可能接受的。日本要趁此機會，向中國索要盡可能多的殖民利益。

一九一五年一月十八日，下午3時，回國述職歸來的日本公使日置益，在懷仁堂面見袁世凱，當面遞交日文《覺書》文本，即「二十一條」，並要求袁政府「絕對保密，盡速答覆」。

這麼重要的一份外交換文，日本人為什麼撇開了駐日大使陸宗輿？原來上年八月青島之戰，陸宗輿竟然用一個「假道」的字據將日本欲佔領的山東省變成了一條膠濟線。這回，日本人怕陸宗輿又攪了大局，所以萬分小心地提防他。

---

①（日）東亞同文會編《對華回憶錄》，商務印書館，一九五九。

日本政府挾日德戰爭勝利之威風，正式向袁世凱提交了其醞釀已久、深思熟慮的《二十一條》，亮出了霸佔中國、滅亡中國的屠刀。

《覺書》共有五號二十一款，所以稱之為「二十一條」。其內容如下：

第一號　日本國政府及中國政府，互願維持東亞全域之和平，並期將現存兩國友好善鄰之關係益加鞏固，茲以定條款如下：

第一款　中國政府允諾，日後日本國政府擬向德國政府協定之所有德國關於山東省依據條約，或其他關係，對中國政府享有一切權利、利益讓與等項處分，概行承認。

第二款　中國政府允諾，凡山東省內並其沿海一帶土地及各島嶼，無論何項名目，概不讓與或租與別國。

第三款　中國政府允准，日本國建造由煙台或龍口接連膠濟路線之鐵路。

第四款　中國政府允諾 為外國人居住貿易起見 從速自開山東省內各主要城市作為商埠；其應開地方另行協定。

第二號　日本國政府及中國政府，因中國承認日本國在南滿洲及東部內蒙古享有優越地位，茲議定條款如下：

第一款　兩訂約國互相約定，將旅順、大連租借期限並南滿洲及安奉兩鐵路期限，均展至九十九年為期。

第二款　日本國臣民在南滿洲及東部內蒙古，為蓋造商工業應用之房廠，或為耕作，可得其需要土地之租借權或所有權。

第三款　日本國臣民得在南滿洲及東部內蒙古，任便居住往來，並經營商工業等各項生意。

第四款　中國政府允將在南滿洲及東部內蒙古各礦開採權，許與日本國臣民。至於擬開各礦，另行商訂。

第五款　中國政府應允，關於左開各項，先經日本國政府同意而後辦理：

一、在南滿洲及東部內蒙古允准他國人建造鐵路，或為建造鐵路向他國借用款項之時。

二、將南滿洲及東部內蒙古各項稅課作抵，由他國借款之時。

第六款　中國政府允諾，如中國政府在南滿洲及東部內蒙古聘用政治、財政、軍事各顧問教習，必須先向日本國政府商議。

第七款　中國政府允將吉長鐵路管理經營事宜，委任日本國政府，其年限自本約畫押之日起，以九十九年為期。

第三號　日本國政府及中國政府，顧於日本國資本家與漢冶萍公司現有密切關係，且願增進兩國共通利益，茲議定條款如左：

第一款　兩締約國互相約定，俟將來相當機會，將漢冶萍公司作為兩國合辦事業；並允如未經日本國政府之同意，所有屬於該公司一切權利產業，中國政府不得自行處分，亦不得使該公司任意處分。

第二款　中國政府允准，所有屬於漢冶萍公司各礦之附近礦山，如未經該公司同意，一概不准該公司以外之人開採；並允此外凡欲措辦無論直接間接對該公司恐有影響之舉，必須先經該公司同意。

第四號　日本政府及中國政府為切實保全中國領土之目的，茲定立專條如下：

中國政府允准所有中國沿岸港灣及島嶼，概不讓與或租與他國。

第五號

第一款　在中國中央政府，須聘用有力之日本人，充為政治財政軍事等各顧問。

第二款　所有中國內地所設日本病院、寺院、學校等，概允其土地所有權。

第三款　向來日中兩國，屢起警察案件，以致釀成轇轕之事不少，因此須將必要地方之警察，作為日中合辦，或在此等地方之警察署，須聘用多數日本人，以資一面籌畫改良中國警察機關。

第四款　中國向日本採辦一定數量之軍械（譬如在中國政府所需軍械之半數以上），或在中國設立中日合辦之軍械廠聘用日本技師，並採買日本材料。

第五款　中國允將接連武昌與九江、南昌路線之鐵路，及南昌、杭州，南昌、潮州各路線鐵路之建造權許與日本國。

第六款　在福建省內籌辦鐵路，礦山及整頓海口（船廠在內），如需外國資本之時，先向日本國協定。

第七款　中國允認日本國人在中國有布教之權。①

值得一提的細節是，這一本《覺書》所採用的信紙，是一種有浮水印的信紙。浮水印裏有兩個圖案，一個是「槍」，一個是「軍艦」。顯然，這不是無意的巧合，而是有意為之的武力威逼：「你如果不同意，我們就打你！」②

雖然自甲午之後，日本的國勢蒸蒸日上，但想要在一戰之際，趁歐洲列強忙於戰事，一口吞下中國，依然屬於蛇吞象的妄想。因為，對於日本這個小國來說，中國實在太大，以日本當時的國力，吞下中國，還是力不從心。況且，地球是圓的，歐美列強，雖然陷於戰爭，但不等於從這個地球上消失了，無論如何，歐美不可能允許日本獨吞中國。唯一的機會是，利用各種機會，製造中國的內亂，趁亂下嘴，使得中國分裂。然後，再一塊塊吞下。

這是日本大隈內閣借第一次世界大戰期間歐美無暇東顧的機會，對中國進行明目張膽獅子大開口的一次訛詐！

---

① 馮學榮《日本為什麼侵華》，金城出版社，二〇一四，第六二至六四頁。
② 馮學榮《日本為什麼侵華》，金城出版社，二〇一四，第六五頁。

袁世凱看完「二十一條」，憤怒地對其日本法律顧問有賀長雄嚷道：「日本竟以亡國奴視中國，中國絕不做高麗第二！」

當日，外交部致陸宗輿的密電說：「我政府正極力講親善之方，不意日本提出此等嚴重條件，實使政府為難。」①

消息傳出，馮國璋、段芝貴等十九位北洋將領聯名通電，呼籲「誓死抵制二十一條」。一批中國留日學生則回到上海，組織了「國民對日同志會」，號召反日。全國各大報章發出了反日的吶喊，其中梁啟超撰文駁斥日本，口誅筆伐。

從一月十九日起，袁世凱召集國務卿徐世昌、外務總長孫寶琦、陸軍總長段祺瑞、稅務處督辦梁士詒等政府要員，連續數日會議，探討如何對付日本人的要求。

袁世凱問陸軍總長段祺瑞：「日本如果出兵我們能抵抗多久？」段回答：「最多四十八小時。」隨後表示：「國家主權必須堅決捍衛，為此不惜一戰，寧為玉碎，不為瓦全！」但是，多數幕僚則認為，眼下北洋政府的軍隊，武器缺乏，戰鬥力不強，還不能與日本的軍隊抗衡，所以，應該姑且忍讓，埋頭建設，十年之後再與日本刀兵相見，也是為時不晚的。

在日本東京的中國公使館裏，陸宗輿捧著「二十一條」副本的手有些抖動。日本人夠狠毒的，

①楊來青：《「二十一條」談判台前幕後》，《青島晚報》2014年11月7日。

趁著歐洲列強忙於戰事無暇東顧的機會，向袁世凱政府提出旨在獨佔中國的要求。那年月，日本人真的想把偌大的中國一口吞下，以當時他們的國力，「蛇吞象」並不是不可能。一連幾天，陸宗輿寢食難安。

稍稍冷靜以後，他想到了當年留學日本時的同學。日本政壇分激進、溫和兩派，激進派以大隈首相和加藤外長為首，堅持拿條約和武力控制中國，而溫和派大多是元老，擔心得罪西方大國而與中國聯合對付日本。如果由日本同學聯絡上幾名得勢的日本元老，由他們出面干涉，或許可以替中國解危。他先找了外務省秘書小村，小村拿職位太低無人答理來推託，但應諾盡力周旋。

一月二十一日，陸宗輿電告外交部：「請他國說話。為救危急起見，只有請政府先定何件可讓之一款，與彼推誠相商。總令其不先動兵，則所損尚可稍輕。時機危急，請速定方針，萬死上言乞代呈。再，條件以絕不漏泄為要，日政府亦未泄。」

二月三日，日本外相加藤高明約中國駐日公使陸宗輿密談，解釋所提條件，明言南滿東蒙山東漢冶萍及沿海各條以外係希望商訂之件，不啻明言第五號不堅持，頗可注意。是日，陸宗輿致電外交部，曰：

頃加藤外務特約密談，詳釋所提條件。首言此次提出滿洲條件，我又沒日俄戰爭結束，日本當然有此權利。次及東蒙山東漢冶萍及沿海各地不再租借等項，以外則為希望商訂之件，口氣間似較輕鬆。惟云此為中日親善起見，能速決此根本要件，則山東撤兵電線稅關等枝葉問題，當自解決。只看外交部態度，意在延宕。並聞貴使有現內閣不久之報告。但現內閣未必遽退，如必俟後之政府，要求必更大，且條件並未滿人意，望速決為宜。否則，日政府當另計議云云。與言大總統政府極抱中日親善方針，但我國民極望日本遇事親善有加，則可商之途自寬。今滿洲等問題，覺無此時提議之必要，且如此重大條件，國權所關，政府自應慎重審量，斟酌國情民意，為有益國交之計，斷非意存延宕。至貴內閣不久之說，尤屬無稽可笑。本使深信貴國方針，但祈相諒，勿強所難，而反多窒礙。渠又言兩國新聞，言論龐雜，日政府業已力飭鎮靜，貴國則時論益張，且多漏密，時久則密益難保，如不速決，反恐枝節橫生。又條件中並不妨他國利益，日政府交不容他國干預，袁大總統如有意聯交，即或遇革命紛亂之事，日政府自應中政府希望，盡力援助，並非干涉。今日只求將鄙意代達，鼓掌盼解決。至談判則自在北京云云。與意遷延亦不能過久，或我政府亦提出一二條件，如還歌曲演唱旅大延期交換之類，與具體談判，庶使彼不絕望，以免另生枝節，如何？特聞，並乞代陳。又去電千祈勿匯。輿，三日。①

讀著陸宗輿的密電，袁世凱心裏有了底。最後議定與日本交涉的對策三招。其一，有意示強。袁世凱直接對公府日籍軍事顧問阪西利八郎說，日本竟然以亡國奴對待中國，但「辦不到之事終究辦不到」，「中國決不作朝鮮第二」，隨後又命精通日語的外交次長曹汝霖答覆日置益，謂「日本

①駐日使館檔案，據王芸生《六十年來中國與日本》第六卷，三聯書店，一九八〇，第九五至九六頁。

的要求難以接受」，以此顯示強硬，警告日本人要有所收斂。其二，外泄內容，以此促使外界輿論與其他列強的注意，達到使日本有所顧忌的目的。其三拖延時間，以此觀望事態的變化。

袁世凱首先撤換孫寶琦的外交總長之職，換上了親英美的著名外交家陸徵祥，準備與日本交涉，並且爭取美、英、俄、法等國出面干涉或抑制日本。

二月九日，中國交出第一次修正案，對第五號不議。兩天後，陸宗輿向外交部報告，電曰：

> 輿看日本朝野均無與中國啟釁之意。第五號千祈拒絕勿議，並毋須聲明理由，免其乘間。即四號宣言，請以無論何國為詞。輿，十一日。①

十二日，陸宗輿訪晤加藤，日方仍一再迫使第五號之商議，並以不允則不能繼續開議為要脅。中國則始終堅持，不允商議。當日，陸宗輿向外交部匯報：

> 頃晤加藤，將政府允議至四號，讓步已達極點，萬難再議五號各情，再四申說。渠謂五號金條，中國現皆與各國實行，何獨靳於日本？如警察欲聘瑞典顧問，何獨不聘日人？輿謂中國與各國親善關係，誠有實行之事，且於日本更多。惟若與一國訂有條件，則失國權自由，萬難允議。渠謂五號作為中政府任意實行，不為明約亦可，但決不能全體拒絕。且五號三鐵路，兩為舊議，何妨實議。三號以日資所在，中政府如不見諒，當以實力保護。四號則全為保全中國

①駐日使館檔案，據王芸生《六十年來中國與日本》第六卷，三聯書店，一九八〇，第一一一頁。

領土起見，日本並無所利。二號除開東蒙之議，萬難照允。輿質以滿蒙條件毋為他國之利。渠謂中國實已交款外蒙界俄，至青島係日本戰勝而得，中國無要還之權利。若日本另為中日關係起見，或尚有相當之考量，但看中政府應允程度如何。照昨日日軒使所報情形，日政府尚難滿意開議云云。辯難甚久，徒多迫脅之詞。輿意仍請將五號極意堅持，寧將他號再議何如？輿，十二日。①

看神情，加藤高明也很迫急。十八日，陸宗輿奉令再晤加藤，說明不議五號的理由。事後匯報曰：

頃見加藤，懇告各情，並請留親善餘地。渠謂本擬即下訓令，特先聽貴使來意。但第五號絕對不議，日政府究有難堪，即不願之理由，亦應請逐條說明。輿答以如顧問則現在日人甚多，若有約束，則失國權自由，轉多窒礙。謂教學地權已早許西人，何以不許日本？鐵路亦然。福建近臺灣，借款時因有先向日議之請，不借則自無問題。總期各條說明如何理由，若全體拒絕，日政府視為一無誠意，無從再談云云。其口氣雖稍重鐵路，似欲得商議一二條，以顧面子。渠再三探有無讓意，輿惟言政府訓令，只求垂諒。渠又謂四號可允由中政府自行宣言，若一、二、三號各案，相差尚遠。又言中政府似大用新聞策略，並漏泄條件及會議秘密，此於日無關，於中國大損。無論是否政府所為，甚望貴政府注意。近英俄時論，已表日同情，即有反對，日本

①駐日使館檔案，據王芸生《六十年來中國與日本》第六卷，三聯書店，一九八〇，第一一一至一一二頁。

亦無顧慮。日正義尚守秘密者，深恐中政府辦事為難，且未發表之事，尚有熟商餘地云云。輿皆詳為辯訛，但望我政府垂意。輿，十八日。①

自二月二日至四月十七日，圍繞著「二十一條」交涉，中日共開正式談判會議二十五次。中方代表為外長陸徵祥、次長曹汝霖、秘書施履本，日本方面是日置益公使、小幡參贊、高尾參贊。日本當時希望盡速就該條款有一結果，速談速了，怕夜長夢多，國際干擾；中國方面則希望遷延時日，在會外尋求轉機。因此，中國代表主張就日方五號條款逐條討論，陸徵祥並提出第一號第一條修正案，堅持要加以討論，可是日置益卻堅請中國政府對日方全部要求先表示一個原則意見。交涉談判期間，陸宗輿密切關注日本朝野的動態，隨時通報北京，提醒注意事項。二月二十四日，陸宗輿有電：

瀛，昨日《朝日新聞》號外，日政府已嚴重禁止，使令取消，望我國將條件仍守秘密為要。惟號外中有航路權云云，雖為條件，所實恐來再提沽問題，祈先注意，聞彼調查員有滿蒙實利之報告，尚祈阻其南圖。輿，二十四日。

無疑，陸宗輿提供的情報，為中國談判小組爭取到了談判桌上的主動權。

①駐日使館檔案，據王芸生《六十年來中國與日本》第六卷，三聯書店，一九八〇，第一一一至一一二頁。

駐日公使「秦庭之哭」

中日交涉分為台前幕後，台前是在北京的中日秘密談判，幕後則是在日本，中國駐日公使陸宗輿「一個人的抗日」。

「宗輿則知能顧全東亞大局之人，日本大有人在，固已早為之所。至五月初四初五極不得已時，勢不能不對其有心有力之要人，力陳利害，為秦庭之哭。惟事關機密，現尚未便盡宣，顧彼實因是感動，提議撤銷五號者也。」①「秦庭之哭」一語出自《左傳》，春秋時，吳國進攻楚國，楚臣申包胥奉命到秦國求援，在秦庭倚牆而哭，歷七日夜哭聲不絕，秦王遂出兵援楚。

那天，陸宗輿尋到當年同學小伊藤的家，他是外務相加藤的外甥。陸宗輿細細透露「二十一條」的內容後，說道：「這不是要讓中國成為第二個朝鮮嗎？如果中國政府簽字認帳，在外面看來，就等於簽了一份賣身契，我這個中國大使再無顏面去見江東父老了。」

小伊藤被感動了，他正擔任外事聯絡方面的職務，當下聯絡了松方正義、賀有長雄等元老。明治中期以後，元老一直是日本政權中最重要的政治勢力，他們有推薦首相人選的特權，是左右天皇決策的政治中樞，並在幕後操縱政局。

① 《陸宗輿辭呈》，一九一九年四月九日，《駐比使館保存檔案》，臺北近史所檔案館，二〇〇七。

他還找了大隈首相的侄子大隈小雄、外務省官員小村等當年的同學。老同學青柳篤恆也向他提供大隈重信方面的內閣情報。

一日，陸宗輿上門拜訪松方正義，聲淚俱下地說道：「貴國元老屢次說要和中國親善，如果中日關係有需要則會出面排解。今天滿洲戒嚴令已經下了，中國大使館下旗歸國就在旦夕。我不能把有關的外交密談的情況向元老們講述，現在我準備把有關此條款的詳細情況寫出來，貼在中國大使館的門前。我將自刎在其下，以殉國難。」①這就是陸宗輿的「秦庭之哭」，此舉確實感動了不少親善中國的日本友人。

天津市歷史檔案館存有袁世凱對「二十一條」說帖的朱批原件，可以發現更多的「字斟句酌」和「討價還價」。針對日本人要求的享有滿洲及東部內蒙古的優越地位，袁世凱的回覆是不承認。日本人要求在沿海地區經商、建港口，袁世凱回覆不可以。日本人要求享有學校醫院土地所有權，袁世凱在所有權三個字上畫了個圈打了個問號，意思是你們想的美！要求中國沿海港口不租借給他國，袁世凱回覆我肯定不租任何國家，包括日本。日本人在中國修鐵路，袁世凱表示鐵路我們自己修。至於第五項，他批道：「此項限制我國主權，簡直似以朝鮮視我，這種條件豈平等國所應提出，實堪痛恨。日本自己亦覺不妥，故注希望條件。不理可也，萬萬不可開議，切記切記。」②

① 陸宗輿《陸閏生先生五十自述記》，北京文楷齋，一九二五。
② 《駱寶善評點袁世凱函版》，嶽麓書社，二〇〇六。

據曹汝霖回憶，他收到的袁世凱批閱件上有這樣的文字——針對合辦礦業：「可答應一二處，須照礦業條例辦理，愈少愈好，可留予國人自辦。」針對建造鐵路：「須與他國借款造路相同，鐵路行政權須由中國人自行管理，日本只可允以管理借款之會計審核權，惟須斟酌慎重。」針對開商埠：「須用自開辦法，並應限制，免日本人充斥而來，反客為主。」針對漢冶萍礦廠：「這是商辦公司，政府不能代謀。」針對福建讓與：「荒唐、荒唐，領土怎能讓與第三國。」針對內地雜居：「治外法權沒有收回之前，不能允許雜居。」①

基本所有條款都被袁世凱給否決了，袁世凱曾對他的秘書說「滿洲外的要求我都會反駁掉，滿洲內的管不到只能多少答應點。但是就算我答應了也有辦法讓它形同虛設稱為擺設。不但如此，我還要殺他個回馬槍！」袁世凱表示修整十年，等待十年後必然找日本報仇。

陸徵祥是中國近代史上一個難得的外交人才，為了貫徹袁世凱的指示，他也想了很多辦法，譬如日本提出每天開議，而陸徵祥則和顏悅色的提出，他的事務非常繁忙，每週只能開一次會，最後使得日方妥協，每週會談三次。在每次談判之時，陸徵祥總是故意縮短會議時間，譬如每次開會，陸徵祥說完開場白後即命獻茶，並盡量拖長喝茶的時間，這與猴急的日方代表形成了鮮明的對比。陸徵祥、曹汝霖泡在那兒一個勁兒喝茶，氣得日本人直嘟囔：「你們是品茶還是談判啊？」但也無

---

①周醉天《千秋功過袁世凱》，金城出版社，二〇一二。

可奈何，因為這畢竟是東方的禮節。

二月十七日，陸宗輿致總統府秘書曾彝進密函告知：「不經御前會議，大隈沒有用兵之權，而天皇同意出兵的可能性不到兩成。」談判一經啟動，袁世凱即派其政治顧問有賀長雄返回日本，聯絡元老，讓元老影響御前會議，使日本政府做出讓步。

有賀長雄被日本學界視為國際公法及外交史研究的泰斗，他與井上馨、松方正義、山縣有朋等元老關係密切，在對華關係問題上都主張以「親善提攜」為前提，與大隈內閣主張對華採取強硬政策乃至以武力威脅不同。

有賀返日後，先與陸宗輿接洽，接著便去謁見各元老，進行活動。

三月五日，陸宗輿給外交部報告有賀接洽情形：

有賀昨日接洽後，即赴鄉謁井上（馨）、松方（正義）、山縣（有朋），今日特托伯平遠訪有賀。據云：此次條件及交涉狀況。惟山縣知大略，松方自有賀報告後，謂中日邦交當惟大總統是帶賴，如五號一三四款有妨總統體面地位，亦非日本之利，當與山縣協力忠告政府，交勸止勿用武力傷感情，而起恐慌。山縣則謂旅大南滿延期，誓達目的，用兵亦所不避。滿蒙居住貿易，雖極重要，但可修正條件，使無妨中國主權及各國均等之約。其他條件，決不至以兵力相迫，即此次守隊調換，與外交無涉。各元老口氣，均不滿意政府措置云云。輿，五日。①

①駐日使館檔案，據王芸生《六十年來中國與日本》第六卷，三聯書店，一九八〇，第一七二頁。

隨後，陸宗輿又托金邦平回訪有賀，瞭解相關情況。金邦平也是總統府派出的秘密交涉人員，應與有賀同時或早幾日到日本，只不過他的主要職責似乎是與日本內閣方面進行溝通。

最重要一句：「各元老口氣，均不滿意政府措置，云云。」袁世凱獲取陸宗輿的報告，略有高興地說：「得要領了，得要領了。滿洲以外的要求，當然半個字也不能答應他。就是滿洲，俄國所搶去的，他日本都拿去了，他還想要發展，你發展了，我卻癟了。」①

在北京，談判在喝茶拖延的氣氛中一日挨一日地進行。日方一面增兵南滿，一面由日使面施恫喝，交涉即有進展。日外相加藤甚表滿意，故當陸宗輿奉部電向其探詢口氣時，語氣已較緩和。三月十日，陸宗輿電外交部，曰：

九日兩電悉。頃晤加藤，詳告讓步各情，先探詢詞氣。渠謂前數日會議遲滯，正深憂慮，頃得日使電告，悉昨日會議情形極佳。中國政府真以誠意相見，余深滿足。深望來次會議，從速進行，自即圓滿解決。惟中國政府所提議居住及耕作辦法，日政府尚難滿意，當另行擬案。想南滿已無荒曠大地，且組織大公司非易，或於東蒙用公司辦法，似尚相宜云云。輿言：中國政府於居住耕作兩項，須為永久治安計劃，雜居辦法固宜妥籌，而南滿小耕作，即中華人亦多不便，故以合辦公司為宜。渠謂此二問題，尚須詳加研究，此外則東蒙要件不能不議。三號當

①周醉天《千秋功過袁世凱》，金城出版社，二〇一二。

易商議，五號雖推誠後議，卻不能全置不談。仍望貴國政府照昨議情形從速進行為禱云云。其詞氣極形滿足。有賀擬不急托，但當今轉達元老。今晨東報有青島增兵號外，當係其早日計劃，可置勿理。輿，十日。①

此時，日本不斷向山東、南滿增兵，對我示威。

三月十七日，日使日益置墜馬受傷，日方不願受之耽擱而交涉停頓，此後將會議移至日使館。

三月十九日，外交部通告陸宗輿：「據各方面報告，日本國派多數軍隊向東三省山東津沽等處出發，謠言繁多，人心疑惑，恐及於地方秩序……日本公使允電政府，迄未答覆，希以政府訓條向外部面詢，此次派兵用意之所在，以便安慰人心。再聞派兵緩期，未知是否屬實。希探明出發確信後，面詢外部，即電覆。」

三月二十四日，陸宗輿晤加藤後，將情況匯報給外交部：

十九電悉。頃晤加藤，面詰增兵理由。渠云：此次不過新交代，其稍增人員者，實為中國各處有排日騷動，初則山東，近上海尤甚，天津亦然自須相當警衛，如果有侮辱日人之事，交涉恐更為難。輿言排日貨事，我政府早已嚴禁，即上海租界亦已嚴電警戒。商埠人心惶惑，實因日本增兵而然。渠言此皆貴國牽長談判所致，如每次會議後外國記者即將內容通告英美，因

①駐日使館檔案，據王芸生《六十年來中國與日本》第六卷，三聯書店，一九八〇，第一九八頁。

用外人新聞政策，以致群言尤雜，人心搖動，甚為中政府不取。凡重要談判不密，利少害多，本大臣非過急催，甚恐長此漏密，或致發生意外。現求將談判速了，人心一定，當然將軍隊速退。正在談判中，兩國國民既有誤解，事定後不特冰釋，即我天皇亦當以專使特表敬禮云云。與將新聞漏密力為辨明。渠又言：現日本新聞，固令堅守靜密，但選舉事了後，無責任言論雜出，萬一因事鼓煽，亦非貴政府之利。排日等事，甚注意，至增兵公文，當即令日置答覆。彼此談甚長，餘另詳。輿，念四日。①

四月六日，陸宗輿致曾彝進之電，有云：

松方意欲履行秘密一事，而以談判未結，有所不便，極盼適當機會發生……為結了談判起見，並松方向各元老發表秘密一事，均係不可錯過之機會。②

又有陸宗輿致電外交部，云：

今晚宴會，晤加藤便談。渠盼於二十日前簽約，以便報告議會。至密約一條中之三辦法，由我擇一均可云。③

所云「秘密一事」、「密約」，可能係運動元老派之交換條件。此時，有賀長雄正奔走于日本

① 駐日使館檔案，據王芸生《六十年來中國與日本》第六卷，三聯書店，一九八〇，第二〇一至二〇二頁。
② 駐日使館檔案，據王芸生《六十年來中國與日本》第六卷，三聯書店，一九八〇，第二八二頁。
③ 駐日使館檔案，據王芸生《六十年來中國與日本》第六卷，三聯書店，一九八〇，第二八二頁。

各元老之門，四月十日，陸宗輿電外交部，云：

有賀電已轉，頃有賀密告，松方甚感大總統盛意。此次緩發軍隊，確係松、山兩老之力。松方並言萬一談判決裂，願自行赴華解決，以全邦交。特來詢談判近狀，輿告以南滿問題將完，東蒙後議。日政府或非置重五號，顧問一條業已議決，三號本係商辦，近英日為中國問題，報紙時有反響，日本決不犯以揚子路款傷同盟之好。且英法俄已有勸告，與其為枝節問題致他國進言，毋寧由元老暗自調停，就此了局。加藤本有派特使致禮之說，若以元老調和完事，藉此到華一行，中日邦交轉形圓滿。有賀甚以為然。擬轉告松、山兩老，惟怕政府醋意，尚須探詢意見，頗費周旋云。並代呈。輿，十日。①

此時，陸宗輿頻繁接觸有賀長雄的十天間，他六次致電外交部，匯報他與元老的聯絡情形。「松山方已派有賀赴西京見山縣，松、山兩老擬十四日歸京協議。」「井上注重漢冶萍，惟主張日本若松鐵廠亦應與中國合辦，方見公允，不以政府為然。松、山兩老意欲將漢冶萍移作後議。現山縣小病，須兩三日方能會議，再與政府開口。」「今日催有賀請元老速決方針，據云：兩日內必可切實接洽。且云蒙古問題，元老近意亦不注重，五號更無容論，祈勿再讓。」「山縣昨尚未能見客，特派秘書問有賀交涉情形，當已詳告。有賀今日赴鄉見井上，已詳告有賀，速催進行。」「有賀云，

①同上，第二一五至二一六頁。

山縣尚須二三日方能見客，但各元老深盼交涉堅持切迫，待政府自詢元老意見，方免干涉之嫌。又松方對福建聲明不借外款一層，已極形滿足，漢冶萍決計以後另行協議，為佳。」①

有賀長雄在元老中間穿梭活動，引起了日本內閣方面的高度警覺。在辦理「二十一條」交涉過程中，日方刻意防止元老干預，為此，元老山縣有朋和井上馨「都發火了」。

有賀長雄奔走的結果，日本元老果然促使政府協議讓步，已陷停頓的中日交涉有了進展。四月二十一日晨九點，加藤謁見山縣，商量對華政策。當晚，陸宗輿向外交部報訊，曰：

有賀君密告：政府與元老接洽關係，已有所聞。昨日閣議密定讓步各條，今日由加藤面告山、松兩老：一、宣言將膠澳還中國，開為商埠，日本設專管租界。二、南滿警察規則，須與日本協定，裁判仍行會審。三、東蒙以四條件解決，不再他求：甲、增開商埠；乙、鐵道不許與他國；丙、租稅不供擔保；丁、合辦農業。四為漢冶萍由人民協議，政府惟同意盡力。四號宣言已足。五、福建因萬國抗議，日本已向美說明日本以自衛之必要，不許他國有軍事經營，至下次要下擦皮面具仍均等，美已贊同此意。其餘五號各條，只留會議經過記錄，不強要求等情。山、松似已滿意，已派有賀告井上，俟井上同意，政府明後日方有訓令云云。日置口中或尚有虛價，亦未可知，但此件請於事前萬密不露。本日電收到。輿，二十一日。②

① 駐日使館檔案，據王芸生《六十年來中國與日本》第六卷，三聯書店，一九八〇，第二一五至二一七頁。
② 駐日使館檔案，據王芸生《六十年來中國與日本》第六卷，三聯書店，一九八〇，第二一七至二一八頁。

此電所報日方密定讓步內容，與日後的最後通牒所開大致吻合，可見第五號之放棄，此時已經決定。有賀長雄的奔走已經見效。

根據陸宗輿發回的電報，在雙方談判最後階段，「有賀被政府派警護衛，拘束行動」，「只能中間傳信，不便自由活動」①，處境堪憂。此種處境直到交涉結束後依然沒有改變，其人身安全甚至受到威脅，不得不躲藏起來。

四月二十四日，日本提出修正案，第五號擱置不議。陸宗輿當日電告外交部：

有賀君云：日內閣一變態度，輕減要求，雖有他因，而卻以元老監製不能行再後手段之故。深望中國亦一變態度，顧全元老面子。將來必要晨，尚可以元老意向牽制內閣。並望中國以後談判勿拘既往談判形式，就大體先表同意。其有礙主權者，不妨彼此推誠熟商，並不宜拖長時日。囑為轉達。輿，二十四日。②

袁世凱對有賀奔走之效，深為滿意。四月二十五日，他給陸宗輿拍發了這樣的電報，嘉勉有賀長雄：「……妥交有賀君……執事為中日親善，慘淡經營，備受勞苦，感佩至深……切盼早日掃盡，實行親善……」③

---

①《駐日公使陸宗輿致總統府秘書曾彝進》（一九一五年七月十四日），北京大學歷史學系藏。
②駐日使館檔案，據王芸生《六十年來中國與日本》第六卷，三聯書店，一九八〇，第二一九頁。
③王芸生《六十年來中國與日本》第六卷，知三聯書店，一九八〇。

陸宗輿致曾彝進的一封信中，有「我處大段落已結，此次渠雖臨時脫議（指有賀被日本政府控制，失去自由——引者注），但要旨均已達到，各老亦招非議，以勢力大無虞耳」等話，透漏出松方等因介入「二十一條」交涉，向大隈內閣施壓，在日本國內頗受非議。陸宗輿提出建議：「有君可勸令少見日人，以防危險，或暫令住安全之地何如？」①「渠現住興津，在井上老人庇護之下，一時未必能來東京，且於使館蹤跡尤不便接近也。」②後來，陸宗輿又打電報給曾彝進說：「日內閣改組，大隈將兼外務，渠與有賀意見極深，鄙意似以有賀緩到中國為佳，尊見何如？」③

其實，此時此地，陸宗輿自己也身處險境。在和日本外務省交涉過程中，陸宗輿把一支手槍放在辦公室的抽屜裏，晚上則放在臥室，揚言若日本方面再行逼迫，他就飲彈自殺。④

陸宗輿「秦庭之哭」的事蹟傳到國內，國人曾經感動過，《東方雜誌》當年刊登陸宗輿的全身像，予以褒揚。

---

①《駐日公使陸宗輿致曾彝進函》（一九一五年五月二十日），北京大學歷史學系藏。

②《駐日公使陸宗輿致曾彝進函》（一九一五年五月二十日），北京大學歷史學系藏。

③《東京陸公使佳電》（一九一五年八月九日），北京大學歷史學系藏

④王啟勳《我所知道的陸宗輿》，《上海文史資料存稿匯編》（一），上海古籍出版社，二〇〇一，第三六五頁。

「夫人外交」特有用

中華民國駐日本公使館。兩個人一邊喝茶一邊交談著。

這個蓄著鬍鬚一口湖南話的不是別人，正是「二次革命」失敗後遠走東京的黃興，而那個西裝革履衣冠楚楚的人，則是北洋政府派駐日本的公使陸宗輿。在一旁斟水的年輕少婦則是陸宗輿的如夫人鄭校詩。

來自敵對陣營的兩人相處一室把酒言歡，倒也別有一番情趣。

「克公，袁大總統讓我和日本人談這個二十一條，你對此事怎麼看？」陸宗輿問道。

黃興頭也不抬，喝著清酒道：「潤生兄打算怎麼辦？」

陸宗輿笑道：「一個字，拖，拖到幾時算幾時，反正絕對不能由我簽字。」

黃興喝了口酒道：「如果日本人威逼，袁世凱也不容你推脫呢？」

陸宗輿淡然一笑，「我是初涉江湖便知江湖險惡。」轉身拉開了檔櫃的抽屜，取出了一支勃朗寧手槍：「不就是個死嗎？這亡國滅種的條約，我陸宗輿是萬萬不會簽字的。」

詩兒看見手槍，嚇了一跳，衝過去劈手奪下：「你可不能由著性子胡來，你死了我們孤兒寡母的怎麼辦？」①

①陸蘊玉口述（二〇〇九年）。

陸宗輿笑道：「還沒到那一步，我看日本政府對這個談判也不是很上心，估計大總統要枉做小人了……克公，日本人沒和你們國民黨聯繫？」

黃興冷笑道：「日本政府方面的人沒出面，黑龍會的大龍頭內田良平等人倒是找過我，希望我促成這個中日同盟，說是事成之後他們會用資金和武器支持我們，狼子野心昭然若揭，我黃興還沒傻到與虎謀皮的地步。」

「克公高風亮節，不為一黨一派之私利而廢公義，陸某佩服，來，你我共飲一杯。」陸宗輿舉杯敬酒。

黃興一飲而盡，將杯底朝下示意已經涓滴不剩。

「克公，孫先生是什麼態度？」陸宗輿問道。

黃興苦笑了一下卻沒有回答，端起酒杯道：「潤生兄，喝酒吧。」

陸宗輿搖頭道：「孫先生還是功利心重了些，不似克公恬淡。」

一直喝悶酒的黃興，猛地一拍桌子，怒吼道：「我黃興活一天，就不容這種亡國滅種的條約出現！」

這一掌用力過猛，桌上的杯盤酒具被震的東倒西歪，黃興的手掌也紅腫起來，他卻渾然不覺，圓睜雙目似乎是一頭髮狂的猛虎。

陸宗輿笑著撫慰道：「克公息怒，我料這密約斷難簽字。昨日我接到段總長的密電，要求我能拖多久就拖多久，耀堂兄（總統府高級軍事顧問蔡廷幹）也給我來了電報，說是如果我敢簽字，他就來東京殺我，然後他帶兵去和日本人打游擊，克公，您聽聽，大總統身邊的人都是這種態度，這條約還能簽訂嗎？」

黃興冷笑道：「袁大總統也是走投無路，就算是僥倖逃過日本人的這一劫，也躲不過國內那些山頭大王的算計。」

陸宗輿苦笑道：「何嘗不是如此？如此苛刻的條約，其實日本人恐怕也不敢指望能簽訂，他們的目的是打擊大總統的聲望，令中國四分五裂。用心險惡啊！」

清末民初，一般留學歐美的人都愛上了歐美，而留學日本的人則普遍厭惡日本，陸宗輿倒是個例外，他一直很喜歡日本。作為早稻田大學的高材生，陸宗輿在上學的時候頗受日本教授的厚愛，他也是個出名的親日派。可是，這回日本人掏出的二十一條密約，卻將他逼上了懸崖。作為談判代表，一旦這個賣國條約一簽訂，就算是他不自殺，也會有無數人要取他的人頭，還不如自行了斷了，多少落個好名聲。

黃興歎了口氣，道：「歐陸大戰在即，西洋列強無暇東顧，日本人就想趁火打劫，值此危難之際，國人本應戮力同心共度時艱。我已經通知我的同盟兄弟，眼下停止反袁，一致禦侮，救亡圖存。」

陸宗輿端起酒杯，向黃興舉了舉：「兄弟，我代替大總統謝謝你！」一飲而盡。

黃興笑不起來，歎氣道：「潤生兄，現在的局面你打算怎麼辦？」

陸宗輿苦笑道：「還能怎麼辦？以夷制夷唄，老一套的把戲了，我已經派人將密約的內容洩漏給了西洋報館，希望英美能為了他們自己的利益，逼迫日本人讓步吧。國勢頹危如此，只能勉力盡人事聽天命了。」

……

五月三日又是陸宗輿難熬的一天。這天日本召開御前會議。會上，日本元老松方正義與加藤外長爭執得非常激烈。

日本元老是天皇的最高諮詢顧問機構，明治天皇曾給伊藤博文、黑田清隆、山縣有朋、松方正義、井上馨等人頒賜過「元勳優遇」的詔敕，受賜者擁有「經最高統治者認可的不在其位也謀其政」的特權政治地位，負責答覆主權所屬之天皇的諮政，並在內閣更迭之際，討論後繼內閣總理大臣的人選並向天皇奏薦，也參與開戰、媾和和締結同盟等國家最高決策過程。

如夫人詩兒看到夫君一夜間似乎消瘦了許多，心疼地說：「趁剛剛開完會還沒開飯，你去躺下休息一會吧！」

陸宗輿望著詩兒，忽然眼睛一亮：「詩兒，你能幫我辦件事嗎？」

「能，你說我能做些什麼。」

「去一趟英國大使館，也許英國人有辦法。」

詩兒輕輕點點頭：「對，你不能去，我一個婦道人家，不會被人注意的，我去試一試吧。」

詩兒參加過多次外交聚會，和使節夫人們混熟了，還交上了不少朋友。英國大使夫人璐茜把詩兒當成是親密姐妹，非常歡喜靜嫣，十歲的靜嫣愛唱歌，會跳舞，活潑可愛，尤其那張小嘴，說話甜柔柔的。

陸宗輿將如此這般讓她學說了一遍，才放心讓她前去。

弱國無外交，不一定沒有外交夫人，也許，夫人外交更有用。誰是誰的老婆不重要，重要的是這個老婆有沒有聰慧並惠及家與國。

午後，詩兒打扮了一番，帶著靜嫣和翻譯一同走進英國大使館。詩兒今天穿著銀白色的錦緞旗袍，鑲著竹子暗花，剪裁合體，使她顯得阿娜多姿。中國旗袍即旗女之袍。辛亥革命廢除帝制，創立民國，剪辮發，易服色，把屬於封建朝代的冠服等級制度送進了歷史博物館，這一切為倒大袖與新樣式旗袍的誕生創造了條件。民國之初，新式旗袍開始在城市女性中興起。

璐茜見中國女友帶著翻譯拜訪，拍著雙掌在門口迎接。

詩兒拿出了一包茶葉，告訴璐茜這是貴國大使在今年的新年聯歡會上，喜歡喝的西湖龍井茶，冬天裏是沒有新茶送過來的，前天剛好有人來日本，這是今年的毛尖，大使及其夫人可以嘗一嘗鮮。

接著她又告訴璐茜怎麼砌好茶，及怎麼飲茶。然後她們用這個方法砌了幾杯茶。

正在這時格林大使手裏捧著茶杯走了進來，嘴裏念叨著：「好茶！好茶！」

璐茜高興地對丈夫說：「這是我剛學會的，親自給你砌的茶。」

詩兒讓靜嫣跟璐茜玩，自己坐在了格林大使的對面，不失時機遞上陸宗輿替她準備的文件……

陸宗輿在《五十自述記》中誇讚其夫人詩兒對國家有功，「幸內子鄭氏，與英大使夫人友善，乃以其私人資格，挈小女及譯員赴英館，與英大使夫婦會面，告以情實，並以中國不能失信於英國為詞。英大使聞而感動，遂從而奔走其間，得以外交詳，設法密達於元老，為御前會議之準備。此實內子有功於國家之一大事也。」

此期間，袁世凱重視新聞宣傳戰，顧維鈞出使美國，用董顯光及美國友人影響輿論。陸宗輿在東京及曹汝霖在北京，將日本記者桑田豐藏發電稿提供給日本報界。施肇基在倫敦運用報紙報導中國專版做宣傳，並密集報告英國輿論。陸宗輿善於分化日本內部，在元老、內閣、政黨、議會、輿論之間操弄；由檔案所見，陸宗輿常會見加藤高明（政黨領袖）、高田早苗（文部大臣），也和元老及寺內正毅一派等有聯繫。

陸宗輿獲悉，「二十一條」並沒有經過御前會議（如果要動用武力必須經過御前會議），而是大隈重信內閣擅自採取的秘密行為。由此，他便通過外交管道和外報記者將「二十一條」的內容透露出去。英國得到密告後，照會日政府：「如訴諸強壓手段時，應先諮詢英國之意見。」①此時元老派與政府爭執正烈，英國之態度，當是日本撤銷第五號的一個助因。

①王芸生《六十年來中國與日本》第六卷，三聯書店，一九八〇，第二二三頁。

於是，英國《泰晤士報》以新聞總題《日本向中國提出的要求》，連續揭露日本向中國政府提出的一系列有關鐵路特許使用權、採礦權、開工權、貿易權、治外法權以及其他利益，連續報導中國對日本的回覆，然而引發了軒然大波。「二十一條」立刻成為紐約及倫敦媒體的頭條新聞，這也使得日本試圖儘快結束同中國的秘密談判已經不可能。

美國國務卿在得知「二十一條」的內容後，隨即照會中日兩國，聲明美國對於中日兩國所締結的條約如果有違門戶開放政策的話，將一概不予承認。事實上，日本之所以要在歐戰正酣的時候提出「二十一條」，實際上就是要迫使英法美等國勢力從中國退出而在東亞實行日本的「門羅主義」，即將中國變成日本獨佔的利益範圍。就當時而言，唯一能夠幹預並阻止日本在東亞擴張的重要國家也只有美國，美國當時推行的「門戶開放」政策正是與日本的圖謀格格不入的。

陸宗輿的「夫人外交」策略，說白了就是「以夷制夷」，借助英美制衡日本。

弱國外交的勝利

五月四日午後，日本在首相官邸召開元老閣員聯席會議。會議間，加藤受元老包圍，空氣甚為緊張。山縣爆發了對加藤外相的強烈批判和問責，松方正義質問加藤：「此舉結果如中日斷絕國交，則我經濟上將受極大打擊，此點不可不先覺悟。又事起時財政上之負擔亦甚大，對此準備如何？」

加藤被元老們逼得要憤而辭職。①

六日，日本御前會議作出決定：正式地公開地刪除包括「軍械統一」等條款在內的第五號一共七款的要求，這樣，「二十一條」只剩下十四條了。

連日來，袁世凱暗囑段祺瑞總長秘密備戰，物資運輸徹夜不停。此刻，他決定妥協。

五月六日的晚上，曹汝霖到日本駐華公使館談判現場，對大家說：「我們打算讓步，可以簽了。」日置益十分高興，他立即拍發電報回日本說：「中方同意了，不必發最後通牒了。」日本總部的回覆卻是：「太晚了，最後通牒已經群發、抄送給各國公使了，最後通牒照發給中方即可。」②

曹汝霖一回到外交部就傻眼了，陸宗輿的電報剛剛到：「日本內閣會議昨日作出決定：自行刪除最毒辣的第五號共七款。」中國外交部立即緊急通知日置益：「曹汝霖剛才所說的話，只是他個人的意見，不能代表中國外交部或者中國政府的意見。」這是談判過程中的一個小小的插曲。

回到談判桌上，曹汝霖立即用家鄉話告訴陸徵祥：「立即婉轉終止談判，然後一同托故離開。」日置益一時被弄得莫名其妙。事後，外交總長陸徵祥表揚陸宗輿說：「此電之來，救國之力，勝於百萬軍隊。」③

五月七日，日本外務省向袁世凱發出了四十八小時必須滿足日本要求的最後通牒，不簽就開戰。

①王芸生《六十年來中國與日本》第六卷，三聯書店，一九八〇，第二三六頁。

②〔日〕東亞同文會編《對華回憶錄》，商務印書館，一九五九。

③陸宗輿《陸閏生先生五十自述記》，北京文楷齋，一九二五。

與此同時，日本軍艦在中國的渤海水域遊弋，日兵一旅在福州登岸，濱田步兵第二十一聯隊向滿洲進發，松江步兵第六十三聯隊進入濟南城……中日大戰一觸即發。據曹汝霖回憶錄記述，當時陸軍總長段祺瑞秘密備戰，晚間運輸徹夜不停。袁世凱勸道：「我豈願意屈辱承認，環顧彼此國力，不得不委曲求全耳，兩國力量之比較，您應該最明白。」段祺瑞只得作罷。

當時日本那麼強大，打贏了俄羅斯，剛又贏了德國。

午後，陸宗輿收到外交部轉遞的袁世凱在最後通牒文本上的手批：「第五號大損主權，中國政府絕難承認，雖四月二十六日修正案重為修改，性質略變，但中國政府視之仍有影響主權之慮，故請全行刪去，斷難留此糾葛之點。」

日本撤銷第五號要求，英國如願以償，立即出面勸降。五月七日，英國外交大臣格雷接見中國公使施肇基，說：「最壞的條件已經撤回，中國應當接受，如果對日作戰，中國不可能期望得到外援。」八日，英國駐華公使朱爾典又親自出馬對袁世凱政府進行了一番勸說。

五月九日，日本通牒的最後時刻，中國政府為避免武力交涉被迫接受了《中日民四條約》而不是「二十一條」。兩日後，美國國務卿布賴恩再次照會中、日兩國政府，聲明美國「對於中日兩國政府間已經締結或行將締結的任何協定或約定，凡有損害美國及其在華公民的條約權利或中華民國政治或領土完整，或通稱門戶開放政策的國際對華政策者，一概不能承認。」①

---

①周醉天《千秋功過袁世凱》，金城出版社，二〇一二。

五月十四日，袁世凱曾密諭百官：「日以亡國滅種四字懸諸心中，激發天良，屏除私見，各盡職守。」

五月二十五日，中日兩國在北京簽署《關於山東省之條約》、《關於南滿洲及東部內蒙古之條約》及十三件換文，統稱《中日民四條約》。與「二十一條」要求原案相比，日本通過《民四條約》攫取的利益有所減少，但除第五號之外，其他條文不過做了些許細微的技術修改，基本全盤接受，且留下第五號容後商議的尾巴。因此，《民四條約》仍是一部喪權辱國的條約，中國還在延續著清末以來喪權辱國的屈辱歷史。

六月一日，中國外交部發表駐日本公使陸宗輿諮文：「為諮行事：中日訂立關於山東省條約四款，關於南滿洲及東部內蒙古條約九款，業於六月一日經大總統批准用璽，並奉委任令開，特令駐日本國全權公使陸宗輿為換約全權委員，與日本國換約委員，將批准條約在東京互換等因……」①

六月八日，陸宗輿在東京與日本互換該批准約本。

《關於山東省之條約》，具體條款如下：

第一條　中國政府允諾，日後日本國政府向德國政府協定之所有德國關於山東省依據條約或其他關係對於中國享有一切權利、利益讓與等項處分，概行承認。

①黃紀蓮《中日「二十一條」交涉史料全編》，安徽大學出版社，二〇〇一。

第二條　中國政府允諾，自行建造由煙台或龍口接連於膠濟路線之鐵路。如德國拋棄煙濰鐵路借款權之時，可向日本國資本家商議借款。

第三條　中國政府允諾，為外國人居住、貿易起見，從速自開山東省內合宜地方為商埠。

第四條　本條約由蓋印之日起即生效力。①

《關於南滿洲及東部內蒙古之條約》，具體條款如下：

第一條　兩締約國約定，將旅順、大連租借期限並南滿洲及安奉兩鐵路之期限均展至九十九年為期。

第二條　日本國臣民在南滿洲為蓋造商、工業應用之房廠或為經營農業，得商租其需用地畝。

第三條　日本國臣民得在南滿洲任便居住、往來，並經營商、工業等一切生意。

第四條　如有日本國臣民及中國人民願在東部內蒙古合辦農業及附隨工業時，中國政府可允准之。

第五條　前三條所載之日本國臣民，除須將照例所領之護照向地方官註冊外，應服從中國警察法令及課稅。民、刑訴訟，日本國臣民為被告時，歸日本國領事官，又中國人民為被告時，

①黃紀蓮《中日「二十一條」交涉史料全編》，安徽大學出版社，二〇〇一，第一七二頁。

歸中國官吏審判；彼此均得派員到堂旁聽。但關於土地之日本國臣民與中國人民之民事訴訟，按照中國法律及地方習慣，由兩國派員共同審判。將來該地方之司法制度完全改良時，所有關於日本國臣民之民、刑一切訴訟即完全由中國法庭審判。

第六條　中國政府允諾，為外國人居住、貿易起見，從速自開東部內蒙古合宜地方為商埠。

第七條　中國政府允諾，以向來中國與各外國資本家所訂之鐵路借款合同規定事項為標準，速行從根本上改訂吉長鐵路借款合同。

將來中國政府、關於鐵路借款事項，將較現在各鐵路借款合同為有利之條件給與外國資本家時，依日本國之希望再行改訂前項合同。

第八條　關於東三省中、日現行各條約，除本條約另有規定外，一概仍照舊實行。

第九條　本條約由蓋印之日起即生效力。

同日，中、日雙方還簽署了《關於山東之條約》，條約的全文如下：

第一條　中國政府允諾，日後日本國政府向德國政府協定之所有德國關於山東省依據條約或其他關係對於中國享有一切權利、利益讓與等項處分，概行承認。

第二條　中國政府允諾，自行建造由煙台或龍口接連於膠濟路線之鐵路。如德國拋棄煙濰鐵路借款權之時，可向日本國資本家商議借款。

第三條　中國政府允諾，為外國人居住、貿易起見，從速自開山東省內合宜地方為商埠。

第四條　本條約由蓋印之日起即生效力。①

這兩個條約，在歷史上被統稱為「民四條約」，因為係民國四年簽署。所以，中國近代史所稱「袁世凱和日本簽署了二十一條」，這其實只是一個方便的說法，事實上，袁世凱並沒有和日本簽署「二十一條」，而只是簽了上述兩個分拆開來的條約。

「民四條約」簽訂後的第二天，袁世凱下達總統令，中華民國政府頒佈《懲治國賊條例》，明令：誰把房子租給日本人誰就是國賊，必須嚴懲。

袁世凱被迫在「二十一條」上簽字後，好多天神志為之不寧。他讓當時的議員丁佛言撰寫了一本書，叫《中日交涉失敗史》，印了五萬冊，密存山東模範監獄。他常對左右說：「勾踐不忘會稽之恥，最後終於打敗了吳國；那些咄咄逼人的人終有肉袒牽羊之一日，到那時，此書就可以問世了。」②

五月十四日，袁世凱對自己的文武百官下了一道密諭，視接受「二十一條」為奇恥大辱，「疾首痛心，憤慚交集」，要大家一定發憤，「日以亡國滅種四字懸諸心目」，臥薪嚐膽。③看上去，恥辱主要在於被日本逼著簽約，並非條款本身。而中國被迫接受「二十一條」的日子，五月九日，從此變成法定的「國恥日」。

①黃紀蓮《中日「二十一條」交涉史料全編》，安徽大學出版社，二〇〇一，第一七四頁。

②《中日交涉始末》附件一，第一至三頁，《東方雜誌》，第十二卷第六號，一九一五年六月十日。

③《大總統密諭》，《中日「二十一條」交涉史料全編》，安徽大學出版社，二〇〇一，第二三五頁。

同時，袁世凱對左右說：「購地，我叫他一寸都買不到手；雜居，我讓他一走出附屬地即遇危險。至於警察顧問，用雖用他，月間給幾個錢便了，顧不顧，問不問，權卻在我。」隨後公佈的《懲辦國賊條例》中規定：嚴禁向外國人私訂契約、租售土地礦產。①

五月二十六日，外交總長陸徵祥在參政院答覆關於交涉經過的質問，有一段沉痛之言：「……惜日本或藉詞要脅，或托故增兵，終為武裝之談判，致不能達此目的。雖最後通牒日本政府承認將第五號脫離此次交涉，並備文聲明，將來以膠州灣交還中國。於我主權內政及列國成約，幸得保全，然南滿洲方面之利權損失已巨。政府一再籌商，如始終拒絕，交涉中不乏此例，但南滿山東，日本已長驅直入，屯駐大軍，我之實力尚未充足，且南滿方面，日人樹植勢力範圍已非一日，喧賓奪主，十餘年於茲矣。按事實論，南滿權利早已所存無幾，什此積弱之時，而求復已失之權利，其勢有所不能。迨一經決裂，必無幸勝，戰後之損失，恐較之現在所要求重加位蓰，而大局糜爛，生靈塗炭，更有不堪設想者。在京友邦駐使，亦多來部婉勸，既與中國主權內政無損，不可過為堅執。政府反復討論，不得不內顧國勢，外察輿情，熟審利害，以為趨避。諸公洞悉國情，周知大勢，區區苦心，當能共諒。」②

是的，外交本是妥協的藝術。而對於弱國使節陸宗輿來說，這妥協中的痛苦遠大於藝術。五十

①呂錚：《中國誤會了袁世凱》，同心出版社二〇一四，第四六三頁。
②外交部黃皮書，王芸生《六十年來中國與日本》第六冊，三聯書店，一九八〇，第二八一至二八二頁。

歲時他憶及往事，深感弱國外交的無奈和悲哀。他說：「今幸五號全刪，而輿靦然倖存，然惟有此救國必死之心，乃尚有轉危為安之日。其時七晝夜未睡，至初七日約定，亦尚恍惚如在夢中，對家族幾有隔世之感……即同時西報，亦有此時此人之讚美，而華報亦多諒解。」他不由感慨道：「不謂事隔數年之後，而無稽造作之談，指為賣國。吾恐石馬銅駝，亦將聞聲而隕淚矣……」①

曹汝霖說，當年簽訂「二十一條」時，他與總長陸徵祥、參事顧維鈞、駐日公使陸宗輿等人可是「內外協力應付，千回百折，際一髮千鈞之時，始克取消第五項……世人不察，混稱二十一條辱國條件，一若會議時已全部承認者，不知二十一條中之第五項各條，不但辱國，且有亡國可能，已堅拒撤回不議。而所議定者，不滿十條。世人對此交涉不究內容，以訛傳訛，盡失真相。」②

王芸生在《六十年來中國與日本》一書裏評價稱：「綜觀二十一條交涉之始末經過，今以事後之明論之，中國方面可謂錯誤甚少。若袁世凱之果決，陸徵祥之磋磨，曹汝霖陸宗輿之機變，蔡廷幹顧維鈞等之活動，皆前此歷次對外交涉所少見者。」又稱：「及二十一條要求提出，中國政府乃聚精會神以應付。自茲以往，中國外交政策頗為正確，在技術上亦多可取之處。」③

①陸宗輿《陸閏生先生五十自述記》，北京文楷齋，一九二五，第一五頁。
②曹汝霖《曹汝霖一生之回憶》，中國大百科全書出版社，二〇〇九，第一三三頁。
③引自唐啟華《被「廢除不平等條約」遮蔽的北洋修約史（一九一二至一九二八）》，北京社會科學文獻出版社，二〇一〇，第一五六頁。

時在美國留學的胡適稱，「二十一條」的談判是弱國外交的勝利，「吾國此次對日交涉，可謂知己知彼，既知持重，又能有所不撓，能柔也能剛，此乃歷來外交史所未見。」①史學家蔣廷黻稱：「關於二十一條的交涉，袁世凱、曹汝霖、陸宗輿諸人都是愛國者，並且在當時形勢之下，他們的外交已做到盡頭。」②

在一九一九年巴黎和會上，中國代表力爭山東主權，拒簽凡爾賽和約，第一次對列強說「不」，贏得了國際社會的尊重。經過艱苦的談判，終於在一九二三年三月正式廢除了「二十一條」。

---

①呂錚《中國誤會了袁世凱》，同心出版社，二〇一四，第四六四頁。
②呂錚《中國誤會了袁世凱》，同心出版社，二〇一四，第四六四頁。

第九章　反對帝制最初之一人

一則「美的新聞」

一九一五年盛夏剛過，霎時間，北京城內出現各式各樣向參政院請願復行帝制的請願團。如「各省公民請願團」「軍警請願團」「商會請願團」「人力車夫請願團」「孔社請願團」「女子請願團」「乞丐請願團」等等。這般請願風潮，來勢之快，勢頭之猛，似乎在中國這塊土地上，上至政界要員，下至平民百姓，人人都狂熱地嚮往著還僅僅只是被推翻了幾年的帝制。

剛剛從「二十一條」的死胡同裏走出來，陸宗輿面臨的又是一道大坎。這時，以政事堂（即國務院）梁士詒為首的帝制派吵吵嚷嚷著要改變國體，將共和制改變為君主立憲制，將袁世凱捧上皇帝寶座。袁世凱拿捏不定，讓陸宗輿多方試探，看看日本人對此事的反應。北洋政府唯一的外交隱患就是日本。

當籌安會宣傳帝制之時，日本朝野甚為注意。一九一五年九月三日，陸宗輿電外交部曰：

聞今日外務省密訓緊要新聞記者，謂中國變更國體，有關東亞治亂，日本正宜靜慎研求，嚴密籌備，萬不可於新聞上亂髮議論云云。輿，三日。①

①駐日使館檔案，據王芸生《六十年來中國與日本》第七卷，三聯書店，一九八一，第二頁。

次日又電外交部，曰：

某機關報謂中國改帝，必釀大亂，保護東亞平和之日本，當援美對墨國有干涉權之例，須求中政府與以保證，並先開協議為妥云云。輿，四日。①

此可代表一部分日人之意見。陸宗輿隔一日又電外交部，報告他與大隈重信晤談之情形：

頃見大隈總理　，談及帝制，渠言：中國民主君主，本非日本所問，惟萬勿因此致亂，有妨鄰國商務。余深佩大總統實有統治之能力，但只望中國有實力之政府以圖治，現正漸見治安，似不須於名義多所更換。答以大總統決無為帝之意思及事實，輿可深信斷言，請貴大臣勿信浮言。且大總統只求外睦內安，此次訂結條約，即為親日起見，惟改良空氣，誠意親善，大總統與政府切望貴大臣互相盡力，頃特面達。渠言此可以一言奉答，現日本對中國並不欲政治上增加權力，只求經濟協同兩利之策，日本欲脫西方壓迫，西人每深嫉妒。在中國者雖不乏佳士，而生事者亦多，英人亦然。德人多所煽動，尤日本所不許。大總統有經驗之人，想不致輕為所動。答以大總統以本國為本位，既親日亦為己國起見，決不致輕聽人言，自妨國計。輿，六日。②

中日「二十一條」交涉結束以後，日本元老主張派特使至中國溫交，並贈勳章給袁世凱，只因

① 駐日使館檔案，據王芸生《六十年來中國與日本》第七卷，三聯書店，一九八一，第二頁。
② 駐日使館檔案，據王芸生《六十年來中國與日本》第七卷，三聯書店，一九八一，第二至三頁。

為傳聞復辟帝制而耽擱了。九月十日，請假歸國的駐華公使日益置與陸宗輿會晤於東京。陸宗輿事後報告晤談情形：

頃日置詢及帝政問題能否早日消停，送大總統勳章問題，本有成議，因此次帝政論起，日本稍引嫌觀望。答以大總統無帝政之意，早已明言，惟日政府因此停頓親善方策，亦非得計。渠謂待風說稍息，即當籌辦。輿，十日。①

翌日，陸又電告日本閣議之情形：

前晚閣議畢，某參謀員起請首相注意，謂中國帝政問題，日外務不宜宣言旁觀 ，因中國必以改制致大亂，日本須於將成行時，聲明干涉。一面派兵保護云云。退而陸軍人員即對新聞記者攻外交之無能。昨外務人因於新聞宣稱，旁觀者非即與承認，當局對此自有成算，攻擊尚覺太早云。輿，十一日。②

十二天後是中國和日本的中秋節。農曆八月十五，皓月當空，寒光似水，日本首相大隈重信在官邸邀請陸宗輿和日本公使日置益並外務省多人賞月。歡聚之際，大隈問詢袁世凱起居後，湊近陸氏身旁耳語道：「聽說袁總統要想改帝制，如有意跟日本合作，我們理當有所貢獻，很高興地促成此事，請你密告他！」聽罷，陸宗輿急搖手回答：「沒有這檔事！」

---

① 駐日使館檔案，據王芸生《六十年來中國與日本》第七卷，三聯書店，一九八一，第三頁。
② 駐日使館檔案，據王芸生《六十年來中國與日本》第七卷，三聯書店，一九八一，第四頁。

大隈重信還是發表了一番演說，稱中國國情還不能適應共和制度，即使恢復君主制，大多數人也不會反對；他還稱讚袁世凱是「中國現代一大偉人」「其皇帝自為，任何人亦不至引以為怪」。這番話被袁世凱及帝制派視為日本政府的官方表態，備受鼓舞，正式啟動了改制程式。

次日，陸宗輿向總統拍發電報，說：「大隈好說不負責任之言，我國最宜慎重。」並進諫說，「切勿以學理之空談，貽國家莫大之實禍。」

後來，國內的《北京實報》（一九三六年十月二十日）在「美的新聞」專欄對此作了報導，稱陸宗輿是「駐外使節中反對帝制最烈之人！」①

大隈對袁世凱示好的演講發表後，日本軍部、大陸浪人激烈反對，他們通過歷史——袁世凱駐朝期間，阻礙日本侵佔朝鮮，以及「二十一條」交涉中和日本的刻意對抗，判斷袁世凱不會聽任日本指導，要控制中國必須「倒袁」。這些人希望看到，歐美各國不承認中國改行帝制，引發中國動亂，使日本得到在中國扶植親日領導人的機會。

隨著十月十三日石井菊次郎②接任日本外相，日本反對袁世凱的勢力迅速集結。晚清時，袁世

---

①陸宗輿《陸閏生先生五十自述記》，北京文楷齋，一九二五，第一六至一七頁。

①石井菊次郎（一八六六至一九四五），千葉縣出生。舊姓大和久，後成為石井邦猷養子而改姓石井。一八九〇年東京帝國大學法科畢業後進入外務省。一九一五年任第二屆大隈內閣外務大臣，積極推行侵華外交政策。一九一七年任特派駐美大使，與美國國務卿蘭辛簽訂有關分割中國權益的《蘭辛——石井協定》。一九四五年死於美軍空襲。

凱在朝鮮與日本人打過交道，他對日本有很深的戒心和反感，而辛亥革命之後，日本大陸浪人也視之為主要防備與攻擊對象。袁世凱在「二十一條」談判時的反日情緒，讓日本北進論者對其不滿，認為不推翻袁世凱，就不可能實現大陸政策。此時，日本內閣主流主張對外強硬，內閣政策受到大陸浪人及陸軍參謀本部影響，兩者都主張強力自主外交。日本軍方和浪人及輿論強烈反袁，並主張趁歐戰取得東亞外交主導地位。十四日，日本閣議與英國，加上可能的俄、美、法共同勸告中國政府延期事實帝制，其主要意圖是取得對華外交主導權，讓列國明白日本的主動地位，令中國對日本的威信產生自覺。

十五日，陸宗輿致電外交部，曰：

聞昨石井外務到閣，會議對華問題，則謂中國因改帝制，形勢不穩，關係東亞和平，不得謂僅關係內政，日本不能不問，或須先正式詢問中國，一詢究否改制，二是否可保平和，三與日本如何提攜云云。此議已故於各報微露口氣。今日國民及朝日新聞亦已略登，並有先通牒列強之說，惟不甚詳內容。特聞。輿，十五日。①

然而在國內，帝制問題愈演愈真。陸宗輿奉命將籌備情形秘告日本政府，以示親密。十月二十五日，陸宗輿電外交部，報告他與石井晤談之情形：

① 駐日使館檔案，據王芸生《六十年來中國與日本》第七卷，三聯書店，一九八一，第四頁。

頃晤石井大臣，告以中國君主問題，主張日盛，各省異常平穩，民心異常擁戴，非大總統及政府意料所及，只得順從民意，以投票解決。無論大總統本意願否及投票結果如何，現勢既成如此雖內政不關國際，而對我第一親密之近鄰，政府深願以真實之內容，先為非正式友誼之密告，並詳述各省種種治安可靠證據甚詳。渠答稱，各報多傳聞並妄揣日政府政策，幸勿相信。惟日政府迄今未悉貴政府改制真情，深為懸念。今幸貴使述貴政府之厚意，于友誼上先來密告，餘深欣感，自當將此議密付閣議，並奏聞後，再為答謝。惟是否對各國尚無此種密告，輿答以無之，特曹次長先告小幡。渠雲尚未見電報。輿二十五日。①

此時此刻，陸宗輿是奉命行事，心裏反對帝制，尤其反對實行日本這樣的君主制，嘴上卻不得不按照訓令說些外交辭令。那石井倒是比較真實一點。自從「二十一條」交涉結束以後，日本一般輿論深對政府不滿，以其收穫不豐也。如今，中國欲復辟帝制，日本強硬派認為機會又來了，主張出兵干涉，大舉征服中國。當時新內閣頗不願中國有事，不料，袁世凱偏偏要生事，一切均肯屈服讓步，惟獨對帝制執意堅持。日本政府在反袁勢力的影響下，決定遊說歐美各國，發表聯合聲明，勸告中國緩行帝制。

英國駐華公使朱爾典和袁世凱私交極好，認為此時干涉，不僅不能阻止帝制，反而會動搖袁世凱政府，影響中國安定，無奈在英日聯盟的約束下，只能附和日本。俄國急需日本武器援助，也同

①同上，第 4–5 頁。

意參與勸告。如陸宗輿向《北京實報》記者分析的那樣，日本此舉，一是向歐洲各國宣示，自己才是有關中國事務的主導者；二是打擊袁世凱及其政府威信，點燃中國國內動亂。

雖然朱爾典不同意勸告，但英國外交部決定與日本合作。十月二十七日，日本代理公使小幡酉吉、英國公使朱爾典、俄國公使庫朋斯齊一起到中國外交部，小幡酉吉「依據訓示用最友善態度進行勸告」，口述日本政府訓令，勸告中國政府延緩帝制。同日，東京方面有同樣表示，陸宗輿致外交部電文如下：

> 午電計達，頃石井大臣面告，此次中政府密告各情已經奏明日皇。日政府對於中政府密告厚意，甚深感悅。惟日政府所得報告，中國北方雖較平靜，南方卻多浮言。日政府固深佩大總統平治中國之能力，不能必謂以後有如何擾亂，惟現在既以共和而見治安，若因大總統欲改帝政而反有不安，則責任歸於一人。日政府以友誼的見解，深為大總統不取；況在歐戰時代，東亞尤宜力保平和，深望大總統將改制延期，如何？此正日政府友誼誠摯的忠告，並非意存干涉，更無乘機圖利之野心。除昨訓令小幡照達外，並請將此意轉達貴政府云云。輿答以南方浮言，係上海革黨報紙所造，並力將南北均甚平靜各情辯解，又將今日來電詳告。渠言照日政府見解，大總統任期正長，似無於此時速改帝政之必要，但皆政府好意之忠告，幸勿誤會云云。照此口氣，似已與他國接洽矣。輿，二十八日。①

①駐日使館檔案，據王芸生《六十年來中國與日本》第七卷，三聯書店，一九八一，第七至八頁。

十月三十一日，陸宗輿致外交部一電，足見大隈之狡獪及當時形勢，其電云：

二十九、三十日均悉，大隈前有中國不亂日本不干涉之宣言，詞氣本係兩靠，而各界已紛紛攻擊。至席間密談，係謂中國若相依賴，則日本無事不可幫。今若欲向大隈根究此言，彼必問我如何依賴。稍一不審，後累無窮。況前此本有不可與商之電訓。惟此次頓來勸告，半因中國改制進行過速，如在其大體前後實行，浪人及反對黨必乘機起哄。邇來日政府于諸事警戒甚嚴，各界之警告亦切。其對外原因，則深恐英俄先表造成，故趁英俄軟弱之際，挾作同調。惟既協同勸告，日亦不能單獨行動，自由伸縮。今日反對報頗攻擊政府，不知乘時將軍政同盟等重要問題解決，坐失機宜，為恨。今我如以歐戰及商務注重立言，重以三友邦勸告，暫時延期，對內對外，亦似冠冕。則在歐戰期內，日本再不能更有破壞之舉。否則，必欲速成，此時遽與日本再商，不但要價必大，且石井聲明並無乘機圖利之野心，說亦難得轉圜。現內閣久暫莫蔔，至速亦須待明春三月閉會後，諸事尚可從長計議。此間情形不過如此，尚乞鈞裁。輿，三十一日。①

日本認為歐戰期間不可改制，袁世凱則勢在必行，局面日僵一日，小幡、日益置也來接洽質詢，從陸宗輿與北京的往來電報中可看出，北京政府以帝制示人，日本干涉之形跡漸顯強硬。

袁世凱要維持國家顏面和對內威信，不肯對日本勸告屈服。十一月一日，曹汝霖分別口頭答覆

①駐日使館檔案，據王芸生《六十年來中國與日本》第七卷，三聯書店，一九八一，第八頁。

日、英、俄三國公使，稱改變國體乃中國內政，未明確說明帝制是否延期。日本認為這就是拒絕勸告、輕視日本，雙方都認為對方不尊重自己，各有苦衷和堅持，不能明白退讓。曹汝霖派秘書訪小幡酉吉，稱年內不變更國體，同時非正式通知列強，希望英、美、法、俄同情，牽制日本。

十一月初，袁世凱試圖以參加歐戰，換取歐洲列強支持帝制。梁士詒與朱爾典多次密談，中國放棄中立，從協約國貸款生產軍火，供協約國使用，一旦德奧抗議，協約國即支援，實際等於中國對德宣戰。梁士詒向朱爾典建議，由包括日本在內的協約國列強邀請中國加入協約國，委託英國與協約國及日本交涉，但不能被人知道這一計劃由中國提出，朱爾典保證，此事以源自英國的方式向日本政府提出。

誰知消息還是走漏，日本興師問罪。英國為維持和日本在遠東的合作，否認曾和中國有過秘密談判，並聲明「除非與日本諮商過，否則不會與中國進行任何有政治性質的協商」，將中國置於日本保護國的地位。北京政府也緊急「闢謠」，聲明從未考慮參戰。日本挾此外交大勝之勢，再次聯合英、法、俄、意四國，第二次發出要求中國緩行帝制的勸告。於是三國勸告擴大為五國勸告。

十一月三日，陸宗輿急電外交部，曰：

> 探聞海軍已有二艦南行。外務省已預備第二警告，為藉口出兵保護之準備。惟昨高田口氣，深願盡力，加藤亦尚近情。今日石井臨時仍以輿之答詞作為解釋之異，再向我質問。且云：中政府初謂改制未合時宜，亦與日本同感。係顧全面子之語，似尚有意轉圜。尚祈於此次第二答

覆，熟審外情，深加考慮，不致釀生重大，為禱。再各大臣六日晚赴西京，輿八日早行。輿，三日酉。①

電文中「各大臣晚赴西京」，是指參加日皇大正即位禮。

才過三天，石井接見陸宗輿，再詢改制之事，措詞頗不客氣。陸宗輿電報云：

頃晤石井，將來電口頭照答。渠謂：仍無此意云云，是否永無此意？此項回答，仍必曖昧。如中國數月內仍改帝制，此時本大臣無以上對皇帝，下答議會日本國民，將認中政府為欺侮日政府之舉。輿再四力辯，投票雖有期，改制無期，且以內政關係，政府萬不能以延期一言，外告友邦，內告國民。至希鑒諒。渠謂：歷史上他國干涉內政之事甚多，惟日政府只求誠意相孚，決不欲稍干內政。如以延期說體制不佳，即說若干月以前不行帝制，亦可。惟此皆顧全友誼之談，若正式外交上，日政府只認為回答終了，不再質問。輿復以非正式多方說明，並將昨日置所談，詳述一遍。渠云：現在正式回答已完，如貴使尚擬以非公式商議善後，本大臣亦所欣願，惟須有貴政府內訓。輿謂電報往來，並在大禮期內，或須稍遲幾日。渠云：西京尚時可晤談，惟不能因此而謂有待云。頃又探聞，日政府商同各國，將通告中國，謂竟無誠意之回答，如施行帝政，皆不承認云。照此事機切迫，應請速定大計，免其極端行動，即不改帝制，亦以自己

①駐日使館檔案，據王芸生《六十年來中國與日本》第七卷，三聯書店，一九八一，第十一頁。

先自宣告為佳。輿，六日酉。①

以養病隱居西山的段祺瑞，密召親信徐樹錚談話，表示自己不會擁護袁世凱的帝制計劃，徐樹錚便獻計給段祺瑞，讓他稱病不見袁。段照此計策行事，冷眼旁觀，拒不勸進。袁世凱一怒之下，罷免了段的陸軍部長職務。

在東京，忽有中國欲加入聯合國的傳聞，陸宗輿十月二十一日電報轉達北京：

昨今各報紛載美國電傳，中國亦加入聯合國，以減中日糾葛。頃某晚報並有英外務如何主動，以抑日本，日政府應籌對待等說。除由此間再加探聽外，未悉鈞處所聞如何？輿，二十一日。②

所說「聯合國」實是同盟國。日本外交官和武官收買各國記者，散佈中德親善、中國行將加入同盟國的假消息，藉以離間中國和協約國之間的關係。然而，二十二日，日使日益置為此事詢問中國外交次長曹汝霖。陸宗輿又電：

中國加入聯合國一事，日政府正在鄭重研求，朝野視為重大問題，紛陳議論，決非簡單更正手續所能了事。輿，二十三日。③

思索了三天，陸宗輿致電外交次長曹汝霖，提出另訂中英聯盟密約的意見：

---

① 駐日使館檔案，據王芸生《六十年來中國與日本》第七卷，三聯書店，一九八一，第十五頁。
② 駐日使館檔案，據王芸生《六十年來中國與日本》第七卷，三聯書店，一九八一，第十七頁。
③ 駐日使館檔案，據王芸生《六十年來中國與日本》第七卷，三聯書店，一九八一，第十七頁。

潤田兄：二十五日電悉，昨某館員密談，英已將中國加入事情請日本贊成，日政府尚未答覆。惟外邊故放中國無加入資格之議論。但英政府意似日本即不允英中日三國聯盟，而英中二國亦可另訂密約，一面再拉美國，美必歡迎。英海軍六倍於日本，德海軍勢力薄弱，英可移六分之一艦隊，由太平洋東來，以護東亞，有此計劃。以上盡可從容靜觀日本態度，並甚願大總統英明云云。彼之談，有備我參考之意也。頃探悉，日內閣三日前幾為此問題被元老推倒。聞日內稍已挽回，海陸軍人深恨外交失著，致無措手。輿意為走穩著起見，可否先與英商妥後，中國亦出面稍稍敷衍日本面子，為歐戰時中英緩患之計。否則，另作計議。惟須請極密，因東報已有傳中英密約條件。輿，二十六日。①

這裏插一句：我們歷來將陸宗輿等人視為「親日派」，其實，歐戰時他們親日只是權宜之計，該親日還是親英親美，由此電報看來，陸宗輿所掂量的還是國家利益。

此時，英國在加里波利戰役死傷慘重，二十三日，陸軍大臣吉青納決定撤軍，而塞爾維亞十一月底全境淪陷，英國決定儘快與日本妥協。十一月底，英國發表聲明，等於完全承認了日本在中國事務上的外交主導權。顯然，這一變化大大出乎袁世凱意料。十二月六日，日本回覆三協約國，反對中國參戰。

帝制問題之外交，愈鬧愈僵，陸宗輿感覺到自己似乎站在了懸崖邊上。

---

①駐日使館檔案，據王芸生《六十年來中國與日本》第七卷，三聯書店，一九八一，第十八頁。

石井怒指陸宗輿背信

日皇大正於十一月十日在西京舉行即位典禮，袁世凱令陸宗輿為中國特使，向大正天皇遞上大總統賀電。

陸宗輿在《五十自述記》中記述：「日皇在西京加冕，輿適奉派為覲賀專使，躬逢其盛。夫婦皆以金繡大禮服，日有儀仗兵一隊前導，每日朝晚進宮，陪宴聽樂，均以皇室花車迎送，沿途數十萬人歡呼萬歲，脫帽致敬。各國大公使中，以輿夫婦為最年少，各使節之老年者，莫不爭相豔羨，而以此為榮云。」①

可是，此時中國正舉行投票表決國體問題，日本認為互相抵觸，這也是日本反對中國改制的理由之一。

當日，《日本國民報》一名記者問陸宗輿：「中國皇帝和日本天皇究竟有什麼區別？」陸宗輿回答道：中國古代的皇帝，一開始也是稱自己為王，嚴格意義上來說，只有三皇五帝才是真正的皇帝，三皇是伏羲、女媧、神農，五帝是黃帝、顓頊、帝嚳、堯、舜，而且「皇」和「帝」是分開的，「皇」與「帝」的地位遠遠高於「王」。當年統一六國，秦王嬴政用「皇帝」來稱呼，選的稱號囊括三皇五帝，讓群臣嘆服。由此，皇帝稱呼起源于秦始皇。日本原來沒有「天皇」稱號，

①陸宗輿《陸閏生先生五十自述記》，北京文楷齋，一九二五，第一七頁。

只稱呼「大王」（完整的稱呼「治天下大王」），第四十任天武天皇參考唐朝的做法，同時期的唐高宗稱「天皇」。其實，唐高宗的「天皇」，只是換一頂帽子戴戴，實際上跟以前的皇帝、以後的皇帝沒什麼大的區別。總之，中國的皇帝是代替上天統治百姓，統治者講究「德性」，喪失德性就會讓上天降下災禍，你這個皇帝就要換人、天下就會變色。

陸宗輿說：「日本的天皇，講究的是血脈繼承。按照神話傳說，天皇家族統治日本列島就是神的旨意，所以日本不存在發生皇朝更替、易姓革命的事件。中國皇帝和日本天皇的區別就在於，中國皇帝要求品德高尚而惠澤萬民，日本天皇則要求血統萬世一系。」

十二月十二日，袁世凱在中南海的居仁堂大廳舉行了「登基」預備儀式。緊接著，眾叛親離，親家黎元洪辭職，回家賦閑；二號實權人物段祺瑞稱病辭職；徐世昌辭職離京；工商總長張謇請假回家了；湯化龍跑到上海躲了起來……

十二月十六日，陸宗輿與石井菊次郎再次會晤密談。石井說，既然中國政府說重於他邦，而且來密詢意見，日本可與各國協商承認中國改制日期。陸宗輿聽錯了，以為石井與大隈正商議此事，馬上報告了外交部。之後，石井十六日電告駐英、美、法、意、俄各使，與所在國協商承認中國帝制事宜，陸軍參謀次長也對袁表示善意。對此，袁世凱也對日本表示善意。二十日起，曹汝霖與各國接洽二月登基，他完全不知道此舉與日方正在與各國接洽的行為相衝突。中日雙方嚴重誤會。①

①唐啟華《洪憲帝制外交》，社會科學文獻出版社，二〇一七，第二一七頁。

十二月二十五日，陸宗輿晤見日本外務大臣石井菊次郎，一見面，石井慍怒道：「十六夜會時，余曾告貴使，有與各國再商之語，但實際係調和意見，並非將密情知照」，「通告各國，使日外務大臣更無措詞餘地，陷於難境情形」。陸宗輿說道：「前夜會中匆匆之談，與各國再商一言並不接連，本使只聽作與總理大臣再商，我且聲請守密，勿告各國。」石井表示，一切非先與日商不可，而各國方面亦非由日本轉圜不可。①這神情語氣，一切兜攬操縱，直以保護者自居。

石井怒指陸宗輿背信，雙方相互指責，外交關係事實上破裂。中國確認，陸宗輿聽錯了石井的談話。

一九一六年一月一日，洪憲帝制粉墨登場的日子，袁世凱讓陸宗輿給日本政府要人送上洪憲紀年並蓋著大皇帝玉璽的文書，沒想到，這些日本要人不約而同地拒絕接受，讓陸宗輿很是尷尬。②

袁世凱以為帝制可成，他曾寫下一紙手片：「西引入戰團東不允。東勸緩西不助。聯恐德先承認絕其所望，不敢遲認。西先任東自不能獨異。」意思是：英、俄、法等將中國引入協約國參加一戰日本不允許。日本勸中國暫緩帝制英、俄、法不幫助。協約國害怕德國先承認中國帝制，不敢比德國更遲承認，而英、俄、法先承認帝制之後，日本不能不承認。

---

①駐日使館檔案，據王芸生《六十年來中國與日本》第七卷，三聯書店，一九八一，第二一一頁。

②周醉天《千秋功過袁世凱》，金城出版社，二〇一二。

一月二十一日，石井約陸宗輿會談，說帝制一事日政府不能承認，並明言為中日兩國前途憂危。是日，陸宗輿急告北京：

> 頃石井外務特約會晤云：接日置電稱曹次長面詢二月初實行帝制一事，曾經陸公使面詢石井外務意見何如，以迄今未覆，今特以日政府資格，面告貴使：原來貴政府欲改帝制，本係保證無亂。今明明雲南有亂，竟於此時斷行帝制，無視友邦勸告，則中政府責任甚大，日政府當然不能承認。以今日二國國交存在之際，尚多疏隔之點，若至國交中止，殊為二國前途憂慮。為大總統計，亦非得策，請電告貴政府云。輿詢以閣下今日所覆，是否專限於二月初期限而言？渠云：何時為宜，今日難得說定，但當以真正平定雲南為先決云。輿，二十一日。

外交壓迫既急，雲南起兵又棘手，帝制運動橫遭打頭一擊。同日晚，北京方面密告各國公使：「現因戡平滇亂，政務殷繁，元首不肯正位。二月初旬登極之期，現已作罷。」①陸宗輿遵達於日外務省。

三月七日，日本內閣秘密決定：「袁世凱在中國的統治已成為達到上述目的（指所謂「確立在華優越地位」）的障礙。為執行帝國的方針，最好使袁氏退位，其繼承人應遠比袁世凱更有利於日本帝國。」②為貫徹上述方針，在日本陸軍參謀本部與外務省直接策劃下，他們以巨額金錢支援東北地區

①駐日使館檔案，據王芸生《六十年來中國與日本》第七卷，三聯書店，一九八一，第三一頁。

②日本外務省編《日本外交年表並主要文書》上卷，日本國際聯合協會，一九五五年。

宗社黨組織復辟武裝，進行暴亂，並援助南方反袁勢力，企圖搞垮袁世凱的統治，扶植一個更便於操縱的傀儡政權。其實，包括護國軍起義在內的各項反袁行動，影響都相當有限。但這些內亂的發生，使日本有了干涉藉口，也讓歐美各國對「中華帝國」的態度，從傾向立即承認，變為暫時觀望。

幾個月前，袁世凱將梁啟超的學生、時任雲南都督的蔡鍔召到北京，升遷為昭威將軍，授予高等軍事顧問、參政院參政等閒職，加以監視和控制。蔡鍔裝出一副胸無大志的樣子，日夜逛窯子，與小鳳仙飲酒作樂。梁啟超發表《異哉》一文後，蔡鍔逢人便說：「我們先生是個書呆子，不識時務。」在軍官贊成帝制的文件上，他也毫不猶豫地簽名。終於，袁世凱放鬆了警惕，蔡鍔趁機從天津登上了日本的運煤船。

到了日本，蔡鍔特意到永田町拜會陸宗輿。當年蔡鍔留學，與陸宗輿在浙江同鄉會上相遇而結識，他就讀於東京大同高等學校。初到日本時，梁啟超正在主持《清議報》，蔡鍔曾在該報發表了大量文章，並一度是該報的專欄作者，所以，陸宗輿記得他。此番相見，蔡鍔是向老朋友打探消息的，探採日本人對袁世凱稱帝究竟怎麼樣。

蔡鍔輾轉回到雲南，宣佈獨立。以蔡鍔為總司令的護國軍第一軍進兵四川，李烈鈞的第二軍進兵廣西，雲南都督唐繼堯兼任第三軍總司令，駐守昆明。獨立前後，由雲南發出的電文如《致北京警告電》《雲南檄告全國文》等，都是梁啟超事先擬好的。

一九一六年三月十五日，陸榮廷任命梁啟超為總參謀，宣告廣西獨立。自此，雲貴川桂四省聯成一氣，護國軍受到極大鼓舞，重新對袁軍發起反攻。人稱「北洋之狗」的馮國璋趁機聯合湖南將軍湯薌茗等上書袁世凱，要求取消帝制，恢復共和。

內外交困下，袁世凱被迫於三月二十二日下令撤銷帝制。這一天，參政院會場一致通過袁所提的撤銷承認帝位案，如同上年十二月二十一日全場一致通過袁為皇帝一樣。袁世凱只做了八十三天皇帝，便被趕下了金鑾殿。

爾後，坊間傳說「因為袁世凱欲稱帝才引起『二十一條』的。」時人能為袁氏之堅持維護國權辯白者不多，唯有梁士詒、陸宗輿等少數幾人。陸宗輿駐節東京，深知日本強硬派忌袁反袁之深切，自始反對急行帝制，多次提出警告。他自己又承擔聽錯石井密談導致中日誤會關係惡化的責任，引咎辭職。然而他仍為袁世凱辯護稱：「二十一條簽約於五月初，而帝制在八月，時有先後，且至九月而帝制尚在研究學理時期……」陸宗輿分辯說：「顧項城於帝制問題，對外交上始終未肯稍稍遷就，以致因外交之未諧而釀生國內之反對。其事之宜否，固另一問題，而老雄鯁骨，吾儕深知其堅白之情者，不能不為一白於天下。」①同時，袁氏低估了日本對華野心及政局複雜，以及日本各界對其個人敵意，因此一步走錯，推動帝制，其後內憂外患，滿盤皆輸。

袁世凱頸短、腿短、腰粗、走起路來是個外八字，每當天陰下雨時，他都愛張口噓氣，廿歲

①陸宗輿《陸閏生先生五十自述記》，北京文楷齋，一九二五，第一六至一七頁。

不到頭髮和眉毛都變白，這些在形象上都很像蛤蟆。

袁世凱是不是以蛤蟆自居呢？當然沒有人敢問他。

民國六年馮國璋曾說過一段掌故：據說真正促成袁世凱要做洪憲皇帝的，是袁身邊端茶捶腿的小廝。原來袁世凱每日習慣午睡兩小時，睡醒後必先喝茶，使用一隻最心愛的玉製茶杯。有一天小廝端茶時突見袁所睡的床上躺著一隻大癩蛤蟆，這一驚，失手便把玉杯跌落地上，當然四分五裂。幸好沒有驚醒袁世凱，小廝嚇得哭了起來，慌忙把地上掃淨，便去找袁世凱的一位老家人請教。老家人見小廝嚇得哭哭啼啼，便動了惻隱之心，乃教他如此這般。待袁世凱午覺睡醒，小廝換了一個茶杯奉茶，袁接過來大為疑惑，便問道：「玉杯呢？」小廝戰戰兢兢地回答：「求大人開恩，小的打碎了。」袁大怒：「打碎了，這還了得。」小廝眼淚已流了出來，細聲地說：「小的端茶進來時，看見床上睡的不是大人。」袁厲聲問：「是什麼？」小廝說：「是一條五爪金龍橫躺在床上，小的嚇了一大跳，一不小心便把玉杯跌碎了。」袁的面色突然好轉，聲調也緩和下來說：「胡說，不許在外邊講，讓我聽見打斷你的狗腿。」袁說完便在抽屜裏拿出十塊洋錢給小廝說：「這個賞給你。」小廝接了賞錢，歡天喜地而去，一場天大的禍事便如此這般化為烏有。

由於這個幻覺，袁世凱便真的以為自己有九五之尊，其實袁並不是一個糊塗蟲，他平素頭腦很清楚，為什麼卻會相信這種鬼話，利令智昏呢？西方人有句諺語：「大人物常在僕人面前露出馬腳。」袁的老家人深懂官場中的一切，同時跟袁久了，摸透了袁的脾氣和弱點，所以輕輕一指點，便讓小廝化挨責為受獎。

癩蛤蟆和袁世凱的附會在北方傳說很廣，當袁就任臨時大總統時就有「南下窪」（地名）蛤蟆結隊朝王的怪事，真的出現了一大群蛤蟆。民國三年袁大總統舉行祀天大典，北方爭傳「蛤蟆祭天」。到了袁死時也離不開蛤蟆，因為中國俗語：「癩蛤蟆難過端午節」。袁死在民國五年六月六日，早一天袁已人事不知，六月五日正是舊曆五月五日端午節。當時還有人說袁斷氣時，床下跳出一個大蛤蟆，怒目而視，不知所終。

袁世凱貿然稱帝的後果是，給了日本干涉藉口，日本趁機在中國製造動亂，並確立了東亞霸主地位；他本人的迅速敗亡，更導致中國徹底陷入割據局面，錯過最後一個沒有外敵入侵的發展期。

六月二十六日，剛剛辭職的陸宗輿帶領全家啟程回國，從日本的門司港登上直赴天津的輪船，站在甲板上，眺望著一望無垠的大海，思潮如波濤滾滾的大海一樣，久久不能平靜。他不知道，此番歸國還將面臨怎樣的風浪。

他特意取道濟南經由山東境內鐵路。

沿路所見，無辜百姓傷亡，農民流離失所，大量土地被荒蕪。中小學校紛紛停辦，校舍被日軍佔為據點。工業和手工業多數停產，商號大部分歇業，中西醫藥店及診所紛紛倒閉。商品流通受到阻塞，經濟蕭條，生產和生活用品奇缺，人民生活困苦不堪。日本浪人有組織地到處尋釁鬧事發動騷亂。

在濟南，日本人深夜運載制錢、鴉片、手槍等違禁品，中國崗警前往查詢，被日人開槍擊傷七人。

在青島，十一艘掛著日本軍旗的軍艦耀武揚威在洋面上行駛。在旅順、大連，日本軍官為蒙古叛亂武裝巴布扎布訓練士兵。山東境內，日本浪人在民間強購制錢六十七萬擔，冶為銅塊，販運出口，海關估價九百六十萬兩白銀。

陸宗輿所見所聞，不由感慨：東北的土地歷來是最肥沃的，也是最讓東北人驕傲的。自從日本人闖入之後，東北縱有黑土，卻無法滋養自己的同胞；東北人歷來體格強壯，卻在日軍的刺刀下無法保護自己的妻女，眼睜睜地目睹著她們被淩辱，甚至命喪黃泉。

西原龜三的親華之舉

袁世凱於一九一六年六月六日在憂憤成疾中死去，原第一任副總統黎元洪①依法繼任大總統，段祺瑞任國務總理。

①黎元洪（一八六四至一九二八），原名秉經，字宋卿，是湖北黃陂人，世稱「黎黃陂」。武昌起義後被革命黨人推舉為湖北都督。一九一三年十月，袁世凱、黎元洪分別當上正副大總統。袁世凱復辟帝制，冊封黎元洪為「武義親王」，黎元洪堅辭不就。一九二二年六月，直系軍閥曹錕、吳佩孚趕走皖系總統徐世昌，請黎元洪復任總統。一年後再度辭職，退出政壇，移居天津。

這是北洋梟雄段祺瑞風光無限的年代，卻也是他主政的北洋政府，日子一年不如一年的苦年頭。本來就是個軍閥混戰的時代，各地畫地為牢，北洋政府連正常的稅收都收不上。曹汝霖回憶說：北洋政府當時每月虧空八百多萬，月月拆東牆補西牆。名義上「中央政府」，眼看就揭不開鍋了。

就在這個節骨眼上，六月二十二日，朝鮮總督寺內正毅①派西原龜三到北京活動。

「在我停留北京的十天當中，曾向當地日本有識之士廣泛徵詢了意見，其結果，可以看出有兩種不同的主張：一種類似『宋襄之仁』，另一種則為強橫蠻幹、乾脆一不做二不休，拿下中國算了。在華顧問屬於前者；以齋藤少將為首的駐華武官以及在華新聞記者和實業家們（如正金銀行等）屬於後者。我本人的看法，適介於此兩者之間，即認為『宋襄之仁』固不可行，強橫蠻幹亦大可不為。我具體地向他們說明了自己的看法以後，雙方均已稍有領悟。目前的形勢已迫使我們必須擬訂一個妥當準確的對華方案。」

如此函電往返數次，十天後西原龜三匆匆返回東京，將他的對華方案《在目前時局下的對華經濟措施綱要》交給了寺內正毅總督。方案包括「對華實業投資」、「對華借款」、「改革幣制」等。

①寺內正毅（一八五二至一九一九），日本軍事家、政治家，第一次世界大戰期間的日本首相（一九一六年十月至一九一八年九月），陸軍元帥。山口縣人。宇田多正輔的第三子，後為寺內勘右衛門的養子，曾參加戊辰戰爭。《日韓合併條約》的實行，大韓帝國告此滅亡，朝鮮總督府之後開始進行長達三十五年的殖民統治，第一任總督就是寺內正毅。

從日本歸國以後，陸宗輿任財政次長，兼任交通銀行股東會長。交通銀行是與中國銀行一同管理中國政府國庫的一個金融機關，它擁有紙幣發行權，在全國各地設有支行七十餘處，是國有鐵路的「錢櫃子」。其事業範圍較之中國銀行尤為廣泛。其時，因袁世凱政府末期，濫發紙幣而遭致破產遂停止兑現。陸宗輿任職後肩負救場的重任。

日本提議段祺瑞內閣向五國銀行團提出善後借款申請，但此時正身陷歐戰關鍵階段的英國、法國和俄國，無力提供這筆貸款。經過協商由日本先行出資墊付，戰後由五國銀行團撥款歸還。

八月十三日，西原龜三在箱根與章宗祥見面，商討以「西原借款」救濟中國交通銀行、發行金幣、整頓中國交通機構等問題，謀劃他的對華外交和日中經濟合作的方案。

十月，日本政府也發生了更迭，大隈重信內閣倒臺，寺內正毅上臺組閣。在內閣會議上，確定了「除與日本享有特殊他局外人地區有關的問題外，盡可能和各國保持協調。同時努力使列強逐步承認帝國在中國的優越地位」，「山東問題，應俟和平恢復後再求其最後解決。當前的問題，是設法使德國戰前在該省所享有的一切權力歸於帝國所有」等五點對華方針①。寺內表示要以大量資金投入，換取日本在中國的「有利的權益」，而「西原借款」，是其中最重要的一環。

西原龜三對陸宗輿說：「你缺錢，找我要啊！」出示了他的對華借款條件，借款數目比美國的

---

①日本外務省編《日本外交年表並主要文書》上，東京原書房，一九五五，第四二四至四二五頁。

開價只多不少，利息、抵押，真叫優惠。

西原龜三出生於一八七三年六月三日，京都府天田郡雲原村人，十七歲外出闖蕩，師從在政界和實業界頗有影響力的神鞭知常，一九〇五年擔任大韓帝國京城商業公會的顧問，成為首任朝鮮總督寺內正毅的心腹。

西原龜三是個生意人，一個精明的生意人。在寺內正毅任朝鮮總督期間，勝田主計和他搭檔主政朝鮮金正銀行，而西原龜三在朝鮮經營紡紗業，當時朝鮮銀行陷入困局，在西原龜三的幫助下，得以解困，並且有了很大的發展。由此，西原跟寺內和勝田結交。後來，在寺內和勝田連袂組閣，在勝田擔任藏相（即財政部長）的大藏省，西原沒有任何名分，但卻可以隨意出入，指揮秘書，呼來喝去，宛若主人，很有點類似於徐樹錚跟段祺瑞的關係，可見其受信任之深。

西原出身貧寒，但十分勤勉，而且簡樸，發跡之後，家眷依然留在鄉下，自己單個一人在東京租住一個小公寓，生活簡樸到了極點。為人據說也十分清廉，掌管如此大的金錢往來，跟貪腐成性的中國權要打了那麼多次交道，一點好處沒有拿過。人家送他古董香爐，也推說自己房子小，沒有地方放而卻而不納。但是，西原跟許多日本能人一樣，主意特別正，特別固執，只要自己認為對的事，無論如何都要堅持到底。西原借款，就是這樣一件在他看來一定要堅持做的事。

一九一二年至一九一四年，西原龜三先後五次考察滿洲，為日本的經濟擴張出謀劃策。西原龜三曾建議日本當局：「只要政府能改變過去那種似是而非，自欺欺人的日中親善關係，誠心誠意地和中國攜手合作，本人亦願欣然前往。但日本必須努力對中國付出最大的善意與支持」，隨即提出如下條件：歸還約二億日元的庚子賠款；慫恿列強承認中國提高關稅；廢除治外法權和租借地；提供約三千萬日元的援助，以為參戰和建軍之用。西原龜三再三主張日本政府貸款給中國。

陸宗輿卸任歸國以後，接替駐日公使的是章宗祥。

臘盡冬殘，十二月十八日，西原龜三由東京出發，又一次踏上了訪華之途。抵奉天後，聽取了張作霖的兩名日籍顧問關於滿洲形勢和張作霖的情況介紹，然後單身抵北京，翌日會見段祺瑞，還是那句話：「你缺錢，找我啊！」二十三日，西原與曹汝霖和陸宗輿會晤，傾談五個多小時，陸宗輿表達了交通銀行借款問題的意見。二十六日，他收到勝田藏相的覆電，對陸宗輿的意見表示原則同意，細節問題由西原與中方商談後簽約。陸宗輿邀請他到天津商談、簽約。二十七日，西原與林權助公使討論改革對華經濟政策問題。

陸宗輿管錢的，但不是當家人，上面有財政總長曹汝霖，當家的是段祺瑞。段祺瑞人品沒得說，不抽不賭，不貪不嫖，一輩子清廉耿介，唯一的愛好就是下圍棋。不過性格缺陷同樣明顯：固執自大，爭勝好強。

奉令，陸宗輿為交通銀行借款之事前往日本。日本以中國參加協約國為交換條件，而向中國政府提供交通銀行借款二千萬元合同，在東京簽字。

段祺瑞在中日「二十一條」的交涉過程中，他是堅定的反日派，不肯妥協，甚至不惜引發世界大戰。但是為什麼到了他自己當家做主的時候，居然來了個一百八十度的大轉彎，變得親日起來了呢?雖然說，來華操盤寺內對華「懷柔」政策的西原龜三，的確給段祺瑞留下了很好的印象，但真正令段祺瑞動心的，是以西原借款為主要內容的日本新政策，他可以用源源不斷的日本借款，養兵買馬，以實現武力統一的夙願。

「府院之爭」和「丁巳復辟」

袁世凱去世，原本聽命于袁世凱的北洋系首腦、督軍們很快就亂成了一鍋粥。此時，北洋系的兩位重磅人物張勳和徐世昌開始悄悄策劃復辟清朝。

張勳①在自己的大本營徐州邀請各地督軍前來開會（即第二次徐州會議），然後在會場上突然宣佈要復辟清朝。他表示希望在場的督軍們都要一起支持清帝溥儀重登大寶。參會的督軍們群龍無首，再加上都處於張勳的控制之下，誰也不敢提出反對意見。所以支持復辟的決定就這樣「愉快」的決定了。為了防止督軍們事後反悔，張勳當即讓人拿來筆墨，眾人一起簽字畫押，作為證據。

另一方面，徐世昌在天津試圖通過外交手段獲得外部勢力的支持。他派原駐日全權公使陸宗輿

①張勳（一八五四至一九二三），江西省奉新縣人，中國近代北洋軍閥勢力之一。清末任雲南、甘肅、江南提督。一九一三年鎮壓討袁軍，後任長江巡閱使、安徽督軍。

前往日本，試探日本人對於復辟清朝有什麼看法。

正在這時候，北京政府內部出事了。

大總統黎元洪曾是萬眾矚目的「武昌起義元勳」，如今身後依仗的是國民黨和南方的地方勢力，而人稱「北洋之虎」的段祺瑞任職國務總理，以北洋正統派首領自居，又有日本做為保障。一山二虎，勢均力敵，誰也不服誰。

一戰剛爆發時，美國宣佈中立。然而在一九一五年五月，德國潛艇擊沉英船「魯西塔尼亞」號，死難乘客中有一百一十四名美國公民，這一事件加深了美德之間的矛盾。隨後，美國與協約國集團的貿易激增，同時美國對協約國的軍事貸款迅速增加。在親英的摩根和洛克菲勒兩大財團的壓力下，威爾遜政府準備介入戰爭。到了眼下的一九一七年，德國為徹底擊潰協約國，宣佈實行無限制潛艇戰，使美國商船遭受重大損失，美國遂與德國斷交。美國擔心協約國失敗會導致美國對外貸款的損失，四月六日，美國對德宣戰，並且要求中國與其行動一致。

究竟要不要緊跟美國步伐對德宣戰?黎元洪和段祺瑞發生了分歧。段祺瑞主張對德國宣戰，加入協約國聯盟，以爭取主動。此刻，段祺瑞的難言之隱是，他已經向英、法、俄等協約國銀行貸了一大筆款子，要是不對德宣戰，參加到一戰中去，他就無法向列強交待。而黎元洪「宅心仁厚」，堅決不主張參戰——大老遠的歐洲戰場上的「同盟國」與「協約國」的火拼，關咱們中國人什麼事呀?

隨後，為了達到主戰的目的，段祺瑞將其手下的十幾個督軍叫到北京，組成「督軍團」，對黎元洪施加壓力，但未獲成功；後來段祺瑞又叫人寫了對德宣戰書要總統蓋印，黎元洪為了平息風波，勉強在文件上蓋了章。即使這樣，段祺瑞仍不滿足，在國會開會討論時，又大肆干涉，終於觸動了眾怒。恰在這時，段祺瑞私自向日本借款一事被揭露。一九一七年五月二十一日，黎元洪瞅準時機在這時下令撤銷了他的總理職務，段祺瑞憤然離京去津，但段祺瑞並沒有就此認輸，而是指出在《臨時約法》中並沒有規定總統有權能罷免總理，因此並不承認黎的免職令，準備以實力進行反撲。這場以總統和總理為首的總統府和國務院的爭鬥被稱為「府院之爭」。

之後，黎元洪電令各省督軍赴京，磋商解決「府院之爭」，實際是引為後盾，請督軍團團長張勳於六月十四日入京調解。但張勳並非迫不及待，而是聽從部下建議，靜觀其變。

張勳以長江巡閱使名義駐紮徐州，手握重兵。一時冠蓋雲集，成為各方關注的中心。張勳人雖歸了民國，可心卻仍在大清。他命令自己的三千部下，誰也不准剪辮子，生是大清的人，死是大清的鬼。在民國的中華大地上，居然還保留著這樣一支「辮子軍」，實在是件匪夷所思之事。

早在一九一二年底，張勳就以電報的方式向內閣、各省都督以及指揮官發出一份引人注目的電報：「……我們該做的事情，就是賦予袁大總統以全部的權力與重要的權柄……以此來鞏固國家的基礎，並以愛國之心精誠團結，摒棄派系的感情，以挽救幾近無望的局勢。」英國記者莫里循與之對話後，表述道：「雖然號稱是共和軍，據說，張將軍個人卻仍然是一個公開的帝制主義者。」①

①《張勳將軍所提出的建議》，《泰晤士報》一九一三年二月六日，引自《龍蛇北洋》，第一三九至一四〇頁。

六月，張勳以調停黎元洪與段祺瑞的府院衝突為名，率三千「辮子兵」闖入北京。張勳把京津臨時警備總司令王士珍、副司令江朝宗和陳光遠、以及京師警察廳總監吳炳湖「請」來，突然宣佈道：「本帥此次率兵入京，並非為某人調解而來，而是為了聖上復位，光復大清江山。」接著他告訴眾人，今日傍晚，他已進宮面聖，召開了「御前會議」，決定明晨請皇上復位。議罷厲聲問道：「諸位尊意如何？」王、江、陳、吳四人被這突如其來的事件弄得心驚肉跳。王士珍壯著膽子問道：「各省及外交部接洽過嗎？」張勳回答：「外交確有把握。馮國璋、陸榮廷均表贊意，並有電來催。各省督軍也一致擁護。」王士珍等默默無語。張勳又說：「我志在必行。你們同意，則立開城門，放我兵馬進來。否則請各歸佈置，決一死戰！」王士珍等面面相覷，不敢再說什麼。張勳遂下令打開城門，五千「辮子兵」全部進城。接著，張勳穿上藍紗袍，黃馬褂，戴上紅頂花翎，帶領康有為以及王士珍、江朝宗、陳光遠、吳炳湘文武官員，乘車進宮。已是淩晨。

七月一日淩晨三時左右，才十二歲的溥儀在瑾、瑜兩太妃和太保世續、師傅陳寶琛等人的護導下，來到養心殿召見張勳一干人等。張勳見小皇帝坐上了龍椅，便立即甩開馬蹄袖，領著眾人匍匐在地，向溥儀行三跪九叩首大禮。

接著，由張勳奏請復辟，他說：「（五年前）隆裕皇太后不忍為了一姓的尊榮，讓百姓遭殃，才下詔辦了共和，誰知辦得民不聊生……共和不合咱的國情，只有皇上復位，萬民才能得救……」溥儀按照陳寶琛的指點表示謙讓說：「我年齡太小，無才無德，當不了如此大任。」張勳立即讚頌：

「皇上睿聖，天下皆知，過去聖祖皇帝（指康熙）也是沖齡踐祚嘛。」溥儀便連忙按照陳寶琛的囑咐說：「既然如此，我就勉為其難吧！」於是，十二歲的溥儀被扶上了龍椅。張勳、康有為等人又跪拜在地上，高呼萬歲，王士珍等人也只得跪下隨口歡呼。①

外交失敗，內交弄得也很糟

作為鬧劇主角的張勳自然就遭到各種嘲諷。不過，大多數人可能沒想到，這次復辟其實離真正成功非常接近。之所以最後失敗了，主要是因為張勳把一件最重要的事情給搞砸了——將復辟外交託付給了陸宗輿，結果跟袁世凱一樣，栽在了日本人手裏。

張勳對日本原無好感。他認為「中國和日本合作，猶如與虎同眠。目前日本雖然發禮物的話一個假面具，但不久就會無疑拋除假面，露出它那豺狼的本性。曹汝霖和陸宗輿為日本的甘言所惑，將引徐、段誤入歧途。」②

那當兒，日本黑龍會骨幹佃信夫來到中國。佃信夫是狂熱的復辟分子，在上海先後會晤了復

①《變亂中之京中滑稽政局》，《申報》，一九一七年七月二十三日

②西原龜三《西原借款回憶》，《近代史資料》，總三十八號，一九七九，第一四一至一四二。

辟中堅鄭孝胥、升允等人，認為復辟要成功，必須要獲得實力派張勳的支持。佃信夫親往徐州拜會張勳，力促復辟。但開始張勳並不熱情，主要原因是「對日本政府的真實意圖惴惴不安」。佃信夫詳述了寺內首相對華政策及對復辟的態度，向張勳保證「寺內首相當會滿足閣下的希望，贊成復辟，並盡力保護宣統皇帝之安全」①。在得知寺內首相不反對復辟信息，且日本方面負責保證溥儀的安全後，張勳大喜過望，密派升允赴日聯絡復辟事宜。在佃信夫的斡旋下，寺內首相會見升允，並對中國復辟表示同情。在日本的默許下，張勳遂全力籌畫復辟。佃信夫建議張勳不宜單獨行動，只有各省督軍聯合舉事才能成功，因此張勳耐心等待時機。

此時，各督軍紛紛奔赴徐州，求助張勳。張勳的最終意圖當然是復辟，「張面子上佯為表示拒絕，而暗中則使萬繩栻激之。迨各省獨立稱兵北上，美使忠告，暗潮橫生，成騎虎難下之勢，於是張計始告成功。」②當時號稱十三省聯盟代表對復辟紛紛表示贊同。這樣，各督軍支援擁護，且以書面文字保證；段、馮不表示反對，黎元洪電促張勳調停。萬事一切俱備，復辟時機漸熟，張勳已掌握主動權。府院兩爭，張勳成為左右政局的關鍵人物，大出一般人所料。

另一個復辟代表徐世昌亦在秘密籌畫復辟事宜。

徐世昌雖為文治派，手無兵權，但在北洋資歷僅次於袁世凱。民國後，他以北洋元老和政局調

①《一九一七年丁巳清帝復辟史料匯輯》，香港大東圖書公司，一九七七，第一六三頁。
②《復辟始末記》，上海文藝編譯社，一九一七，館藏於北大中心館。

人自居。作為前清翰林、外務部尚書，徐世昌入民國後一直對清室和廢帝溥儀崇禮有加。「東海為清室遺老，雖服官民國，與清室關係未斷，清室晉為太傅，賞賚不絕。可見此老心境。」徐世昌曾先後派親信曹汝霖、陸宗輿赴日，探聽日本政界反應。曹汝霖以向日本天皇「贈勳」的名義赴日。據曹汝霖向日本駐華公使林權助透露：「實際上，我是帶著非常秘密的使命前往日本的。這就是為了策動復辟，命我私下探聽日本當局對復辟的意見。」陸宗輿以創辦中日合作銀行的名義赴日，行前，拜晤林權助，「他陳述了曹汝霖上次說過的同一問題，……這是張勳和徐世昌的命令。」①

在袁世凱統治時期，日本大隈重信內閣對華採取兩面政策，他一方面煽動南方的革命派反對袁世凱，並間接予以援助，使其反抗北京政府；另一方面又在暗中對北方的所謂宗社黨即企圖恢復清朝的一派給予各種支援，使其不斷地跟北京政府搗亂。大隈騎牆外交政策引起日本國內強烈不滿。同時，日本當時的軍部與內閣並非完全一致，在對待張勳復辟問題上出現重大分歧。

一九一七年二月，陸宗輿再次東渡日本，新任駐日公使章宗祥與之交談，「陸潤生（宗輿）以接收交通借款來東，傳聞北洋派之一部分，曾密托陸以私人資格一探日要人對此問題之意見，陸絕未與余言。到東之翌日，東京《朝日新聞》忽有陸此來與復辟問題有關之記事。持以示陸，陸力言無之。因告以中國此時萬無可使復辟再見之理。」②

①《一九一七年丁巳清帝復辟史料匯輯》，香港大東圖書公司，一九七七，第一六頁。

②章宗祥《東京之三年》，《近代史資料》，總三十八號，一九七九，第四二頁。

這天，日本外長本野邀陸宗輿至其私宅夜餐，陪同者有駐華公使林全權和章宗祥，三人席地入座，本野即舉酒言曰：「外間傳說中國有復辟之意，公等亦預聞；僕決不置信。明達如公等必深知此議之不利中國。以僕遇愚見，外國中如有贊此議論者，必為喜中國亂而思乘機漁利之人……今所謂復辟者，乃十餘齡之幼主，又有種族問題之關係，不待智者可知，其致亂有餘，為治不足也。萬望為國家及東亞前途計，盡力阻止之。」本野說畢，陸宗輿即刻回話：「我此行只為交通銀行接收借款，並籌商創辦匯業銀行，與復辟問題絕無關係。俟事畢回國，當與國內有力者言之。」

時逢第一次世界大戰，美國支持段祺瑞政府，強烈要求中國迅速對德參戰。日本不甘落後，試圖取得外交上的主動權。但因參戰問題，日本內閣對華政策發生分歧。外務大臣本野極力反對中國再出現復辟，「再改國體，中國必大亂。……然現在之日本，不論政府與民間，咸知似此事實發生，必大不利於兩國。故不願中國有亂，並不願因中國有亂致日本亦受影響。」本野的真實意圖是力勸中國參戰，「日本的陸軍、外務兩當局決定採取援段方針。做為援段（祺瑞）的一個方面，想使中國參加第一次世界大戰」①，以便全面控制中國而此時復辟必將引起政局糾紛，不利於日本對華政策的長遠利益。

日本陸軍大臣大島健避開寺內，單獨給青島日本駐軍大谷司令發出訓令：「此時發動復辟，造

①章宗祥《東京之三年》，《近代史資料》，總三十八號，一九七九，第四三頁。

成混亂，不但對中國不利，即對中國宗社黨的前途亦頗不利。……發動復辟，目下尚非其時。」這給同情中國復辟的寺內造成極大壓力，為避免和軍方進一步衝突，寺內最終改變了同情中國復辟的態度，「究今日周圍之形勢觀之，發動復辟，實恐萬難奏效。」

二月二十七日，陸宗輿事竣回國。將本野之話轉達段祺瑞、徐世昌等要人。初以為復辟之議已熄矣，不料因參戰問題，又將此事引起。

此時，日本參謀次長田中義一正遊歷中國，他卻強烈支援中國復辟。「過徐州晤張勳，談次對於復辟問題，語多遊移。張遂以為日本亦贊復辟。」駐日公使章宗祥會晤本野，質疑日本兩重政策。本野辯駁只是田中個人行為，並會同寺內電令田中，不贊成復辟。

在寺內和本野電令下，「六月六日張勳在徐州尚未動身，田中由漢口派來中島比多吉（翻譯）見張勳，告以各省態度曖昧，萬不可恃，最好不要北上。」永時在天津，和日人多有交往，亦勸張勳慎重，「傾晤松平日領事……據云，紹帥（張勳）若即來京，必歸失敗：若再緩數日，靜待時機，必得美滿之效果。」①

張勳此時必須要改變復辟策略，人們雖認為張勳是一介武夫，但他在實現自己的多年夙願時，卻表現出一種看來同他的性格很不相符的深思熟慮。他在離開徐州前夕，曾召集參謀會議，廣泛徵

①《復辟始末記》，上海文藝編譯社，藏於北大中心館。

詢了部下的意見：「……日本既不願我等於此時發動復辟，我們也無須過拂其意，急欲求成。只要能解散國會，修改憲法，推徐世昌出來執政，即可謂不虛此行。」①

此時，日本方面基於自身利益的考慮，雖明言不干涉中國內政，實質扶植段祺瑞政權，對德參戰，以排擠美國在華勢力。從對華政策的長遠利益考慮，最終內閣達成一致，放棄支持張勳復辟，力促徐世昌在天津勸阻張勳的復辟行動。

因而，張勳在津逗留，和徐世昌會晤，以求在復辟行動中取得一致。日本駐天津總領事松平密切關注事態發展。「六月八日陸宗輿密報本職說，張勳已和徐世昌會面，徐對張說明復辟不可能實現的理由，結果張亦同意徐的意見。」②張、徐會談的主要內容，據陸宗輿透露，主要是解散國會、改正憲法、段祺瑞復職、黎元洪繼續留任等。③

剛剛從中國返回日本的西原龜三，「為此異常焦灼，倘若做回祺瑞等北洋派失去了政權，將使以往日本的慘淡經營付諸流水。尤其我本曾勸誘中國對德宣戰，此時若隔岸觀火，實非君子之所為，且我和段祺瑞、曹汝霖等人素有親密的友誼，對朋友的困難，更不能袖手旁觀，坐視不救。因此，我曾向寺內首相提出：『我必須讓我再次前往中國』。……於是，由勝田通過中國駐日公使章宗祥

① 商公澤《張勳策動丁巳復辟失敗經過》，《天津文史資料選輯》，一九八五，第三十一輯。
② 許指嚴《復辟半月記》，中華書局，二〇〇七，第一四七頁。
③ 王雷《日本與張勳復辟關係之探析》，《臨沂師範學院學報》，第三十卷第二期，二〇〇八年四月。

轉告曹汝霖：『我將為借款合同事再度前往中國』六月三日，我化名為山田憲三秘密由東京出發，八日抵天津，受到陸宗輿的迎接，寄寓曹汝霖家。……嗣後，我承擔了促使徐、段出山的任務。」後來西原在回憶錄中，將此描述為「第四次中國之行——鎮壓張勳復辟，復活段內閣」。①

在西原龜三的眼裏，「張勳本是一個秉性淡泊的人，也是一個名符其實的魯莽漢子，他為親美派所操縱，左手抱著宣統幼帝，右手握著李經羲，一時志滿意得，大有收拾時局，捨我其誰之慨，看來此人有些麻煩。」②

徐世昌對張勳建議說，仍由黎留任總統，他自己謝絕出山，而使段祺瑞復職。張勳未表示贊同。因此可以推測，張勳在天津期間，已經原則上接受不北上復辟的建議，徐亦不出任大元帥職。雙方都作出不同程度的讓步。但各方就閣員人選，黎元洪最終的去留尚未達成一致。國會已經解散，張勳取得掌控政權的主動權，作為調停人的第一步計劃已經達成。張勳在天津逗留期間，在日本和徐世昌斡旋下，基本放棄立即復辟的打算。

然而，日本的內閣和軍部意見不統一，陸宗輿的外交使命以失敗告終。不過，陸宗輿搞砸的不僅僅是外交任務。他在前往日本前，特地去徐州拜訪了張勳，並把徐世昌跟日本人談判的條件全部拿給張勳看，其中有一項條件讓張勳大為惱火。原來，徐世昌希望在成功復辟後，由日本人支持他

①王芸生《六十年來中國與日本》第七卷，三聯書店，一九八〇，第二〇四至二〇八頁。
②西原龜三《西原借款之回憶》，《近代史資料》，總三十八號，一九七九，第一四二頁。

當清朝的議政王。張勳認為自己為復辟大業費盡心機，要封議政王也應該是先輪到他才對。尚未行動，張徐二人就已經分道揚鑣了。①

於是，張勳一到北京便強行復辟，擁宣統坐上龍椅。他自己在紫禁城發號施令，通電各省，自任首席內閣議政大臣，兼直隸總督、北洋大臣，遂改「民國六年」為「宣統九年」，全國改掛龍旗。

張勳在紫禁城這麼一折騰，京城遺老八方回應，民國大總統黎元洪拒絕歸還大政，又擔心個人末日臨頭，便抱著大總統印，躲進了日本公使館。②

張勳因復辟有功，被溥儀封為忠勇親王。回到家裏，張勳向老婆曹氏炫耀。曹氏倒是深明大義，恥笑道：「今天皇上雖封你為忠勇親王，恐怕將來你就要成為平肩王了。」張勳不解，問張勳何為平肩王。曹氏答曰：「一刀將你的頭顱砍了去，你的脖子不就與你的兩肩一字平了嗎？」張勳「呸、呸」幾聲，算是吐走了晦氣。

七月二日，章宗祥電詢在天津的陸宗輿，得知復辟遂實現，請陸宗輿轉告段祺瑞以武力奪回政權。③殊不知，段祺瑞在天津並未馬放南山，而是在聚集力量以圖東山再起。

七月三日，段祺瑞組成「討逆軍」，自任總司令，在馬廠誓師，通電全國，列舉張勳等人破壞

①商公澤《張勳策動丁巳復辟失敗經過》，《天津文史資料選輯》，一九八五，年第三十一輯。
②許指嚴《復辟半月記》，中華書局，二〇〇七，第一六六頁。
③章宗祥《東京之三年》，《近代史資料》，總三十八號，一九七九，第四六頁。

民國的八大罪狀，宣佈討伐張勳。一支軍隊由袁世凱稱帝時對其忠貞不二的段芝貴領軍，另一支則由指揮袁的軍隊平息了雲南叛亂的曹錕率領，三四萬「討逆軍從兩面夾擊京城」，勢如破竹。

日本軍方派青木中將幫助段祺瑞策劃軍事，借給軍費一百萬元。除獲得日本經濟支援外，舊交通系曹汝霖、陸宗輿也予以支持，曾在交通銀行預借軍餉二百萬元。

七月四日，段祺瑞以討逆軍總司令名義發出討伐張勳的通電：

「討逆軍」的航空隊首次出戰，在紫禁城扔了三枚炸彈，宮女太監們嚇得哭爹叫娘，小皇帝溥儀抱頭鑽進了臥室。張勳見大勢已去，逃進了荷蘭使館，以保自身生命安全。

七月八日，陸宗輿通過外交使節給張勳遞上段祺瑞的勸降信，提出停戰條件四項：一，取消帝制；二，解除辮子軍武裝；三，保全張勳生命；四，維持清室優待條件。十九日，雙方談判破裂，段祺瑞決心討伐張勳，戰火重燃。①

張勳的「辮子軍」實在不堪一擊，槍聲一響，「辮子軍」無不棄甲而逃。討逆軍將士審問抓到的俘虜，為何不戰而逃？一位俘虜回答道：「昨日，張大帥調俺們駐紮此地，說是嚴防土匪。不料，你們真格同俺們動起手來。俺們每月只拿六塊洋錢餉銀，還要照扣伙食，當真幫他去同人家拼命，真是划不來。」

①陳欽《北洋大時代》，長江文藝出版社，二〇一三，第一三三頁。

僅僅十二天，在北京鬧得沸沸揚揚的張勳復辟，即告流產。

張勳復辟失敗，津滬兩地遺老怪罪於陸宗輿，普遍埋怨說，陸宗輿不但外交失敗，內交弄得也很糟。陸宗輿寫給傅良佐（時任督辦邊防事務處參謀長）的密函中透露：「歸國後，弟復奉東海（徐世昌）命往徐州說少軒（張勳字少軒），與當時與仲和（章宗祥）潤田（曹汝霖）外內奔走頗力，日本因此而援助段內閣，其大原因實由於此。」①

復辟笑劇中，最有趣的是康有為和梁啟超師徒兩人各助一方，康助張復辟，復辟後的「宣統上諭」就是康的手筆；梁助段討逆，討逆檄則是梁的手筆。兩大國手所撰文獻都很動人，復辟失敗後，康恨梁入骨，後來曾有《致徐太傅書》洋洋五千言，登在《不忍》雜誌第九、第十兩冊中，揭發復辟經過，力指段祺瑞、馮國璋、徐世昌、陸宗輿都曾與謀，始亂終棄，憤憤不平。②

張勳復辟事件對中國政局影響深遠。「事態之演變結果，張勳一蹶不振，北洋割裂，馮（國璋）、段（祺瑞）水火，南北政府峙立，釀成十載分崩離析之局。」③徐世昌老謀深算，把張勳放到火上烤，落下千古罵名。

---

①陸宗輿《段祺瑞的參戰和借款》附錄，《近代史資料》，總三十八號，一九七九，第一七八頁。

②丁中江《北洋軍閥史話》，中國友誼出版公司一一九九〇，第一二〇章。

③存萃學社《一九一七年丁巳清帝復辟史料匯輯》，香港大東圖書公司，一九七七，第一八頁。

張作霖的皇帝夢悄然隱退

「洪憲皇帝」袁世凱一命歸西。其鐵桿親信段芝貴從奉天掛印而去，退隱天津。此前，已當上奉天督軍兼奉天巡按使的張作霖，順勢掌握了奉天省的軍政大權，同時也無可避免地開始直接面對日本人在東北的囂張氣勢。

遼寧人張作霖從小上房揭瓦，下河摸蝦，當過獸醫，做過土匪，直到日俄戰爭前被政府招安。徐世昌在東三省實驗新政時，奉天洋務局總辦陸宗輿與駐紮在奉天的陸軍二十七師師長張作霖友愛相處。中日「二十一條」交涉以後，陸宗輿與他共同對付日本人，交往更加多了起來。

陸宗輿從日本歸來，張作霖拍電報邀請陸宗輿前往奉天，替他接風。

奉天總督府三樓，張作霖一隻手托著一個盤子，上面放的是一個裝滿啤酒的銅壺，他用另外一隻手向陸宗輿招手，十分愉快地將客人迎進辦公室大廳。

陸宗輿瞥了眼十年前他經常出入的大廳，走向窗戶站在那裏，臉色帶著幾分出神，漫無目的地望向窗外。

「嘿，潤生，你知道嗎，我已經越來越喜歡奉天這個地方了，因為到了八月份還能喝上冰鎮啤酒。這可是上好的俄羅斯貴族啤酒，維吉牌的，廠子在哈爾濱，用的是我家鄉的小麥。來，剛剛從冰窖裏取出來的。」張作霖拿起銅壺把兩隻啤酒杯倒滿。

客廳裏立刻溢滿了啤酒的香味。

陸宗輿轉過身來，調整了一下精神狀態，露出一個蒼白的笑容：「雨帥閣下，你的生活真讓人羨慕，上好的啤酒，精美的啤酒杯，甚至還有專門冰鎮啤酒的冰窖。我在日本幾年也沒有這麼好的享受。」

張作霖揚了揚眉毛，用開玩笑的口吻問道：「你是諷刺我嗎？」

陸宗輿揮了揮手，深意地笑道：「自然不是。我知道有一些人值得享受這樣的待遇，而雨帥閣下正是其之一。」

張作霖做出了一個誇張的表情，一邊拿起啤酒杯遞給陸宗輿，一邊大聲地說道：「哦，哦，我怎麼覺得你的話聽上去怪怪的？先不說這些，來，乾杯。」

兩隻啤酒杯象徵性地碰了一下。

張作霖貪婪的一口氣吞了一半啤酒，他打理精細的鬍子上都沾了不少啤酒沫。放下酒杯之後，他暢快地舒了一口氣，讚佩道：「你這個公使真有能耐，將日本人活活氣死。那二十一條，真夠險的，我都準備著豁出這條命了。中日有事，東三省首當其衝，要不是你們給頂下來了，才揮去了我的一身冷汗。」

陸宗輿僅僅只喝了一小口啤酒，他氣定神閑的説道：「日本人佔領朝鮮以後，便想步步為營佔領中國的東北，他們野心勃勃啊！」接著，他將他所瞭解到的日本侵華意圖悉數說了一遍。

張作霖緩緩地點了點頭，大口喝了一口啤酒，眼睛裏露出了一絲堅定不移的神光，他說道：「我永遠忘不了我家鄉的小麥。有我守在東北，日本奈何不了我們中國。我要錢有錢，要兵有兵，要糧有糧，要武器有武器，我根本不怕日本人。」《民四條約》簽訂後，北洋政府繼續抵制被迫接受的這十餘條款，制定法規在滿蒙掣肘日本。張作霖在東北更是抵制實行，使得日方條約權益無法落實，雙方衝突不斷。

「我張作霖是東北人，東北是我的家鄉、祖宗父母的墳墓所在地。我豁出這個臭皮囊不要，也不能出賣國家的利益，讓人家罵我賣國，叫後輩兒孫也跟著挨罵，那辦不到！我張作霖沒有別的能耐，但替國家守護這點土地，還敢自信。日本人費莫大的力氣，要求二十一條，呸！你問他在東三省得著什麼了？他連一條也得不到啊！不是我吹，你們可去實地考察。」陸宗輿知道，張作霖是中國人，雖然他是軍閥，但他不會忘本，他怕中國人罵他是賣國賊，他怕丟了一寸土地給異族對不起祖宗。①

亂世擁兵者重，張作霖到奉天後一方面鎮壓東北革命黨，另一方面向北京的袁世凱表忠心，並得到袁的賞識，所部被改編為陸軍第二十七師，又吞並第二十八師，增編第二十九師。當時南方各省由革命黨人控制，北方則由北洋軍閥把持。北洋軍閥分為三系，分別為張作霖為首的奉系、以曹錕吳佩孚為首的直系、以段祺瑞、徐樹錚為首的皖系。三系中直皖相繼把持北京政權，奉系成為二者拉攏的對象。張作霖雖出身草莽但也有問鼎中原之心，他截留了北洋政府自日本購買的四千萬元

①陳欽《北洋大時代》，長江文藝出版社，二〇一三，第一九九頁。

軍械，一夜之間增編七個混成旅，奉軍已有入關一戰的實力。

陸宗輿對張作霖的霸王之心是透徹明瞭的。當年，袁世凱當上大總統後，對一些地方實力派軍閥很不放心，於是以大總統的名義，致電各省軍閥來北京覲見，實則是政治試探。山西軍閥閻錫山面見袁世凱，因被嚇得渾身發抖，讓袁世凱很滿意，被順利放回；蔡鍔等人卻因不善偽裝，被袁世凱明升暗降，按在北京回不去。此時，東北的張作霖也接到了進京面見袁世凱的通知。張作霖對袁世凱的動機自然是很清楚的，但是卻不能不去，不去的話袁世凱肯定不會放過他，此時的張作霖遠不是袁世凱的對手。接到進京命令，張作霖當晚就收拾行囊，馬不停蹄往北京趕。

張作霖幾日之後便抵達北京，袁世凱自然一副親兄熱弟的樣子，而張作霖立刻跪下磕頭：「參見大總統」。袁世凱說：「不用了，不用了，都共和了，不興這個」。張作霖裝慫地把頭磕完，傻蛋一般地說：「咱不懂什麼是共和，只知道大總統就是皇上，皇上就是大總統」。這話，自然是捅進袁世凱的心窩裏了，心裏面甜滋滋的。但袁世凱畢竟是個梟雄，他忽悠張作霖道「張師長，這關外情況如此混亂，我要不給你添點兵馬，你是要軍隊啊還要要地盤啊？」張作霖知道他忽悠自己，急忙撲通下跪再次磕頭，竟然直勾勾的盯著袁世凱的金表發愣，緩緩地說：「您的金表真不錯，相比與地盤，我更想要這個。」袁世凱愣了一下，然後臉上笑嘻嘻的，於是就將懷錶贈與他了。①

---

①《張作霖是怎麼騙袁世凱的？》，《小郭談史》，二〇一七年十二月三日。

袁世凱問張作霖「要地盤還是要兵馬？」其實這兩樣中任選一樣，都有與袁世凱爭霸天下的嫌疑，聰明的張作霖一樣不選，只要了他的一塊金表，竟然躲過了一劫。然而不久，袁世凱稱帝，那些來進京的總督們立馬翻臉不認人聲討他。張作霖順勢而起，聯合馮德麟迅速起兵，裝逼「為民請命」，打跑了段芝貴，自己獨佔了東三省。

「剛才我說過雨帥閣下值得享受現在的待遇，這句話絕對是我真心之言。」陸宗輿沒有往這方面多想下去，他回過神來緩緩地說道。

輕輕地摸了一下自己的鬍子，不置可否的笑道：「我的陸君老友，你的這句話，我完全可以理解是奉承！」

陸宗輿露出了一個欣然的表情，他沒有打斷對方的話，只是喝了一口啤酒，等待著張作霖接下來的話。

「當然，僅僅消滅東北境內的日軍還不夠，日本很可能會向東北增兵。如果日本向東北增援，那戰爭就不僅僅是我張作霖一個人的事了……」

陸宗輿心想，別看這些軍閥平時打的你死我活的，真的遇上外敵入侵，整個北洋都會擰到一起。一個張作霖日本都擺不平，再加上段祺瑞和吳佩孚，日本人可真就頭疼了。

「半個月前，西原龜三從北京回日本，路過奉天，在這兒跟我一塊喝酒，我當著他的面痛罵日本人。我給他講了這麼一件事：奉天附近有一座寺院，是清朝帝室蓋造的，據說有一份文契是康熙皇帝簽發的，將奉天附近的一塊廣闊土地做為寺院的廟產。得知此事後，日本關東軍經理部長佐野在這塊土地上遍插標樁，用大字書寫『關東軍商租地』，佔為己有。我們不予承認，他們竟然援引什麼二十一條。我跟西原說，日本關東軍在奉天狐假虎威，胡作非為，還侈談什麼日中親善，這怎麼能讓我們接受呢？」西原龜三找張作霖，請他為「西原借款」作了擔保人。

日本關東軍所謂的關東，是指山海關以東，即遼寧、吉林、黑龍江三省的區域，也就是日本所說的滿蒙的同義語。當年，關東軍司令部曾經是日軍發動殖民統治的「黑色心臟」。

陸宗輿聽了他的話，低頭不語，似乎若有所思。

「哦哦，對了，咱們該言歸正傳，你之前在奉天呆過，又去日本路過這兒，為什麼不來奉天找我呢？」張作霖也想轉移話題。

「沒錯，我也很想舊地重遊，可是在日本，我沒有一天閑著，為二十一條就沒把命給賠上，哪有心思來奉天，昨天下午才返回來的。」

張作霖奇怪地說道：「你若來找我，這些我都可以安排的。」他言下之意，這回張勳鬧事，陸宗輿奉命去天津找了段祺瑞，沒來找他。

陸宗輿微微笑了笑，說道：「感謝雨帥的好意，不過正如我說的那樣，其實那會是防備，不想讓他有所察覺，只有毫無準備的情況下，才能看出他們真實的用意。」

張作霖恍然地點了點頭，呵呵笑道：「陸君兄，你還真是有心人啊。怎麼樣，這段時間你的觀察可有結論了嗎？」

「我的觀察，理所當然比不上雨帥你的研究。但我還是可以確定，有日本人在，誰也別想當皇帝。袁世凱稱帝，張勳復辟，全國共討之，你也通電聲討他。在我看來，無論是誰，復辟都沒有好戲，稱帝都沒有好的結果。」陸宗輿不疾不徐地說道，臉上是一副很肯定的神態。

「哦，哦，你說得很對……復辟稱帝都沒有好下場。」張作霖深以為然地點了點頭，臉露尷尬之色。

陸宗輿知道，張勳在策劃復辟時，張作霖是大力支持贊成的，因而頗受辮帥的優待。民國初年，張作霖當上了東北王，野心膨脹，一心想稱霸全國，氣勢咄咄逼人。袁世凱當皇帝後，只封了他個二等「子」爵，張作霖立即反目，提出「奉人治奉」，逼走段芝貴，擴充自己的勢力。後來，當了八十三天皇帝的袁世凱死了，張作霖好不歡喜，心想，你能當皇上，難道我就不能當皇上？

於是，張作霖秘密為自己當皇帝做準備。

皇帝登基，按著祖制，得穿龍袍。龍袍那不是一天兩天就能做出來的。清朝皇帝穿的龍袍都是江南織造局專人縫製，康熙的一件龍袍，縫製三年才完工，光金線就用了十兩黃金。張作霖想，當年溥儀曾因自己剿匪有功賞賜過一件龍袍，為了得到日本關東軍的支持，把它給了奉天守備隊長植田大佐了。現在悔之晚矣。張作霖打算自己請人縫製。

不久，張作霖從揚州請回一個姓姬的師傅。此人世代織造，祖上曾為道光帝做過龍袍。姬師傅來到奉天，住進帥府東北角的一個小院裏，開始畫圖、裁剪、放樣。大樣出來後請張作霖過目。張作霖看過樣子，晃了晃頭，說：「這是清朝皇帝的龍袍，不能用這個樣子。」姬師傅回到小院苦思冥想，愁得吃不好睡不安，一個人在院裏轉悠，猛然看見另一個院子裏的曬桿曬著衣服，藍緞灰鼠皮袍，青緞高領坎肩，樣子別出心裁。姬師傅一看，來了靈感，心想，這個草莽出身的大帥，穿著打扮離不開那個野性。於是，重新畫圖，依照張作霖穿的那件皮袍改制而成時興的龍袍。

製作這件龍袍費時半年，用去黃金二十多兩，總算讓張作霖滿意了。龍袍做好後，放在哪？放在夫人的衣箱裏？夫人說，不行，那麼尊貴的龍袍，凡人的衣箱是盛不下的，建議放回老家的祖先祠堂裏供起來。啥時用啥時請回。張作霖覺得這是個辦法，於是送回海城的張家祠堂供了起來。①張勳復辟，張作霖很是謹慎。對張作霖來說，無所謂共和與保皇，只看這件事情是否對己有利。本來張勳和張作霖關係非同一般，是來尋求張作霖支持的，因為他們是兒女親家。但張作霖沒有輕舉妄動，而是坐山觀虎鬥。段祺瑞在組織討逆軍之前，張作霖看到贊成復辟者極少時，就確定自己必須站在段祺瑞一邊。他當機立斷，馬上發表宣言，反對復辟。

陸宗輿的話，雖然不是有意指向他，他卻有所顧忌。此後，張作霖的皇帝夢悄然隱退，龍袍的

①黃世明《大帥府》，長江文藝出版社，二〇一一。

事，也就被他忘得一乾二淨了，一心一意當他的「東北王」。

張作霖盤踞在東北，與日本人明爭暗鬥，巧妙周旋，不僅軟硬兼施地抵制著《民四條》，使《滿蒙新五路協約》等涉及主權問題的密約淪為廢紙，沒有留下任何讓日本人侵佔中國的藉口。同時，張作霖拼命與日本人爭奪經濟利益。他命奉天省長王永江在商埠地南闢建「南市場」，以與城內中街互為鼎足，構成與「附屬地」、商埠地外商抗衡的格局，發展民族工商業。市場佈局以中國傳統的八卦圖為參照，按八卦方位修築八條輻射街路，又闢十二條里裏巷，縱橫交錯，方便進出。殷商巨賈競相前來購地置業，市場很快形成規模。公興五金行、老晉隆洋行，大批絲房、雜貨鋪、鮮果店、照相館，商埠樓、鹿鳴春、新德馨、厚得福等飯店和眾多小吃店，東北大戲院（今遼藝劇場）、商埠大舞臺及至妓院、煙館等，紛紛彙聚於此。

「南市場」建成，張作霖邀陸宗輿與「光顧抹彩」。晚上，總督府有一場交誼舞，他特意為陸宗輿夫婦安排的。

所謂的交誼舞是洋人的玩意兒，最初大概就是民間的舞蹈。陸宗輿在日本三年，別的沒啥見長進，唯獨學會了跳舞。每個週末，公使館必有一場，男女混雜的交誼舞，舞者是各國駐日本的使館人員。而在國內，民國之前，男女可以抱著上床，但抱著跳舞，根本不可能，所以，宗輿在北京多年，從沒有學會跳舞。那時在中國，交誼舞第一次出現，應該是在上海的租界，然後是北京、天津有外國人出入的城市。但是在奉天，這東西現身也不晚。總督府建了一個小型的俱樂部，裏面有個舞池。在奉天的俄羅斯、日本居民要開 Party，就到總督府，但中國人下舞池的很少見。

中國人跳交誼舞始於民國，奉天不用說，得風氣之先，跟俄羅斯人學的，各種舞都沾點。會跳洋人的舞，成了一種身份地位的象徵，張作霖的二姨太盧壽萱就愛跳舞，華爾滋、探戈、宮廷、拉丁，各種舞步都會。但是，男人踴躍下池，女人卻供不應求了。儘管民國了，禮教這東西還在，好人家的女兒，哪個敢輕易讓男人抱著跳舞呢？於是，專職的舞女應運而生，專門有人買來女孩子加以培訓，臉蛋漂亮，身材妙曼，誰要想陪伴跳舞，花錢吧。慢慢風氣漸開，也有女孩子自願做舞女，舞女也就成為特定的職業。陸宗輿跳舞從不找舞伴，因為他有固定的舞伴，就是夫人詩兒。

在奉天總督府跳舞，男人必須著燕尾服，否則不讓進。因為是客人，有雨帥陪著，所以他可以例外。雖然陸宗輿老是踩人家的腳，因為被踩的是他的老婆，詩兒不計較他，所以他跳得挺起勁的。

不難想像，一身長袍馬褂，跳著蹩腳的舞步，老是踩人家的腳，這是一幅怎樣的滑稽圖景？

張作霖土匪出身，最後成為真正的東北王，現在看來，也並不只是運氣好。時勢造英雄，但是英雄們的成色如何，對時勢的影響也非同小可。張作霖不是那個時代的領頭羊，但是他這一身察言觀色、謀定後動的本事也足夠為他在那個弱肉強食的亂世提供一個立足之地了。

這年，滬嘉鐵路貫通，由盛宣懷向日本人借款建造的滬杭鐵路全線通車。從此，陸宗輿從北京回老家海寧，只需搭乘火車，省去了輪船上的奔波，方便多了。

第十章　不打算歸還的「西原借款」

陸宗輿也是梁啟超的雀友

張勳和他的辮子軍一垮，段祺瑞頂著「三造共和」光環高調回朝，再任國務總理，並把馮國璋抬上了大總統的寶座。

一九一七年七月十五日，段祺瑞第二次組閣。陸軍總長由段總理自兼，海軍總長為劉冠雄，軍事仍歸北洋派統治。但是，以梁啟超為首的「研究系」則成為大贏家，獲得五席閣員，除梁啟超本人當上了夢寐以求的財政總長外，還有外交總長汪大燮、內務總長湯化龍、司法總長林長民和教育總長范源濂。此外，農商總長張國淦與「研究系」也走得很近，梁啟超的政治勢力步入北京政治舞臺全盛時期。

在醞釀內閣人選期間，段祺瑞提名前外交次長、現交通銀行總經理曹汝霖擔任交通總長。段祺瑞此舉是要破除「舊交通系」與前袁世凱政權的關係而為己所用，交通部和交通銀行堪稱「交通系」大本營。段祺瑞對曹汝霖一向信任有加，所以曹汝霖從此「自立門戶」，形成日後的「新交通系」。

重回政壇，和從前一樣，段祺瑞仍舊是上午辦公，下午下棋或者賦詩，晚上打牌。民國年間，打麻將之風日盛，簡直可以稱為國粹。無論家中、茶樓、飯店、賭場、妓院……各個地方都備有麻將，沉迷麻將者數不勝數。段祺瑞與梁啟超政治觀念不同，但情趣相近，都喜歡打麻將。

梁啟超有句名言：「只有讀書可以忘記打牌，只有打牌可以忘記讀書。」他認為，打牌有助啟發智商，「手一撫之，思潮汩汩來」。還在擔任《時務報》主筆時，梁啟超經常半夜一邊吆喝「八萬」、「九條」，一邊口述社論，由專人記錄下來，一字不改，即可付梓。約稿、演講統統不作準備，臨場前，一陣「東風、白板」，便大功告成。

北京是繼上海之後的第二大麻將賭博中心。但兩地的賭博生態完全不同。上海的賭場主要由幫會和財團控制，北京則是政客、官僚、軍閥、商人和中產階級。北京政府裏的官員沉溺於麻將，通宵達旦，第二天在衙門裏淨打瞌睡，袁世凱當大總統的時候曾下令懲治，吳炳湘奉命查官員賭博的事，名列榜首的就是段祺瑞，只是被袁世凱笑笑抹去了。

像許多「北漂」一樣，梁啟超也有過是否留在北京居住的糾結。海外流亡十四年的梁啟超，十分喜歡北京的四合院，他再三糾結最終放棄了長住北京的想法，「吾初亦有遷居北京之意，今不復作此想矣，非惟房屋不佳，即應酬亦不了也。」他賣了北海團城宅院，在南長街五十四號，和弟弟梁啟勳共同營築了一幢四合院。該院裏外三進，梁啟超住南房，康有為與其女康同璧曾是房中賓客，陸宗輿是否來過，卻不見有記載。

和陸宗輿一樣，梁啟超在天津也有居所，不時地兩頭跑。那會，陸宗輿的北京居所是前炒麵胡同五號院，與南長街相距不很遠，得走過三個街口，穿過兩條胡同。而段祺瑞在府學胡同三十六號的家正好處於這中間地段。

民國時期的著名記者陶菊隱在《北洋軍閥統治時期史話》中說，「袁在清朝末年奉『旨』養屙時，曾將價值三十萬元的府學胡同私宅慷慨地贈與段。段在該宅辟有側門與陸軍部軍需司相通，經常由此門出入」。

因而這時期，陸宗輿和梁啟超走得很近，白天在內閣總理衙門，為「西原借款」默契配合，晚上則在段祺瑞的家裏，同是娛樂「發燒友」，一起手談。

一天，幾個學界的朋友邀梁啟超去做演講。梁啟超表示不能前去，朋友問他：「如何不行？」他一本正經地回答：「你們說的那個時間我恰好有四人功課。」朋友誤以為他要輔導學生，便說：「輔導之事晚一點也無妨。」梁啟超哈哈大笑：「錯了錯了，我指的這『四人功課』，乃四人上桌打麻將！」說著，還做出一個抓牌打牌的動作，引得在場的一干人哄堂大笑。為了打麻將推掉演講，可見麻將對梁啟超吸引力之大。

不過，有時有人請他做演講，他還是會爽快答應的，但在演講之前，都要先玩幾圈麻將。有人問起其中的緣由，他振振有詞：「予正利用博戲時間起腹稿耳。骨牌足以啟予智竇。手一撫之，思潮汩汩而來，較尋常枯索，難易懸殊，屢驗屢效，已成習慣。」說來也怪，每次從牌桌上走下來，登上演講臺，梁啟超都是旁徵博引，妙語連珠，不得不讓人欽佩他的演講靈感來自牌桌的滋潤。

這時候，梁啟超的雀友除了段祺瑞和陸宗輿外，還有林長民、汪大燮、曹汝霖等人，常常三缺一或五人爭席，因而，梁啟超發明了五人和三人的麻將玩法。

一次梁啟超去朋友家玩麻將，四人正準備開局時，又來了一位訪客，而此君也是他們圈中的雀友。這種情況下，多半是主人主動退出，讓客人玩上幾圈。但梁啟超不同意：「如此一來，滿足了客人，主人豈不是很掃興？不妥，不妥。」梁啟超隨即想出了一個五人打牌的辦法：將東南西北四圈增加為東南西北中五個圈，執到中字的人第一個圈在局外做夢家。第一圈打完之後，由執東字者出局，執中字者入局，如此類推。這一玩法得到大家的一致贊成。於是，那天晚上，牌桌上出現了五人輪流上陣的奇觀，讓人不得不嘆服梁啟超在牌桌上高人一等的創造性。

三人麻將玩法就是把三十六張萬字牌和四張北字牌拿走，只留筒子三十六張、索子三十六張和東南西中發白二十四張，共九十六張牌。三人只准碰牌不准吃牌，於是三人也可以作「三缺一」的牌戰。

段祺瑞一向喜歡下圍棋，和梁啟超一來二往也愛上了麻將。有一次在家中打牌，一看三缺一，就把陸宗輿約來。事後段對親信鄧漢祥說：「打牌雖是遊戲，也可以看出人的好壞來。陸打牌時，鬼鬼祟祟的樣子惹人討厭。別人的票子都擺在桌上，他則裝在口袋裏，隨時摸取。別人和了牌，他便欠倒一下，使別人不痛快。」

梁啟超卻喜歡與陸宗輿同桌打牌，因為他雖然熱愛麻將，但戰績糟糕，十打九輸，而有陸宗輿搭檔，他才有可能贏。陸宗輿常是贏家，但他掌握分寸，不贏很多，尤其對梁啟超和段祺瑞常常「放馬」，故意不碰不搶和，讓對方和牌。

陸宗輿打牌報牌時，喜歡唱出一句歌訣，以助雅興，如「小鳥無毛飛得高」（一條），「蘇州銅鑼一面鼓」（一餅），「對襟馬，兩開交」（八餅），「銅絲床，不墊腰」（八條），等等。

同桌打牌的是雀友，也是幕僚。

段祺瑞執政，力邀梁啟超入閣，此時，梁啟超本已萌生退意，絕意仕途，然為了使中國參加「一戰」，梁啟超決定再入內閣，這是梁啟超與段祺瑞政府合作的先決條件。梁啟超入閣之後，即開始力促段祺瑞參加「一戰」。

段祺瑞認為：「日本既已加入，我若不參加，日本對青島勢必染指掠奪」，而「將來協約國取得勝利，中國將成局外之人，而我國參加，那將迴然成另一局面。到時中國也是戰勝國之一，和會上有我一席之地，必將提高中國之國際聲譽。」陸宗輿回憶，「至於前年春奉命再遊日本，實為探訪對德宣戰之事宜，因與彼邦朝野予為接洽交換意見，與曹汝霖、章宗祥力主張對德宣戰，認為有利國家，陳說於我大總統及段總理。始克力排異議，決定參加協商。當時預計之國利尚有自定關稅，收回領事裁判權，取消庚子賠款即使館界撤兵等等問題，因為此重大之宣戰，且日本允還庚子賠款業經日外部面告章使矣。」①

由於內戰不暇，所謂「參戰」，中國最終沒能以派軍隊出征的方式進行，源源不斷的華工在歐

---

①《駐比使館保存檔案》，《陸宗輿辭呈》，一九一九年五月九日，臺北近史所檔案館，二〇〇七。

洲做出巨大犧牲。整個一戰，中國先後派出三十萬華工。

中國參戰後，協約國自然給中國政府一些報酬，協約國公使承認：（一）庚子賠款可以停付五年，停付期內不加利息，但是，俄國佔有賠款總額二六%，除其中一〇%可以緩付外，其餘一六%，仍須按期照付。（二）關稅可以提高五%，但須先成立由有關與中國共同組織的委員會調查標準價格，然後厘定稅則；中國在必要時期可以在天津周圍二十里內駐兵，但以防範敵僑為限。①

後來的歷史證明，「一戰」之於中國，大大提高了中國的國際地位，而且，在對德戰爭中，段祺瑞政府還組建了以徐樹錚為將領的邊防軍，一舉收復了被蘇俄掠奪的外蒙古，這在中國領土史上是一個劃時代的歷史事件。如果中國沒有參加「一戰」，便不可能在一九一九年的巴黎和會中佔有一席之地。

所以，梁啟超曾有理有據地把麻將和救國結合起來：「麻將不能不打，要救國一定要打麻將。打麻將可以觀察人的品格，還可以鍛煉堅忍精神，一坐下去不論勝負，一定要打完四圈。同時即使前三圈都失敗了，還有翻本的希望，我們國家和別國競賽，敗了也不能氣餒呀！這種精神可以在麻將桌上鍛煉出來。」②

農曆正月初七，可張作霖卻一點過年的心情都沒有，原因只有一個，日本人每天都在東三省官

①丁中江《北洋軍閥史話》，中國友誼出版公司，一九九〇，第一二〇章。
②郝金紅《梁啟超的「麻將經」》，《人民文摘》，二〇一四年第六期。

銀號裏用小洋券不停地兌換白花花的銀元，再這麼折騰下去，奉天的金融就要徹底崩盤了。其實早在張錫鑾、段芝貴當政那會兒，日本人就已經在折騰這事了。

從歷史上看黃金與白銀的比值，前者一直是後者的數倍至十數倍，而且世界銀價幾乎是一路下跌的。可是，薩拉熱窩的一聲槍響，這種情況被逆轉了，「一戰」使得金本位制解體，白銀對黃金的比值呈現上升趨勢。此時，盤踞在東北的日本財團開始蠢蠢欲動，利用國際上銀貴金賤、銀價飛漲的大形勢和奉天小銀元市價偏低的小環境，囤積奉小洋券，然後在東三省官銀號各下屬的分號大量兌換小銀元，運至海外牟取暴利。當時，奉省的主要流通貨幣是奉小洋券，擠兌風潮依然愈演愈烈，每日兌出的小銀元達到近二百萬元，造成奉天市面彌漫著緊張的氛圍，商品交易、貨幣流通均受到很大程度的損害。從而，東三省官銀號幾乎被擠垮了，日本人經營的橫濱正金銀行、朝鮮銀行開始取而代之，獨霸奉省金融市場。

這會兒，張大帥履任不久，一心想賺個「碰頭彩」，於是就琢磨著如何迅速平息日本人煽動起來的擠兌風潮，好讓奉天的百姓見識見識他張作霖的能耐。張大帥的手下——東三省官銀號督辦王樹翰、代理總辦劉尚清提議，「竊查前因奉省金融艱困已極……咸以所擬改用大銀元為本位，凡持舊有小銀元券者皆折合大銀元之價以兌換券付之，最為抵制兌現之要點。」明白地說，就是發行新銀元，應對擠兌風波。但是，發行新銀元必須經得新任幣制局總裁陸宗輿的允准。

陸宗輿帶著張作霖的密電向梁啟超匯報。

一個月後，第二種紙幣——東三省官銀號大洋匯兑券橫空出世了。大洋兑換券，又名大銀元票，以現大洋（即七錢二分銀元）為兑換幣種，由於當時現大洋相當於小銀元一元二角，故大洋兑換券也相當於奉小洋票十二角。

與此同時，張作霖將與日本人勾結倒賣奉小洋券、幫助推動擠兑風潮的奉天興業銀行副經理劉鳴岐、瑞昌恒錢莊執事呂興瑞等五人，判決後押赴奉天懷遠門外的刑場執行槍決。一手硬、一手軟，張大帥初戰告捷。

但是，張作霖高興的時間並不長，一方面，奉省的小洋票發行過多，大洋兑換券的印製、發行及被公眾接受認可均需時日；另一方面，日本人還在不斷製造輿論破壞奉天當局的幣制改革，如在奉天頗有影響的由日本人創辦的《盛京時報》就對大洋兑換券的發行大放厥詞，公開指責奉天當局「財政上之搗亂，已呈不堪設想之狀態。一旦以小銀票換給大銀元能否免去風潮，尚不可知，而大銀元恐亦有時而窮也。不揣其本而齊其末，此為奉天當局今日救濟金融之政策」。一九一七年奉天的日本人依舊在擠兑小銀元，張大帥也依舊在為這事兒上火。

此時，陸宗輿向張作霖推薦了一個人。王永江，奉天省金州（今大連市金州區）人，懂經濟善理財。王永江被張作霖任命為奉天省財政廳廳長兼東三省官銀號督辦後，通過調查研究，全盤考慮，最終想到了一個解決之道。這年的十一月中旬，王永江聯合東三省官銀號總辦劉尚清、會辦馮紹唐向張作霖呈上了一道條陳——《擬請發行大洋匯兑券以維金融》，先談嚴峻的形勢，「惟近年受外人兌現之擠，應付萬難，今欲貸鈔票於地方，是不啻授利源於外人」，接著講發行新鈔的必要性，「不發官鈔，私帖無替代之資，而金融無轉生機之策」，然後轉入正題，「惟有由職號發行一種大洋匯兌券，在天津、北京折匯上海規銀，務使匯兌券與兌換券生同等之效力，凡商民交易，公家徵收，一律通用」，最後將「槍口」對準東北的日本侵略者，「日本正金鈔票作匯上海規銀匯兌之權，久已操諸外人之手。即為挽回利權計，亦非推行匯兌券不可」。

張大帥觀之大喜，接到條陳的第二天，就直接向財政總長梁啟超致函，要求發行匯兌券，「……擬即發行京、津匯兌券以資應用……已另文諮請備案，尚希格外通融，准予照辦」，其急迫之情，見於字裏行間。梁啟超和陸宗輿同時批覆復：「准予發行」。

當年，奉天的經濟大戲就是籌備發行東三省官銀號匯兌券。為此，張作霖發佈了《奉天省長公署佈告》第一號，向全省商民及暗中搞破壞的「小日本」正式宣佈：「案查奉省官銀號發行大洋匯兌券一案，業經諮部核准並通令各屬在案。此項匯兌券係為推行便利起見，內分一元、五元、十元三種，與大洋兌換券有同等之效力。在小洋票未收清以前，互換價格亦照案以加二計算。凡商民交易、公家徵收一律通用，不得留難阻滯，合行佈告商民人等一體遵照，此佈」。與此同時，張作霖又派人與駐奉日本總領事多次交涉，最終以將奉省銀行公會準備金的一部分（約合日本金圓三百萬元）存入日本總領事指定的朝鮮銀行為條件，換取了日方同意將過去的小銀元票進行「限制兌現」改成了在一年半的時間內「不兌現」的條款。這一年的七月，東三省官銀號匯兌券正式發行，終於將日本正金鈔票擠踢出了東北地區的金融市場。

這種奉天商民樂於使用的匯兑券，被老百姓稱為「奉大洋票」，一直流通到「九・一八事變」才告停止。在此期間，財政部印刷局、京華印書局、美國鈔票公司、東記印刷所等多家紙幣印製機構都承擔過印刷任務，累計發行達五十億元。①

梁啟超的「麻將救國論」實是他的財政大局。剛上任時，他收到討逆軍總司令部送來的帳單，要求支付軍費一百八十五萬元。其實，討伐張勳，段祺瑞動用軍隊二萬多人，戰事僅持續四五天，軍費竟然如此龐大。此後，一系列軍費雪片般飛來：陸軍部特別經費、外交軍事用款、川湘用款、江西督軍臨時軍費、湖南督軍費、海軍特別費……到年底，數千餘萬元財政赤字，直接將梁啟超苦心編制的財政大局全面擊潰。

咖啡館裏的歡笑鬥嘴

一九一七年八月，中日合辦的中華匯業銀行在北京成立，陸宗輿任總理。作為西原借款的經手

①劉磊《張大帥抗日番外篇：一紙佈告引燃東北金融保衛戰》，上海市銀行博物館，官方公眾號，二〇一九年三月八日。

機關。日本三家銀行所組成的特殊銀行團，只是名義上的承借銀行，實際上，所借款項均由日本政府從國庫預備金中支出。同時，所借款項不以日本政府名義出面，而是由以寺內正毅私人代表身份的西原龜三出面聯絡。對華借款由特殊銀行團承借並由西原龜三出面，這是日本政府煞費苦心的特殊安排，以避免其他帝國主義的注意和干涉，實現其單獨對華借款的野心。

雖然匯業銀行的資本雙方各半，但法律受裁于中國，大權在中方總理的手中。中方有總理，日方只有理事而無協理，各家銀行的行長專定為華人，日本人只能當副行長。這是中外合辦銀行的一大創例。

陸宗輿在天津有寓所。

陸宗輿的車七彎八拐地開進了天津大法國路的法租界。車上還坐著西原龜三。

交相輝映的異國風情彌散在街角的法國梧桐樹下，滋潤著女孩子們時髦的笑容。古色古香的咖啡館，照相館，服裝店，路邊的炒瓜子開水小攤，背街的牆壁上有告示欄，貼滿各種泛了黃，卷了邊，清藍兩色，頗有古意的宣傳海報，都是一百年後在天津難見之物。

洋樓高聳，起士林西餐廳前臨闊街，門口是晶光閃爍的玻璃招牌。

咖啡館無論是在一百年前還是一百年後，都是洋物。繼承羅馬帝國時代的土耳其風格的精美而奢華的裝潢，略帶藍色的牆面，一抹雕花像咖啡中明滅的泡沫，優雅地旋入房檐下。不需要走進，已然可以聞到屋內那種慵懶輕柔的氣氛。

陸宗輿和西原龜三一起走進這家咖啡館，一眼望去，衣冠楚楚男男女女，一看就知道的都是天津衛的上層人物，他們或高談闊論，或沉思優雅，面前是一杯熱氣騰騰，香氣撲鼻的咖啡。

西原龜三一邊跟著侍者前進，一邊與陸宗輿悄聲對話：「你不帶我來，我還不知道天津有這麼漂亮的咖啡館。在日本也有很多咖啡館，我們叫做可非，但是和起士林比都差了很遠了。」

「西原先生，我知道日本的咖啡館大都比這裏豪華得多，我在日本住了三年。」

「可是你為何不選日租界，不選咱日本人開的咖啡館呢？」

陸宗輿笑而不答，西原也不深究了。

對歐洲人來說，咖啡和咖啡店代表了嚴肅與文明，咖啡店作為公共領域，被認為是法國大革命最具影響力的場所之一，因為這場革命的許多重大事件都是在咖啡館裏策劃或發生的。咖啡店被歐洲人認為是讓人們可以在輕鬆的氣氛裏交換主張的地方，它具體表現了西方新文化引以自豪之特點：知識份子集體參與改進社會及人類文明，雖然在咖啡店裏知識動力和言語交鋒無可避免，但它也見證了文明如何透過愉悅的形勢被培養起來。

所以，陸宗輿邀西原龜三來喝咖啡。

晚於西方，民國時期的京津咖啡館的環境和氛圍都是繼承自巴黎的模式，咖啡文化也是新都市文化崛起的標誌，但是喝咖啡只是少部分人的消費，是一種特權的象徵，一種身份的認同。咖啡始終沒有成為中國普通百姓日常生活的必須品，對這個時代的一般人而言，這只是一種「嘗鮮」，天津人趣稱為「開洋葷」。

「呃，我這人比較低調。」跟著侍者在通道穿行的陸宗輿，突然皺起了眉頭，向身旁的西原龜三問道：「西原先生，我這身裝扮來這裏喝咖啡會不會很怪異啊？」

陸宗輿很少穿西裝，曾穿著長袍馬褂到日本，見天皇，從不在意自己的衣著，但今天不自覺地就在意起來。

陸宗輿的語氣倒是和西原龜三很熟的樣子。陸宗輿身上好像有一種魔力，明明認識沒有多久，但是只要和他聊上幾句，就有一種做了好久朋友的感覺。

「嗯，不會。」西原龜三以欣賞的目光從上到下再次打量了陸宗輿的服飾，稱讚道：「這身正裝可以說是難得一見得體了。」

陸宗輿出門的時候就是平時雷打不動的藍色短褂，黑色長袍，醬色禮帽，非常中國化的裝束。當然，陸宗輿本身也確實具備了自有的獨特魅力撐起這身中國官袍。

侍者引著穿過東羅馬帝國風格的大廳，來到一個園子太湖石堆砌的門洞之前，園子入口的一塊太湖石上還用王羲之的楷書寫著「幽靜園」三字。

「……西原先生，您好！」新任職的財政總長曹汝霖向他伸出手來。旁邊一位是日本駐華公使林權助。

西原環顧一下四周的風景，說：「你難道不覺得……」他以充滿質疑的語氣說道：「……眼前的這些景致蠻詭異的嗎？」隨即落座。

「嗯?.這可是中國園林啊。西原先生，難道您不喜歡嗎?」曹汝霖露出微微驚訝的表情。

陸宗輿顯得有點緊張，用熟練的日語說：「很多日本貴客喝咖啡都喜歡在這種幽靜的環境，我知道西原先生的家鄉在三重縣，有許多竹子，所以才特意挑選的竹園……嗯，如果您不喜歡，我這就給您換一個地方。」陸宗輿說。

「不用，其實這裏非常好了。我很喜歡這種幽靜的環境。」看到陸宗輿緊張的樣子，西原趕緊澄清道：「我只是覺得……嗯，這些景致好像不應該出現在起士林這樣歐式的咖啡廳中而已。」

「西原先生真愛說笑。」曹汝霖笑了笑。

「是的，我們都需要和平，威脅和爭鬥都不適合日本和中國。」

「我們中國人歷來講和為貴，和氣生財，可是有的鄰邦老是欺詐我們，始終不放棄蛇吞象的妄想。」陸宗輿臉上則露出一付小貓警惕危險的表情。

「寺內內閣所標榜的中日親善，遠東持久和平的宗旨和綱領我已充分瞭解，並認為是十分良好的，但是，這些想法倘若不能如願以償，是否還準備了第二套政策呢?」①曹汝霖突然詢問。

「並沒有什麼第二套政策。」西原眨了眨眼睛，望著那位提出質疑的曹汝霖。

「寺內首相的第二種政策是吞併東三省吧?!」這話好像不是從曹的嘴裏說出的，而是噴出的。

---

①西原龜三《夢的七十餘年》，一九四九。

西原有些尷尬，但仍回答說：「日本如將滿洲據為己有，究竟能否實現亞洲民族的安寧和幸福呢？如果能，那麼日本可在數日之內佔領滿洲。但是誰有這樣的信心——敢說這樣做能夠保持遠東永久的和平」。

「寺內首相既有此意，我方自當慎重考慮，有所抉擇。」曹汝霖的眉宇之間浮現出一種果斷的神情。

雖然從表面上看是針鋒相對的鬥嘴，不過若加上那充滿笑意的語氣後，卻讓陸宗輿感到一種溫馨的熟悉感。危險！陸宗輿努力地告訴自己，畢竟西原龜三是個日本人。

在咖啡館氤氳飄渺的芬芳之中，陸宗輿和西原龜三就交通銀行借款達成四項協議：一，金幣五百萬圓，按票面金額交付，不收手續費（佣金）。二，以國庫債券及其他共約八百萬元為擔保。三，期限三年，年利七厘五毫。四，一俟交通銀行整理方案確定後，尚可臨時通融必要之資金。這裏特別提示一點，當時一切借款都附有手續費，而西原借款自始至終不給予任何佣金，這是他的一項鐵律。

西原借款所開具的條件相當優厚。

一九一七年二月六日，陸宗輿為交通銀行借款之事前往日本。日本以中國參加協約國為交換條件，而向其提供交通銀行第二次借款二千萬元合同，在東京簽字。

梁啟超簽下「西原借款」第一單

這會兒，段祺瑞的口袋也不得隨時摸取了，他缺錢。如果沒有「西原借款」救急，民国政府早就是一個「破産」政府了，沒有錢維持國家的正常運轉，就更不要提搞建設了，於是借錢成了當務之急。

梁啟超一改在袁世凱時期激烈抨擊與譴責日本的態度，向段祺瑞力陳為今之計，「對於近鄰亟宜繼續表示特別聯絡」，並為此擬定了「特別聯絡」的若干條辦法，其中就有「支持日本向我國轉移對外資本」、「東三省金融機關與日合辦」、「借用日本款、聘用日人」的意願。①

梁啟超希望通過財政改革讓國家起死回生，利用對德宣戰緩付庚子賠款和幣制借款，實行幣制改革。第一步統一硬幣，第二步統一紙幣，從銀本位引入虛金本位。具體做法是購買金磅，裨益國庫，然後再發行公債，開闢利源。然而，效果卻並不理想。時任財政部司長的賈士毅說：梁啟超的見解雖高，效果卻只能維持現狀，國庫依然如洗。梁啟超的思想雖好，卻無法解決軍閥割據的問題。中央命令不出京城，國稅完全落空。中央專款悉數截留。梁啟超之能仰天長歎，巧婦難為無米之炊。

梁啟超給國外朋友寫信說：「國內種種紊亂腐敗情形，筆難能罄，吾在此日與妖魔周旋，此何可耐。」時在財政部擔任部長秘書的潘敬回憶說：「任公本大權在握，可施展其抱負。不料到任多

①趙肖《「獨」與「群」：一戰前後樑啟超外交思想淺析》，《文史博覽》，二〇一四年七月。

時，一籌莫展。任公本一介書生，與金融家格格不入。財政部權力所及，竟只有一家中國銀行，熟知該行金庫也空空如也，自救不暇。與其他交通銀行及各野雞銀行一向缺乏感情，不免碰壁，妙手空空。每天坐此針氈，不是任公所能忍受的。」①

梁啟超就任財政總長兼鹽務署署長後，著手進行財政制度改革，企圖利用對德奧宣戰後廢除其庚子賠款及協約國延緩五年庚子賠款的參戰權益，外加「西原借款」等款項整頓財政，以期建立金本位制，穩定國內金融狀況，實現財政收支平衡。然而段祺瑞自恃目前財力充足、軍事雄厚，強力推行「武力統一」政策，使之梁啟超籌措進行金融改革的款項，大部分用於軍事開支，而使財政改革和金融整頓最終無果而終。

一九一七年八月二十八日，日本正金銀行理事小田切萬壽代表日本銀行團墊付了一千萬日元作為第一批善後借款的墊款，中國代表簽約的是段內閣中財政總長梁啟超，借款契約如下：一、名目：墊款。二、金額：一千萬元。三、利息：七厘。四、年限：一年。五、折扣：七%。六、擔保：中國鹽稅餘額。七、用途：行政費。八、用途稽核：依民國第一次善後借款專案辦理。九、承借者：日本銀行團。②這是「西原借款」第一單。③

①潘敬：《梁啟超任北洋財政總長時二三事》，南海西樵百西村頭村潘氏探源網，二〇一四年六月三日。
②馬文輝，謝萬昌《西原借款與梁啟超外交戰略關係研究》，《戲劇之家》，二〇一四年第十期。
③丁中江《北洋軍閥史話》，中國友誼出版公司，一九九〇，第一二〇章。

在此期間，梁啟超作為財長直接參與的對日借款有三項，另兩項為十月十二日，以本鐵路之財產及收入為擔保品，滿洲鐵路公司為投資機關，借款期限三十年，年利五厘，舉借日金六百五十萬日元的吉長鐵路借款；十一月二十日，以多倫鄂爾、殺虎口、臨清三常關為擔保品，日本銀行團代表日本實業公司總裁李士偉為代表興業等十一銀行為投資機關，借款期限為一年，年利一分，舉借日金五百萬元的直隸水災借款。①

梁啟超和他的家人曾在日本生活長達十四年之久。在日本期間，他受到當時日本政府及日本朋友的多方關懷和照顧，最突出的表現是在戊戌維新失敗後，他被保護逃到日本；袁世凱復辟帝制時期，又被護送到達廣西南寧。對當時日本政府和人民的幫助，梁啟超銘記在心。因而，這三批「西原借款」無疑是梁啟超擁護段祺瑞全面親日政策的積極回應與支持。從款項的金額與擔保品來看，但每宗借款都傷及國家主權和利益，如關稅主權、鐵路經營權、鹽餘等財政問題，此外還有債券人之其他利益等附加條件，備受評議。

開初，駐日公使章宗祥對西原龜三是否有這種運動錢財的手腕還是將信將疑的，作為試探，他先介紹給陸宗輿以交通銀行的名義商借五百萬日元，結果借款很快成立，西原取得了中國人的信任。讓梁啟超欣喜的是，比起歐美列強的對華「貸款」來，「西原借款」確實很「良心」：比如當

①馬文輝，謝萬昌：《西原借款與梁啟超外交戰略關係研究》，《戲劇之家》，二〇一四年第十期。

年袁世凱跟五國銀行簽訂的《善後大借款》，貸款總額二千五百萬英鎊，但扣掉「佣金」等手續費，最後中國拿到手的，竟只有七百六十萬英鎊。何況，中國向外國借款，根據民國二年英、法、德、日、俄五國銀行團和中國政府的協定，不能單獨向五國中的一國進行政治借款，更不能向五國銀團以外的國家借款，現在德國既已除外，可是其他四國還在，因此段要向日本以外的國家借款，是需要費點周折的。而「西原借款」呢？中間沒有任何手續費，段祺瑞政府拿到手的，就是實打實的一億四千五百萬日元。對於當時內外交困的北洋政府來說，這似乎是筆難以拒絕的錢。

陸宗輿在戰戰兢兢中署了名

美國駐華公使芮恩施，在見過了來訪的陸宗輿之後，說他是一個「身材瘦弱、態度和藹、思想敏捷並且喜歡玩弄手段的人」。芮恩施對曹、陸、章三人瞭若指掌，並評價說：「這三個人的聯合，一般稱之為『三鑽石』。」①顯然，這樣的「三鑽石」並不是美國喜歡的組合。

在西原龜三的日記裏有如下記述：「本日下午，在北京飯店同陸宗輿會面，雙方簽署交換了十二日我同曹汝霖會談商訂的備忘錄。這項備忘錄可成為將來日中永遠親善的基礎。這項備忘錄是

①見【美】保羅芮恩施《一個美國外交官使華記》，第九二頁。

經曹汝霖報請段祺瑞、徐世昌兩人同意後，由陸宗輿代表簽字的。今日成為我們這一代最值得紀念的一天。本備忘錄簽字時，陸宗輿害怕將來被誹謗為賣國賊，在戰戰兢兢中署了名。」①後來，依照這份備忘錄，中日簽訂了關於濟順、高徐二鐵路借款換文和山東問題的換文。

也許，陸宗輿覺察到了這種大借款背後的危機。

段祺瑞推行武力統一，對南方用兵，固然想掃平西南軍閥，但最想搞掉的其實是「另立中央」、開非常國會、做非常大總統的孫中山。段祺瑞命令馮玉祥的第十六混成旅援閩，意圖開闢對南用兵的第二戰場，直接打擊孫中山。不料，馮玉祥在援閩途中發表和平通電，「既無不共法律未規定之私仇，又無非我族類之公怨，兄弟鬩牆，全球騰笑」。批評段政府不顧日本在山東的存在，不顧德俄媾和對中國的威脅，「公私交困，借債生活」。馮玉祥轉道去了湖南，歸入曹錕軍中。段祺瑞的武力統一，最終以吳佩孚撤防北上、直皖決裂並開戰而告終。

一九一七年九月，孫中山在廣州建立護法軍政府，就任海陸軍大元帥。孫中山發表就職演說，表示以「勘定內亂，恢復約法，奉迎元帥」為責，斥段祺瑞「招禍致亂，以叛討叛」。護法戰爭開始。

四十五歲的梁啟超試圖從西方的強盛中尋找中國的救亡之道，最終卻感歎：「誰又敢說我們素來認為天經地義盡善盡美的代議政治，今日竟會從牆腳上築築動搖起來？」「歐洲人做了一場科學萬能

①西原龜三《西原借款回憶》，《近代史資料》，總三十八號，一九七九，第一五三頁。

的大夢，到如今卻叫起科學破產來。」出任段祺瑞內閣的財政總長後，在改造舊國會的問題上，梁啟超又一次與孫中山為首的革命黨人公開對抗，最後為段祺瑞利用，造成安福系議員稱霸國會的局面。

政治理想破滅的梁啟超十一月十八日，向代理大總統馮國璋辭職，從此脫離政壇，告別仕途。於是交通總長曹汝霖兼任財政總長後，依然沿續這「西原借款」的路徑前行。

一九一八年初，陸宗輿、曹汝霖與浙江老鄉李晉①、李組才兄弟在天津共同創辦利濟貿易公司，李組才任經理，為天津華商對外貿易行之肇始。

到了年中，南北兩軍終於坐在一起並宣佈罷戰休兵。十月十日，馮國璋代理期滿，徐世昌在北京就任中華民國大總統。段祺瑞推舉徐世昌，本想以其聲望團結北洋，再圖統一大業，沒想徐世昌主張先禮後兵，欲與南方議和，在上海召開和平會議。武力統一需錢養兵，議和開會亦非錢不可。

「東海當選後，一日約余及閏生（陸宗輿）吃午飯，仍勸我繼長交通，余仍堅辭，他問為何堅辭的理由？余謂武人反覆無常，絕無主義可言，亦不知國家與團體為何事，余這幾年，費盡心力，借成鉅款，結果一事無成。貽笑鄰邦，心灰意懶，無意再問政治。東海（徐世昌）則曰，彼一時，此一時也。我此次上台，亦是勉強，但既被舉，只得將就。聞財部國庫，還是只有你留下的三百萬元，且將盡矣。聞你與日本尚有二千萬貸借款之議，因合肥（段祺瑞）下野中止，我要借重你續商此款，

①李晉（一八八〇至一九六一），字組紳，浙江寧波人，民國時期實業家、水利學家、工礦學家。南開大學礦科創辦人，南開早期主要資助人之一。

以爾我交誼，爾能幫合肥，何能置我於不顧？此事非你莫辦。今日約閏生同來，以後凡事我們三人先交換意見。我擬任閏生以幣制總裁，交通、財政兩部均未定人，任你自擇。」①曹汝霖再任交通總長，所辦的第一件事是與日方商議以前未定的借款。

徐世昌當上總統後，想到自己是前清翰林，為了區別那些武夫軍閥，便開始搞「文治」。於是，他糾結了一幫遺老，每星期開一次會，會上啥也不幹，只吟詩作樂，譽為「雅集」。段祺瑞和陸宗輿竟然也參與其中。

有一天，徐世昌突發其想，欲將女兒嫁與遜帝溥儀，命清宮原內務府大臣世續跑跑腿兒。世續便跟瑜、瑾二太妃商量，不料這兩個女人很不以為然，並說：「漢人為后，先朝無此成例。祖宗之法，不宜自我敗壞。」世續向老徐回稟，老徐怒曰：「今日之事，我為政。彼亡國皇帝，乃敢大擺臭架子，反了他了！」

陸宗輿後來學他的樣，將自己的三子與徐樹錚剛滿周歲的幼女配了「娃娃親」。

自武力統一失敗後，段祺瑞深感北洋軍隊已成個人軍隊，不聽中央指揮，綱紀蕩然。正值陸軍部與日本商議共同防俄協定，徐樹錚建議他另練參戰軍三師。於是他令陸軍總長靳雲鵬向日本商練兵費及三師之裝備費用，日方同意。

---

①曹汝霖《曹汝霖一生之回憶》，中國大百科全書出版社，二〇〇九，第一九〇頁。

368

參戰軍三個師的編練，是日本軍隊的翻版，不僅經費來自日本，軍隊的編制是日式的，教官是日本派來的，武器裝備也全部採用日本的，連拖炮用的馬，都從日本進口。①從晚清到民國，很多軍校、講武堂，連校服都模仿日本士官學校。從日本士官學校畢業的中國學生，回國以後都當了將軍，如陸宗輿的鄉親蔣百里將軍，抗戰時還做了蔣介石的軍事顧問。

參戰軍編練成軍之後，由於仗早打完了，還叫參戰軍不太好意思，段祺瑞遂將之改成邊防軍，自己依舊做著督辦，即邊防督辦。不僅如此，還讓徐樹錚②另編了西北邊防軍四個混成旅。段祺瑞一躍成為中國軍閥中嫡系武力最龐大、裝備最精良的一位，而且氣質中央政府，挾天子以令諸侯。這極大地刺激了他久已有之的武力統一全國的雄心。

俄國十月革命的爆發，引起了帝國主義的武裝干涉，德國突然發起全線進攻，俄軍戰績崩潰，西部國門洞開，日本政府借機製造「德國東侵論」，乘機擴充勢力于北滿，同時借助中國，對抗德國。

①韓世儒《參戰軍與直皖戰爭概述》，《北洋軍閥史料選輯》下冊，中國社會科學出版，一九八一，第六八頁。

②徐樹錚（一八八〇至一九二五），字又錚，號鐵珊，又號則林，江蘇蕭縣（今屬安徽）人，北洋軍閥皖系名將。一九〇一年從家鄉赴山東投奔袁世凱，一九〇五年至一九一〇年東渡日本學習軍事。他是段祺瑞的心腹謀士，在辛亥革命、洪憲帝制、張勳復辟時輔佐段祺瑞「三造共和」，又在與馮國璋的鬥爭中引張作霖奉軍入關，以鞏固皖系權力，並主持「武力統一」。一九一九年一月，他以武力為後盾，迫使外蒙古無條件撤銷自治，回歸中國中央政府的直接管轄之下，並以西北籌邊使身份坐鎮外蒙，加以經營。徐樹錚文武雙全，才華橫溢，還是陸宗輿的兒女親家。

日本參謀次長田中義一和北京政府駐日公使章宗祥商談中日軍事行動問題。不久，日本外務大臣本野和章宗祥交換了關於「共同防敵」的照會。為避免再次發生日俄在中國領土上作戰的事情，五月十六日和十九日，段祺瑞政府與日本政府代表先後在北京簽訂了《中日陸軍共同防敵軍事協定》和《中日海軍共同防敵軍事協定》。

「共防」就得一同拿錢，沒錢怎麼辦？段祺瑞說：「借麼！」日本有自己的打算，北洋政府也有自己的算盤。陸軍部與日本泰平公司簽訂一千八百餘萬日元軍械借款合同，加上一九一八年七月三十一日簽訂的第二次三千二百四十二萬餘日元的軍械借款合同，兩次共購買日本軍械計有：步槍十二萬五千支，子彈七千五百五十萬萬粒，山炮三百一十六門，野炮二百二十八門等以及各種炮彈武器附件、配件等（最後結算為三千二百多萬日元）。

這時，滇、桂兩系軍閥在西南擁兵自立，公然對抗以皖系軍閥為支柱的北京政府。段祺瑞策動十三省督軍，在天津開會，成立督軍後援團，準備對南方用兵。在財源萬分緊張的情況下，他把西原借款挪作了內戰軍費。

然而，世上哪有免費的午餐，尤其是日本，它豈能供你免費午餐？借款得有擔保，中國先以吉黑兩省官有林礦相抵，後又以要求以德國已失之濟順、高徐鐵路為擔保，而這後者則涉及山東問題，便為以後巴黎和會埋下伏筆。

陸宗輿成為「賣國賊」的主因，因為他以中華匯業銀行總裁的身份，與北京政府簽署了中方以吉黑兩省金礦、森林以及以有線電信作抵押的轉貸合同。正如他在所撰《五十自述記》文中歎曰：「所謂賣國頭銜，實壞於吉黑之林礦借款。」

以吉黑兩省金礦、森林作抵押的三千萬日元合同，係農商總長田文烈、交通兼財政總長曹汝霖代表北京政府，於一九一八年八月二日同中日合辦的中華匯業銀行簽約。匯業方簽字者，為其總裁陸宗輿、常務理事柿內常次郎。此合同由日本政府承認，授意中華匯業銀行出面與北京政府簽訂，款項則由日本興業等三家銀行通過匯業銀行轉貸。

陸宗輿對自己在借款合同上簽字，認為實屬不得已而為之。他在《五十自述記》中為自己辯護：當年自己身為中華匯業銀行總裁，曹汝霖為財政總長，曹以「手頭孔急」，擬請匯業銀行代轉日人借款，陸不肯照允，兩人曾生爭執。「一日，輿為合肥（段祺瑞）所招，謂如無大借款以撐此局面，則將生絕大波瀾，除非將借款令匯業代轉，以期速得款項救急。合肥語甚沉痛，在旁的田煥亭（農商總長田文烈）、徐又錚（陸軍部次長徐樹錚）及段、吳諸公（段，陸軍總長段芝貴；吳，段祺瑞內弟吳光新）同聲相勸，輿以義不容辭，而允為即簽。」陸氏在此強調，段祺瑞特言：「若不簽字，無異與當局同人相仇視。」

八月初，西原龜三又與曹汝霖商定，由日本供給二千萬日元，作為編練「參戰軍」的經費，即於九月二十八日陸宗輿以中華匯業銀行總裁身份正式簽訂參戰借款。①這時，段祺瑞企圖借參戰名

①孫志鵬《西原借款述評》，《日本問題研究》，二〇一三年第一期。

義取得日本借款，組織參戰軍擴大皖系勢力，推行「武力統一」方針，完成南北統一。至此，陸宗輿已意識到：簽字與否，均屬引火焚身，最終他還是選擇了「簽」。①

一九一八年九月二十四日，駐日公使章宗祥與日本外相後藤新平交換濟（濟南）順（順德，今安陽）、高（高密）徐（韓莊，今徐州）二鐵路換文，北京政府決定向日本借款二千萬元修築，以該二路一切財產並收入作擔保，年息八厘。

九月二十五日，章宗祥與後藤新平在東京舉行關於處理山東問題的秘密換文，主要內容有：中日合辦膠濟鐵路；沿線日軍除濟南留駐部分外，全部調往青島；膠濟鐵路巡警本部及樞要驛並巡警訓練所，應聘用日本人；日本現設的民政置撤廢等。

同時，日本政府建議中日合辦鳳凰山鐵礦，中日各投資二千五萬元，中國資本可以由日本代墊，並提出在浦口建立鋼鐵廠，聘用日本技師，以陸宗輿為督辦。這個消息首先由北京的英文《京報》登出來，段派軍警逮捕了《京報》主筆陳友仁，接著把《京報》查封。這一來，便成了一件中外軒然大波的事件，各方遍傳：「中國軍械將由日本管理，所有各省兵工廠、煤鐵礦亦由日本控制。」於是全國人民和各種團體，一致反對軍械借款和鳳凰山採礦合同，要求段內閣宣佈真相。同時美國公使抗議中日軍械借款，亦要求公佈鳳凰山採礦合同，英國公使則認為長江流域是英國勢力範圍，

①陸宗輿《段祺瑞的的參戰和借款》，《近代史資料》總三十八號，一九七九，第一七八頁。

不能容許日本染指。江蘇督軍李純又來一電，指出鳳凰山是江蘇轄境，事關地方問題，應先徵求地方當局意見才能簽約。語氣中含有即使內閣簽訂開礦條約，他也不會允許日本人前來開採鐵礦。段相信這個秘密條約是總統府方面故意洩漏的，同時相信馮國璋有意推波助瀾，縱慂反對。①

不出所料，《民國日報》一九一八年九月二十三日遂刊出《陸宗輿經手大賣國》的文章，陸氏厄運，自此降臨。西原借款在日後國民黨的「革命語境」裏被指責為「賣國」、「以投資手段使中國殖民化」。

其實，段祺瑞用西原借款也養壯了邊防軍。段祺瑞把一戰中以「對德參戰」為名，用西原借款拿來組建的那支軍隊交給了徐樹錚，這支部隊武裝齊全，本是北洋軍閥準備用來對付孫中山的。一九一九年十月，徐樹錚率兵進入外蒙，迫使外蒙在十一月十七日正式取消自治，廢除俄蒙一切條約，回歸中國。由此，徐樹錚依靠兵強馬壯收回了外蒙古一百八十萬平方公里的國土。然而，一年後爆發直皖戰爭，皖系落敗，段祺瑞、徐樹錚下野，中央政府對外蒙的統治隨即中斷，一九二一年外蒙再度獨立，引為千古遺憾。

①丁中江《北洋軍閥史話》，中國友誼出版公司，一九九〇，第一二七章。

西原借款最後變成一筆爛帳

曹汝霖談西原借款之原委，透露：

余乃向合肥（段祺瑞）提出辭職，合肥極力抱歉，並云現當軍隊出發，需款較多，以後即無此用項。再三挽留，不得已又向日本商借二次借款。日本方面有難色，派員來商，實則調查內情。西原從中斡旋，說明種種為難情形，若不續借，功虧一簣。又允續借日金三千萬元，以吉、黑兩省官有森林相抵。此是西原示意。以銀行方面，只知道要數量較大之抵押，若以森林為抵，數量甚大，而採伐困難，銀行不知也。森林屬於農商部管轄，商得田文烈總長同意，亦由日本專員來華簽訂。①

實際上「西原借款」所立合同中的款項，日本人沒少給，但段祺瑞政府拿出來抵押的資產權益等較為空泛，鐵路墊款等因為鐵路沒有興建而自然落空，還有的抵押品只停留在借據條款上，執行中並沒有讓日本人實際接管或插手。

段祺瑞雖為軍閥，但人格形象頗佳，由於篤信佛教，平日多半吃齋，為人嚴肅刻板，不苟言笑，生活樸素，無積蓄、無房產，清廉如水，享譽於世。他有一件事幹得「很無賴」，但是卻讓大家拍

①曹汝霖《西原借款之原委》，《近代史資料》總三十八號，一九七九，第一七四頁。

手稱快，這就是「西原借款」。

細雨初晴。徐世昌邀請段祺瑞打麻將，席間，徐世昌與段祺瑞談起西園寺借款的事，段祺瑞據實以告，徐世昌急得直跺腳。

「政府經濟拮据，處處需要錢，入不敷出，不借債怎麼辦？打內戰搞統一，誰願意打內戰？可是你不打他，他打你，就拿湖南的情形來說吧，是我們要打仗，還是他們要打我們？主持一個國家的人，沒有不想統一的，難道說你當大總統，願意東不聽命，西不奉令，跟中央對抗嗎？」段祺瑞無奈地說。

「欠日本這麼多錢，日後拿什麼來還？」

段祺瑞滿不在乎地道：「還？我根本沒想過要還！這個世界，誰強誰說算，等我們強大了，我們還用得著還嗎？到時候一瞪眼全拉倒！」他的用意是要將清朝政府賠出去的錢騙了回來。

「可是，你忘了宮保的『二十一條』了嗎？國人豈不罵我們賣國？」

兩人正爭執間，秘書進來稟報：「西原龜三請求拜見大總統！」徐世昌看了看段祺瑞：「怎麼樣，來了吧！」

徐世昌會見西原龜三，以自己新任不久，不瞭解情況推脫，讓西原去找曹汝霖、陸宗輿。①

①劉恒《西元一九二一》（電視劇）第二集，中國電視劇製作中心有限責任公司製作，二〇一一。

西原向北洋政府大把大把地借款，一九一七至一九一八年的一年之內，由西原經手聯絡的日本借款多達八宗，合計一億四千五百萬日元。

交通銀行借款，一九一七年一月二十日簽訂，五百萬日元，以隴海鐵路債券、中國政府國庫券和中國政府欠交通銀行債權證書為擔保。

交通銀行借款，一九一七年九月二十八日簽訂，二千萬日元，以中國政府國庫債券為擔保。

有線電報借款，一九一八年四月三十日簽訂，二千萬日元，以中國全國有線電報的一切財產和收入為擔保。

吉會鐵路籌備借款，一九一八年六月十八日簽訂，一千萬日元，擔保：以國庫券按貼現方式辦理。

吉黑兩省金礦及森林借款，一九一八年八月二日簽訂，三千萬日元，以吉黑兩省之金礦、國有森林以及上兩項所生屬於政府之收入為擔保。

滿蒙四鐵路籌備借款，一九一八年九月二十八日簽訂，二千萬日元，擔保：以中國政府國庫券按貼現方式辦理。

高徐、濟順鐵路籌備借款，一九一八年九月二十八日簽訂，二千萬日元，擔保：以中國政府國庫券按貼現方式辦理。

參戰借款，一九一八年九月二十八日簽訂，二千萬日元，擔保：以中國政府國庫券按貼現方式辦理，到期後以同一條件換發新券抵換。①

八項借款總計一億四千五百萬日元，相當於北京政府財政開支的三分之二。

那時節，這是一個天文數字。那麼，這筆巨額借款最終都用在了甚麼地方呢？這裏有日本人的記錄最有說服力，當時日本人依照北京政府財政部的存檔數字，加上自己的實地調查，最終得出了「西原借款」的大概用途，「直接財政性支出占西原借款總支出的六五・二二%；軍費佔占總支出的二五・四%。」

另據曹汝霖在其回憶錄中記載，「余攝財政十個月……在任中，官員無欠薪，軍警無欠餉，學校經費月必照發，出使經費月必照匯，即清室優待費用四百萬元從未積欠，至交卸時，庫存尚有三百萬元，此皆財政部有帳可稽。」②

「西原借款」雖被後世目之為「賣國」，但就當年中央政府維持基本財政必須借款，而又具借條件最為優厚而言，段氏實無拒絕日方借款之理由。不要回扣，十足支付，沒有切實抵押，這是民國外債中條件最優厚的借款。

當時的財政部官員周叔廉也承認，日方「對借款的條件並沒有十分苛求，對於押品尤為空泛，

①據王芸生《六十年來中國與日本》第七卷，三聯書店，一九八一。
②曹汝霖《西原借款之原委》，《近代史資料》總三十八號，一九七九，第一七五至一七六頁。

鐵路墊款則鐵路並沒有進行興建，其他押品只在借約上空言指定，並沒有實行接管。」

然而，雖然段祺瑞心安理得的覺得「誰打算還他呀」，可日本也不傻，你不還？人家可以通過其他方面找補回來。拿到錢的段祺瑞，放心大膽地用這筆錢維持政府開支，甚至招兵買馬「武力統一」，北洋軍閥的戰亂也進一步升級。這些，恰是打著「借款」名義擴張對華權益的日本，最希望看到的。雖然段祺瑞未能完成統一，未如日本所願；但是日本人借「西原借款」得以鞏固和擴張在東北的勢力。山東濟順、徐高鐵路借款，目的是把他們在膠濟鐵路的勢力，延伸到京漢線和京浦線。而參戰和軍械借款，實際上使得日本把手伸到了中國軍隊和軍械製造層面——這是中日「二十一條」第五號的內容，那時候，日本以武力威脅沒有讓袁世凱政府接受的東西，現在憑藉日元，有的內容也都實現了，段祺瑞編練的參戰軍，軍械全由日本提供，而且一色用的是日本教練。因而，段祺瑞的「西原借款」被人說成「賣國」。

於是，在一九一九年的巴黎和會上，「西原借款」的大坑就已初現：當中國提出收回山東權益的正當要求時，日本就搬出了「西原借款」關於山東問題的相關條文，直接讓中國代表團陷入了被動裏。

而其他的「借款條件」，更給日本侵華打開了種種方便之門。比如「交通銀行業務整理」這條，就讓日本金融業拿到了對華投資的優先權，對華金融貸款暴增十倍。又比如「吉黑林礦借款」，日本出了點「小錢」，就拿到吉林黑龍江的林礦主權。「滿蒙四鐵路」這條，更叫日本控制了吉會線長開綫等鐵路綫路。日本的對華投資與貿易利潤，也從此滾雪球般激增。這些借款協議，成了日本對華經濟政治滲透的急先鋒，看似被「賴帳」，其實收穫頗豐。

在日本，該借款亦同樣蒙受「賣國」之指責。段祺瑞用這筆錢來武裝部隊和發展生產，還答應給日本在東北修建兵工廠和鐵路以及開礦的權力，不過後來日本卻發現自己基本被騙了。段祺瑞答應的鐵路根本就沒修，其他的權力張作霖也是能拖就拖，導致日本借出去這麼多錢，實際上就是給段祺瑞自已發展去了，日本卻沒有得到多少利益。

段祺瑞對這一筆借款的態度是能拖就拖，日本想得到的權益也沒辦法變現。最後，日本要不回這一筆欠款，導致一九二九年日本的經濟危機加重。一九二五年，國民政府成立後以「賄選總統之下的北京政府所借的外債概不負責償還」而停付本息，日方還因此血本無歸，日本政府必須發行債券以救濟日本興業銀行。日本國內指責該項借款實乃賣國之舉，勝田龍夫也認為西原借款是無效的「泡沫借款」。①恰如王芸生所言：「自另一種意義言，亦可謂彼等之賣國。蓋以二億鉅資，一無切實之抵押，二無高息回扣，結果強半流為無著落之濫債，無怪寺內、勝田諸人受其國人之攻擊也。」這種尷尬，恰恰說明該項借款條件之優越，已不免引起日本國內部分人士的極度不滿。

一九二七年，蔣介石的民國政府取代了北洋政府，可不承認這筆債務，因為國民政府正是打著

①孫志鵬《西原借款述評》，《日本問題研究》，二〇一三年第一期。

「廢除一切不平等條約」、「打倒帝國主義」等革命性的旗號上臺的。日本人先後派出數批代表向西原借款的當事人段祺瑞和擔保人張作霖討債。段祺瑞說自己無職無權，對這筆債務無能為力，擔保人張作霖也與日本人打起太極。

一九二九年底，日本駐中國公使佐分利貞男奉命帶著當年西原龜三簽訂的借款文書，來向國民政府討債，因為要不回錢，完不成使命，而在所住旅館自殺身亡。這筆巨額借款也就成了爛賬，最後不了了之。因為段祺瑞政府倒臺，西原借款難以收回，西原龜三遭到批判。後來，因宇垣組閣失敗，西原龜三對政界絕望，一九三八年返回鄉里，成為平民百姓。晚年他寫了自傳《夢的七十餘年》，記述他八項借款頗詳。這些記述，不只說出了各項借款交涉的經過，支持皖系軍閥段祺瑞的內幕；還說出了當年陸宗輿、曹汝霖等人與日本既依賴又抵抗的無奈處境，以及曹陸章被免職後西原龜三的愧疚和不平。一九五四年八月二十二日，西原龜三在家鄉去世，算是得個善終。

如果單從與日本人賴賬，氣死日本人方面，段祺瑞確實值得稱讚。因為中日甲午戰爭，中國戰敗後按《馬關條約》，賠給日本二億三千萬兩白銀，而段祺瑞卻借回了一億五千萬，而且借而不還，確實是牛。但段祺瑞貸款也有負面影響，在西原借款中，段祺瑞政府把東北的吉會鐵路、所謂滿蒙四路和吉林、黑龍江兩省的金礦及森林等以及全國的有線電信的財產和收入，都抵押給日本。日本還奪得了德國在膠州灣和山東的全部權益。

石景山的新發現

一九一八年三月十六日，段祺瑞委任陸宗輿為鐵礦督辦，瑞典地質學家安特生為技術顧問。

事情還得從三年前說起——

四十歲的瑞典人安特生踏著春光來到北京。對於中國人來說，安特生可不是位等閒人物。中國二十世紀一系列重大考古發現，如周口店猿人遺址、河南的仰紹文化等等都和他的名字聯在一起。此時安特生來中國，是作為地質學家，具體說，他是當時中國民國政府農商部正式聘請的礦政顧問，來幫助中國人尋找礦藏。

當時，一位來自丹麥的冶礦工程師麥西遜，一眼瞧見紫禁城宮殿牆壁上那片血紅色，很驚奇，他就打聽，那顏料是什麼?產自哪裏?

麥西遜很快在北京街頭見到了這種染料，一位背著簍子操河北宣化口音的農民正叫賣「染料」，麥西生一眼看出他所帶的「染料」恐怕是一種礦石，他買下了一些回家，立即化驗，果真是一種含量甚高的赤鐵礦。

不敢怠慢，麥西遜立刻想知道這礦石產自哪裏。於是他又到街上轉，結果又找到了賣染料的人，一打聽，原來這東西產自北京往西一百多公里的龍關山。

這頗為傳奇的發現，對於安特生來說，簡直是天上掉下來的運氣。他馬上安排助手和麥西遜一道前往龍關山察看，接著他又同地質調查所的技師新常富等人一起親自前去踏訪，發現在龍關、辛窯堡一帶確實有一個巨大的礦層區，儲量達一億噸。那是個富鐵礦，礦石含鐵量在百分之五十以上，都可以直接投到煉鐵爐裏冶煉的。①

發現鐵礦的消息報到北洋政府，引起轟動。袁世凱在忙著與國會議員們玩貓捉老鼠的政治遊戲、一步步邁往「洪憲皇帝」寶座的間隙，還抽空發了安特生一枚「三等嘉禾勳章」，以示嘉獎。

自從河北傳出發現大鐵礦的消息之後，北京政府的一些政要就動了開礦的念頭，最先提交報告的是陸宗瀚，他是陸宗輿的弟弟，在農商部任職。他向北京政府呈文，提出先採礦再辦煉鐵廠的建議。但由於當時的中國政治風雲變幻不定，派系權爭不斷，北京政府根本無暇顧及此事，因此陸宗瀚關於開礦的呈文成為泥牛入海——不見了蹤影。

一九一四年第一次世界大戰爆發後，同盟國與協約國兩大軍事集團，在歐洲展開攻勢。冷兵器時代結束後的這場規模空前的世界大戰，實質上更是一場「鋼鐵之戰」，機械化武器登上戰爭舞臺。坦克、飛機、潛艇等現代新式武器無不耗費大量鋼材，考驗著參戰國的鋼鐵生產能力。

在前後四年零三個月的時間裏，第一次世界大戰令鋼鐵成為了極為緊俏的戰略物資。西方參戰各國紛紛下令禁止鋼鐵出口，而在鋼鐵出口國正在掀起搶購狂潮，鋼鐵價格暴漲。

①黃艾禾《首鋼初生記》，《財經國家週刊》二〇一一年第六期。

在中國上海，新出廠的鋼板和馬蹄鐵的價格比戰前上漲了十倍多，全國掀起大辦鋼鐵實業的潮流，鋼鐵業成為中國最賺錢的生意。

正巧這個時候，安特生發現了宣化龍關鐵礦，陸宗輿抓住這個商機，向北京政府總理段祺瑞進言，興辦採礦和煉鐵企業。

與梁士詒爭奪礦權

勘察、論證……陸宗輿得知煙筒山儲量可觀，且閱過安特生的《煙筒山鐵礦勘查報告》後，即向農商部呈文請求將煙筒山鐵礦劃入龍關鐵礦公司管理，以收速效。此事被財政部次長梁士詒得知後，欲爭攫礦權，疾寫呈文。

農商部便接到梁士詒等人的呈文，謂：「前於宣化縣境內的煙筒山發現鐵礦一區，現擬集資五十萬元，請農部山沖按龍關鐵礦公司成例，酌量附入官股，成立煙筒山鐵礦公司。」於是，梁陸對煙筒山礦權之爭便揭開了帷幕。

梁士詒何許人也？原來是袁世凱總統秘書長，參與機密，人稱「二總統」，是袁世凱「洪憲美夢」的設計者。梁也是兼得交通銀行總理和取得代理國庫發行紙幣的特權實力人物。那天，他會見了陸宗輿，以淩人盛氣的驕橫態度指責陸宗輿：「煙筒山礦係我梁某所有，已在農商部有所備案，你意併入龍關鐵礦公司，是何道理？」

陸宗輿有徐世昌、段祺瑞為辦礦後臺，當然亦不示弱，強硬回答道：「民國七年初，我創辦龍關鐵礦公司之際，早包吞此礦，怎奈你何！」

梁聽後面紅耳赤，道：「民國元年，我便開得此礦，取得礦權！」

陸宗輿笑了一笑，並不示弱：「怪哉怪哉，當時世人並不知龍關山之染料是鐵礦，你焉知煙筒山可有鐵礦，當是先哲。還是混帳！」

梁士詒一時啞口無言，只得呸聲連起，硬說礦權是他的。

兩人吵得不可分解，難分勝負。陸宗輿見徐世昌和段祺瑞知情後一聲不吭，只作馬上觀，便憤而寫了一份辭呈，擬辭去龍關鐵礦督辦的職務。

見到陸的辭呈後，徐、段這才著了慌，好文慰留，並找來財政總長兼交通總長曹汝霖調解。最後商定，將龍關山、煙筒山之兩礦區並這一區，實行官商合辦。官股派一督辦，仍由陸宗輿繼任，商股組織一董事會，由梁士詒任董事長。權利義務均勻分配，此場爭論方煙消雲散。①

農商部將此意圖擬成提案，經國務院批准，便將煙筒山合併入龍關鐵礦公司，一九一八年七月十八日，「官商合辦龍煙鐵礦股份有限公司」宣告成立，也就是首鋼的前身。

「龍煙」這個名字還有另一層含義，創建者希望，鋼鐵廠會像龍一樣，煙氣滾滾、升騰壯大。

---

①關續文《首鋼史話》，中國廣播電視出版社，二〇一〇，第九至十頁。

陸氏花園首次股東大會

那天，陸宗輿手拿著農商部批轉來的《龍煙鐵礦股份有限公司簡章》，不禁喜形於色：沒有規矩不成方圓，如今章程在手，授權在握，便可以放手大幹施展才華，在此實現自己的鋼鐵城夢想了。

創辦鐵礦，首先遇到的問題是資金。梁陸之爭，調停者曾提出一個千萬銀元的建設資金不無道理，然而官股由北洋政府出資，但因國庫空虛，股資多是向日本借款，簡章上只得削減為半，即五百萬元。即便如此，在籌資中仍感困難，故採取官商合辦各出半資之策。

那官股二百五十萬元，農商部為統辦，單位分擔一百二十八萬元，交通部所承擔的12萬元，主要依靠該公司所產鋼鐵製作輪軌的收入，兩部股金來源，主要依靠向交通銀行與中國匯業銀行貸款解決。

那私股資金來源，便在北洋軍閥政府中的幕僚間遊說。陸宗輿說：「本年度本溪煤鐵公司的利潤率達三五％多，漢冶萍煤鐵公司的探究一下達一八％，所以，我龍煙規劃採礦煤鐵，預測利潤可達全國最高水準……」

在他的三寸不爛之舌的鼓噪下，恰中時效，人們紛紛解囊入股輸金。其中擔任過總統、總理、總長和各省督軍的達二十多人。現職大總統徐世昌入股十六萬元，黎元洪、馮國璋各五萬元，總理段祺瑞獨佔鰲頭入股三十五萬元，陸宗輿十一萬元……官僚們掌握了龍煙公司的最高權力機構股東會和最高執行機構董事會的權力。總計商股一百四十戶，集資二百三十萬元。於是決定，擇良日於三月二十九日下午三時在陸宗輿家中的花園裏舉行首次股東大會。

陸宗輿的家在北京東單牌樓棲鳳樓地區的小土地廟胡同內。

那天，當股東們乘著汽車、馬車或包月洋車輻輳而至，霎那間，陸氏私邸的院裏門外熱鬧起來。早來的股東們，有的小憩於客廳廊榭，有的踱步于幾枝桃花初綻的嶙峋假山怪石之旁。所到之人，三三兩兩地討論著，交談著入股的金額，揣測是否會遇到的風險；也有入股甚微者，只不過想趁機觀賞一下陸氏深宅大院內的宛若蘇州園林般家私。當登上假山的涼亭，忽有管弦歌聲送入耳鼓，順聲看去，只見屏門外的內院屋舍數十楹，堪稱富麗堂皇。時有雍榮華貴的三房二妾出出入入，其衣著袒胸露臂，時令雖是春寒料峭，也倒顯早領風騷。

股東大會暨董事會成立大會在花園大廳裏舉行，陸宗輿主持。他演說道：「公司的經營是以採礦為主，以採煤和石灰石為輔，就鐵礦的儲量和採掘而論，龍煙公司礦藏量為一億噸，含鐵四〇%到六〇%；不但礦質純淨，易於製煉，而且礦區集中，易於開採；且接近京津，利於運輸。因此，龍煙的天時、地利可與東三省及揚子江南岸相比，具有獨佔鰲頭之勢。」

說到這兒，他喝了一口水，接著更是眉飛色舞：「公司擬建造一座大型煉鐵廠，注意是大型的，年產生鐵至少八萬噸，也許是九萬十萬或者更多，這一項每年至少可盈利一百三十六萬；用煉鐵廢渣和石灰石為原料生產水泥，這一項每年可盈利一百萬元以上；最後一項是煉鋼廠，以年產鋼六萬噸計算，每年可盈利三百萬元……」①

他用蠱惑人心的演說，讓股東們笑顏逐開，手掌發癢好像股金所得的利潤——若干銀元已經嘩啦啦地倒進自己的行囊之中，真乃幸哉福哉！

然後選出了龍煙鐵礦公司第一屆董事會、董事和監察員。董事會議決：不設董事長，由督會辦主持。這樣，原先徐世昌給梁士詒當董事長的承諾不能兌現，龍煙還是由陸宗輿一手掌控。

在煙筒山礦開採中發現，其鐵礦石含矽過高，當費焦炭熱能，增加成本，為此，煙筒山礦石不知能否有冶煉價值，股東們聞知，愁思眉鎖，出現了新的問題。

陸宗輿更是忐忑不安，夜不成眠。

一九一八年十一月，段祺瑞被迫辭去國務總理和陸軍總長職務，專任參戰督辦。錢能訓接任國務總理。

①關續文《首鋼史話》，中國廣播電視出版社，二〇一〇，第一五頁。

第十一章　千古奇辱「賣國賊」

一紙電報引發「五四事件」

一九一八年十一月一日，德國宣佈投降，協約國戰勝同盟國，第一次世界大戰結束。

第一次世界大戰，本質上是強國壟斷世界，利益分沾不匀而爆發的戰爭。戰爭結束時雖有美國總統威爾遜的十四點和平計劃，可是第一次世界大戰後，世界問題的重心仍然操縱在強國手中，戰勝的弱國依然受到不公平的待遇，像當時的中國就是一個明證。中國參加協約國一方，成為戰勝國，可是日本亦是協約國，它卻在中國領土上打德國人，佔領了德國侵佔的中國土地——青島，並且擴充及山東半島。中國要求日本歸還，日本不理，於是中國遂寄希望於巴黎和會。

十一月十四日，北洋政府公告全國，放假三天。北京突然之間旌旗招展，光彩照耀，東交民巷至天安門一帶，遊人更是摩肩接踵。這一天，民眾欣喜若狂，遊行慶祝勝利，中國自鴉片戰爭以來第一次成為戰勝國，雖然這次勝利的象徵意義大於實際意義。

那天，陸宗輿回到北京前炒麵胡同的家裏。東交民巷曾是北京的一條極其普通的街道，地處皇城附近，原名東江米巷，是一條東西向的大街，巷內有南北向的胡同多條。鴉片戰爭戰爭後，這裏開始出現常駐的外國使節，於是改為東交民巷。第二次鴉片戰爭後，外國公使長駐京師，開始在這裏建立使館。

陸宗輿見桌上擺著一封信，信封下端的署名「王國維」三字很顯眼，便拆開閱讀。王國維一直對「俄式革命」持堅決的反對意見，「俄過激黨之禍，德匈及葡瑞諸國均受其影響，恐英法美諸國人亦未必不漸漬其說，如此則歐洲文化富強不難於數年中滅絕，東方諸國受其禍亦未必後於西洋……如此派得志，則世界末日至矣。」因而他建議政府在巴黎和會上提出議案，團結世界各國剿滅俄國布爾什維克。

王國維雖是他的同鄉，還同過學，和他一樣，傳統教育到秀才為止，真正的教育始於留學日本。從日本留學歸國後，王國維追求新學，治史學、古文字學、考古學，還曾在張謇創辦的南通師范學校任過教，又隨羅振玉僑居日本，治甲骨文字，研究古史，所著《宋元戲曲考》被後人稱作「新史學的開山」。

他說，他最大的恐懼是西方拒絕向中國出口書籍，這樣中國就萬劫不復了。晚清學術爆炸源於西學和考古材料的引進，他在這兩方面都是急先鋒。國故之所以熱，就是因為有了西洋的新方法，現在卻莫名其妙地變成了反西方的符號。他怕世道再變故，兵荒馬亂的沒了他的鑽研學問的靜讀之地。

畢竟兩人分屬不同的政治陣營，此前已有十餘年不曾往來，今天怎麼突然寫信給他？也許王國維知道梁啟超曾是他的上司，目前正要去參加巴黎和會。

正埋頭覆信，大女兒靜嫣蹦跳著進門。她在京師女中讀書，才第一年。

「爸爸你看，同學們都在說布爾什維克，是好是壞的呀？」

這是一冊在上海出版的《新青年》雜誌，由陳獨秀主編，這一期是第五號，刊登了李大釗的《庶民的勝利》、《布爾什維克的勝利》兩篇文章，盛讚布爾什維克領導的「十月革命」，告訴讀者，人道的警鐘已敲響，自由的曙光已出現，並且預言「試看將來的環球，必是赤旗的世界」。

「爸爸做的是實業救國，不知道什麼布林什維克。你也不要去弄懂它，離政治遠一點……」

「爸，你看，還有巴黎和會、南北議和、山東問題……」

「哦……」陸宗輿關注起巴黎和會的相關新聞。

梁啟超籌措了十萬元經費，挑選了一批各有所長的專家，組成一個民間代表團，準備赴歐洲參加巴黎和會。

十二月二十八日，梁啟超率丁文江、蔣百里等人，乘坐日本輪船橫濱號前往歐洲。一路上，大家打牌、聊天，非常熱鬧。每天早上八點，每個人都抱著一本書，在甲板上沖著大海高聲朗讀，四十五歲的梁啟超也開始學英語。

中國決定參加巴黎和會，其目的有四：（一）收回戰前德國人在山東省內的一切權益，可是這些權益現在已被日本以武力侵佔。（二）借國際會議主持公道，取消民國四年中日條約的全部或一部。（三）取消外國人在中國享有之一切特權，如領事裁判權、租界、關稅協定等。（四）結束德國、奧國在華之政治與經濟利益。巴黎和會是一戰確立世界新秩序的會議，梁啟超希望能利用這次機會改善中國的國際地位，特別是收回德國在山東的權益。

在巴黎，梁啟超以中國民間代表的身份會見了美國總統威爾遜，請他幫忙在和會上支持中國收回山東權益，威爾遜答應了。

一九一九年一月，被中國人寄予了厚望的巴黎和會正式開幕，這是一次旨在整理一戰後世界秩序的和平會議。中國派出外交總長陸徵祥為首席代表，其他代表是駐外公使施肇基、顧維鈞、魏宸組及南方政府代表王正廷。出發前，總統徐世昌召集會議商定應對方針，要求收回德國租界並取消其在中國的權益法權。提議撤銷庚子條約中駐兵一條並修訂海關稅則。對於日本佔領的青島，要求歸還中國。

會上，同為戰勝國日本要求繼承德國在山東的權益，遭到中方代表顧維鈞的嚴詞反對。顧維鈞慷慨陳詞，說山東是孔孟之鄉，中國的文化聖地，自中國參戰以來，與德國訂立的所有不平等條約均已廢除，不存在日本繼承權益的問題。威爾遜也從旁相助，為中國據理力爭。

場外，梁啟超作為民間代表進行了頻繁的遊說活動，發揮了出席和會的中國外交代表所起不到的作用。他寫下《世界和平與中國》一文，並翻譯成多國文字，廣為散發，宣傳中國的要求，駁斥了日本佔據山東的藉口：「膠州灣德國奪自中國，當然須直接交回中國，日本不能藉口有所犧牲有所要求，試問英美助法奪回土地，曾要求報償耶？」在隨後的記者招待會上，梁啟超大聲疾呼：「若有一國要承襲德人在山東侵略主義的遺產，就是世界第二次大戰之媒，這個便是和平公敵」。

中國代表還向和會提出取消帝國主義在華特權的七項希望條件，包括放棄勢力範圍、撤退外國軍警、撤銷外國郵政電報機關、取消領事裁判權、歸還租借地、歸還租界、關稅自主等項。大會以「不在會議許可權以內」為借口，不予討論七項希望條件及庚子條約的內容。僅關於取消德國租界及權益法權的要求獲得順利解決。中國代表被邀出席會議只有三次，內容是日本要求把德國在膠澳租借地及所有鐵路，以及德國在山東省內一切權利通通繼承下來。我國代表據理力爭。但美英法國屈從於日本的壓力，在正式和約草案中，仍然規定德國在山東一切權利，包括膠灣租借地，連同鐵路礦業海底電纜在內，均無條件讓與日本，一字不提交還中國。

陸徵祥到巴黎後，原想先在大會上爭回山東的權利，然後設法取消強加於我國的二十一條。未成想日本人更為敏捷，不待中國開展活動，已先與美國締結協定，取得美國承認日本在中國的特殊利益的許諾。日本又與英法意等國達成諒解，保證日本在和會上可以接收德國在山東的權利。這等於已布下天羅地網了。

一月二十八日，當日大會的議題就是「山東問題」。顧維鈞不慌不忙站起來即席發言，他沒有用講稿，講了半個多小時。一句精妙之語「中國不能失去山東，正如西方不能失去耶路撒冷一樣」，被報紙誇大渲染後不斷被傳誦複製，打動了各國代表的心，可堪稱中國外交史上空前成功的演說之一。顧維鈞對日本代表的唇槍舌戰，可以說是十分成功的，博得了多數與會者的極大同情。他發言一結束，威爾遜、勞合．喬治、貝爾福、蘭辛等人相繼走上前去，與顧維鈞握手道賀。威爾遜和勞合．喬治並稱這一發言是中國觀點的卓越論述。①

然而「卓越論述」無法換來卓越的成果。威爾遜、勞合．喬治前頭誇完，後頭就凶相畢露。四月二十二日，中國代表列席了美英法三國首腦舉行的討論山東問題的會議，會上威爾遜已明確地表現了支持日本的立場……勞合．喬治還提出兩個方案讓中國代表選擇，即要麼是由日本繼承德國在山東的權利，要麼是中國履行與日本達成的成約（即二十一條和一九一八年換文）。②

中國代表提出抗議，並由陸徵祥、王正廷出席全體會議申辯，宣佈不能承認，要求修正，並保留簽字。會議主席答應中國代表把要求事項列入議事錄，但不允許保留簽字。

一九一九年二月至三月，中國代表團在巴黎開會的同時，徐世昌派梁啟超赴歐考察。梁啟超在巴黎期間多次對報界演說，印發小冊子，宣傳山東問題及中國代表團的其他訴求。由於日本要求把歸還山東主權的決定保密，三國領袖會議只對外公開了山東權益由德國轉交日本的內容，梁啟超立刻複製英法美的說法，指責北京政府在和會之前跟日本簽署換文，一桿打向親日派。梁啟超的兒女親家、林徽因之父林長民在國內策應，引導輿論將怒火燒向曹、章及北京政府。

①唐啟華《巴黎和會與中國外交》，社會科學文獻出版社二〇一四，第一七三頁。

②袁成毅《重評巴黎和會上的中國外交》，《杭州師範學院學報》，一九九五年第三期。

直到此時，梁啟超才打聽到和會條約的內容，而且得知，中國代表可能被迫在條約上簽字。梁啟超沒把電報發給總統、總理，而是直接發給林長民①、汪大燮。電報非常明確地說，一九一八的中日換文，被西方誤以為是中國為「二十一條」「加以保證」，所以「唯有使訂約之人負擔，庶可挽回，展開新局。不然千載一時之良會，不啻為一二人毀壞，實為惋惜。」總統府顧問、外交委員會幹事長林長民接到梁啟超四月二十四日巴黎來電後，立刻向北京《晨報》披露了中國政府在巴黎的外交慘敗的消息。

五月二日，《晨報》刊登《外交警報敬告國民》一文，林長民引述梁啟超巴黎電文，誇大了山東問題，並且驚呼：「膠州亡矣！山東亡矣！國不國矣！國亡無日，願和四萬萬民眾誓死圖之！」②北京大學校長蔡元培即刻召集學生代表百餘人開會，講述巴黎和會列強互相勾結、犧牲中國主權情形，號召大家奮起救國。頓時，國民群情激奮，奔走呼號。五月四日中午，三千多名大學生在高亢的民族主義情緒激蕩下，集合在天安門前，發出憤怒的呼號：「取消二十一條！」「還我山東，

①林長民（一八七六至一九二五），字宗孟，福建閩侯人。是才女林徽因的父親，即梁啟超的兒女親家。一九一一年武昌起義後赴上海，以福建省代表參加獨立各省臨時會議。次年初臨時參議院成立，為秘書長，參與草擬《中華民國臨時約法》。一九一三年被推為眾議院議員，任秘書長，參與將共和黨與民主黨、統一黨合併為進步党，任政治部部長，擁戴袁世凱為正式大總統。次年任北京政府國務院參事。一九一七年七月出任段祺瑞內閣司法總長，十一月辭職。

②張朋園《梁啟超與民國政治》，吉林出版社，二〇〇七年版。

保我主權！」震驚中外的「五四事件」爆發了。

林長民，研究系健將，夠得上縱橫奇才，風雲人物。當時在北洋時代，有力量的政治派系，一為研究系，以梁啟超為首領，在文化與論界頗有勢力；二為交通系，以梁士詒為首領，把持交通機關，有銀行，還有交通學校；三為安福系，曾經以徐世昌為首領，以「文治」掌控政府權力。民國八年，安福系雖無黨魁，皆唯段祺瑞之命是聽，卻掌控國會，交通系把握財團，研究系為在野派。對於反日，反對親日派，研究系旗幟鮮明，林長民尤為出力。當時研究系對於學生運動的聲援，不失為運動成功的一大助力。

躲過了那把火那頓打

那天中午，北京的總統府裏，還顯得十分平靜。

大總統徐世昌正忙於午宴。為的是替駐日公使章宗祥洗塵。三天前章宗祥從日本返回北京，向他匯報巴黎和會之前與日周旋的情況，徐世昌為之洗塵。

午宴只請了錢能訓、陸宗輿、曹汝霖作陪。錢能訓乃國務院總理，當然參與機要。陸宗輿是幣制局局長，本來幣制局局長未必參與機要，但他乃前任駐日公使，多次與日本外相密談，所以也成為陪客之一。曹汝霖為財政總長，為「西原借款」事，當然得在座。

如此這般，五人聚首，原因很明白：一個大總統，一個國務院總理，加三個「日本通」。

席間，杯觥交錯，眉飛色舞，說到正在舉行的巴黎和會，作為戰勝國的中國，自然得從失敗者德國的手裏要回山東半島，說到興起，舉座皆喜；說到日本人的態度，滿座憤慨。

正在激憤之際，承宣官忽地入內，在總統耳邊悄然細語，總統臉色陡變。承宣官走後，總統徐世昌只得直說：「剛剛吳總監來電話報告，說是天安門外有千餘學生，手執白旗，高呼口號，攻擊曹總長、陸局長、章公使。請三位在席後暫留公府，不要出府回家，因為學生即將遊行。潤田、閏生、仲和三公，請留公府安息，以安全為重。」

徐世昌提及的吳總監，即警察總監吳炳湘。

總統這話如一盆冷水從頭潑下，讓人渾身冰涼。大家放下了筷子，無心再吃——雖說剛剛送上一道鳳尾大蝦，熱氣騰騰，那是為浙江吳興人章宗祥特備的海鮮菜。

曹汝霖、陸宗輿、章宗祥面面相覷，不知所措。或許是酒力發出，或許是心虛之故，前額蹦出了汗珠。

他們各懷心腹事，堵在心間的冤屈沒處可說。前幾天，他們已風聞，學生指責他們三人為「賣國賊」。

就在他們舉杯投箸之間，五四運動爆發了。

「妥速解散，不許學生集會，不許學生遊行！」總統徐世昌離席，要國務院總理錢能訓立即打電話給警察總監吳炳湘。

總統、總理都忙著去下命令，午宴半途而散。①

一散席，陸宗輿便去了石景山。這些天，他忙著辦鐵礦。

曹汝霖和章宗祥躲在總統府裏如坐針氈，決定還是回家。於是，兩人同乘一輛轎車，駛出了總統府，途經前門，向東，拐入小巷，駛入狹窄的趙家樓胡同，出了胡同西口，往東，到達曹宅。

趙家樓是條小胡同，位於北京長安街東端之北，據考原為前後曲折U字形走向，總長不超過三百米，後被一分為二，前邊稱前趙家樓胡同，後邊則稱為後趙家樓胡同。曹宅當時分東、西兩院，西院為中式房屋，東院則為西式平房。曹汝霖不僅在趙家樓有公館，他還有兩房姨太太，分別在錫拉胡同和西觀音寺有宅寓。大太太帶著幾位子女，包括一九一八年冬曹氏父母從原籍上海亦遷來，均住趙家樓。

曹汝霖邀章宗祥入寓小憩，兩人下車，見門口站著數十名警察。往日，曹寓門口是沒有警衛的。一問，才知是警察廳派來的，為的是防止學生闖入曹寓。

曹汝霖見有那麼多警察守衛，也就放心了，跟章宗祥步入客廳，沏上一杯龍井清茶。悠悠啜茗，算是鬆了一口氣。

①鄧野《巴黎和會與北京政府的內外博弈》，社會科學文獻出版社二〇一四，第217頁。

一杯茶還未喝完，嘈雜之聲便傳入耳中，有人入內報告，學生遊行隊伍正朝此進發！

「不要吃眼前虧，還是躲避一下為好。」曹汝霖放下手中的茶盅，從紅木太師椅上站了起來，對章宗祥說道。

曹汝霖略加思索，喚來僕人，把章宗祥帶進地下鍋爐房躲藏。那鍋爐房又小又黑，堂堂公使大人此時也顧不得這些了，龜縮於內。

曹汝霖自己則避進一個箱子間。這小小的箱子間，一面通他和妻子的臥室，一面通他兩個女兒的臥室。

曹汝霖回憶過當時的情景：

「我在裏面，聽了砰然一大聲，知道大門已撞倒了，學生蜂擁而入，只聽得找曹某打他，他到哪裏去了。後又聽得砰砰嘣嘣玻璃碎聲，知道門窗玻璃都打碎了。繼又聽得磁器擲地聲，知道客廳書房陳飾的花瓶等物件都擲地而破了。」

「後又打到兩女臥室，兩女不在室中，……走出了女兒臥房，轉到我婦臥房。我婦正鎖了房門，獨在房中，學生即將鐵杆撞開房門，問我在哪裏。婦答，他到總統府去吃飯，不知回來沒有？……我在小室，聽得逼真，像很鎮定。他們打開抽屜，像在檢查信件，一時沒有做聲。後又傾箱倒箧，將一點首飾等類，用腳踩踏。我想即將破門到小屋來，豈知他們一齊亂嚷，都從視窗跳出去了，這真是奇跡。」

「仲和（章宗祥）在鍋爐房，聽到上面放火，即跑出來，向後門奔走，被學生包圍攢打。他們見仲和穿了晨禮服，認為是我，西裝撕破。有一學生，將鐵杆向他後腦打了一下，仲和即倒地。……」①

混亂之中曹家書房被點燃，火勢迅速蔓延，將曹汝霖宅邸相鄰的十一間房燒毀，曹宅東院基本焚毀。一名化名「大中華國民」的參與者當年以「打不死的章宗祥，捽不死的曹汝霖」的插題，在《章宗祥》一書中記述——

……日本人遂扶章宗祥向曹宅後門而奔，送日華醫院調治。學生不見曹汝霖蹤跡，只有曹汝霖之小老婆。……其實曹氏本在家中，當學生入門吶喊時，知風頭來得不順，出前門既不可，出後門他怕吃虧，遂想出一跳牆之計。不料心慌手亂，跳的法子不妙，不留神把腿捽傷，由家人保護往六國飯店去了。此時吳炳湘本已趕到，由吳氏差官扶曹氏家眷，趕緊上了摩托車，由巡警武裝衛護，一一直奔向陸宗輿（好角色）家去。陸氏住東交民巷內。按公使館界內汽車行駛，不許過快，又不許軍警武裝，行至半途，突被　使館界警察攔住，卸去武裝。吳炳湘面皮亦可謂剝去不少矣。②

①曹汝霖《曹汝霖一生之回憶》，臺北傳記文學出版社，一九八〇，第二〇六至二〇七頁。
②陳占彪《五四事件回憶》，三聯書店，二〇一四，第一三九頁。

章宗祥挨了一頓飽打後住進了醫院，據說很長時間都沒有脫離危險，聞聽肇事的學生被捕，不僅沒有提出控告，反而由其妻子代替他具呈保釋學生，雖然「自知眾怒難犯」，亦可見其風度」。學生們火燒趙家樓、痛打章宗祥後，本來準備前往陸宗輿家的，但因沒能找到陸宅而作罷。陸宗輿是幸運的，躲過了那把火，那頓打。

女兒所見滿街都是丟白旗

陸宗輿一直在石景山忙碌，回家已經是夜半時分了。屋裏的燈還亮著。進屋，只見詩兒和大女兒抱在一起，身子顫動著在痛哭。見丈夫回家，詩兒抬起頭來，「你沒事？」她一直提心吊膽，害怕丈夫也挨了打。

「爸爸，我好怕！」靜嫣從媽媽的懷裏脫出，投進爸爸的懷裏。「爸爸你看見了嗎，那遊行隊伍？」那天是星期天，靜嫣參加了學校組織的遊行。

「嫣兒，你別怕，爸爸沒事！」他不敢問孩子究竟看到了什麼。其實他當天也不知道，只聽見了幾句有他名字的口號。

「你們快睡去，你弟妹都睡啦？」他將母女倆往臥房裏推。

「嗯，弟妹們不知道外邊的事，我和媽媽都沒說。」靜嫣乖巧地說著，回了自己的臥房。

「潤生，我們回天津去吧，這裏太可怕了。」詩兒用淚眼望著丈夫。

陸宗輿不知怎樣回答才是，輕輕點點頭，用巾帕替她擦了擦臉上的淚水，一同進了臥房。

次日一早，靜嫣從街頭帶回一份《晨報》，陸宗輿抖開來，一行醒目標題映入眼簾：「昨日北京之大事件，群眾心理之狂熱」，記者寫道——

昨日為星期日，天氣晴朗，記者驅車赴中央公園遊覽。至天安門，見有大隊學生，個個手持白旗，頒佈傳單，群眾環集如堵，天安門至中華門，沿路幾為學生團體佔滿。記者忙即下車，近前一看，見中間立有白布大幟，兩旁用濃墨大書雲：「賣國求榮，早知曹瞞碑無字；傾心媚外，不期章惇死有頭」，末書「學界淚挽遺臭萬古曹汝霖、章宗祥、陸宗輿」等字樣。此外各人所持小旗上書：「復我青島，不復青島毋寧死」，「頭可斷青島不可失」，「勿作五分鐘愛國心」，「取消二十一款條約」，「取消中日賣國協定」，「賣國賊曹汝霖、陸宗輿、章宗祥」，種種激昂字樣記不勝記（亦有用英文法文書者）。又有種種繪畫上書「賣國之四大金剛應處死刑」、「小餓鬼想吃天鵝肉」等字樣。記者又在途中得到各種傳單……①

五月五日，天津的《益世報》這樣描述當時投白旗時的情形：「學生均大罵賣國賊，聲震數里，敲門不開，則以手執之旗杆將簷頭瓦戳落並將臨街玻璃窗砸破，各以手執之旗亂擲於房上，房上一

①陳占彪《五四事件回憶》，三聯書店，二〇一四，第一〇一頁。

片白光遂籠罩於賣國賊之府第，與曹氏所受於日人之洋元寶耀彩爭輝，亦奇觀也。」」

參加遊行的學生楊亮功回憶說：「各校即製如許白旗，或荷或擎，整隊而向天安門進發。」」注意，除過那副醒目的「白布大幟」上的著名的「挽聯」外，學生們可是「個個手持白旗」，於是整個隊伍形成了那種刺眼的、晦氣的、詛咒的、不吉祥的白色色調。

說學生的遊行像是在「出喪」，這並不是在辱罵五四青年，事實上，為賣國三賊「出喪」正是當年他們的目的和創意之所在。

且看那副「挽聯」，此一著名挽聯是「高等師範某君所撰」。學生以奸詐專權的曹瞞射曹汝霖，以北宋哲宗時與其黨羽蔡京沆瀣一氣的宰相章惇射章宗祥，今古巨奸，交相輝映，寥寥幾筆，寸鐵殺人，中國文字、文化的容量和力量在這樣情勢下，在這樣的一副「挽聯「中一覽無餘。更有意思的是，挽聯的抬頭是「賣國賊曹汝霖、陸宗輿、章宗祥遺臭千古」，我們常見送人「流芳百世」的挽聯，有誰可見過贈人「遺臭千古」的挽聯呢?而挽聯的落款則是「北京學界淚挽」，「淚挽」中那種嘲弄和諷刺的力量亦力透紙背。

「為賣國賊出喪」正是那天學生的用心所在，學生手持的白旗也是預備丟到他們家裏的。這個創意，其實並不是五四青年的獨創，他們是參考並借鑒於前不久留日學生的做法。

在不久前的四月中旬，駐日公使章宗祥啟程回國時，「當時日本政界要人和其他國家駐日外交界人士紛紛到東京火車站歡送，忽然來了中國男女留學生數百人，章夫婦起初誤以為他們也是來歡送的。後來他們大叫，把旗子拋擲，才知不妙。」陳獨秀說：「駐日公使章宗祥回國的時候，三百多名中國留學生趕到車站，大叫『賣國賊』，把上面寫了『賣國賊』、『礦山鐵道盡斷送外人』、『禍國』的白旗，雪片似的向車子擲去，把一位公使夫人嚇哭了。當時經外國人勸解，學生並無暴力舉動。」後來楊晦也說：「五四前不久，在駐日公使章宗祥帶著日本小老婆回來商量如何賣國時，留日學生跟送喪似的送他，白旗丟了一車廂，他的小老婆都被嚇哭了。」

看來，丟白旗來「送喪」在四月份的日本火車站就已發生過了。有了四月份中國留日學生在東京為章宗祥「丟白旗」、「送喪」的先例，就不難理解五月四日那天學生打著「挽聯」，「個個手持白旗」為「三賊送喪」的創意了。①

五月三日夜，北京各大學學生代表在北大三院禮堂開大會時，就認可了這樣的做法。楊晦回憶說：「在會上，有人提議：留日學生可以那麼對付章宗祥，我們為什麼不可以對他們三個（曹、陸、章）來一下？就是說，要把旗子送到他們的家裏去。大家一致同意，準備行動。決定提前于明天五月四日，舉行遊行示威，並給賣國賊送白旗。」可見，五四學生手中的「白旗」，不光是學生為書寫標語口號、表明態度而備的，更是對當時的交通總長曹汝霖，駐日公使章宗祥，幣制改革局總裁陸宗輿三人的詛咒、憤恨和作踐。

①陳占彪《五四事件回憶》，三聯書店，二〇一四，第五〇二頁。

陸宗輿看到這些報導，才知道女兒靜嫣那天在街頭的所見，他暗暗下了主意，離開官場，離開北京。

五月九日，陸宗輿提交了辭職書。

五月十四日，徐世昌以大總統名義挽留曹汝霖、陸宗輿等人，稱他們係為「流言詆毀……因公受累」。在「大總統慰留陸宗輿指令」中，稱其「在駐日公使任內，辦理膠州案件，如證還膠澳縮小戰區等事，具臻妥協。其於二十一條案件，與前外交次長曹汝霖協力挽救，所全尤大。至對德宣戰問題，尤能見機，事前多方準備，有裨大局。該總裁等相從辦事多年，勳勤夙著，未可以流言附會，致掩前勞……」指令「當茲時局艱屯，正賴同心匡翊，所請免職之處，著毋庸議。」①斷然拒絕他的辭職。

誠然，事態的發展出乎他的意料，讓曹、陸、章背上「黑鍋」也非他和國務總理錢能訓等人的本意。

「五四事件」中，徐世昌一開始對學生是抱有同情心的，雖然對學生的態度隨著火燒趙家樓後事態惡化而有所變化，但總的來說，這位前清翰林出身的文治總統，對學生和學術界的態度還是比較溫和的。實際上，新文化運動和五四運動能夠蓬勃地展開，與徐世昌「偃武修文」的治國策略下的寬鬆政治環境不無關係。

北京學生點燃的「五四」革命火把，迅速傳到全國各地，星星之火成為了燎原之勢，全國出現

①《駐比使館保存檔案》：《北洋政府公報一九一九年五月十五日第一七七號》，引自，臺北近史所檔案館，二〇〇七。

罷課、罷市、罷工。

六月一日，徐世昌下令責成教育部及各省教育廳約束學生即日上課，並嘉獎曹、章、陸三人。激憤之下，北京各學校學生決定再次上街遊行演講，導致千餘人被拘留在譯學館和馬神廟，直至工商界群起罷工罷市，拘捕學生才得以被釋放。

六月六日，陸宗輿再次提交辭呈。這一次，除了抱怨有人「借外交問題，以為傾軋之具」之外，他沒有多說，只以身體不好為由自請辭職①。其實，他跟曹汝霖一樣，把「五四」學生遊行，看作是某些派系對他們的傾軋。

六月十日，北京各團體代表面見總統徐世昌，「陳述險象，恐生大變，乞納民意，以息風潮」。面對巨大的壓力，北京政府軍政要員感到繼續維護曹、陸、章三人已得不償失。於是，六月十日，徐世昌「順應民意」連發三道命令：對曹汝霖、章宗祥、陸宗輿等三人「准予辭職」。北京政府不用罷免而用「准予辭職」，顯見有意維護。

次日，徐世昌向參眾兩院提出辭職，他在辭職咨文中說：「欲以民意為從違，而熟籌利害，又不忍坐視國步顛躓。此對外言之不能不引咎者一也……滬議中輟，群情失望，在南方徒言接近，而未有完全解決之方；在中央欲進和平，而終乏積極進行之效……此就對內言之不能不引咎者一也。」

①沈雲龍《徐世昌評傳》，臺北傳記文學出版社，一九七九，第四九六頁。

翻看當年當日的國內報紙，對此事的報導幾乎千篇一律，標題赫然，「三個賣國賊被免職」，「三個賣國賊被免職」……而英國《泰晤士報》則採用路透社的消息，以《親日派請辭》為題，全篇新聞如下：「政府已經決定接受交通部長曹汝霖、農商部長章宗祥和幣制局總裁陸宗輿的請辭，目前的反日運動主要是指向這三人。他們都以極端親日而著稱，接受他們的請辭將有可能產生平息騷亂的效應。」①

六月二十八日，巴黎和會閉幕。在《凡爾賽合約》簽字前夕，陸徵祥已因「舊病驟發」而離會，接手的顧維鈞十分清楚，「中國無路可走，只有斷然拒簽」。

江東父老羞於見

陸宗輿躲過了那頓打，那把火，可是，一場可怕的軟暴力令他怎麼也躲不了。五四風暴很快刮向了陸宗輿的家鄉——浙江海寧。

五月九日，海寧縣立乙種學校師生集會，聲援北京的愛國學生。六月一日，海寧縣各界在硤石鎮召開萬人國民大會，回應北京學生提出的「廢除二十一條」、「懲辦陸宗輿等三個賣國賊」的口號，公決開除陸宗輿的鄉籍，發出公電，電文內稱：「青島問題，交涉失敗，推原禍始，良由陸宗

---

①方激《龍蛇北洋》，重慶出版社，二〇一七，第七一八頁。

輿等秘結條約，甘心賣國所致，義情憤慨，已於元日特開國民大會，到者萬餘人。公決以後，不認陸宗輿為海寧人，以為賣國者戒。」六月十一日，海寧縣商會、農會、教育會，通過上海《申報》，向上海、南京等商會、商號，發出公開信，斥責北京政府「不順民義，辱士養奸」。①

六月十三日，錢塘江邊的海寧城人山人海。按照慣例，只有在一年一度的「海寧觀潮」時才會出現這樣傾城出動的壯觀場面。而海寧人這次在距錢塘江潮汛至少還有三個月的時候舉行的集會，則是一次特殊的「萬人公決大會」，其目的是要將一位元海寧人開除出籍。在過去的一個月裏，這個海寧人的名字在全國已經是家喻戶曉，但是和以往給家鄉帶來榮譽的大人物（如國學大師王國維）不同，這個海寧人卻使他的同鄉感到恥辱和憤怒。他，就是在前幾天剛被大總統徐世昌罷免的前幣制局總裁陸宗輿。今天，海寧的人都聚集在這裏，公決如何處置這個賣國賊。不一會兒，大會的主持人宣佈了表決結果：一致同意以後不認陸宗輿為海寧人！會場上又有人提議為這個賣國賊立一個石碑。大家立即響應，紛紛慷慨解囊，當場就籌集了一筆錢，交給石匠回去趕造石碑。石匠很快就打制出了三塊石碑，上面都寫著「賣國賊陸宗輿」六個大字。這三塊石碑被分別立在邑廟前和北門外的海塘鎮、海塔下三處。一時間，方圓百里的人都聞訊趕來看熱鬧，「塗（途）為之塞」。②同日，

①《大事記》，《海寧市志》，漢語大詞典出版社，一九九五，第九頁。

②引自《鹽官鎮志》，南京出版社，一九九三，第一六頁。

長安鎮教育會和學界，獲悉陸宗輿將遺歸海寧，即由《申報》代電，呼籲上海、湖州等地學生會聯合「故里同人」，「與眾共棄賣國賊」。

仍然在北京做著「鋼鐵王國」夢的陸宗輿，把這看成是「千古奇辱」。「五四事件」爆發後，張作霖公開致電挽留曹汝霖、陸宗輿、章宗祥，公開指責學生「白晝行暴」。行暴的不僅僅是打人、放火，那自古以來鮮有的「開除鄉籍」，那立在海塘上的三塊石碑，更是侵犯人權、滅絕人倫的軟暴力。

即便曹陸章被國人指斥為「賣國賊」的「五四」之時，也有一些人認識到將「賣國賊」的帽子戴到他們頭上似乎不妥。《晨報》就有「某通訊社消息云：浙江海寧公民建設陸宗輿賣國石碑，曾經盧永祥電告來京。茲聞某公意見以為：「陸宗輿是否賣國世人自有公評，及受法律之制裁。該公民等擅自私立石碑，殊與國家體制有悖。」昨特電令盧督軍、龐景祺等將海寧所立石碑迅即銷毀雲。」①十一月一日報導說：「浙江海寧縣人民為陸宗輿建賣國賊碑。政府曾致電浙江督軍、省長速為設法銷毀。昨日，政府接浙江督軍來電：海寧縣知事報告勸解該地士紳，現已將此碑銷毀矣。」

《北洋政府內務部檔案》，有《內務部查辦海寧人民豎立賣國賊陸宗輿石碑諮稿》一文，時民國八年七月二十三日。此稿寫道：「浙省海寧龐景祺者，係海塘腳夫頭之子，向稱無賴，近竟敢於

---

①《陸宗輿是否賣國世人自有公評》，《晨報》，一九一九年十月十六日。

邑廟前豎立『賣國賊陸宗輿』石碑，鄉人皆為不平。惟中央對於傷人放火之學生，並未懲辦，地方官因亦未加禁止。云云。現《上海新聞報》亦有海寧勒碑之記載，剪呈台閱。惟青島案既以明令辦正，鄉并無賴，尚膽敢肆行如此，實屬目無法紀。毀人名譽，律有專條，況有立碑之舉……」

遠在巴黎的陸徵祥聽說了「火燒趙家樓」、暴打章宗祥、給陸宗輿立碑的三樁事，樁樁驚心，件件動魄，他嚇出了一身冷汗。「二十一條」是他和日本人談判簽下的，「西原借款」是他最早參與的，巴黎和會的失敗是他經歷的，回國後怎麼應對中國同胞的質問，如何面對替自己頂罪的同僚下屬？再則，聯美制日的決策過程是外交機密，陸徵祥始終不敢透露於大眾。

他越想越怕，巴黎和會結束以後，他乾脆託病跑到了瑞士。這一躲就是八個多月，一直到第二年春天才膽戰心驚地悄悄回國。

陸徵祥沒有料到，他在上海一露臉，竟然受到非常熱烈的歡迎，因為他拒絕在和會上簽字而成了大英雄。可是，在他的內心深處，曹汝霖、陸宗輿和章宗祥才是真正的英雄，才是忍辱負重的愛國者，才是北洋時代最出色的外交家。陸徵祥被奉為拒簽英雄，對他也是誤解，他心中百般滋味無處訴，索性掛印而去，在比利時一座古老的天主教堂聖安德修道院開始了他的修士生活。

為什麼一位風雲叱吒的外交總長竟然選擇了喝涼水、啃幹麵包的清苦生活？他究竟為誰而贖罪呢？五四學生不會去掘袁世凱的墓，也不會造現總統徐世昌的反，「交涉者即賣國賊」，這是當時的邏輯，於是曹、陸、章就成「賣國賊」了。

第十二章　屈辱中豎起首鋼一號爐

石景山的哨音

「五四事件」發生時，陸宗輿正做著鋼鐵夢，編織著他的「實業救國」的理想。頭上突然間被戴上了一頂「賣國賊」的帽子，幣制局總裁被撤了，那滙豐銀行總理的位子還在，鐵礦督辦這個頭銜也沒被拿下。那時，一忽兒政治官僚，一忽兒財閥大亨，身份轉換很正常。

龍煙鐵礦公司開始正式籌建石景山煉廠，陸宗輿和美國專家一道選址，實地考察北平四周的溝溝坎坎。

以前，石景山稱為石徑山。元末明初，石景山在被大量採石用於營建都城，因而留下一條著名的石徑，石徑山因此得名。古人登石徑山，要沿著那條蜿蜒狹長的石頭小路走上去，偶爾有帶拐杖的登山者，拐杖堅硬的下端觸到石板上，就敲擊出有節律的音符，這聲音在清晨的薄霧中飄渺迴旋，尤其顯得空靈高遠，彷彿來自天外。明末學者鄭纘祖所著《燕山紀遊》中這樣記載：「每蹑山有聲，應杖及履，琅然而弦……嗡然而鐘」。這就是傳說中的天籟之音。

奇妙的是，走進石景山會不時聽到一種哨音，好似從深遠處發出來的。

陸宗輿一行走在石景山的後山，宗輿突然發覺這個峭壁底部，隱藏著一個被填堵的山洞，洞口三米見方，裏面深不可測，不知盡頭。美國專家一時也說不出其確切來歷。認為這個山洞稱得上一個巨型口哨，可以想見，當山風吹來時，巨大幽深的山洞會發出低沉而非尖利的聲響，這與文獻記載中描繪的那種鐘弦效果暗合。

關於石景山的神秘音響，歷來有爭議，有些史學家翻閱史料，找到了另一種似乎更合情理的說法：認為聲音來自人為。然而清代以來，儘管石景山的聲名不減前朝，但是關於這種玄妙音響的記載卻很難找到了。

陸宗輿尋思著，今天的石景山，古人走過的石徑連同傳說中天籟之音怎麼銷聲匿跡了呢？

石景山這個位置正好位於西長安街的延長線上，距離天安門大約十七公里。西南部是納山西桑乾河和內蒙古高原，洋河之水奔襲而來、綿延六百多公里的永定河，中部和東南部，則是永定河沖積扇形成的夾帶殘丘的平原，也就是今天的西山南麓，北京石景山區的核心區域。史志描述此地時說，「東臨帝闕，西瀕渾河」。「帝闕」即為紫禁城，「渾河」即為永定河。

年輕時候在武昌追隨過張之洞的陸宗輿認為，張之洞在創辦漢陽鋼鐵廠時，由於夜郎自大，在鑄成了「先定煉爐後找礦」的大錯之後，又造成了一個把廠址選在低濕地的錯誤，為了填平廠基，不得不以巨資經營之。當煉廠建成以後，又在各處尋覓煤礦，四處鑽掘，最後才得馬鞍山小煤礦，不知煉焦，又懸賞徵求煉焦之法……如此反覆，勞民傷財，得不償失。

因此，陸宗輿和美國專家決定以成本低廉為主，涉及地勢、地質、供電、運輸、爐渣處理和水、煤、礦石、石灰石的供應，以及周圍環境等方面做綜合考慮，最初選擇了宣化、石景山、天津、坨里、長辛店、盧溝橋、三家店、通州和豐台九地。經數月考察，權衡各種利弊，認為石景山距龍煙鐵礦一百五十公里，可利用京綏路運礦；距煉焦煤產地六河溝也只有四百多公里，可利用京漢路運輸；距石景山十幾公里處有石灰石礦，交通方便。擬建中的石景山煉廠靠近永定河，水量充足，又靠近石景山電廠，用電近在咫尺。石景山位於京畿，地下地基堅固。由於這些有利的條件，最後石景山煉廠的地址，便定在北京西部的石景山東麓。之後美國貝林馬肖公司又派選址專家來華，擇唐山和秦皇島兩處進一步與石景山比較，仍認為在石景山建設煉廠最為理想。

煉鐵廠的選址，有「就紅」（礦石產地）和「就黑」（煤炭產地）之爭，更要考慮交通、地勢、垃圾處理等等因素，難度非常大，最後才選定在石景山。①

石景山煉鐵廠的位置就這樣確定下來了。這一決定，奠定了首鋼日後發展成中國最大的鋼鐵企業之一的最初根基。後來石景山鐵廠發展成石景山鋼鐵公司再到如日中天的首都鋼鐵公司，實際都是從一九一九年的這一天開始的。

近百年的實踐證明，陸宗輿的選址依據有較多的科學性。在陸宗輿起草的《龍煙鐵礦公司股東會報告書》中，講述了其中的理由：這裏地勢較高而且寬闊，基岩地層堅固，有座青石山恰可以承

①關續文《首鋼史話》，中國廣播電視出版社，二〇一〇，第二〇頁。

受建高爐的壓力。所需的鐵礦石，可以由京綏路從北面運來，而煉鐵所不可少的另一種配料石灰石，附近的將軍嶺就有出產，用水，可以從這裏的永定河中汲取。煉成之鐵走京奉線運至天津外銷，也是極為便利。還有，人們又得知「京師華商電燈公司」馬上就要在石景山的北麓興建，電力來源的解決也極為方便。官員們還考慮到這裏地處京畿，戰時安全也容易保證。讓人比較擔憂的還是煤炭來源似乎不那麼有保證。陸宗輿倒是想得比較開，他說：「公司在與京綏鐵路接近的蔚州，覓得一煤礦……適合煉廠之用。但為本廠目前制煉計尚不及時，故於該煤未能供應之前，暫以沿京漢路出產之煤如井陘、磁縣、臨城、六河溝等處，皆與之訂有優惠合同取求甚便……」①

石景山煉廠就要崛地而起，這一消息不脛而走，很快傳遍了石景山地區的千家萬戶，擾動了那個時代農家田園生活的恬靜。於是一場佔地與反佔地的鬥爭便就此展開。

來今雨領的「鴻門宴」

這日，陸宗輿在家做東，所邀來客是河北省議員、家住磨石口的李雅軒。

席間，陸宗輿說：「宗輿受龍煙股東之托，打算徵用石景山前的那塊土地建造煉鐵廠，你意下

①關續文《首鋼史話》，中國廣播電視出版社，二〇一〇。

如何？「雅軒思忖良久道：「此地依山傍水，靠近電廠與京門鐵路……具有天造地設之利。不過想把地畝徵用到手，恐怕難度很大。」

宗輿聽此急切地追問：「為什麼？為什麼？」

雅軒道：「首先是石景山上有座娘娘廟，每年四月半前後三天，香客雲聚，香火極盛，在數里長的香路上，商賈設攤叫賣，有賣農具的，有賣布匹的，有賣玩具的，還有叫賣吃食的，比比皆是，形成了一年一度的集貿市場，山上的戲臺，請了名角唱戲，形成風俗習慣……佔地建廠，首先得考慮這一切。」

宗輿聽後點頭，說道：「我們會考慮，設計上已經讓出廟宇和香道。你可知道，這中心地畝又是誰家的產權？」

雅軒答道：「這片土地早就是廟裏的香火地，由寺廟僧人專管，近年來因為經營不善，賤賣給了周邊的農民，他們向磨口村的首富薛伍高利借貸，還債不成就將這地典給了薛家，又無力贖回，最後就落到了薛伍手裏。這樣，石景山前面的那一大片土地十之六七是薛家的，在北辛安的三里長街上，有十之八九的店鋪房產也是他家的。」

「此人道義如何？」

「佃農們說他視地如命，為人刻薄，做事狡黠，他還是苑平縣的董事，口碑卻不太好，有俚語說，磨石口街長又長，家家住在薛家房，倘若不聽薛伍話，明天你得去騰房。」

聽此，陸宗輿忽地站起：「知道了，我陸宗輿可不是軟蛋一個，可要去碰一碰他！」

過幾日，陸宗輿再做東，這次是北京中山公園東側的「來今雨領」茶社，有茶有酒飯。「來今雨領」創建於一九一四年，這門上匾額上的四字是徐世昌所題，門前有楹聯：「七度盧仝碗，三篇陸羽經」，和茶社很是貼切，是社會名流休閒聚會的場所。「來今雨」寓意辛亥革命風雨來臨。陸宗輿選擇在此宴客，顯然把建廠購地之事看作是「實業救國」之舉。

受請者按時赴宴，依序而坐，他們是李雅軒，薛伍，宛平縣縣長湯小秋，北辛安村正何慶玉，石景山廟的住持僧人意珠。

堂倌上得酒菜，東道主陸宗輿舉杯敬酒，說道：「鄙人受徐世昌、段祺瑞……等眾大股東這托，開發龍煙鐵礦，擬在石景山前建造煉鐵廠，在征地中懇請各位幫忙，給予支持。淡酒薄菜，請各位邊吃邊談，以求助事有成。」

話音一落，格外地沉靜。良久，身披袈裟的意珠老僧站了起來，說：「出家之人沒有奢求，只望留一點香火廟會之地給我們，有一碗粗茶淡飯足矣，阿彌陀佛！」

宗輿起身，向老僧拱一拱手說道：「廟產和香道，我們一定給予保留，請方丈放心！再請薛老爺說說。」

此刻，薛伍心亂如麻，思忖那數百畝耕地將要失去，怎生了得。聽得宗輿點名要他發言，便必懷鬼蜮地說：「建廠騰地，國家所需，我薛伍理當支持。但是我想，如果選擇在石景山南大荒的永定河畔，那裏水多地廣，豈不更好！」

「南大荒地，一個大大的蛤蟆坑，處於永定河的衝擊波上，十年九澇，怎能建廠。在這裏建廠的方案已經確定，一寸也不能挪動。」說畢坐下。

薛伍沉默，只顧喝酒，全場只聞杯箸之聲，沒人說話。

「鄙人帶來一位拳師，請上來獻上幾套拳腳，給大家助興。」

陸宗輿話音剛落，一位身穿緊身練功服的青年男子上得場來，拉開架勢揮拳出掌起來。只見閃電般的手掌和飛腳，一次次從薛伍的面頰前閃過，讓他一次次心驚肉跳。他眯著那三角眼睛想道：這哪裏是宴舞取興，分明是武力威脅，沖我來的。由是，他手捂碩大的肚皮，「唉呀」一聲道：「諸位仁兄，我肚子作痛，出去方便一下。」便溜之大吉。①

陸宗輿向大家敬酒，說：「各位回去以後請轉達鄉親，在石景山建廠，附近的村民家家受益，地價要合理，無地的農民就不用種田了，到工廠裏來做工，保證讓家裏人吃穿無憂。」

後來，薛伍為徵地告狀，吃了閉門羹，也無可奈何。

---

①關續文《首鋼史話》，中國廣播電視出版社，二〇一〇。

拒絕「日本造」而選「美國造」

那天，在北京東單棲鳳樓的陸宗輿寓所，陸宗輿展開了一幅平面設計圖，就是當年首鋼的最初藍圖。

為了建起這座當時華北地區最大的鋼鐵企業，創辦者做了大量必要的準備工作。他們以二十五萬銀元為代價，將四萬多噸鐵礦石從張家口運到武漢的漢陽鐵廠進行試煉，解除了「煙筒山鐵礦含矽量過高不能煉鐵」的疑問。

陸宗輿看中了石景山東麓「踱山有聲，應杖及履，琅然而弦，嗡然而鐘」①的玄妙音響，一下子徵購了一千三百畝土地作為煉廠的廠區，共花費五萬八千多銀元。

為了大宗地運輸煉鐵原料石灰石，龍煙鐵礦委託京綏鐵路司修建了一條從三家店到將軍嶺石灰石礦的鐵路專線，全長六公里。

與此同時，陸宗輿派人到國外進口冶煉設備。

就在這個節骨眼上，五四運動爆發，陸宗輿被喚作「賣國賊」而遭撤職。此時此刻，他正在創辦華北地區最大的鋼鐵企業，忙乎著為龍煙鐵礦採辦冶煉設備，將精力全投在了石景山。

一九一九年九月，那座海拔二十多米高的青石山被鑿平，從美國購來的煉鐵爐就建在這之上。

---

①【明】鄭纘祖《燕山紀遊》。

隆隆的機器聲打破了石景山的寧靜，這個承載著中國人實業救國夢想的巨大工程宣佈動工。在這個擁有五千年文明的東方古國邁入「現代」歷史門檻的這一年，京津地區的現代鋼鐵工業文明也誕生了。

陸宗輿的留學和出訪國外經歷，使他對世界工業文明具有了超前的目光和獨到的認識，也使他對建設當時中國「北方工業之中心」有了自己的主張，決心把石景山煉廠建成當時國內最先進的企業。他認為「煉廠為鐵礦首先之基本」，「辦理鐵礦之難不在採礦，而在煉鐵；鐵礦之利不在售砂，而在於鋼鐵。」就必須在鋼鐵冶煉設備和企業管理兩方面，從一開始就要站在世界的前列，為此陸宗輿對購進的煉鐵設備要求極高。

在購進設備之時，他面臨一個艱難抉擇的問題，最主要原因是在陸宗輿的生涯中，他與日本有著千絲萬縷的特殊關係和淵源，如他在年輕時代赴日本留學，中年時任中國駐日本全權公使，這些經歷都使他對日本具有特殊感情。不過在選購石景山煉廠冶煉設備的決策中，他沒有選擇最親近的一衣帶水的「日本造」，而是捨近求遠去了地球的另一端，執意進口更加先進的美國設備。①

他是這麼考慮的，日本鋼鐵工業的技術、設備等水準遠遠趕不上美國。當時的美國鋼鐵工業從十八世紀下半葉開始迅速崛起，二十年前的鋼產量就超過英國而躍居世界首位。從此，美國的鋼鐵工業無論是技術還是產量，便一直遙遙領先於世界，獨佔鰲頭；到了二十世紀初，美國的鋼產量已

①黃艾禾《首鋼初生記》，《北京歷史文物志》，二〇一一年三月二十二日。

占到全球粗鋼產量的三分之一。而日本鋼鐵工業雖然在明治維新後得到迅速發展，但是日本的鋼鐵產量與美國相比，顯然落後了許多，根本就不在一個水平線，更不在一個等級上。這個原因促使陸宗輿對鋼鐵設備的購進能夠處以公心，毅然委託美國貝林馬肖公司設計第一座高爐。

為把石景山煉廠建成中國北方工業中心，陸宗輿聘請美國人格林為安裝工程師，每月薪水一千銀元，僅這項費用就佔去了公司辦公費用開銷的四分之一。他所聘請的高級管理人員分別留學日本、美國、英國和比利時，這些最早用慧眼看世界的管理者，帶來了西方先進的科學技術和現代文明，也帶來了工業救國、振興中華的思想

古代的中國人慣於將液態的生鐵直接澆鑄成器，遙遙領先的生鐵冶煉技術造就了中國鋼鐵文明最初的輝煌。而在古代歐洲，一直採用一種固態冶煉的方法——塊煉法，一般在平地或山麓挖穴為爐，裝入鐵礦石和木炭，點燃後，鼓風加熱。當溫度達到攝氏千度左右時，礦石中的氧化鐵就會還原成金屬鐵。與生鐵不同，塊煉鐵含碳極低，質地柔軟，適於鍛造成形，因此也被稱為鍛鐵。直到十四世紀煉出液態生鐵之前，這種塊煉鐵技藝貫穿著西方鋼鐵史，與東方鋼鐵文明並駕齊驅，直到工業革命的前夜。

一九二一年春天，從美國購買的冶煉設備運抵石景山，包括大型煉鐵爐一座；熱風爐四座；蒸汽機驅動捲揚機一台；送風機兩台；大型蒸發鍋爐五座，等等，當這套當時世界上最先進的鋼鐵生產設備耗費了龍煙鐵礦總投資的一多半。

來自美國的這座煉鐵爐是京津地區的第一座高爐，也被稱為首鋼一號爐，它的設計為鋼殼斜橋雙罐上料，總容積接近四百立方米，可日產鐵達到二百五十噸，為世界上當時的大中型高爐。煉鐵設備和材料也均由美國各大企業製造——煉鐵爐和熱風爐為紐約馬歇爾公司製造，耐火磚則是哈賓遜公司的產品，蒸汽鼓風機為皆蘇蘭德公司製造，蒸汽捲揚機為奧梯斯公司製造。

為了給這個龐然大物打造一個堅實穩固的地基，工人們用近一年的時間炸平了五六十尺高的兩座山包。

終於夢碎石景山

石景山腳下有一處神秘建築，它位於首鋼總公司廠區內，與石景山頂的功碑閣相互照望。這兩排房子全部由青石砌成，通體青白色，當地人都叫它白屋。

白屋是石景山上年頭最久的現代建築，也是這裏唯一的西式房屋。

開山所得的這些石頭，青白純淨，質地堅硬，為優良的建築材料。陸宗輿就地取材，利用這些石料在廠區建造了一排房子，專供美國工程師格林辦公和住宿，取了個雅致的名字——龍煙別墅。

石景山上唯一的這座西式建築最初被塗為黃色，風吹雨淋年頭一長，漸漸地褪為白色，後來首鋼人叫它「白屋」。

五四以後，陸宗輿搬了家，妻妾兒女去了天津。因而他有時候也住在白屋。在城市遠郊機器隆隆的中國煉鐵廠，推開一扇門，就進入一個靜謐安逸、西洋生活的別樣洞天。這白屋裏儲存著他的一個「鋼鐵王國夢」。

按照美國工程師格林的設想，設備到來的一年後將安裝完畢，石景山煉廠正式投產出鐵。然而，正當他呷著咖啡躊躇滿志的時候，龍煙鐵礦公司已悄悄陷入了資金短缺、無米下鍋的困境。

在一九一九年這個年頭，陸宗輿可以用「焦頭爛額」來形容。五四運動點名要打倒的三個大賣國賊，他是其中之一。不過這些政治風雲，似乎對於陸宗輿在實業界的運作發展並不構成實質的影響。

作為日本通，陸宗輿想到的挽救龍煙之策就是從日本借錢。一九二一年，陸宗輿跑了趟日本，九月返回後，向龍煙公司董事會提出向日借款的合同草案，以龍煙所有財產做擔保，擬向日本東亞興業借款一百八十萬日元。為此，龍煙鐵礦所有技師、會計聘用日本人稽查，每年需向日方交鐵砂十萬噸，生鐵四萬噸。這個借款合同被報紙披露以後，正打在中國人最敏感的心結上，當時輿論界一片譁然，認為這是一個賣國的協定，是把中國的礦產主權拱手出讓，國會議員向農商部提出質問，農商部急忙聲明：「報載龍煙公司督辦以公司抵借日款，並以承受礦砂為條件各節，並未據該公司報部有案，無論對內對外當然不能發生效力。」

除了向日本人借款，龍煙還想過向「四國新銀行集團」（包括英、美、法、日四國）申請墊款一百二十萬元。

一九二二年四月，龍煙鐵礦公司召開緊急董事會，通過了「擬增加五百萬元公司資本案」，在添募股東之前，擬發行債券四百萬元，以解燃眉之急。起初該銀行集團也表示願意共同投資，但卻遲遲不見行動，直至過了兩年，銀行集團以「董事意見不一」為由，取消了投資成議。

龍煙公司既然是官商合辦，擁有那麼多地位顯赫的官員股東，陸宗輿們也不是沒想過讓政府來出手相助。一九二三年四月十五日，當時的大總統黎元洪（也是龍煙的股東之一）來廠視察，他向接待他的龍煙公司工程司負責人程文勳問道，投產需要的總資金是多少？程文勳告訴黎總統：若要開爐，總計共洋三十八萬八千元左右。黎元洪聽罷說，所需費用，政府補足就是！兩月後，這位大總統就被曹錕趕下了台，龍煙公司的撥款也再無音訊。①

然而，煉廠的資金還沒有眉目，四月底，第一次直奉戰爭爆發。奉系軍閥以張作霖為總司令，率十二萬人，分東西兩路向直軍發起進攻，直系軍閥以吳佩孚為總司令指揮十萬人迎戰。兩軍在長辛店、馬廠、三家店一帶短兵相接。

石景山恰好夾在兵戈血刃之間，在白屋逗留了兩年多的美國技師格林，倉皇撤離，煉廠的安裝工程受到嚴重影響，趨於停滯。

第一次直奉戰爭以直系軍閥的勝利告終，有著皖系軍閥背景的徐世昌也在直奉鬥爭中失去了大

①黃艾禾《首鋼初生記》，《北京歷史文物志》，二〇一一年三月二十二日。

總統寶座，陸宗輿的靠山倒了。

剛剛爬上政治頂峰的直系軍閥曹錕與吳佩孚控制北平後，沒有忘記以極快的速度將戰爭後盾和經濟命脈——龍煙鐵礦公司抓到手中。

一九二二年六月十七日，一隊荷槍實彈的官兵突然包圍了北京東單牌樓陸宗輿的住宅，經過一番搜索，卻不見陸宗輿的蹤影。

原來，陸宗輿唱了一出空城計，只給政治敵人留下了一處空空的宅院和一個守門老頭，提前得到消息的他早已攜帶妻妾，收拾細軟，逃到天津日本租界去了。

六月二十日，《晨報》披露包圍住宅之原因，眾說紛紜，其中有牽涉「西原借款」和與張作霖勾結的罪責：「昨日各通訊社謂，係民國七年濟順高徐鐵路借款三千萬元用途不明之故。有謂直奉戰爭時，曹、陸確有助奉嫌疑。又有謂，曹、陸曾為徐世昌勾結外援，近被保定方面發覺。其實上述皆為曹、陸之罪狀，但不必即為此次拿辦之原因也。」①

陸宗輿遭直系軍閥吳佩孚的通緝後，躲進了天津的乾園。一天，忽然覺得通緝風聲已經掠過，他打起精神，重新考慮起龍煙煉廠的事兒。可是才過一日，聽說會辦丁士源辭職了，專家盡已散走，向日貸款已無可能，想到自己已經難以再回石景山，不如及早辭去督辦之公職，免得誤了建廠大事。

①關續文《首鋼史話》，中國廣播電視出版社，二〇一〇。

於是，喚詩兒備紙硯墨，他疾寫一份辭呈。

敬啟者，宗輿猥承：

諸大股東之推舉，創辦龍煙鐵礦廠，已三年於茲。其間募股集資，開山築路，購爐設廠等事，固艱險之備嘗，亦職分所應盡。惟以礦廠工程浩大，各國辦理鐵廠集資莫不數千萬以上，而龍煙五百萬元之股東，迄未收足。去年八月迄後，資金早罄。每月騰挪借欠，短急應還之款，迄今已五十餘萬。故今距完工，尚需三月。計非八十萬元購料、清欠，不足以完爐工；非五十萬元之備資流通，不足以開爐出鐵。

去年以來，國內銀根大緊，亦曾籌集資金，而一商於美、再商於英，輒徑數月皆無效果。今年二月，政府於閣議議決，雖準備二百萬元與龍煙，即以「九六公債」撥給，迄今亦終空談。故之陷於山窮水盡之絕境。現能留有幾希之望者，惟部准之公司債票四百萬元，與大日本某公司所商之銷鐵墊款一百萬日元而已。然而公司債則募款不易，日本墊款則大非區區之所願，況亦不易成交。

宗輿，薄產有限亦早為公司作押作保。今房產已陷於封禁之厄。

寫到這裏，他不由得肝火大動，竟然全身顫抖。稍加控制後，持筆繼續書寫下去：

宗輿於三年來未取一日之薪，而有巨萬押借之負擔，所冀底於有成，以謝官商股東耳。不意罪據未明，身家錮禁，此後，已再無測量同諸大股東報稱之地，不得已只得引咎辭職。陳謝於股東諸君之前，惟希矜鑒及之耳，所有後任督辦，應請熙公司定章推舉，呈請政府簡派。股東大會未開以前，或請一適當之董事兼代。惟請公開裁決，而本公司應如何濟急善後，進行之易方策，亦請決議施行，則公司幸甚！去年鐵價大跌，現下漸有起色，且聞南北兩大鐵廠有停煉之信。此後華鐵日漲，當可予期。聞日下鐵價每噸已六十餘元，若至七十元，則龍煙年可得二百數十萬之利，況尚有洋灰可造，前途尚非無望，則惟祈繼起，諸君子實圖利之！

此候

公鑒

陸宗輿謹啟①

寫完覆讀，發現第三自然段中寫有「與大日本某公司所商之銷鐵墊款一百萬日元」之句，恐有賣國嫌疑，故加眉批：擬刪去此句，易「四百萬元之設法銷售押借而已」一句。

然而，此時各報紛紛發表檄文，披露並聲討龍煙鐵礦公司向日本東亞興業會社借貸一事。

在直皖戰爭中，段祺瑞與曹錕、吳佩孚惡戰一場，最終以慘敗而告終。徐世昌和段祺瑞被「逼宮」下野，和陸宗輿等下野官僚一同回到天津當起了寓公。

此時的中國正在經歷近現代史上最混亂的年代，大小軍閥割據混戰，各色政治主角「你方歌罷

①關續文《首鋼史話》，中國廣播電視出版社，二〇一〇。

我登場」，那些當權者，忙於爭雄奪利，自身難保，再也無暇顧及北平西部這個出力不討好的爛攤子。

籌辦四五年，花費數百萬，石景山龍煙煉鐵廠終於沒有煉出來一爐鐵。抗日戰爭爆發時的一九三七年，這裏已荒草萋萋，設備銹蝕。

一九二六年，大正天皇駕崩，改元昭和。在日本，一個暗無天日、令人生厭的時代將拉開帷幕。現代主義和民主主義的間奏不久曲終人散，法西斯主義即將橫行世間。

一九二七年北伐軍興後，六月，王國維投昆明湖而殉，死前留下一份遺書：「五十之年，只欠一死。經此世變，義無再辱。」

一九三六年，日本再次提出中日合采龍煙鐵礦，冀察政務委員會向蔣介石請示，獲得同意，陸宗輿受命重新接管龍煙鐵礦。陸宗輿擬定成立北京石景山鋼鐵公司。

十月，《京報》報導：「籌辦龍煙鐵礦，經陸宗輿連日往返平津，與各關係方面磋商進行，已有端倪。決定先行在平成立『龍煙鐵礦籌備處』，……關於日方投資合作問題，津日軍總參謀池田歸國與日方財界接洽。……龍煙公司債務清理問題，經陸宗輿連日與銀行界接洽，清債辦法亦大致有所商定。……龍煙鐵礦保管人劉某，日前抵平謁陸宗輿，陸氏昨日派員前往視察，已準備將礦廠兩方一切機器房舍造冊呈報政委會，聽候派員正式接收。陸氏昨晚確定今晨赴津，再訪各方進行一切留津兩三日即返平云。」①

①關續文《首鋼史話》，中國廣播電視出版社，二〇一〇，第五八頁。

至於陸宗輿的龍煙鐵礦，根本就是官僚們湊錢五百萬元辦的，由於前途不明朗，第二次集資失敗。這次由張之洞創辦、盛宣懷接辦的漢陽鋼鐵廠增資一千萬大洋，收購其中六六%股份，這一千大洋，日資佔二五%，二百五十萬大洋，這樣鋼廠以後有日資一五%。當然以前陸宗輿的資本中就有二〇%左右的日資人頭，現在這二〇%相當於八%；所以總股本中日資佔有二三%。但前後不是同一波日本人，他們也很難形成合力。。

中日合資的石景山鋼鐵公司總經理是日本人羽田浩，協理是陸宗輿。主要雇傭的是日本技術人員，按照日本的生產安全標準進行日常生產，出普碳鋼，生產建築鋼材、鐵軌、農具、汽車板材等。賣給誰，由總經理來定。

一九三六年十一月七日，陸宗輿赴天津面謁宋哲元，報告開辦計劃，並晤池田，「對投資問題有所接洽，昨日下午六時二十六分，搭車已籌得半數之說，但事實上尚無如此良好成績，一切均在研究中，原定明日在平召集各關係方面討論籌辦事宜，因預備事項未竣，會商期亦暫緩。」①

那一年，陸宗輿住進白屋，頻繁奔波於平津之間，企圖重整他的鋼鐵王國，但正在進行最後交涉時，震驚中外的「七七事變」爆發了。陸宗輿最終也沒能讓一號爐流淌出滾滾鋼水，終於夢碎石景山。

①引自一九三六年十一月十日《北平世界日報》。

日軍佔領北京後，石景山一帶是戰爭最為慘烈的地方，由於日軍欲霸佔煉鐵廠為其帝國服務，龍煙煉鐵廠沒有受到大的破壞。一九四〇年，汪偽政府成立，偽興中公司搶佔該廠，並將龍煙鐵廠改名為石景山製鐵所，擬定由陸宗輿重新管理，並將他列入行政院顧問聘任名單，陸宗輿以「病體難以勝任」為由，躲在天津不顧不問。

在中共地下組織的領導下，一九四三年五月成立了以龍煙礦工為主體的「紅石山游擊隊」，進行抗日武裝鬥爭。

抗戰勝利後，石景山制鐵礦業所由國民黨接管，一九四六年改名為石景山鋼鐵廠。這一年的十一月，石景山制鐵所一號高爐終於流出了第一爐鐵水。

由於國民黨一心想打內戰，根本無暇顧及生產，至一九四八年石景山鋼鐵廠只部分恢復了生產，產量少得可憐。

一九四八年十二月，中國人民解放軍解放了石景山鋼鐵廠，首鋼成為北京市第一個國營的鋼鐵企業。計劃經濟時代，首鋼的旺盛爐火，澆築鍛造出了國家的工業命脈。

二〇〇七年底，白屋被列為首批《北京優秀近現代建築保護名錄》，首鋼總公司決定將白屋正式命名為首鋼廠史博物館。

今天的白屋，已經不僅僅是一座建築。

第十三章 「乾園」寓公

乾園裏的一幕幕史劇

直奉戰爭侵擾石景山以後，陸宗輿躲往天津，躲在日租界隱居。他在宮島街（今鞍山道七十號）蓋了一幢豪宅取名「乾園」，含有「浩瀚乾坤、彙聚一園，人傑地靈、頤養千年」之意。

乾園是一組東西方混合型庭院式住宅，佔地三千三百多平方米。進門便可望到三環套月式的三道院子，即前院、後院和西跨院。前院迎面是主樓，二層磚木結構，局部三層，中央亭子間突出。從底層的門廳、過廳到二、三樓陽臺以及亭子間都是逐層往裏縮退，立面顯得高大且穩定，十分壯觀。西半部是通天木柱的外走廊；東半部為封閉式，主要房間面積很大。一樓配膳房和酒吧間、大餐廳、會客廳等；二樓有起居室、書房、寢室等。前院的花園裏有楊樹、槐樹、丁香樹、藤蘿架、葡萄架、金魚池等，通路用河卵石鋪砌而成，十分幽靜。後院由一段小遊廊和前院隔開，主樓西端外廊處又伸出一座長長的遊廊，劃分出西跨院。遊廊兩壁是對稱的連續半圓拱門，前院和西跨院可互相通視。西跨院內築有龍形噴泉和花台等。遊廊另端是一座典型的日式花廳，廳前有假山。所有牆面包括圍牆都是清水檯子，牆身是由水泥砂漿扒拉石造面。陽臺用小青瓦砌成魚鱗狀花紋或用大方磚雕刻裝飾，帶有中國建築的特色。

定居乾園後，陸宗輿曾擔任過一些閒職，如一九二五年後曾是臨時參政院參議員。第二次直奉戰爭取得勝利，張作霖擁有中國三分之一的地盤，是中國最大的軍閥。但好景不長，奉軍遭到反對，不得不退出蘇皖。又逢郭松齡倒戈，奉軍元氣大傷。一九二七年，張作霖組織北京軍政府，登上了中華民國陸海軍大元帥的寶座，終於圓了當一回中國最高國家元首的迷夢。同時，他就任安國軍總司令，這年，陸宗輿投入張作霖幕下，出任安國軍政府外交討論會委員一職，多次拒絕日本人簽訂密約的無理要求。然而，張作霖同國民黨新軍閥蔣介石接戰，節節敗退，不得不退回東北。張作霖邀陸宗輿同往奉天，因不願意與日本人打交道，陸宗輿便離職返回了天津。

娶一房妻，納幾房妾，在舊時中國是中國人的家庭常態。陸宗輿就很推崇辜鴻銘的「茶壺＋茶杯」的著名論點——一套茶具總是要有一個茶壺配四隻茶杯的，何曾見過只有一個茶杯與茶壺相配的茶具？陸宗輿就認為，袁世凱有一個排的妻妾，這樣的男人才是有本事的男人。陸宗輿在天津做寓公，家裏的日子也就沒有在京城時那麼風光快樂了。可他畢竟只有四十多歲，正是年富力強的當兒，那雄性荷爾蒙讓他安定不得。至少，在民國那個年代，是官僚，就會妻妾成群；只有妻沒有妾的官僚是「另類」官僚，是鳳毛麟角的官僚。

從他的生活軌跡來看，陸宗輿一生中先後有過三妻三妾，或者說是六房妻妾。與袁世凱相比，他實在差得太遠。

說起來，男人在春風得意的時候需要女人；男人在背時倒楣的時候也需要女人。

一九一二年秋天，陸宗輿得意時去杭州遊玩，看見西湖邊一個船女，年僅十六七歲，窈窕多姿，別具風韻。陸宗輿打上她的主意，讓如夫人詩兒出面收為侍女。年底，陸宗輿出使日本，詩兒隨往，將此女留在北京，陪伴盲妻。陸宗輿歸國不久將其收房為妾。此女姓趙，福建人，沒有生育。

陸宗輿的最後一個小妾姓劉，奉天人，是他落魄時候結識的，是張作霖四姨太的侄女兒。這位劉氏十六歲進陸家門的時候，本來是想做「太太」的，但是後來才知道，「太太」位置已經沒有空缺了，即使有空缺也輪不到她。劉氏雖然陪著老陸到了天津，但卻不願意與同樣爭強好勝的鄭氏生活在一個屋簷下，在乾園只住了一年多就搬了出去，另外租房居住。

陸家有「家規」：新進門的要服從早進門妻房的管教，所有禮法儀節、起居言談、忌諱等瑣事，均由早進門的隨時指點。早前，曾有繼室徐金鳳對如夫人和小妾嚴加管教，後來金鳳失明了，大權旁落，如夫人詩兒負全責。詩兒一直跟隨在陸宗輿身邊，形影不離，宗輿榮耀時，詩兒的從旁協助和背後支持，使當老公的更加榮耀；陸宗輿被辱辭職，躲避天津時，詩兒同樣跟著他，安慰他。

「生兒子，續香火」，是女人對家庭的最大貢獻，這個老觀念陸家也有。正妻潘氏早逝未生育，繼室徐金鳳先後生下元誠、志誠二子和長女靜嫣。徐氏於一九一三年去世後，如夫人鄭校詩扶為正室。

鄭校詩生有葆誠、德誠、守誠、立誠四子和蘊徵、蘊珠、蘊娟、蘊玉四女，於一九六一年逝世。她是在乾園裏住得最長的女主人。

大妾朱馥英是海寧老家紫微山人沈祐刖的外孫女，沈陸兩家本來是世交，她的哥哥還是陸宗輿同到武昌的同學。

朱馥英生有小女敏嫣，也曾被陸宗輿寵愛過，曾為她在天津買房。不過，陸宗輿出使日本時，只帶了詩兒不帶她，或許是不願意再為這個男人守著空房，或者是被另外一種風景吸引，反正她紅杏出牆了。因而從沒在乾園住過，早早走進教堂做了一名基督徒，於一九六七年去世。

二妾趙氏和三妾劉氏，沒有在乾園留下一丁點兒的故事，因為沒有生育既沒有後嗣，其卒年也無從考查。

在五四以後，陸宗輿與徐世昌互有往還、同為經由晚清進入民國時代的大人物，陸宗輿的選擇是謝幕和隱居。但有意思的是，歷史又總會撥正回去，讓二人頗有些殊途同歸的意味。在被曹錕、吳佩孚逼下臺之後，徐世昌也選擇寓居天津，過上了文人式的晚年生活。會友、賞戲、下館子成為他們的全部。借園子、辦堂會等宴樂賞玩之事，無一不是北洋貶僚的舊習——他們日復一日地重覆著過去的事情，為自己製造出一個時空氣泡，將自己包裹入其中。

段祺瑞辭職後遠離政壇，寓居天津和上海，晚年吃齋念佛，自號「正道老人」，曾將詩章編纂成冊，曰《正道居集》，刊印寥寥，分贈友人。此集中有一首五言詩，吟道：

「賣國」曹陸章，何嘗究所以？章我素遠隔，何故謗未弭？三君曾同學，宮商聯角徵。休怪殃池魚，只因城門燬。歐戰我積弱，比鄰恰染指。強哉陸不撓，撙俎費唇齒。撤回第五件，智力已足使。曹迭堂度支，讕言騰薏苡。

貸借乃通例，胡不諒人只?款皆十足交，絲毫未肥己。列邦所稀有，誣衊乃復爾。忠恕固難喻，甘以非為是。數雖百兆零，案可考終始。參戰所收回，奚啻十倍蓰?」①

段祺瑞為三個「賣國賊」大鳴不平。他認為，人們都說這三人賣國，卻沒有探究到底是怎麼回事的（「何嘗究所以」）。他認為，此三人非但無罪，反倒有功（「撙俎費唇齒，撤回第五件」）；而且，他們都是廉潔之人，所經手的鉅款貸款每一筆都上繳國庫了，根本沒取一分錢的回扣（「款皆十足交，絲毫未肥己」）。段氏是陸宗輿等三人的頂頭上司，且是「西原借款」的策劃和責任者，在他筆下，曹、陸、章都是有功於國家，而且是非常清廉的中國好官員。

段氏是個性格耿介，峻色寡言之人，他極少誇讚部下，更不用說為部下寫詩鳴冤叫屈了。正因此，這首絕無僅有的五言詩才更值得賞析。

溥儀在《我的前半生》中記述，「一九二九年七月，我從日租界宮島街的『張園』，搬到協昌裏的『靜園』。這是租的安福系政客陸宗輿的房子，原名『乾園』，我給它改了名字，是含有一層含義的。」溥儀移居「乾園」，改名「靜園」。溥儀從張園遷居靜園的理由，說起來很可笑：「皇上」付不起房租了!據《曹汝霖一生之回憶》述：「居於日租界張園（張彪別墅），張竟索租金年五萬元。住了一年餘，遂購了陸閏生住宅。」按照曹汝霖的說法，乾園不是出租而是直接賣給了溥儀。

①《徐樹錚先生文集年譜合刊》（徐道鄰編述、徐櫻增補），臺灣商務印書館，一九六九。

五年前，被馮玉祥驅逐出紫禁城的溥儀，在日本人的掩護下化裝後由京城倉惶惶來到天津。張園的主人張彪——前清的湖北提督，誠惶誠恐地迎接從前的主子。除了在生活上盡量滿足溥儀，擁有眾多僕傭的張彪，最初還每日清晨起來親自打掃院子，以示對皇帝的「效忠」。後經人勸說，方才作罷。一九二七年張彪死後，漸漸的其子開始向溥儀索要「房租」，於是有了乾園之遷。

偕皇后婉容、淑妃文繡以及多位遺老們遷來的溥儀，隨即將乾園改為「靜園」。據說，取靜園的名字是「清靜安居，與世無爭」，而實有「靜觀其變，靜待時機」的意思。兩年後，溥儀果然等來了「變」的時機。趁著沉沉夜幕，溥儀溜出了靜園。躲在一輛跑車後箱的皇上，終於登上了海河邊日本三井碼頭停靠的汽艇「比治山丸」，順河一路到大沽口，再乘日本的「淡路丸」軍艦，到東北去做他的「皇帝」夢。在《我的前半生》中，溥儀對靜園裏的日子和隨日本人而去的過程作了詳細的記錄。他曾回憶：「張園（和後來的靜園）對我說來，沒有紫禁城裏我所不喜歡的東西，又保留了似乎必要的東西……遠比養心殿舒服。」

如今走進這座據說是西班牙風格又兼中西合璧式樓房的一層，哪裏還有昔日會客廳、舞廳、餐廳的影子呢？縱橫的牆隔成的一個個房間，已難尋八十多年前來來往往的顯貴們的蹤跡，當年謀劃復辟的一間間秘室如今又在何處呢？二樓東側，是溥儀和皇后婉容曾經居住過的地方，西面住的是皇妃文繡。一九三一年的八月，文繡在朋友的幫助下騙過太監走出靜園的大門，一場與皇帝離婚的「革命」成為當時人們關注的新聞。世事滄桑，站在二樓黑黝黝的走廊上，不由得猜想著從前的情景，眼前似晃動著幾世主人的身影。作家周振天的小說《玉碎》，描寫了古玩店老板眼中的這座樓房：「一進樓我就傻眼了，門廳、走廊全是一色的菲律賓木頭的地板、牆板，一準是上了臘，光亮的可以當鏡子，若是蒼蠅落在上邊也得劈個叉，再襯著窗戶上的五色西洋花玻璃，那叫氣派，講究。絨平平的腥紅地毯，踩在上邊一步一陷，一步一陷，叫人覺得身子發飄……」

一九三一年八月二十五日，「淑妃」文繡由靜園出走，宣佈與溥儀離婚，曾轟動一時，溥儀也險些上公堂。為保臉面，溥儀在京津滬三地報紙上登出一道遜帝宣統「上諭」，將淑妃撤去封號，廢為庶人，成一時新聞。一九三一年十一月十一日，在日本特務策劃、挾持下，溥儀離開靜園，結束了在天津六年的寓公生活，登上日本艦隻，潛往東北，充當偽滿洲帝國傀儡皇帝。

靜園靜靜，在靜靜地向人們講述著一個個過去的故事。在靜園裏發生過的一幕幕史劇，或正或邪，或喜或憂，已經記錄在厚厚的史書上。珍惜這一頁……

兒女十二個，讀書明理做君子

搬出乾園以後，陸宗輿一家搬至附近的日租界石山街（今寧夏路）居住。

作為中國的第一批自費留學生，又被清王朝稱為「舉人才子」的陸宗輿，一個世紀以來，人們在政治上對其或褒或貶，或揚或抑，但他所宣導的「好學重文，讀書明理做君子」的家風卻是令人佩服的。陸宗輿的十二個兒女，最大與最小的相差二十一歲，大多受過高等教育，各有建樹。

陸宗輿的長子陸元誠一九〇七年生於瀋陽，一九三三年畢業於英國倫敦大學經濟學院。留英時加入反帝大同盟任執行委員，歸國後曾任國民政府資源委員會國外貿易所業務專員，翻譯出版了十餘本英國經濟學家的論著。抗日戰爭時，陸元誠擔任重慶辦事處主任等職，積極組織參與了抗戰的後方支援工作。一九四五年他加入民主同盟，積極呼籲和平，反對內戰。一九五五年任民主同盟外貿部主任委員。陸元誠是新中國外貿經濟的開路人，曾任華東國外貿易總公司出口處副經理、中國礦產公司業務處處長專員。陸元誠膝下有兩子一女，他一九七〇年離休，一九九三年逝世。

陸宗輿的次子因沾染不良嗜好而壯年早逝。三子陸寶誠，又名陸仲宣，生於一九一一年，畢業於北京大學。一九四九年以後一直在外貿部出口局任職，曾任大英百科全書主編並獲特殊津貼。陸寶誠妻子徐蘭的父親是北洋政府陸軍上將徐樹錚，就是那位率兵收復外蒙古而聲名遠揚的「遠威將軍」。這婚事還是陸宗輿與徐樹錚友情定下的「娃娃親」。陸寶誠與徐蘭育有一男一女，一九九九年陸寶誠因病逝世。

陸宗輿的四子陸德誠，就是接受寫書人採訪的陸秀芬的父親，又名陸凱，生於一九一四年。他畢業於天津平瓦大學，精通日語、法語，早年擔任中國最早的化工企業——大昌永利化工廠廠長，一九四九年以後擔任解放軍總後勤部三五二七工廠的總工程師，為我軍軍工企業的發展做出了突出貢獻，因而榮獲一九五〇年天津市「特等勞動模範」、「全國勞動模範」稱號。他是天津市第三屆各界人民代表會議代表，天津市政協委員。陸德誠於一九九一年逝世。

陸宗輿的五子陸守誠生於一九一六年，畢業於天津師範大學，新中國成立後在長春市地質學院任教。「文革」中因父親的罪名而遭受劫難，被調至安徽彭埠當中學教員。育有一男二女，卒於一九九七年。晚年曾由子女陪同到北京石景山尋找父親墳墓。

陸宗輿的六子陸立誠，又名陸可齋，生於一九二〇年，在天津師範大學就學時因抗戰爆發而中斷學業，受平型關大捷的感召，一九四一年參加了八路軍，奔赴抗日前線，多次殺敵立功。一九五〇年他參加中國人民志願軍赴朝作戰，歸國復員後，在天津運輸公司任職，與一名紡織女工結婚，生有一女。陸立誠一九九五年逝世。

陸蘊玉生於乾園，她是陸宗輿子女中最小的。厚實的圍牆，厚重的大門，這座曾經樹影婆娑、清泉湧翠、曲徑遊廊的庭園，一直留在陸蘊玉的記憶裏。她依稀記得，哥哥姐姐牽著她的手嬉戲於亭子、假山、噴泉間的情景。

一九五〇年，陸蘊玉與一名銀行職員結婚，在乾園附近的一棟小樓裏住下，這一住就是六十年。一九五六年天津照相機廠成立，陸蘊玉成了第一批工人。年輕時，她愛擺弄相機，常去乾園為朋友拍照。當時，乾園是幾家報社的宿舍，許多作家、名人以及青年文學愛好者在這裏進進出出。當代文學大師孫犁就居住在後院的二層小樓裏，每當黃昏，陸蘊玉就會看見他穿著圓口布鞋在院子裏散步，他見了她，非常和藹可親地停下來閒聊。有一次，她免費給他拍了兩張照，孫犁偏愛喝粥，端出一碗粥讓她品嘗，是一碗胡蘿蔔和山芋熬出的粥，她喝得很美。

「文革」時，乾園作為「皇上宮殿」差一點被拆，聞訊後，陸蘊玉找到了孫犁。陸蘊玉至今不知道，乾園沒拆是否因為孫犁出面阻止的緣故。十四年後，當乾園門口終於釘上文物牌的時候，陸蘊玉已經改做會計工作，從此很少去靜園了。

丈夫去世以後，陸蘊玉隨女兒生活在一起。早飯後，兒孫們都去上班上學了，她就會搬出當年拍攝的舊照片，一張張地看，更多的是看乾園的；下午，她會看一些反映民國時代的小說和電視劇……生活就像牆上的鐘擺，平靜而準時。

如果有人問起父親的一些事，她會淡然一笑。關於鄉人說陸宗輿是「賣國賊」這件事，陸琛說，她不太在乎別人對她父親怎麼議論，也不會上心。問她為什麼會長壽，她會告訴你：「把不愉快的事情全忘掉！」

陸宗輿的六個女兒也受到良好的教育。四女死於一九七六年唐山大地震外，最小的女兒陸蘊玉活得最長，其餘四人均逝於本世紀初，都是高壽之人。

陸宗輿在自述中告誡後人：「則此三四十歲間之壯盛時代，正可遇事多所覺察，知所自止，何至於終日夢夢，不自省悟，日矢愚忠，而反受無窮之牽累耶。蓋惟凜深淵之戒者，可以不墮懷薄冰之懼者，可以鮮失，今之迷於物競之學說者，只知前進，不知顧後，而因以致敗。輿亦何獨不然，中國黃老之說，以退為進，所望新學時賢，亦凜然於此爾。」

憑好風心事遮妝樓

二十世紀二十年代，天津有兩個很出名的小姐，一個是津浦鐵路局局長趙慶華的女兒趙一荻，另一個就是陸宗輿的大小姐陸靜嫣。趙一荻後來成為張學良的紅顏知己，「趙四小姐」青史留名。當時的陸靜嫣像趙四一樣楚楚動人，引人關注。

趙四小姐有個嫂子叫吳靖，晚年定居上海，曾回憶說：一九二三年，她和趙一荻在天津中西女中讀書。開學第一天，學校舉行了盛大的儀式。「看，那是陸姑娘！」趙一荻順著吳靖指的方向望去，發現有一位隱在花叢中的標緻女孩，剛才大家圍在一起唱國歌的時候，她最動感情，大眼睛裏汪著淚花。趙一荻和吳靖走上前去，吳靖向趙一荻引薦陸靜嫣。十八歲的陸靜嫣性格內向，不喜歡出風頭，她早就知道趙一荻，但她只是靜靜地望著人群中姿容秀美、儀態曼妙的趙一荻出神，萬沒想到吳靖會將她引到趙一荻面前。從那時起，她與趙一荻成了好朋友。

這年，趙一荻十六歲，已經出落成一個亭亭玉立的少女。她出生於香港，祖籍卻是浙江蘭溪。從她曾經用過的幾個名字可看出，她從小就接受了多方的文化——她母親為她取的名字叫「香笙」；她平時常用的名字是「綺霞」，據說是她出生時天空正好劃過一道霞光；她從小有個英文名「Edith」，所以她又有一個取之於諧音、也是廣為人知的名字「一荻」。當然了，無論她使用什麼名字，後世人們口中相傳最頻繁的還是因為她行四而得的「諢名」：趙四。

趙四小姐不算十分漂亮，但她身材好，愛打扮也特別會打扮，再加上她喜好運動，嗜好讀書，所以內外兼修，使她具有與一般人完全不相同的高雅氣質。正因為如此，她曾經成為天津《北洋畫報》的封面女郎。

與陸靜嫣和趙四小姐同為閨蜜的，還有北洋政府代總理朱啟鈐的六小姐朱洛筠，財政總長李思浩的二小姐李蘭雲。這五位大小姐，不僅身世相近，父輩交好，又同在天津中西女子中學讀書，交情自是非同一般，堪稱當年天津的「五朵金花」。朱洛筠曾說，「他們同僚之間過從甚密，眷屬多有往還，我們這些子女便經常聚夥嬉戲在一起。」相比起從上海回到天津的吳佩琳，朱洛筠和趙四自小就在一起，從浙江小學到中西女中，一直是要好的閨蜜。因為趙四的年齡最小，姐妹們都親昵地稱之為小妹，或直呼她的小名香香。

當年，夏天到北戴河游泳度假，冬天在海河上滑冰，是那個年代天津大戶人家子弟的生活定式。這些名門閨秀的照片更是時常登在《北洋畫報》上。那兩年，《北洋畫報》上不僅刊有趙四小姐的玉照，還曾刊登了陸靜嫣身披頭紗之照片。據吳靖寫於一九八八年的《我的小姑趙四小姐》中稱：「我們在童年和少女時，都家住天津，父輩間女眷們不時相互串門，女孩子也就自然熟悉親熱起來。」課餘時間，這幾位大小姐也隨著家大人經常走動，「基本都是由於家長們常來往，孩子們也就『扎堆』了，課餘常在一起游泳和溜冰。」即使後來分別上了大學，到了北平乃至上海，這五朵金花也一直保持著密切的聯繫。

陸靜嫣聽說了，這位比她還小兩歲的同學趙一荻正與「民國四公子」之一的張學良熱戀著。此時，張學良正駐防天津，大帥張作霖也緊握著國家權柄，張家滿門都榮耀之極。後來，趙四小姐不惜與父母決裂，不惜放棄明媒正娶的尊貴，追隨於張學良。西安事變後的七十多年裏，她取代了於鳳至，始終伴隨在被囚禁的張學良身邊。對此，坊間的態度分為兩派，一派是「于鳳至派」，對趙四小姐頗多指責，認為她破壞了張少帥夫婦的婚姻，另一派則是陸靜嫣等人的「純真愛情派」，一切是非皆不論，只談美好的愛情。陸靜嫣給「張趙之戀」找了一個範本——王子與灰姑娘。

「西安事變」前，張學良和趙一荻曾在上海高乃依路（今嵐皋路）的別墅居住。當時住在上海的吳靖、陸靜嫣、李蘭雲等閨蜜時常前往探望。

天津覺悟社的成員中有一位周恩來的遠房親戚，名陶尚釗，一九一六年由浙江紹興考入南開學校讀書。此人自幼席豐履厚，驕奢放縱，有文稱陶曾與陸宗輿的女兒「談戀愛」，後赴法勤工儉學，成為與周恩來形影不離的密友，一九二二年因火災喪生，年僅十九歲①。如果按照此文表述，陶尚釗與陸家女兒談戀愛，很可能是與陸家的大小姐陸靜嫣。一九一九年時，陶只有十六歲，陸只有十四歲，即使在那個年代也屬於早戀了。

一九二七年四月九日，一頂裝飾成花轎樣的馬車從乾園裏「抬」了出去，坐在花車裏的新娘就

①徐鳳文《陸靜嫣：我的父親是陸宗輿》，《新金融觀察》，二〇一三年五月二十七日。

是大小姐陸靜嫣，這是陸家第一樁喜事，新郎倌是昆曲名家徐淩雲的二公子徐子權。

當時有報導：「禮堂設於本埠法租界國民飯店。是日店門高紮五彩牌樓，交懸中法國旗各一，不知者以為開中法聯歡會矣。」出席的嘉賓多為當時的租界名流及其眷屬，是以門禁森嚴，「必須投刺登錄，加綴紅花，然後得入」。陸靜嫣的婚禮為中西新舊混搭樣式，花轎為馬車式，儀仗則用舊式婚俗中的「回避」「肅靜」等復古鑾仗。據當時媒體報導，新人於下午一點半抵達飯店，伴娘（即「女儐相」）率六七個小儐相乘馬車相隨，「女儐相皆一時之秀，服裝異常時髦」「觀者有時裝大會之感」。下午兩點，正式舉行婚禮，證婚人專程從北京趕來。①

婚禮的基本程式：振鈴入禮堂 冰人（即媒人）致喜詞 行同拜禮：一跪三叩；行交拜禮：三揖；謁見男家尊長、謁見女家尊長：均一跪三叩；行見兩家平輩禮、兩家晚輩謁見禮、謝冰人禮：均三揖；兩家互賀禮、來賓賀禮、謝來賓禮、僕人賀禮並謝賞、茶點。這種新式的結婚方式，從十九世紀末在上海、天津等大都市開始流行，逐漸被大眾接受。

其時，國民政府擬定的《婚禮草案》對中國版的新式婚禮作了規範，至此，新式婚禮在中國才算是真正地開花結果。值得一提的是，今天我們熟知的旗袍，是由國民政府頒佈《服制條例》時，第一次被寫進典章，正式確立了旗袍的國服地位。因而，《北洋畫報》對新郎徐子權和新娘陸靜嫣

①《北洋畫報》，一九二七年四月十六日，轉引自徐鳳文《民國天津名人婚禮有如時裝大會》，《城市快報》二〇一三年七月九日。

的著裝有著詳盡的描述：新郎中式長袍馬褂及西式燕尾服兩種禮服輪換穿，新娘則著「白軟緞禮服長裙，頭戴珠冠花環，披有四米罩紗，戴白手套；執手花，伴之以長青草垂地。腳穿皮鞋或白軟緞皮底繡花鞋」。

陸靜嫣婚禮的伴娘，除了自己的妹妹陸蘊玉外，另外兩位是李綺與趙綺霞。李綺即李倚雲，是北洋政府財政總長李贊侯的長女。另一位趙綺霞，當時天津著名的名媛，是北洋要員趙慶華（浙江蘭溪人，曾任北洋政府交通部次長）的第四個女兒，就是大家熟知的著名的趙四小姐。

新郎徐子權（學名德輿、別名螢窗），是上海徐園主人徐鴻逵（字棣山）的孫子。徐的父親徐凌雲是昆曲名家，字文傑，號幕煙。他在戲曲上博採眾長，不拒門戶，生旦淨末丑各行兼演，「文武昆亂不擋」，在清末民初昆劇界有「俞家唱，徐家做」的美譽。著有《昆劇表演一得》，另有《看戲六十年》未定稿。徐子權在家庭薰陶下，八歲學戲，九歲登臺，後畢業於上海交通大學，從事保險業，為著名票友。一九六〇年調江蘇省昆劇團工作，從事導演等工作。編導的昆劇現代戲《活捉羅根元》，獲得極大成功，為江蘇省昆劇團保留劇目。

陸靜嫣的婚禮為中西新舊混搭樣式，花轎為馬車式，儀仗則用舊式婚俗中的「回避」、「肅靜」等復古鑾仗。據當時媒體報導，新人於下午一時半抵飯店，伴娘（即「女儐相」）率六七個小儐相乘馬車相隨。雖然媒體上沒有明確報導，想來吳靖等閨蜜均盛裝出席，報稱「女儐相皆一時之秀，服裝異常時髦」，「觀者有時裝大會之感焉。」下午二時，正式舉行婚禮（由此可見，關於天津下午舉行婚禮的習俗非自今日始），證婚人為專程從北京趕來的福壽雙全的「全科人」孫老爺子主持（據稱此老專門為外交界的家庭證婚）。因為陸宗輿信仰扶乩之術，禮堂正中懸掛「父母只以家族為懷原非包辦，男女同秉天地之德自要平權」、「門第舊金張卻扇幸逢豔陽月，神仙新眷屬吹簫應往大羅天」等諧趣對聯。當夜鬧洞房時，陸宗輿和女婿徐子權昆曲唱和，甚是熱鬧。而當北洋畫報的記者拍照時，徐子權竟然扭過臉去，「不肯以面目示人」，也算是婚禮上的一個小插曲。①

陸靜嫣畢業於北京大學。

新中國成立時，陸靜嫣已是劇作家了，發表過多篇描寫洋學堂裏中國女孩生活的話劇劇本。父親陸宗輿被開除鄉籍以後，她再也沒回過海寧，可她在心裏愛著故鄉。上個世紀五六十年代，紅學專家吳世昌在國外發表大量紅學文章，陸靜嫣得知他是海寧人，便也研究起了《紅樓夢》。

因為父親的緣故，陸靜嫣成了戲劇大師背後的隱身人，她的名字也改成了陸靜岩。一九五八年冬，與袁韻宜女士合作改編豫劇《穆桂英掛帥》，為梅蘭芳作國慶十周年獻禮劇碼；一九六〇年，為當時留在北京的上海越劇院編寫劇本《小忽雷》，由范瑞娟、傅全香演出；一九六五年，在音樂家鄭律成的邀請下，編寫了歌劇《紅樓夢》，由焦菊隱最後審稿，由電影演員謝芳朗誦。

一九八五年，陸靜嫣與李蘭雲、吳靖合寫了一篇《懷念在臺灣的四妹趙一荻》的文章，恢復了

①單煒煒《國民飯店重啟，追憶金街風雲》，《每日新報》，二〇一七年五月十三日。

本名。這一年，陸靜嫣八十一歲了。陸靜嫣曾作《俚句寄懷趙綺霞四妹》詞：「花開花謝春復秋，綠鬢已白頭。滬濱惆悵斟別酒，京華聯訣交遊。留側影，底事不回眸？匆匆去，半世紀，留下一段離愁。行看柳梢兒青，櫻桃又紅透，可還記得天涯友？知否，幾度夢裏話舊！山山水水思緒悠悠。憑好風心事遞妝樓，俚句為君壽。」①

時向乩壇問休咎

晚年，陸宗興先信佛，法名叫「福慧道人」。

陸宗興信佛與當時天津的風氣有關。在清末民初，各種社會思潮紛起，其中佛教最興盛，天津的寺廟特別多，幾乎可以用「無人不信神、無處不建廟」來形容。一些出名的寺廟，如海光寺、大悲院等，僧人、居士數量都很龐大。當時的一些政客、軍人，如段祺瑞，還有前清的一些遺老遺少來到天津做寓公，其中有很多人熱衷於宗教活動，尤以歷史久遠的佛教最多。一九三八年十一月，天津組織「中華佛教會」，並在淪陷區各地設立分支機構，陸宗興為十九人執行委員之一。

民國時期，起源於山東濟南的道院在京津興起，「先有道院，後有紅十字會。前者為修道之所，

①徐鳳文《陸靜嫣：我的父親是陸宗興》，《新金融觀察》，二〇一三年五月二十七日。

專修內功；後者為道體慈用，致力外行，名異而實同。」扶乩是道院內部重要的宗教活動，當時，許多文人、學者進行扶乩，佛教居士也參與其間。陸宗輿於居所西部建堂，每月朔望和妻子鄭校詩開壇扶乩，專門從事宣揚因果、輪迴，教化人心改過遷善的乩壇。後來，鄭校詩在北京也開設女道德社，以「懸乩」、「扶乩」勸說婦女捐資賑災。

陸宗輿還潛心修道，道號「慧依」，有「得有津門三年之修養，覺多非於往日，希補過於將來，平生性行率急有智而遲，奢佚習為固常，愛欲未能戒斷，此實我生莫大之病」等沉痛自省之語。①一九二五年夏，陸宗輿曾自印《陸閏生先生五十自述記》，由汪大燮題簽作序。序說：「余與陸君閏生相知二十年矣，其為人發揚蹈厲不主，故常見事敏銳善斷，所至有以自見而不顧忌之者之躡……」

這本書很薄，一萬二千餘字。全書以一段虔誠的讚美詞開篇：

人生不過百年，百歲始為上壽，若五十雖已半百，尚無壽之可言。唯蘧氏則知前四十九年之非，孔子則以五十而知天命。論體質為自壯而老之期，論智識則當臻於由人達天下之境。輿不敏，近六七年來經人事之變幻，窮天道之玄徵，期進於養性修命之途，益凜乎寡過知非之戒，縱未能幾於賢聖，然何敢自欺欺人。司馬溫公嘗自謂，生平無事不可對人言，竊本斯旨作五十自述記，以求教於有道君子焉。

①陸宗輿《陸閏生先生五十自述記》，北京文楷齋，一九二五，第一四頁。

「蘧氏」是指春秋時衛國人蘧伯玉，他五十歲的時候知道前四十九年所犯的錯誤，說明他時刻自省自己的所作所為。

在《五十自述記》的書裏，陸宗輿以第一人稱的口吻，講述了自己在那個內憂外患空前的年代裏「交涉案情」的艱難經歷。字裏行間有自省，有自辯，有哀歎，也有牢騷。許多年來政治的傾軋、列強的欺淩、民眾的壓力、弱國外交的心酸，已經讓他受盡煎熬，心灰意冷，淡出了政壇。

日本全面侵略中國後，先攻佔上海，即沿京滬線直下南京。不久，華北要設臨時政府。曹汝霖和陸宗輿都受邀，兩人都拒絕了。曹汝霖有記述：「臨時政府成立前一日，喜多駿一特來天津，約請八人在利順德飯店吃餐，先到八人家裏，投刺面約，表示敬意。晚上與會者，記有龔仙舟（心湛）、王揖堂、靳翼卿（雲鵬）、齊撫萬（燮元）、陸閏生（宗輿）、朱博淵（深）及余，還有一人忘了。席間，喜多簡單致詞，略謂日軍此次行動，出於不得已，以後成立政府，希望速成和平，兩國恢復親善，一致反共。諸君為華北負有重望之人，務請多加指教共同協力云。當場聲明不能到北京去者，為龔仙舟、陸閏生及余三人。……餘均無辭而散，翌日臨時政府宣告成立。……爾和怒容滿面地說，我們這次本是入地獄主，你愛惜羽毛，不肯合作……」①

一九三九年，陸宗輿離開日租界，率全家遷回北京，居於北極閣三條二十二號。北極閣曾是寧

①曹汝霖《曹汝霖一生之回憶》，中國大百科全書出版社，二〇〇九，第三四二至三四三頁。

郡王府私廟，清末民初多次易手。據《都市叢考》記載，「北極閣在東單牌樓東、南至棲鳳樓，北至新開路，西至怡王府東牆，內有緣慶、恆吉二廟，院中有殘碑，字跡模糊，稍可辨認，上刻緣慶恆吉二廟，為多羅貝勒綿譽于於道光十七年重修云。或云此北極閣在道光時怡王府遭火患，故在府東南建設小佛閣，曰北極閣，取北極生水之義。」

陸宗輿宅院是一個寺廟建築。從外向內看，大門是典型的中式樣式，有飛簷、有門楣。但是跨入院落，再一回頭看，整個大門又成了標準的西式，呈現拱狀。大殿面闊五間，磚雕精美，屋頂正中是木構套疊藻井。

吳佩孚與張作霖的第二次大戰落敗，回到北京後居於什景花園，在家仍設八大處，以過閉門稱大帥之癮。「在家無聊，與陸閏生家互設乩壇，名為紅十字會，供奉儒釋道回耶五教神位，求神問卜，以問休咎，豈非妄人乎哉。陸閏生（宗輿）與他時相往還，且為我揄揚，勸我入會，意在拉攏，余惟一笑置之。」①

第二次直奉戰爭後，陸宗輿曾在張作霖賬下當外交顧問，他評價吳佩孚：「此人性情倔強，所事非人，但也不無可取之處。」打敗了吳佩孚的張作霖更是豪爽地說：「此人擁曹護憲，倔強到底，不論宗旨如何，究不失為光明磊落的漢子。以前他是我們的敵人，我們當然要懸賞捉拿他。現在軍

①曹汝霖《曹汝霖一生之回憶》，中國大百科全書出版社，二〇〇九，第三六五頁。

事告終，對吳如何處置，我們概不過問。」吳家與陸家相距很近，一來二去，吳佩孚設宴待客時便常常邀陸宗輿作陪。

一九四〇年，汪精衛成立偽國民政府。感激於當年他行刺攝政王載灃失敗入獄時，陸宗輿和章宗祥予他免死之恩，汪精衛邀請他倆加入進去，請了很多說客想讓陸宗輿擔任金融大臣一職。有一次，說客們到了陸家門外，潑辣的鄭校詩堵在大門口，愣是不讓進門，也不讓陸宗輿露面兒，而且這鄭夫人還指桑罵槐地高聲叫罵，說客們被她兇悍的氣勢給嚇倒，灰溜溜地走了。

汪精衛給他掛了個行政院顧問的虛銜，他想，中國的顧問都是有名無實，不若日本最高顧問真要辦事，若再不幹，怕要鬧僵，遂應允。他卻不顧也不問，不給日本人出一分力。

一九四一年，由日本興亞院命令成立「華北道教總會」，日本人原擬陸宗輿任會長，臨開會時，陸宗輿推說有病治療，堅辭而不到會，只得改由他人充任，也算是「愛惜羽毛」保持了晚節。①

事後，鄭夫人對陸宗輿說：「就是每天喝粥，也不能給日本人賣命。」不僅如此，她還一直教導自己的孩子，寧可死也絕對不能當漢奸。如此，她以許多男人都比不了的愛國心，成就了老公陸宗輿生前最後的骨氣。

曹汝霖提起過陸宗輿的晚年：「閏生還回北京時，余尚在頤和園，故絕少謀面。他迷信扶乩，

---

①孟國祥《日本利用宗教侵華之剖析》，《民國檔案》，二九九六年第一期。

每見必談乩事，余不信此道，只好唯唯諾諾而已。一日，他的第三子忽來園告余，其父病肺炎甚重，現在協和醫院。余即進城去看視，已入迷昏之狀，不能言語。不久回家，遂至不起。歿後他子竟說無以為殮，余贈予聯幣八千元。」「聞生有智謀，惟喜走偏鋒，過於熱衷。晚年不得志，家居無聊，經濟亦窘，時向乩壇問休咎，迷信愈甚。加以嗜好日深，身體愈弱，一經病魔，抵抗無力，遂使藥石無靈，與世長辭，年尚不滿六十，①為之可惜。身後蕭條，其後人不通音信，不知如何情況。」②

一九四一年六月一日，陸宗輿與世長辭。他沒有葬回家鄉浙江海寧，因為他早就失去了鄉籍。他靜靜地安眠在了石景山福壽嶺東山坡的一處山間平地上，這片墓地是他生前親自選定的。福壽嶺與首鋼相隔不到十里，恰恰與石景山遙遙相望。

立下遺囑：不願子孫為大官

陸宗輿臨終前立下一個遺囑：「不願子孫為大官，但願為國家之良材。」如今，他的孫兒女眾多，有在北京、天津的，有在上海、廣州的，也有在長春、太原或蚌埠的，還有的定居國外。他們默默無聞地過著平常人的生活。

①這裡敘述有誤，陸宗輿生於一八七六年，逝於一九四一年。

②曹汝霖《曹汝霖一生之回憶》，中國大百科全書出版社，二〇〇九，第三六六至三六七頁。

陸福蓀是陸宗輿的長孫，居長春市，離休前才做了個小官——在一家房屋供暖公司當副處長，而這之前，他是解放軍某部航空學院的飛行教員，技術職稱則是汽車工程師。他透露，一九四九年四月他參軍入伍，隨南下部隊到了廣西，參加過多次剿匪作戰，一九六〇年才調入空軍部隊，教了十年飛行課，之後轉業到地方，擺弄了幾年汽車。他笑說，「其實我也沒做官，幹的都是技術活。」

陸家有開飛機的也有造飛機的。陸秀蓀是陸宗輿的長孫女，一九五八年畢業於北京航空學院飛機製造系，後在總後某兵工廠擔任高級工程師，她與丈夫既是同學也是同事，夫妻倆參與研製過不下七十種型號的軍用、民用運輸機。兩位老人退休後現居天津。

二〇〇八年九月，廣東進行著一場轟轟烈烈的「雙轉移」和產業升級大戰役，一項電子產業無鉛技術路線圖應運而生，主要設計者是中國電器科學研究院副院長陸啟凱——他是陸宗輿的孫兒，一名教授級工程師。一九九三年，由陸啟凱研製的燃油式自動控制汽車噴漆烘漆房，獲第四屆全國新技術新產品博覽會銀獎；二〇〇九年，陸啟凱領頭的「汽車環境適應性關鍵技術研究與推廣應用」項目獲「中國機械工業集團科學技術獎」二等獎。他的「多用智慧型家電遙控器」等多項發明專利。目前，六十五歲的陸啟凱是全國電工電子產品環境技術標準委員會主任委員，廣州擎天新材料研究開發公司總經理，享受著政府頒發的有突出貢獻人員的特殊津貼。

在蚌埠西市街口有家小吃店，店主叫陸啟嘉，他的父親陸守誠是陸宗輿的第五子。陸啟嘉開小吃店賣涼粉已經有十多年了。他原來在糧站工作，還當過站長，後來因為糧店改變經營方式，由別人承包了，下了崗的陸啟嘉只得在鬧市口開了爿小吃店，和妻子一起叫賣涼粉，後來小吃店增添了麵條、水餃，但涼粉仍是小店的主打產品。現在很多顧客都是衝著他「陸宗輿後人」這個噱頭到他店裏吃涼粉的。

陸秀菁是陸宗輿孫輩中唯一的博士，他曾在南開大學化學研究所工作。一九八九年人到中年的她留學英國，然後赴美國喬治亞大學讀博士。如今，她和女兒一起在美國生活。

陸秀菁知道祖父歷史上的一些事情，在國外也有一些人問起，她總是笑言：「歷史的歸歷史，現在的歸現在。」她住在亞特蘭大市一幢一百六十平方米的房子裏，外面有一個院子，種著幾棵大樹和一些蔬菜，養著一條狗。早些年，她從美國回北京，特意到東單尋訪過北極閣三條二十二號的老家。她沒有回過海寧，但知道那是故鄉。

陸秀芬出生于陸宗輿逝世前一年，父親陸德誠是陸宗輿的第四子，一九一四年（陸宗輿擔任駐日公使期間）生於日本東京，幼年回國。

陸秀芬告訴筆者：「抗日戰爭爆發後，我祖父的十多個兒女各奔東西，天津家中只有我父親守著。爺爺對兒女十分嚴厲，只有對我父親不一樣，非常疼愛他。」兒大成婚，媒人先後介紹了很多漂亮姑娘，陸宗輿經過多方考察，才答應下比兒子小了六歲的海寧籍姑娘劉玉珍，然後很滿意地對夫人說：「此女是海寧人，有文化」，言下之意，鄉人雖然開除了他的鄉籍，他卻不忘記自己是海寧人，娶兒媳婦也要選個海寧女子。劉玉珍後來進修俄語，做過經理、教員，與陸德誠生有二男三女，陸秀芬排行老四，陸秀菁排行老五。

也許是自小受父親「愛國先愛鄉」的薰陶，陸秀芬一直將自己看做是海寧人，少年時她在天津耀華中學念書，填寫學歷表格時，她毫不猶豫地在「籍貫」一欄寫上「浙江海寧」四個字。後來念大學，才知道老家的錢塘江大潮非常有名，爺爺就出生在觀潮勝地鹽官鎮。

一九七〇年，陸秀芬出嫁了，新郎是北京大學的高才生費雲標，一個地道的海寧人。夫婦倆用驕人的業績替海寧爭了光。陸秀芬曾是鐵道部科學研究院機輛所的一名副研究員，參與制定了鐵道部九項標準，發明有動車制動系統、濾清排污系統兩項國家專利，獲得過全國科技大會二等獎。費雲標是中國科學院發育生物學研究所一名研究員，曾獲天津市科技成果獎。一九八五年至一九八九年，他以博士後訪問學者的身份在美國哈佛大學做研究。歸國後，他潛心於抗凍蛋白分子生物學與基因工程的研究，其研究成果屬國際先進水準。

二十世紀九十年代，兩位老人退休以後，回老家看看的機會多了，於是，他們在海寧購買了套房。每逢五月端午前後，夫妻倆相伴著回海寧來居住一段時間。為什麼選擇端午？因為她的爺爺忌日在端午前後，愛國詩人屈原含冤投江是在五月端午，還因為她的先祖、愛國詩人陸游在端午節留下絕筆《示兒》作為遺囑：「死去元知萬事空，但悲不見九州同。王師北定中原日，家祭無忘告乃翁。」

一九九七年的清明節，陸秀芬和費雲標費了一番周折，終於在當地人的引領下找到了荊山村的「陸家牌坊」舊址，這裏曾是爺爺陸宗興的祖居地，年幼時陸秀芬隨父母回來過，依稀記得「老屋前有一座牌坊，左右有石人石馬，這是朝廷賜造的」。牌坊在許多年前築路時被拆了，石人石馬被埋在路基之下。

二〇〇五年九月，筆者來到石景山，忽然聽到一種很尖很細又拖音很長的聲音，像秏子叫，細聽又不是。心想，這就是當年陸宗輿尋覓過的哨音——石景山的哨音，我有幸聽到了。

石景山的最高點有一幢功碑閣，功碑閣仿照頤和園的佛香閣設計，閣尖的高度達到人們一進首鋼廠東門便可目睹。功碑閣附近有一座碧霞元君廟，門額上鐫刻著首鋼總公司黨委書記、董事長周冠五的手跡，詩曰：「仙山挺立鎮皇郭，龍煙冶礦生鐵窠。後造景色稱功碑，是非榮辱任評說。」

「是非榮辱任評說」，一百年了，這裏靜悄悄的，鮮有人來，這榮辱也許消融在了石景山的哨音裏了……

尾聲　掀開被遮蔽的歷史真相

一九四九年，中國歷史的上唯一一位「總理修道士」陸徵祥在比利時布魯日病逝，享年七十八歲。他留下了一份珍貴的遺產：民國外交檔案，留在了比利時使館，這些檔案收納著中日「二十一條」交涉時的來往電文，袁世凱帝政時期收發的外交電文、段祺瑞執政時期的外交秘電和巴黎和會期間中國代表團和北洋外交部收發的全部電文原件，等等。

不知什麼時候，這批檔案回到了中國臺北。

於是，史學家唐啟華發現了它：《駐比使館保存檔案》，共有一百四十一卷三十七函。

於是，我悄悄地開啟了它，用塵封的檔案，掀開被遮蔽的歷史真相——

「賣國賊」帽子最初落在梁啟超頭上

「五四」前，這頂「賣國賊」帽子，最初是落在研究系領袖梁啟超的頭上，實因巴黎和會全權代表、國民黨人王正廷誤解梁氏發電攻擊而生成。

徐世昌接受林長民的建議，派梁啟超以歐洲考察團的名義，與各國聯絡。梁氏赴歐的身份和私人還是公務，頗為曖昧。

國民黨與研究系素有舊怨，外界傳說梁啟超赴法是想接替陸徵祥擔任中國出席巴黎和會首席全權代表，而王正廷正有頂替陸徵祥任全權代表的願望，故而他唯恐此設想破滅，便向國內國民黨控制的《民國日報》（邵力子主筆）頻頻發電，以梁啟超任財政總長時與日人多方密切接觸，擬行貸款為線索，並以梁對中日關係的和緩態度與國人強烈要求青島回歸的情緒截然相反為由，揭示梁氏有賣國傾向。一九一九年四月二日，《民國日報》頭條指斥梁氏係「賣國賊」。事發後，北京政府外交部及蔡元培、王寵惠、顧維鈞、蔣百里、張君勱等眾多名流，全力為梁聲辯，而梁氏堅決主張廢除中日密約之言辭，也頻顯報端，加之他不斷自辯其誣，其賣國謠言，遂漸止息。①

兩年前，梁啟超在段祺瑞內閣任職，支持並參與了日本對華的「西原借款」，一方面深受段祺瑞政府財政危機的影響，另一方面更與日本獨宰的遠東國際格局有著根本的關係，形成了這時期梁啟超對美國不即不離、對日本全力依靠，以實現對德參戰的外交策略，成為了其對日外交戰略的一個重要組成部分。梁啟超一改排日之舉動，「而今則認為有親善之必要」②。

就任財政總長後，梁啟超與段祺瑞就「西原借款」的用途產生了矛盾。梁啟超企圖利用對德奧宣戰後廢除其庚子賠款及協約國延緩五年庚子賠款的參戰權益，外加「西原借款」等款項整頓財政，以期建立金本位制，穩定國內金融狀況，實現財政收支平衡。然而段祺瑞自恃目前財力充足、軍事

①臧偉強《新交通素與研究系的論戰》，保利藝術講座，二〇一七年六月三日。
②馬文輝，謝萬昌《西原借款與梁啟超外交戰略關係研究》，《戲劇之家》，二〇一四年第十期。

雄厚，強力推行「武力統一」政策，使之梁啟超籌措進行金融改革的款項，大部分用於軍事開支，而使財政改革和金融整頓最終無果而終。

巴黎和會期間，梁啟超、林長民等研究系要人發揮最大影響力的領域，不在外交而地內政。在北京政府內部，徐世昌、段祺瑞間文治與武力統一的爭執，交通系對鐵路控制權的極力維護，與外資上親美親日的競爭，合混成研究系與新舊交通系在「鐵路統一案」上的抗爭，又與巴黎和會中理想主義新外交與現實主義舊外交的角力相糾纏，遂引發五四學生愛國運動。

隨後，他們強勁地將聲討的筆端直指西原借款及《山東問題換文》經手人，即將巴黎和會外交失敗原因，歸罪於親日派首領、新交通系曹汝霖、陸宗輿、章宗祥三人。於是，「賣國賊」的名頭，由梁始向曹、陸、章轉化。基於參與西原借款的事實，加之無人出面為這三位親日派辯誣及媒體連篇累牘的負面報導，曹、陸、章的「賣國賊」罪名，塵埃落定；火燒趙家樓、痛打章公使，既成事實。

陸宗輿五十歲時，聲聲喊冤：「曰賣國曰親日，已久為曹陸專有之名詞，清夜思之，即一己亦莫知所謂，貲言之殆以借款即為賣國，借日款即為親日之說乎，顧前此之借鉅款者正有其人，而社會上對英美法德等之借款，其觀念似大不同。」①

這時，他顧不得當年在梁啟超幕下的密切合作和友誼，在為自己叫屈的同時，將指責的筆端直

①陸宗輿《陸閏生先生五十自述記》，北京文楷齋，一九二五，第一九至二〇頁。

指梁啟超：「以理論言之，則以國家大權利，而換得外人之金錢者曰賣國。顧海關鹽課，為國家莫大之稅權，此兩大權者，今皆在某國之手如握我咽喉。今雖以全國民氣，竟有無法應付之勢，全國之人皆知感絕大之苦痛，然從未聞對於抵押海關鹽課之人有若何之評判。而曹陸所借之款，不但押品皆空，而本息均尚無著，日本方面且莫不痛恨西原貸款之失敗，謂被欺於陸曹，此中日兩國之人見解之不同，亦一奇事也。」

他辯解道：「幣制局本定有日本顧問，即前大藏大臣某男爵，係某名流當局時所聘定者，至輿為幣制總裁時則向之婉言辭去，且將其薪款收還。此事為美使芮恩施所驚異。而日本所失望者，凡留學歐美之生，歸國時必稱道其所學國之善良，而留學日本者則反是，因是日本對中國學生，轉有反生惡果之感，此又事實之一奇者也……固非僅為一二個人之影響，而輿之述此，亦並非欲顯人之報應以為快，實以民國十餘年來，各黨迭為興敗，姻好成為雙敵。不數年間，彼此反復圖報，小則及於本身，大且釀成民禍。」

派系爭鬥與謠言傳聞相糾纏

當年在北京，總統徐世昌和總理段祺瑞內鬥之激烈不亞於南北大戰。曹汝霖毫不避諱地說：「東海不滿合肥，是權力之爭，然合肥之權力並非與東海爭奪而來，這是盡人皆知。然居其位而無其權，總不免觖望，而合肥對東海，以我之觀詧，總算惟命是從，不失其尊敬之意。既以此事而論，亦沒有直斥東海，足見合肥之厚道，而東海對我們，事前如何佈置，我不知道，事後之安排，亦可認為有內疚之心，故我仍事以師禮。」①話語中的「此事」，應該指曹、陸、章三人被罷免之事。

剛當上民國大總統的徐世昌曾收到梁啟超的一封信，梁稱自己病重不能面談，希望他對某軍閥派系拿出強硬態度。「某軍閥」指段祺瑞。雖然徐世昌的總統之位全賴段祺瑞之力，但他並不喜歡做段的傀儡，其「偃武修文」的主張一開始就背離了段祺瑞企圖武力征服全國的願望。為了制衡段祺瑞勢力對中央政府的控制，徐世昌著力拉攏在政界有廣泛影響的梁啟超研究系，以對抗具有強大財政實力的新交通系。②曹汝霖說，「東海（徐世昌）雖不滿合肥（段祺瑞），以修養有素，亦不露於聲色，惟左右為權力之爭，愈演愈烈。」③

林長民建議徐世昌派梁啟超赴歐洲，以巴黎和會中國代表團會外顧問及記者的身份，與各國著名人士聯絡，進行會外活動。徐世昌欣然應允，並主動為其籌集旅費。梁啟超從徐世昌那裏取得六萬元公款，另籌4萬元，這才開始了歐遊的旅程。④

①曹汝霖《曹汝霖一生之回憶》，中國大百科全書出版社，二〇〇九，第二一二頁。
②姜琨《民國總統徐世昌，日記裡的秘密》，《環球人物》，二〇一六年一月十九日。
③曹汝霖《曹汝霖一生之回憶》，中國大百科全書出版社，二〇〇九，第一九三頁。
④劉永峰：《徐世昌：點燃引線的總統》，《中華兒女》，二〇一三年第9期。

徐世昌身後智囊是梁啟超、林長民為首的研究系，段祺瑞手下是曹汝霖、章宗祥、陸宗輿為首的新交通系，前者親美，後者親日。巴黎和會期間，兩個派系的鬥爭從內政蔓延至外交。

在梁啟超的建議下，徐世昌給自己專設了一個外交委員會，原外交總長汪大燮任委員長，林長民為理事長。這一機構的主要任務是為總統提供有關巴黎和會的政策、方針、措施，處理某些外交事務。而更深層的原因則是，段祺瑞控制下的政府外交有著明顯的親日傾向，徐世昌想以此來制衡段祺瑞勢力對外交的控制。

外交委員會成立後，汪大燮、熊希齡聯合提出對巴黎和會的提案共五大綱，其中包括「鐵路統一案」，即凡以外資外債應建未建之各鐵路，其資本及債務合為一總債，由中國政府延用外國專家輔助中國人員經理之；各路行政及運輸事宜，概由交通部指揮之。林長民認為：目下巴黎會議極難解決之山東鐵路問題，可於「統一鐵路案」內無形解決；濟順、高徐兩路墊款於總債內可以收回，一轉即可為實際造路之用，豈不完全中日兩國之交誼，這是鐵路統一論的真義。①

「統一鐵路案」送達巴黎，在和會討論山東問題十人會上發生爭執，並互相攻訐。曹汝霖於國務會議提出反對意見稱：英美公使忽然向政府提議，中國應造的鐵路很多，應設一國際性的機構經理（一說此由中國某方面建議為英美贊成者）。餘得此報告，私想這樣辦法，弊病一清，且

① 《（代論）統一鐵路問題——節錄林長民君之演說》，《晨報》，一九一九年二月二十八日。

可推廣造路，亦是一法，惟有損中國主權，故主反對，梁士詒反對更力。①陸宗輿在外交委員會中也提出反對意見，國務院遂電示巴黎代表團，該案暫緩提出。

二月，雙方激烈爭辯，分別在《晨報》、《順天時報》上攻擊對方。

三月七日，錢能訓總理反腐倡廉站務員全體和外交委員會委員開特別會，繼續討論鐵路統一問題。至此，外交委員會所提出的「鐵路統一案」完全遭新舊交通系封殺。北京政府內親英美與親日之交鋒，到此已發生轉變，段系似佔上風。梁啟超仍試圖做最後努力，密電徐世昌授計。

五月二十二日，國務院、交通部電陸徵祥：「查此項鐵路共管問題，係一二政客不負責任之主張，政府始終堅拒，輿論亦一致反對。請迅速設法表示政府非但不願各國共同管理鐵路，且亦並無統一路債之意思，以免有人藉端招搖，滋生誤會。」②

「鐵路統一案」與新銀行團問題，是和會期間研究系與交通系政爭的外交焦點，牽涉美日在外爭奪主控權，及勢力範圍與「門戶開放」的對抗，也涉及交通第對鐵路的控制權，各方皆有立場與說辭，內情複雜，很難簡化成愛國、賣國之別。

梁啟超和林長民等人把《山東問題換文》與《濟順、高徐二鐵路借款預備合同》連結在一起，

---

①曹汝霖《曹汝霖一生之回憶》，中國大百科全書出版社，二〇〇九，第二一七頁。

②《收國務院交通部二十二日電》（一九一九年五月二十七日），《外交檔案》03-13-068-03-001。

導致青年學生們認為曹汝霖、陸宗輿、章宗祥三人「欣然同意」把山東主權送給了日本。其實，「時因東海（徐世昌）商借日款，銀行方面無意再借。章公使（宗祥）商請外相後藤新平斡旋克告成，因之青島撤兵問題，即請章公使與後藤外相直接商議。結果，日章公使，聲明三事：一、青島租借地，俟德國簽定和約後仍交還中國。二、日本軍隊撤入青島或濟南，惟留一小部分保護膠濟鐵路。三、將來交還青島時，在青島內，留一日本居留地等因。並稱進入濟南的日軍係暫時性，不久即撤，並沒有涉及其他事項。餘將原件交與外部，並在國務會議報告。在會議時，對居留地有議論。餘以為居留地等於租界，將來收回各國租界時居留地自當同時收回。遂議決覆章公使，章使照覆日外相，遂有欣然同意之語。此時普通辭令，所謂同意，明明指日外相來文之三項。此即青島撤兵換文之經過。」①當年，普通的國人根本搞不清這種非常細節的部分，都被後來的政治宣傳牽著鼻子走，也讓曹汝霖、陸宗輿、章宗祥百口莫辯，成為「外交失敗」的罪魁禍首與代罪羔羊。

其實，退一步講，關於山東問題，即使有了中日之間的這些換文在，也並不是表示中國就承認日本可以繼承德國在山東的特權和利益，曹汝霖在五月五日的辭呈中委屈地說：「此項合同裏，亦並無承認日本繼承德國權利之文；果係承認日本繼承德國權利，則此項鐵路本屬德國權利之內，何須另行墊款始能允此路權，顯係路權之外，其他不得繼承，尤可反證而明。況路線聲明可以變更，

①曹汝霖《曹汝霖一生之回憶》，中國大百科全書出版社，二〇〇九，第一九六至一九七頁。

確屬臨時假定，斷非許其繼承德國權利，與二十一條尤無關係。」①

「五四」過後，學潮漸息，但及至六月三日竟然再起，且勢頭更猛。《曹汝霖一生之回憶》記：「有友來告，學潮又起，更有背景，似有組織。有名人在街頭演說，大罵你為親日派，說你簽了二十一條還不夠，將來還要簽中日合併條約。他說可能會遭殺，竟抬一棺木在側，說要跟你拼命鬥到底，學生也都說要跟你拼命。②」此前的四月裏此「演說者」曾在《晨報》連發文章，抨擊曹汝霖新交通系以中日密約向日方借款。曹汝霖在日後的回憶中，幾乎點名說他們之所以挨整，就是因為林長民的挑唆。而林長民之所以如此，不過是因為懷疑曹汝霖壞了他做總統秘書長的好事，以及一次跟他借錢，沒有痛快地給。③

一九二〇年元旦，北京政府頒發參戰受勳令前夕，陸宗輿致督辦邊防事務處參謀長傅良佐的密函中說：

再密啟者：前年參戰，實係發源於合肥致日本外部本野之一電。時適輿在東京，為參戰事，往來電報甚多。因彼國之贊助，東海、合肥乃始定見。……弟等至今日，豈復願為表功之請，特五四之變大總統曾以批令敘及。今聞參戰敘動人員，皆由段督辦開列，且有梁、汪等一律為

① 陳占彪《今天該如何看曹汝霖們的賣國賊身份》，《歷史學家茶座》，二〇〇九年第二期。
② 曹汝霖《曹汝霖一生之回憶》，中國大百科全書出版社，二〇〇九，第二一〇頁。
③ 曹汝霖《曹汝霖一生之回憶》，中國大百科全書出版社，二〇〇九，第一五七至一五八頁。

上列之說。弟等為北派，已被冤至此。且前為參戰事被謗，黃陂時代，幾被羅織。今日究尚有無稍稍表見之方法，愛我如公，尚乞便與段督辦一述為感。弟再叩。①

和其他許多北洋官僚一樣，陸宗輿將事件的原因歸於「黨爭」，他在第二次辭呈中，毫不掩飾地說：「現歐洲和會將終，遠東角逐方始，世界目光咸注我國，凡稍知大勢者當能有所覺悟，宜可泯除政見，群趨一致，以籌對付之策，何忍更籍外交問題以為傾軋之具?長此相持，誠恐蹈瑕抵隙者，窺伺於旁，馴至行政用人悉受他力之支配。始則由黨爭以引重外力，終則因外力以顛覆國家。以名愛國，實為禍國，以此救亡，實為速亡，朝鮮覆轍，痛史具在。」②

對此，臺灣史學家唐啟華在《巴黎和會與中國外交》書中指出：「林長民主張利用英美倡議，打破日本獨吞滿蒙與山東路權的策略。」「以梁啟超、林長民為首的研究系，將山東交涉失敗責任，盡歸經手西原借款及《山東問題換文》之曹、陸、章，旨在打擊政敵——新交通系。」「而傳聞、謠言及派系鬥爭，也對國內輿論民情發生重大影響，五四運動的導火線，即與此密切相關。中國朝野對和倒期望太高，對結果失望更大，而黨派之爭捲入，誇大交涉失利為『山東亡矣』，上綱到國家存亡層次。國人出於愛國義憤，不能苛責。但是政爭之介入，扭曲遮蔽真相，煽風點火推波助瀾，三個『賣國賊』罪名之坐實，與『內除國賊』之中號，也與此有關。」③

---

①《陸宗輿密函》（一九二〇年），《近代史資料》總三十八號，一九七九，第一七八至一七九頁。
②《駐比使館保存檔案》，臺北近史所檔案館，二〇〇七。
③唐啟華《巴黎和會與中國外交》，社會科學文獻出版社，二〇一四，第三七七至三八八頁。

「親美」「親日」的尷尬選擇

陸宗輿、曹汝霖、章宗祥、汪榮寶是著名的「親日」派，他們常認為美國不可靠，對中國的危害可能比日本更大。美國對華有財政經濟控制甚至國際共管的野心，而日本必須依賴中國資源與市場，最多能控制中國的滿蒙、山東一帶，在當時對中國的危害較小，且可多方抵制。「親美」派提出門戶開放政策，而在「親日」派看來，門戶開放將使美國全面控制中國。如美國對中國的貸款，要麼得不到，要麼得到了還七扣八扣，經年累月拿到手少之又少，而日本之貸款與提供武器更直接實惠。換言之，中國與日本有斡旋的籌碼，既可以與日本合作又抵制日本，對美國，中國毫無資本與之周旋。所以，陸宗輿、曹汝霖等人在歐戰期間不得不親日，是盡可能維護國家利權的權宜做法，我們應該給予體諒與理解。百年來中國飽嘗親美與親蘇的苦果之後，是否更應該同情和理解當時「親日」派的外交觀與世界觀。明確地說，「親美」不等於愛國，「親日」也不等於賣國。

歐戰時期，世界風雲多變，險惡難測。北京政府本來決定聯美同時親日，但在和會前夕被迫只能選一邊，遂決定聯美制日，和會中與日本對抗。不料，美國新外交受制於英法舊外交，被迫對日妥協，中國遂感到遭背叛。

在國力衰微時，北洋政府對日虛與委蛇，不得不簽署《民四條約》，和會前夕突然轉變政策為「聯美制日」，外交總長陸徵祥個中苦衷無法告訴章宗祥等人，讓章對陸頗多微詞。陸徵祥深知其中原委，但是連他自己都把檔案移走，憂讒畏譏之心可知。當時北京政府衰弱，派系鬥爭嚴重，外交官缺乏強大後盾支持，常為國家利益被犧牲，許多機密不能說，對輿論批評無從辯白。

五四事件中，學生們喊出的口號是「外爭國權，內懲國賊」。最後北京政府罷免了曹汝霖、陸宗輿、章宗祥等官員，學生們的目的彷彿是達到了。但是，事實證明，他們被利用了，那些不平等條約中的信息，正是一些政治要人故意洩露給了媒體，以引起國民輿論的抗議浪潮，從而，北京政府可以在國際談判桌上獲得主動。北京政府最終以國民反對過激為理由，拒絕在《凡爾賽合約》上簽字，注重社會輿論的帝國主義也無可奈何。從這點看，北京政府策劃了一起輿論戰，並成功實現了自己的目的。

我們再看梁啟超，能說清楚他究竟是「親日」派還是「親美」派嗎？

梁啟超善多變。曾經，北師大的學生李任夫和楚中元去拜訪梁啟超。楚中元問：「梁先生過去保皇，後來又擁護共和；前頭擁袁，以後又反對他。一般人都以為先生前後矛盾，同學們也有懷疑，不知先生對此有何解釋？」

梁啟超沉吟了一會兒，道：「這些話不僅別人批評我，我也批評我自己。我自己常說，『不惜以今日之我去反對昔日之我』，政治上如此，學問上也是如此。但我是有中心思想和一貫主張的，決不是望風轉舵，隨風而靡的投機者。例如我是康南海先生的信徒，在很長時間裏，還是他得力的助手，這是大家知道的。後來我又反對他，和他分手，這也是大家知道的。再如我和孫中山，中間曾有過一段合作，但以後又分道揚鑣，互相論戰，這也是盡人皆知的。至於袁世凱，一個時期，我確是寄以期望的，後來我堅決反對他，要打倒他，這更是昭昭在人耳目了。我為什麼和南海先生分開？為什麼與孫中山合作又對立？為什麼擁袁又反袁？這決不是什麼意氣之爭，或爭權奪利的問題，而是我的中心思想和一貫主張決定的。我的中心思想是什麼呢？就是愛國。我的一貫主張是什麼呢？就是救國。我一生的政治活動，其出發點與歸宿點，都是要貫徹我愛國救國的思想與主張，沒有什麼個人打算。」①

曹汝霖晚年在憶及五四運動時說：「此事距今四十餘年，回想起來，於己於人，亦有好處。雖然於不明不白之中，犧牲了我們三人，卻喚起了多數人的愛國心，總算得到代價。」②

陸宗輿曾在辭職書寫道：「況自海通數十年來，凡當外交之沖者，幾悉為眾矢之的，其間經歷不得已之情形，非至時過境遷，事實漸著，則功罪無由而分，即公論無由而定。」③自鴉片戰爭以來，凡辦外交者，很少有善終的，這確實也是實情。

當年，五四運動的精神領袖、《新青年》主編、北大文科學長陳獨秀就向五四青年們呼喊：「曹、陸、章等親日派固然有相當的罪惡，但是他們不過是造成罪惡的一種機械，種種罪惡的根本罪惡還不在曹、陸、章諸人，我們也不必專門怨他。況且曹、陸、章等未必真有賣國的行為，他們如果賣

①呂崢《第一公民梁啟超》，《文史參考》第二十三期，二〇一一年十二月。
②曹汝霖《曹汝霖一生之回憶》，中國大百科全書出版社，二〇〇九，第二一三頁。
③察庵《學界風潮紀》，中華書局，一九一九，第七九頁。

國，政府怎肯讓他們都站在重要的地位？曾記得袁世凱要做皇帝的時候，革命黨用炸彈打了薛大可所辦的亞細亞報館，薛大可大叫冤屈。現在曹、陸、章等也受了同樣的冤屈。……曹、陸不過是一種機械，章宗祥更不比曹、陸，他的罪惡，只是他的現職連累了他，此外也沒有什麼特別積極賣國的大罪惡。國民呵！愛國學生諸君呵！外交協會諸君呵！你們若是當真把這根本大罪惡都加在曹、陸、章諸人身上，實在冤屈了他們呵！」①

毛澤東對五四運動給予了高度評價，認為「全部中國史中，五四運動以後二十年的進步，不但賽過了以前的八十年，簡直賽過了以前的幾千年。」在對五四運動的歷史性功績作了肯定後，他筆鋒一轉，「五四時期的許多領導人物……對於現狀，對於歷史，對於外國事物，沒有歷史唯物主義的批判精神，所謂壞就是絕對的壞，一切皆壞；所謂好就是絕對的好，一切皆好。這種形式主義地看問題的方法，就影響了後來這個運動的發展。」②在毛澤東看來，教條主義和黨八股這些東西，一方面是五四運動積極因素的反動，一方面也是五四運動消極因素的繼承、繼續或發展。

最後說兩件事。二〇〇九年，有消息稱參加湖南衛視「快樂女聲」的江蘇無錫籍選手陸霏霏是南宋著名愛國詩人陸游第二十九代直系後人，其先祖為陸游最疼愛的幼子（第七個兒子）陸子聿，也就是陸游著名的《冬夜讀書示子聿》中的「子聿」，「紙上得來終覺淺，絕知此事要躬行」，便

①陳獨秀《對日外交的根本罪惡》，《每週評論》第二十一號，一九一九年五月十一日。
②毛澤東《反對黨八股》（一九四二年二月八日），《毛澤東》選集第三卷。

是將這首千古名句示予的小兒子陸子聿。話音剛落，又有網友在「湖南衛視快樂女聲」貼吧爆料稱，陸霏霏其實還是曾參與簽訂喪權辱國《二十一條》的「賣國賊」陸宗輿的曾孫女，此貼在「快樂女聲」貼吧一經發佈，立馬被網友的口水湮沒，作為「賣國賊曾孫女」的陸霏霏被罵得體無完膚。①

第二件事。幾年前，現居美國的陸宗輿的孫兒孫女歸國探親，回祖籍地海寧短暫逗留。陸家後人分佈在國內外有五六十人之多，可是，他們憂鬱地說：「爺爺終身受了誣冤，也讓子孫後代蒙了羞，更不敢大聲地說『我是海寧人』，因為我們抬不起頭來。」他們期望著有一天給陸宗輿洗涮掉賣國的罪名，他們才有臉面回歸家鄉。②

於是，我要告訴讀者：這個才是陸宗輿！我還要大聲地說：趕快掀開被遮蔽的歷史真相，還給他一個公正的評說！

二〇一九年八月十五日二稿於杭州西城年華公寓

① 《「快女」被曝實為陸宗輿曾孫女》，中新網，二〇〇九年六月四日。
② 徐鳳文《陸靜嫣：我的父親是陸宗輿》，《新金融觀察》，二〇一三年五月二十七日。

參考文獻

張鳴《北洋裂變：軍閥與五四》，東方出版社，二〇一六。
王芸生《六十年來中國與日本》，三聯書店，二〇〇五。
黃尊嚴《日本與山東問題》，齊魯書社，二〇〇四。
黃紀蓮《中日「二十一條」交涉史料全編》，安徽大學出版社，二〇〇一。
陳占彪《五四事件回憶》，三聯書店，二〇一四。
《中華民國建國文獻：民初時期文獻（第一輯）》，臺北國史館，一九九七。
蔣廷黻《中國近代史》，民主與建設出版社，二〇一六。
汪榮寶《汪榮寶日記》，鳳凰出版社，二〇一四。
曹汝霖《曹汝霖一生之回憶》，臺北傳記文學出版社，一九八〇。
《日本與山東問題》《近代史資料》總三十八號，中華書局，一九七九。
聞立欣《從武昌起義到五四運動》，古吳領出版社，二〇一三。
呂崢《中國誤會了袁世凱》，同心出版社，二〇一四。
唐啟華《巴黎和會與中國外交》，社會科學文獻出版社，二〇一四。
方激《帝國的回憶——〈泰晤士報〉晚清改革觀察記》，重慶出版社，二〇一四。

陸宗輿的辭呈（二則）

（一）一九一九年五月九日

呈為瀝陳曆辦交涉情形以待公評，懇請免去幣制局總裁以謝國人。事竊聞近日報紙喧傳，謂歐洲和會之青島問題。我國外交將見失敗應歸咎於曹、章、陸三人。交通總長曹汝霖已陳情在案。章使尚在病危，而宗輿則交卸使任已閱四年。久居閒散並未經辦交涉。何能有賣國行為。終夜彷徨，百思不得其故，無已則惟有將在使任時所經辦之膠案等大要陳述以質公論。

第一則攻膠問題。方日本之對德宣戰，攻膠灣也。宗輿適在使任，即主張宜以中、英、日三國聯合攻取。時袁大總統頗采此意。嗣日外部八月十五日面遞節略，謂日、英政府以中國即守中立不必予戰，惟若中國自生內亂，英、日為保持東亞和平起見當相助平亂。此時則惟望中國政府能自保秩序而已足。宗輿因詰。加藤外部懇攻膠主旨所在，謂無佔領土地野心。宗輿謂既無佔領土地之心，將來貴國攻得膠灣必當還我。此時既無謝絕合攻之必要。彼謂祇望貴國於開戰之地予以便利，而將膠灣還付中國之目的當可於今日聲明。當時宗輿聲明如有內亂中國自能戡定，毋勞代平。一面據以達部，而為後日得議青島應由日本交還中國條約之張本者也。

其二則由東戰區問題當彼攻膠之始日本要求戰區之大幾及全省。嗣經曹次長汝霖與宗輿內外磋商十餘次，扣住「假道」一言，將戰區範圍極力縮小，僅為登陸必經之地，決不使以滿州日、俄之戰區為比例。其實山東留日學生亦來使署質問，宗輿曾告以外交事毋取空談激昂。如戰區等問題得縮小一縣即萬人受其福。聞者亦為感動。此膠戰縮小戰區問題之一段落也。

其三則因戰區發生二十一條案之五號條件，關我國權之大，國人皆能記憶。然民國四年五月初五日，東三省已布戒嚴令，初七日愛的密敦書之來，忽將五號撤去，此雖由於日政府猶有顧念邦交之意，而所以至此者，究何因也？當時外部參事顧維鈞方策意欲以西洋制東洋，故頗利用西報，利用英、美。其時日外部因此倍加激昂，謂日本非打破李鴻章以夷制夷之故策不可因亦對我再接再厲。宗輿則知能顧全東亞大局之人日本大有人在，因亦早為之，所至五月初四、初五極不得已時勢不能不對其有心、有力之要人立陳要害，為秦庭之哭。惟事關機密，現尚未便盡官顧。彼實因是感動，提議撤銷第五條。其實曹汝霖任外交次長與宗輿內外堅持，文電俱在可以覆按。此固賴有顧全大局之人，乃得復歸和平。俾我國權得以保全非區區一人可以言功，但若使臣只知意氣而伐禍頓開抑或聽其要求而國權盡喪。雖欲處我誤國之罪而國家已抵滅亡。則今日和會有無列席之資格已屬疑問。更何論乎和會專使，外交之若勝、若負也。

至於前年春奉命再遊日本，實為探訪對德宣戰之事宜，因與彼邦朝野予為接洽交換意見，與曹汝霖、章宗祥力主張對德宣戰，認為有利國家。陳說於我大總統及段總理，始克力排異議，決定參加協商。當時預計之國利尚有自定關稅，收回領事裁判權，取消庚子賠款即使館界撤兵等等問題。因為此重大之宣戰，且日本允還庚子賠款，業經日外部面告章使矣。乃迄今和會專使了未提及上項問題而僅巨青島還付之手續，鬨煽全國，責難鄰邦，自知弄巧成拙，乃委過於巴黎寄寓之政客北京卸任之公使宗輿等雖欲任咎，亦有未敢冒承者也。

至於幣制總裁任內惟阪谷顧問一案關係日人，但阪谷係汪大燮上年赴日為專使時所面請，而又為梁啟超財政總長任內所約定。阪谷來京時，汪、梁且面告以，公早來華一日，則中國幣制早發一日之曙光至。曹汝霖長財政，宗輿任幣制局時則轉請阪谷緩來。論以親日資格汪、梁為優，而曹、陸媚日頭銜，日人方面或恐未願容許也。惟眾口足以鑠金，官當能止禍。宗輿既未能見諒于國人，尚請早日罷免，以謝不勝屏營，切禱之至。所有瀝陳下悃及請免職。緣由理合呈請大總統訓示施行，謹呈大總統。中華民國八年五月九日。①

（二）〈辭呈〉一九一九年六月六日

呈為因病懇請准免幣制局總裁以資調理事：竊宗輿前曾瀝陳下悃，懇予免職，猥蒙批令慰留，並荷明令宣示宗輿等歷來辦事情實手續之餘，感束交並。當此風潮激蕩之時，疑謗叢集之

---

①《中日國際史》第三三七頁，引自據王芸生《六十年來中國與日本》第七卷，三聯書店，一九八一，第三二七頁。

際，重勞我大總統曲加愛護，固知受賜于無窮，安敢求全於靡已。惟是非毀譽久久自彰，關於小己者固重，而與大局相衡，茍可息事寧人，則區區進退，政府又何可靳惜？況自海通數十年來，凡當外交之沖者，幾悉為眾矢之的。其間經歷不得已之情形，非至時過境遷事實漸著則功罪無由而分，即公論無由而定。現歐洲和會將終，遠東角逐方始，世界目光咸注我國，凡稍知大勢者當能有所覺悟，宜可泯除政見，群趨一致，以籌對付之策，何忍更籍外交問題以為傾軋之具？長此相持，誠恐蹈瑕抵隙者，窺伺於旁，馴至行政用人悉受他力之支配。始則由黨爭以引重外力，終則因外力以顛覆國家。以名愛國，實為禍國，以此救亡，實為速亡，朝鮮覆轍，痛史具在。而宗輿尤有懼者，禍中於大局，釁啟於一人，宗輿不敏，何以堪此？是小己之進退甚輕，而關於大局者足重，此所以不能不為再三之瀆者也。迭經面懇，未邀亮察，近復感受外邪，精神躁動，腦力擾亂，非加調攝不足以恢復原狀。中西醫家悉主靜養，以免變症。為此披瀝上陳，伏乞鑒察，准予免職，以資調理，不勝屏營待命之至。所有懇請准予免職緣由，理合呈請大總統訓示施行。謹呈大總統。①

①《中日國際史》第3467頁，引自據王芸生：《六十年來中國與日本》第七卷，三聯書店，一九八一，第330頁。

魚養蠶諸事，為髫年早晚日課。年十六應童子試，以家貧為人捉刀，得薄貲以供甘旨，故好為人役而自甘落第。十八歲院試，取性理為杭州府之冠。宗師陳公異之，列為案首。是年有恩科鄉試，堂備而未中。先時在西湖巢居閣讀書，忽染虐疾，貧病交困。一日夜闌熱退，夢老者引過湖橋，見茅屋三椽，老嫗外立，有哀王孫之意，遂延見其女而贅焉。匝月思歸乃醒，醒而憶女之容備晰，而虐亦旋愈。院試得第，歸告先慈，以為姻緣之預徵。是歲之秋，以新入邑庠，例往鄉鎮拜謁親故。適至袁鎮表姨母潘氏家，初見表姊，恍如夢遇，遂訂婚議，堪稱奇緣。自是唱和之雅，伉儷之篤，天倫之樂，至極美滿。不意造物忌人，美人無命，新婚三月，染痘而亡，樂之極者其悲亦慘。凡少年文人，經此種境遇者，鮮不狂佚。自二十歲之冬，至二十一歲之夏，守空閨者半載，作斷腸詞百首。情事之瑰奇波折，可作一極哀豔之小史，而極大刺激之後，亦足發人深省。由是而負笈金陵，從南通張先生讀書學文。旋赴武昌習方言理化者年餘。戊戌政變，假貲東遊，為自費留學者之始，以犬養木堂先生之介紹，入早稻田專政科。學未三載，編譯財政四綱一書。以學貲告罄，售稿得九十元，不足償負，不得已隨謝罪使那侍郎歸京。時辛丑和議初定，乃上書李少荃相國，請定憲法。相國雖是我言，而視我年少，承委譯員，辭弗就。謁肅邸作抵掌談甚酣。委崇文門堂委。時工部尚書張公百熙，方拜管學大臣之命，招擬大小學堂章程。乃議改八旗官學為中小學，於舊設大學堂內，開師範仕學兩館，專招舊學之成材者就學。聘請日本文學博士服部君，法學博士岩谷君來任講師，由一副教習譯之而教。又將前後三科進士出身者，合設一進士館，則由華教習，輿與章君宗祥、曹君汝霖等專任之。其後戶部尚書趙公爾巽，又於戶部設計學館，聘輿專講幣制。之數館者，傑才輩出，二十年來在政府部院及議會者，名彥碩士，不勝枚舉。輿先後執教鞭五年。時學務大臣張公奏開留學生考試，輿朝考第三，為某軍機所抑，僅以舉人出身用中書。其時並隨肅邸辦警政，又在警官學堂教警察法。京畿警員之考試遴選，出輿之門者十之五六，肅邸尚以「門生故吏半北京」之語相嘲，亦事實焉。

朝考得第之年為二十九歲，學務大臣張公憤軍機榮慶以愛憎取士，趙次珊制軍亦深表同情，奏調輿赴東三省。而張尚書則薦輿於戴尚書端制軍，出使各國考政，輿欣然就三等參贊差，以赴歐美為得計。惟臨行有吳樾之炸彈，出使大臣紹英參贊薩蔭圖負重傷，澤公負輕傷，致未成行。清廷大驚，特設巡警部，即改任出使大臣徐世昌為巡警部尚書，拔道員趙秉鈞為侍郎，此為北洋大臣袁公世凱預聞內政之始。警部章制，大致為輿手訂。時以銳意出洋不欲留部獵官，而徐尚書則於此一年中，由主事遞補郎中，一載三遷，以酬草制之勞。而輿固尚在放洋中焉。輿隨端戴兩專使放洋，為是歲之冬。與澤公及李尚兩使，分為兩途，我等則由日而美，自舊金山至紐約華盛頓勾留約四旬。端戴兩專使先赴德國，輿則單身遊倫敦半月，考察市政與裁判制度。駐使為汪公大燮，因即寓於使署。倫敦巴黎，相距只一海峽之遙，故又由英而法。劉君伯襄，正留學法京，依以為導。巴黎繁華，藉得寓目。入夏赴德，專心視察市政警政，若憲法國法等。則惟譯之於書，然留德諸學子，皆苦於中西制度之不同，譯定名詞之為難。輿行篋中所攜之日本國法學諸書，頗有譯自德國者，資為借證，莫不奉為至寶。卒之此類法政諸書，大率皆轉譯於日文。端戴二使，因謂同行四十人，精通西文者十有八員，不意報告之成功，尚借重於留日出身者，因特擢為二等參贊。

自此由德而俄，適維德氏總理內閣，俄因革命，亟開國會，其專制政治之嚴密，迥非中國之政尚寬縱者所能望其項背。其管理戶口法之精密，雖三尺童子，不能一日逃於警權之外，苟非歐戰之大變，恐俄皇遮爾之威權，迄今尚在。特其社會階級之嚴與待遇奴僕之刻，亦非中國所能夢見，故其反動之大，容或因此。德俄兩帝皆曾設宴贈勳。威廉第二與尼古拉第三（原文如此，應為第二，此有誤——引者注）兩大帝之威儀，迄今猶閉目可想。撫今思昔，曷勝浩歎。荷蘭國雖小，而監獄制度足為各國模範。其沿河柳塘，長林深院，頗似我江南風景。瑞士山水，宛似西湖，因以旅館為一國營業之大宗。意大利人情風尚，雖稍遜於英美，而天氣明爽，其財政之整理，大有足多之處，而古跡之傳觀，令人不可思議。若埃及以古物為市，開口輒五千年，至其民族，雖雅典優秀之種，已譎詐不堪矣。望金字塔之斜陽，徒增荒漠無涯之淒感耳。

輿以二十九歲之冬放洋，渡太平洋，從東而西，翌年三十歲，為西曆一千九百零五年。盛夏過地中海，道出埃京開洛，穢氣撲鼻。各邦盛衰之感，人類文野之別，歷歷在目。紅海一帶之潮濕，尤不可耐，同人皆暈船，西人所謂海病是也。獨輿神氣清爽，終日埋頭寫作奏報。午帥憐我，加酬歸裝千金，措大得此，喜不自禁。過香港後，秋風颯颯，益自健奮。歸至滬瀆，例多酬酢。有友人述及有宦家少年女郎，為戚所欺，將有風塵之厄。一時激於義憤，乃亟趨訪。女郎具道生世。動人矜憐。次日復以書來，情詞哀怨，堅請超拔，願以身許。因請示於太夫人，挈而歸焉。後詢悉其祖諱鄭先生某。昔在某書院掌教，先兄曾請業其門，由是先君先慈益加珍視。其歸京拜見堂上時，先君即告先慈曰，此女眉目秀整，體態端重，將來繼於吾家者必此女也。其時繼室徐氏目已失明，後雖連舉二子，撫養實皆委之。鄭姬雖有己出之子，則付之乳母，而以大婦之子女親為撫育。故一門怡如也。而親故以是賢之，此實為後時扶正之本因。顧鄭氏來歸之年，祇十六歲，癡憨慧順，先慈尤愛若掌珠。讀書習文之餘，家政悉本於慈訓，故今日之內助，實太夫人當年不倦教誨之所賜也。

但回憶考政歸國之時，即五大臣改訂官制，朝議沸騰之日，輿為隨同議制之一人。當時雖由軍機而改內閣，但僅涉皮相，而了無精神。乃糾合同志先擬改良司法，特擬先廢笞杖之稿，由修律大臣沈子敦伍秩庸兩侍郎為之奏請，幸蒙廷准，為刑法進步之第一階。而朝議改制問題，終以新舊兩派各不相容，項城宮保，怫然去津。輿亦以東三省總督東海徐公之奏調，隨赴東省，總辦東三省鹽務。

東三省初時總局之鹽課收入共祇五十餘萬兩，輿乃從疏通運道入手。本來吉江兩省之鹽，係用驢馬之大車裝運，名曰江車，年運只一二次，輿則商通南滿與東清兩鐵道，月運二三次，因是運商大利其便，頓見暢銷。惟江車大幫，群起反對，由是對日俄雙方鐵道，不欲簽正式合同，以便隨時廢止。迄今二十年間尚未正式簽訂，可謂最長期之草合同矣。然因此疏銷之後，第一年增收至九十三萬兩，第二年至百二十八萬，及臨行之第三年，且至百六十餘萬兩，今則聞可九百餘萬元矣。東海制軍以增收之勞績，復以其時有奏保人才之特典。東三省督撫特保輿與章君宗祥、金君邦平、曹君汝霖四人，與蒙兩宮召見後特用候補四品京堂。

鹽政以劉晏就場征稅之法為最古，奉鹽至今，猶為古制。故輿先整理灘場，每灘設灘總，管理灘務，與場官之收稅委員兩不相侔，而互相維制。營口之田庄台為出鹽最多之岸，而時有海嘯之厄。輿乃呈請派遼西局長姚君煜兼任蓋平縣令，督飭沿海一帶灘戶，築堤五十餘里，費由鹽課每年籌灘。愚民難與圖始，初則反對甚烈，故必以縣令兼辦，但至次年後，方知可免海嘯之患，以鹽積在隄內，而怒潮不能越隄，每年三四十萬石鹽利得，此隄以為保障，因是灘民始大悅矣。前此孰殺子產之流，且相率而公送旗傘，並讓勒石以誌去思。是為民生計者，允宜定策於久遠，而未可僅為目前敷衍計也。

內地辦鹽政者，首重緝私，東三省則視為虐政。蓋以百石之鹽過卡必重行過斗，苟有一二石之餘鹽，則必將百石全數充公充賞。緝私員誠為莫大之利益，而運商實感無上之苦痛。故常有因憤而鬥，因鬥而成大獄者。輿知其弊，乃將緝私局卡盡改補征其法，即以所餘之一二石，令其按石補稅而已。稅歸官而商民所出甚微，咸稱其便，故實有頌聲載道之事，蓋民便而樂之也。即如是年召對歸京。恭邸方督理崇文門稅務。知輿曾為堂委，命條陳利弊。輿乃請奏免肩挑魚蝦鮮果及女工鞋襪之稅，蓋肩挑是等鮮貨者，皆須當朝售罄，而前門稅局委員向多兼差不能早到，胥吏因以為奸，故意留難，每見跪門而哭者，比比皆是。若鞋襪女工情尤可憐，不待贅述。幸恭邸明達，特為奏罷，實足與肅邸後先媲美。蓋肅邸之督理崇文門，雖力杜中飽，而御下仍以寬也。惟邸所奏委某君，好為嚴刻，總稅務處鞭笞之聲，不絕於耳，雖弱如婦孺，文如士紳，不能倖免，至有因羞辱而圖自盡者。輿心不能忍，嘗而訟於肅邸之前，竊謂私酒小販等人雖屬違法，實僅愚民貪小利之舉，究與盜賊有別，終當網開一面。邸亦深韙我言也。

光緒三十四年之秋，既特用京堂，同時繼室徐氏生長子重希於瀋陽。先母已迎養到瀋，先君則養屙於申江。一日連得喜電，先君病臥已多日，喜不自禁，起而謝天祀祖，並馳書以急公守法受恩圖報等相訓勉，然卒以老病而不見起色。時值兩宮賓天，攝政當國，項城回籍，東海總制亦大有搖動之勢。輿正辦三任鹽務奏銷，並幫同籌辦交代。固早料項城之不能久安於朝，曾勸東海先自為備。謠啄頻興之際，卒得攝政之恩命，內調郵部尚書，東海方自喜曰：「我今生入玉門關矣。然不能不佩閏生之有先知也。」其時籌備方急，倚畀正般，再三請假，未蒙允許，而先君病情日見沉重，計無復之。乃查案有五十歲以上私販十餘人，盡行呈請釋放，焚香告天，默請祈壽，願假歲月。乃先君病雖沉篤，而斷脈至七日之久，神志仍清，以待我母子歸省。且謂輿若早歸誤公，豈事人盡職之道。幸仗神佑，不妨少留以待，其感應不可謂不神。先曰，貴國果欲宣言調停，設某國不聽，即須以實力對待。美國向唱高調，不務實際，然其國力充裕，其經濟上尚足左右他國，今貴國內亂未靖，何能對外。輿答以若僅為青島一隅，則固敝國之事。大隈笑而不答。顧輿已知其欲攻膠澳，而不欲我加入者，尚有弦外之音，亟須先事籌防。後數日而日政府對德之宣戰書，通告於中國者，果有萬一中國於此時，如有內亂，亦願為代平，而決不取償之語。輿乃急電項城，請以得力軍隊，集中於山東，為萬一之備。而日置公使，卒向我外部以山東全省為戰場之請求。項城甚為憂慮，電我設法縮小戰區範圍。次日見日外部，其詞甚盛甚厲，晌在次官室閱地圖。次官乃自言自應，自非假道不能上陸進攻，輿故以假道二音為不解，請以鉛筆寫示。次官初未注意，竟書二字於紙條。輿即扯收此紙條而歸，即電告外交部，謂日外務次官，僅言假道，且有字據。何以日置使竟要求山東全省?請給我訓令，為內外同樣之交涉。因是次日復持訓令至日外部，加藤果已先覺而有怒容，謂貴使嘗聽錯日語，我方並無假道之說。我告以我固不甚諳日語，昨因請次官書以示我，請看此紙條，而大臣乃語塞矣。然盛氣猶不可向邇，輿乃婉言解之曰，次官假道之言良是也，蓋貴國此次對德宣戰，非對華宣戰，當無蔓延山東全省之必要。自不如假一走道，為進軍之路，此則尚可與我政府，徐商進行者也，自此而彼方內生齟齬。大臣亦不堅持，方漸就我範圍，乃有龍口等上岸之商訂。而項城之不可及者，於龍口平度一帶，調兵五萬，排隊監視日軍，不令亂竄。加藤頗怪我進兵之奇速，畏項城在此，而忌嫉因此而起矣。此則攻膠澳交涉內容之大略也。

即以此三者言之，幾為朝鮮之續矣。此嚴酷條件，日使提出之後，項城總統仍襲以夷制夷之故智，求助於英美法俄。乃四國以日本代管東方利益故，咸有所顧慮，卒無以應。不得已擬利用各國新聞之鼓吹，冀以時論維制於萬一。乃加藤外部，謂中國惟知弄此小策，毫無誠意，日將堅持益甚。於是談判日趨危險，惟輿知日本通告英國時，卻未將此五號各條，一並附及。因是世間誤為密約。輿固知為日本之缺點，欲亟與駐日之英大使接洽，且以五號條件中，尚有江西浙江間之鐵路問題。中國曾與英國有內約，不意中日當談判迫切之際，凡駐日之各國使節，皆不便與華使再行會面。幸內子鄭氏，與英大使夫人友善，乃以其私人資格，挈小女及譯員赴英館，與英大使夫婦會面，告以情實，並以中國不能失信於英國為詞。英大使聞而感動，遂從而奔走其間，得以外交詳，設法密達於元老，為御前會議之準備。此實內子有功於國家之一大事也。鄭氏以善撫前徐氏子女，為親族公認，出使時先已扶正，此尚係家族之事。至二十一條案，上聞總統並議及命婦酬庸之典矣。至五月初，日本政府果下滿洲戒嚴令，且竟有浪人迫脅某博士逃走，更無人傳遞消息。我使署前後，偵騎四布，如處圍城。不得已乃以專足尋得摯好之日友某要員來館，與之聲淚俱下曰，元老迭次主張親善，謂必有出場排解之一日，今滿洲戒嚴令已下，下旗歸國即在旦夕。無已惟有將元老與我方外交經過之密談各情，繕貼館門，自刎其下，以殉國難。某大為感動，允轉達於元老，並疏通顧問軍械兩條，約於深夜接洽。及五月四日，內閣元老會議，自二時迄六時，議久不決，元老有怫然而去者。至初五日御前會議，元老與大隈各當局，爭論尤力，有刪除五項中兩三條條文之確言。輿即以急電達政府，謂不如待其減讓條文之來，而為正式之談判。袁總統憂懼，正無以為計，方派某要員赴日館，以多少之讓步，為和緩之計。適此急電到部，子欣總長，以鄉語告某要員，乃即婉轉中止其說，托故而歸。事後子欣總長，謂此電之來，救國之力勝於百萬軍，其信然耶，使第五項不能取消，則中國早淪為朝鮮，輿何能歸見政府及國中父老兄弟，故館門自刎之說，決非戲言。今幸五號全刪，而輿靦然倖存。然惟有此救國必死之心，乃尚有轉危為安之日。其時七晝夜未睡。至初七約定。亦尚恍惚如在夢中。對家族幾有隔世之感。中日有事，東三省首當其衝，至五項取消，復歸平和之日，張雨帥亦謂揮去一身冷汗，我國外交界中，竟尚有陸某其人者。輿翌年歸國過奉，雨帥電邀會面，談及此事，備承寵奬。即同時西報，亦有此時此人之讚美，而華報亦多諒解。不謂事隔數年之後，而無稽造作之談，指為賣國，吾恐石馬銅駝，亦將聞聲而隕淚矣。其詳有某參贊所記，東京廿一條外交始末記專冊，茲不多贅焉。

自此而繼起者，則為項城帝制問題矣。惟廿一條案了之後，西人雖以歐戰而未能助我，實與我國極表同情，故東京西文報皆贊華使之和平成功，而對項城則外交人傑之稱，報不絕書駐外使節，如朱爾典等，尤稱道弗衰。項城因此而有自大輕日之心，且以為大案方了，何能再生枝節，以此為改制會機緣者，容或有之。或謂與日本有所交換，則未免大誤。第一則廿一條簽約於五月初，而帝制則發生於八月，時有先後，且至九月而帝制尚在研究學理時期。輿曾於九月初電諫，有幸勿以學理空談，致國家無窮實禍之語。因此電而輿固為反帝制顯著之一人矣。且項城對於帝制問題，始終祇以冠冕語往還，而大隈之憾項城者，又實項城玩弄之所致也。蓋當是年陰歷八月十五之晚，大隈在邸邀請日置益伊集院兩使，及外務省諸人，而輿居賓席之首，與大隈並坐。忽談及衛生長壽之道，渠問項城起居，輿權以總統深佩閣下，衛生得法，致此高壽，深願領教等語周旋之。不意大隈欲乘機授意，特令全座各客起而觀月。乃向輿耳語曰，吾聞袁總統欲改帝制，如有意相商，吾當有所貢獻，且樂觀其成，君試密告之。輿亟搖首，示以不然，卻不待發言而起。次日我即電告項城，謂大隈好作無責任之密語，在歐戰時代，東方有此強梁，我國無論何事，均宜慎重。乃不三日而北京各報俱載大隈之承認帝制已有表示，而項城則更加意宣言，謂帝制為內政問題，自當專以民意為從違，於各國之勸告，當不生若何影響。於是日人群詬大隈之輕率，且繼以炸彈而大隈，遂冤情莫訴矣。顧項城於帝制問題對外交上始終未肯稍稍遷就，以致因外交之未諧而釀生國內之反對。其事之宜否，固另一問題。而老雄鯁骨，吾備深知其堅白之情者，不能不為一白於天下。輿與張君仲仁，一內一外，為反對帝制最烈之人，然遇事不能不維持主權者之威信。民國五年，輿假歸時，項城本命改長農商，輿以當時中日感情之惡，改派公使之為難，願請暫留駐使名義，項城亦以忠於謀國相贊許。歸見之時，腰疼雖劇，尚口號疾風知勁草，板蕩識純臣二語，知己之感，其何能忘情哉。

日皇在西京加冕，輿適奉派為觀賀專使，躬逢其盛。夫婦皆以金繡大禮服，日有儀仗兵一隊前導，每日朝晚進宮，陪宴聽樂，均以皇室花車迎送，沿途數十萬人歡呼萬歲，脫帽致敬。各國大公使中，以輿夫婦為最年少，各使節之老年者，莫不爭相豔羨，而以此為榮云。

未幾而項城去世，黃陂正位，合肥總政，對德和戰問題，為舉國聚訟焦點。輿歸國之次年，又以交通銀行兌款事赴東，而亦為合肥所委派。日本寺內總理正欲改善對華政策，以合肥主張之正大，致詞之得體，本野外部至推合肥為李文忠以後第一之政治家。頗蒙推誠相與，密示我以宣戰進行之步驟，亟歸而陳告合肥。對德宣戰之策略，由是確得把握，乃始堅定不移，遂為外交上一大成功。項城在世之時，輿對東邦五號之撤銷，從未敢稍自居功，為日後沽名之計。合肥下野以後，輿於對德宣戰之始末，尤不敢盡情宣露，如某名流表功之文。及至馬廠誓師之後，合肥組閣之初，亦尚有意酬庸。輿卻以調合政局為先，薦賢自代。合肥命我出長農商，辭弗就，而條陳馮段合作，薦林宗孟以自代。直到東海當選之後，合肥卸任之時，蒙以幣制局總裁為輿位置，亦中見合肥之念舊無遺耳。

惟時日本寺內內閣，銳意於中日親善，國際無他交換，自以經濟往來為先導。中華匯業銀行之組織，即其見端，其貲本雖雙方各半，而法律受裁於中國，大權一歸於總理，日方祇有理事而無協理。營業之行長，專定為華人，而日人祇為其副，此實為中外合辦銀行之創例。以後懋業、華義等銀行相繼而起，章程則皆仿之於匯業。向來北京金銀匯兌，皆操縱於外國銀行，自有匯業而匯價格外克己，致反遭中外同行之忌而謗議叢生矣。

若所謂賣國頭銜者，實壞於吉黑之林礦借款。原來該借款之欲求匯行代轉合同，係中日兩政府之轉圜辦法，而為輿所拒謝。時潤田長財政，需用孔急，以至我兩人大生齟齬，致數日不相往來。一日輿為合肥所招，謂曹錕師將北潰，苟無大借款以撐此局面，則政局將生絕大波瀾，除將三千萬日金借款令匯業代轉合同，以期速得款項救急之外，絕無其他辦法。謂若不肯簽字，無異與當局同人相仇視。合肥語甚沉痛，時在旁之田煥亭、徐又錚及段吳諸公同聲相勸。田且謂我農商總長已允蓋印，君僅為銀行總理，何不樂做此生意，豈非有意作難。輿以義不容辭，而允為即簽。自此吉省方面先起風潮，傳染至於北京學潮。此中鼓動利用，內外固皆有人在，而潤田既無餘款以布置於事先，復無黨與奮鬥於事後，此曹之所以敗，而陸亦連類而及矣。顧潤田尚斤斤自辯曰，吾所定之合同，實足付款，皆無扣佣，以為可以求諒于天下，而不知天下人之不能相諒者，正自在此。此豈可以徒託空言，而能求諒者哉。吾儕愚戇，可謂少不更事，顧前人覆轍，而後人知所警也。

曰賣國曰親日，已久為曹陸專有之名詞，清夜思之，即一己亦莫知所謂。質言之殆以借款即為賣國，借日款即為親日之說乎，顧前此之借鉅款者正有其人，而社會上對英美法德等之借款，其觀念似大不同。以理論言之，則以國家大權利，而換得外人之金錢者曰賣國。顧海關鹽課，為國家莫大之稅權，此兩大權者，今皆在某國之手如握我咽喉。今雖以全國民氣，竟有無法應付之勢，全國之人皆知感絕大之苦痛，然從未聞對於抵押海關鹽課之人有若何之評判？而曹陸所借之款，不但押品皆空，而本息均尚無着，日本方面且莫不痛恨西原貸款之失敗，謂被欺於陸曹。此中日兩國之人見解之不同，亦一奇事也。幣制局本定有日本顧問，即前大藏大臣某男爵，係某名流當局時所聘定者。至輿為幣制總裁時，則向之婉言辭去，且將其薪款收還。此事為美使芮恩施所驚異。而日本所失望者，凡留學歐美之生，歸國時必稱道其所學國之善良，而留學日本者則反是，因是日本對中國學生，轉有反生惡果之感。此又事實之一奇者也。

以佛家三生因果言之，今生之無端被謗或係前世之種因，故本止謗莫如自修之旨，從事於讀書修養，並棄官而致力於銀行實業之途。匯業銀行之設立，龍煙礦山鐵廠之經營，皆成立於四十四五歲各年間同時於庚申之歲，以錢幹臣江宇澄兩先生之介紹，進京師昭善社之始。入社之始，鸞筆預言，皆貫澈終身，歸而習坐，靈光煥發，更多感觸。翌年丙子並創設坤社於京寓。前奉直戰之孰勝孰敗早於事前示其機，並向法然子先時之示警，藉救京師百萬之生靈，是鸞壇之為功於京畿，不可謂小而董高之誣陷與橫逆之相加，亦先於事前一再警告。先嚴復於臨時，以神經之感觸，迫我先日赴津，否則與潤田兩人，同受牢獄之災矣。高恩洪於潤田，固因前在交部未遂獵官之志，而於輿則風馬牛不相及也。惟所不解者董某耳，在修律館時代，為多年請求法學之老友，及輿在東京使任，忽有西京某檢事長，謂以董之骨董贋鼎問題，欲將置之於法。輿竭力辯護，始免逮捕，以其居東不便，托某友說項於項城，授為大理院院長。其歸國之後，又隨時顧視其妻子，乃董即不以我為恩，而竟信讎報如此之酷，此又人情不可解者。或大率為鬼道。是昇天為神，入地為鬼，為人類轉生必有之階級。今人人有死，而人人皆不願問生來死去之道。而曰吾不信有鬼神，以目中未嘗見有鬼神故也。然試問一己主腦之靈根，主宰一切之動作者，能自見否，不能自見，而亦以為不信，則一己之何以成人根本不能明了，是直妄人而已。

東方儒釋道三教皆主生有自來之說。儒家天命之謂性一語，尤為開門見山，釋道家雖千言萬語，尚未有如此之簡捷明白者。顧一神教家歸於一真之說，亦即會面釋道之受命於天歸真於天之理。故五教之學說實同源也。真者何，性天也。歸者何，以我之靈性，而返還原真也，率性之謂道也。如何而可返可率，則非修不可，修道之謂教也。人但知釋道家之教人成仙成佛，不知儒家之教人返歸於性天者，亦同此理，惟儒家祇言人道，故其極曰成聖耳。

今人之所謂迷信者祇鬼道一方而言，即子不語之亂神是也。亂神兩字側解約即邪教之謂。若吾之所謂神者，聖而不可知之謂神之神是也。中國三代以前，人格之較完全者皆為聖人，皆重天道。蓋其時人聽古懋與天道接近，經言帝謂文王與鬼神來告之說，皆得道者自有之境遇。惟天人相通之方至多，而不一然至成聖而至誠可以前知。吾儕身居濁世，求道不易，通神而求絕學，亦下學而上達之道。孔子所謂我欲仁斯仁至，與則謂我欲神斯神至矣。天地間精靈誠感之奇速，雖電之速率，有不如其萬一者，佛光照遍大千世界，而不度無緣者。亦指誠感而言，即人間至親之人，生死吉凶之事，亦時有相感者。

惟誠斯感，惟感斯靈，惟靈斯速。如去年春，輿患猩紅熱，二月初一發病，至初五而熱至三十九度半，乃一飲水丹，立刻身輕熱退，並得於次日出門，其速效如此，蓋靈感之妙，可以萬能，匪獨治病而已也。至於深夜傳經，金光滿室，臨時解厄，天香群聞，則又各重要弟子之所目睹身受，而深感神異者也。顧靜功深造現象自多，靈蹟宣傳，道家所禁。輿雖習靜有年，而功虧漏盡，每牽人事，屢負師恩，蹉跎歲時，益滋惶懼。然又深感董高一旦之淫威，得有津門三年之修養，覺多非於往日，希補過於將來，平生性行率急有智而遲，奢佚習為固常，愛欲未能戒斷，此實我生莫大之病。所望良師益友，親故知交，不吝教言，隨時指斥，則當感激拜謝於無窮者已。

民國十四年歲次乙丑五月，福慧道人慧依陸宗輿自述於京寓適齋。①

①北京文楷齋，一九二五，國家圖書館古籍館拓印。

後記

為採訪陸宗輿的孫女兒陸秀芬，我足足等待了十三年。

為撰寫陸宗輿的傳記，我又足足等待了八年。

兩項相加足足二十一年，是我現有生命的三分之一。

一九九七年清明時節，從事攝影的楊利斌兄告訴我，陸宗輿的孫女兒陸秀芬回來了，正在鹽官鎮尋親訪友。我托這位朋友捎口信給她，見個面，作一短暫採訪。因為陸宗輿在當前的史書中是一個反面人物，扣在他頭上最大的帽子就是「賣國賊」，他的家鄉——即我正在從事新聞記者工作的立腳之地——海寧還開除了陸宗輿的鄉籍。早些年，我聽說了陸氏後人中出了不少對國家有傑出貢獻的愛國人才，我打算寫寫他們。「賣國賊」陸宗輿的後裔今何在？肯定會引起許多人的關注。

然而，陸秀芬拒絕了我的要求，讓我等待上幾年。此後幾次她回鄉時，我依舊約她，她仍堅持讓我等待。

這一等，就是十三年。二〇一〇年端午節前夕，我終於得到朋友的告知，陸秀芬邀我見面，她又回來了，願意接受我的採訪。

於是，在她的海寧寓所，我與她聊天，聊了幾個小時。

一回到北京的家裏，陸秀芬立刻將父輩的口述記錄、多年收集的《晨報》、《申報》的五四前後相關報導，一古腦兒寄給了我。她說：「這些東西我從來沒讓記者看到過，你是唯一的，因為你尊重我們。」從這些資料中可以窺見陸宗輿的外交經歷和人生片斷。

此後半年裏，我通過電話和電子郵箱與她頻頻交流，先後寫了《「賣國賊」陸宗輿的後裔今何在》、《多面陸宗輿》，刊登于河南的《名人傳記》，尤其後一篇具有顛覆性意義，如實地追敘了陸宗輿出使日本時救助孫中山、為拒絕「二十一條」而「秦庭之哭」等事蹟，取得了出乎意料的效果。這篇報導被《文史參考》摘編後又被電影《建黨偉業》所引用。這樣，我以後的採訪就一路綠燈了。

二○一二年，我萌生了寫陸宗輿傳記的念頭，繼續尋找其後人和知情者。這其間有幾多耽擱，幾多掙扎。

先說耽擱。雖然傳主生前妻妾成群，兒女一大群，但畢竟他是個晚清人物，兒女們早在一二十年前相繼去世，僅有一個活著的女兒，當年她太小，知道的不多，如今她太老，九十多歲了，又遠在天津，連要一張她的照片也不能，別說掏出往事來了。因為相隔近百年，傳主的日記、書信和著述基本盡毀。再則，孫兒女們卻害怕聽到「海寧」二字，甚至不敢大聲說自己是海寧人，更怕往事重提。我理解他們，只能等待。我一邊與他們保持著聯繫，一邊尋找著原始資料。

然後說掙扎。二○一四年我出版了其他兩部書，便蠢蠢欲動，開始撰寫陸宗輿。這時候我發覺，我並不孤獨。為了覆印陸宗輿的《五十自述記》，新華社的梁益暢編輯替我聯繫上了國家圖書館古籍館的張傑老師。人民日報社的朋友牽線助我與故宮書籍部掛上鉤。因為是民國古籍本，如需全本覆印，得層層審批，手續繁瑣。在浙江日報社工作的兒子替我找領導出具證明，我才得到陸宗輿《五十自述記》全本影本，陸宗輿出使日本時來往函件的影本也是這樣艱難獲得的。還有香港的一位出版人也鼓勵我，「趕快寫出來，我給你出繁體字版本」，並介紹臺北的朋友幫我尋找民國史料。北京大學圖書館的老師、天津《今晚報》和《瀋陽晚報》的朋友，給我當了史料嚮導。

然而，書稿寫成了，出版卻難之又難。某編輯通讀書稿後，先是拍案叫絕，說這外選題馬上可報，讓我等待。一等兩個月，給我一句話：「目前不能出，書稿暫留，等待時機。」我說：「不能等，馬上是五四百年了，我要趕上這好時候。」另投，同樣情景，編輯的話更慘人：「書稿牽涉五四，梁啟超，為民國人物平反，我們不敢出！」

這本書署著我的名字，可促成它的是許多文字同道的朋友，正像我在大河下游掬起一捧水，已無從確認它源自哪條山泉溪流。

我要感謝陸宗輿的後人們，尤其現居北京的陸秀芬、廣州的陸啟凱、長居美國的陸秀菁等，為此書提供了珍貴的口述資料和百年前的照片。

我要感謝心一堂有限公司接納這本頗有爭議的書稿，才讓讀者與我一道領略北洋大時代的朝氣蓬勃，分享我的鄉人陸宗輿的榮與辱。

我要感謝香港作家潘國森老師，對此書稿提出修改意見。

很遺憾，我僅是一名新聞記者，不是歷史學家，只會記述，不會史料研究，不會用功去考據，

一本人物評傳來讀吧！也就寫成了這樣不倫不類的模樣：一半像人物傳記，一半像學術評傳。請讀者見諒，哪就當成

蔣連根

二〇一九年九月十三日於杭州西城年華公寓

跋

初見本書作者蔣連根先生是在二〇〇三年六月，我和姐姐一起回鄉尋親的時候。這是我有生以來，第一次回祖籍地海寧。蔣先生很熱情友善，人很樸實，陪我們一起參觀了金庸先生舊居，海寧城關……他給我的印象是平易近人，沒有一般記者文人的清高孤傲之感。分別時，他送給我一副印有海寧風光的樸克牌，作為紀念，我至今還保存著。

一別就是十幾年，這次他發來了《這才是陸宗輿》的書稿，拜讀之後，很有感觸。我是家中最小的女兒，生在新中國，長在紅旗下，我出生時，祖父陸宗輿早已過世多年。我對舊事所知甚少，對民國初年那段歷史的瞭解，僅限於中學歷史課本，和眾所周知的對五四運動的描述。

我讀著蔣先生的手稿，被他書中的記敘深深地吸引了。這裏沒有華麗的辭藻，官樣的八股，有的是大量的史料、參考文章的查閱和年代日期……如果沒有作者常年的嘔心瀝血、多方採集，我想是寫不出這個書稿的。蔣先生用了幾十年的時間採訪收集，終於厚積薄發，從容不迫，娓娓道來。從晚清講到民國，洋務運動、維新變法、立憲新政，辛亥革命，五四運動……從幾個北洋外交家的故事縮影中，展開在我面前的是整整一幅波瀾壯闊的民國初期，我國民主革命大時代的畫面……俱往矣，沉舟側畔，大浪淘沙，千秋功罪，有待於史學家去評判，有待於蔣先生這樣的有心人去復原真相！

此時，我坐在北美溫暖的冬陽下，眼前卻看到家鄉洶湧澎湃的錢塘大潮，我們的中華民族，正如江上乘風破浪的弄潮兒，一日千里，走向光明！

陸秀菁

於美國佐治亞州亞特蘭大市寓所

二〇一九年十一月十二日

（編按：陸秀菁女士係陸宗輿第四子陸德誠之女）